안양대HK+
동서교류문헌총서
11

구미환유기(재술기) 역주
歐美環遊記(再述奇)

안양대학교 신학연구소

안양대HK+ 동서교류문헌총서 11

구미환유기(재술기) 역주

초판인쇄 2024년 10월 10일
초판발행 2024년 10월 15일

지은이 장덕이(張德彝)
옮긴이 이정재

펴낸곳 동문연
등 록 제2017-000039호
전 화 02-705-1602
팩 스 02-705-1603
이메일 gimook@gmail.com
주 소 서울특별시 용산구 청파로 40, 1602호 (한강로3기, 삼구빌딩)

값 42,000 원 (* 파본은 바꾸어 드립니다.)

ISBN 979-11-981913-7-3 (94230)
ISBN 979-11-974166-0-6 (세트)

* 이 저서는 2019년 대한민국 교육부와 한국연구재단의 HK+사업의 지원을 받아 수행된 연구임
  (NRF-2019S1A6A3A03058791).

歐美環遊記(再述奇)

구미환유기(재술기) 역주

장덕이(張德彛) 지음

이정재 번역 및 주해

동문연

발간에
즈음하여

안양대학교 신학대학 부설 신학연구소 소속의 인문한국플러스(HK+) 사업단은 소외 · 보호 분야의 동서교류문헌 연구를 2019년 5월 1일부터 수행하고 있다. 다시 말하여 그동안 소외되었던 연구 분야인 동서교류문헌을 집중적으로 연구하면서, 동시에 연구자들의 개별 전공 영역을 뛰어넘어 문학 · 역사 · 철학 · 종교를 아우르는 공동연구를 진행하고 있다. 서양 고대의 그리스어, 라틴어 문헌이 중세 시대에 시리아어, 중세 페르시아어, 아랍어로 어떻게 번역되었고, 이 번역이 한자문화권으로 어떻게 수용되었는지를 추적 조사하고 있다. 또한, 체계적으로 연구하기 위해서 동서교류문헌을 고대의 실크로드 시대(Sino Helenica), 중세의 몽골제국 시대(Pax Mongolica), 근대의 동아시아와 유럽(Sina Corea Europa)에서 활동한 예수회 전교 시대(Sinacopa Jesuitica)로 나누어서, 각각의 원천문헌으로 실크로드 여행기, 몽골제국 역사서, 명청시대 예수회 신부들의 저작과 번역들을 연구하고 있다. 이제 고전문헌학의 엄밀한 방법론에 기초하여 비판 정본을 확립하고 이를 바탕으로 번역 · 주해하는 등등의 연구 성과물을 순차적으로 그리고 지속적으로 총서로 출간하고자 한다.

본 사업단의 연구 성과물인 총서는 크게 세 가지 범위로 나누어 출간될 것이다. 첫째는 "동서교류문헌총서"이다. 동서교류문헌총서는 동서교류에 관련된 원전을 선정한 후 연구자들의 공동강독회와 콜로키움 등의 발표를 거친 다음 번역하고 주해한다. 그 과정에서 선정된 원전 및 사본들의 차이점을 비교 혹은 교감하고 지금까지의 연구에 있어서 잘못 이해된 것을 바로잡으면서 번역작업을 진행하여 비판 정본과 번역본을 확립한다. 그런 다음 최종적으로 그 연구 성과물을 원문 대역 역주본으로 출간하는 것이다. 둘째는 "동서교류문헌언어총서"이다. 안양대 인문한국플러스 사업단은 1년에 두 차례 여름과 겨울 동안 소수언어학당을 집중적으로 운영하고 있다. 이 소수언어학당에서는 고대 서양 언어로 헬라어와 라틴어, 중동아시아 언어로 시리아어와 페르시아어, 중앙아시아 및 동아시아 언어로 차가타이어와 만주어와 몽골어를 강의하고 있는데, 이러한 소수언어 가운데 우리나라에 문법이나 강독본이 제대로 소개되어 있지 않은 언어들의 경우에는 강의하고 강독한 내용을 중점 정리하여 동서교류문헌언어총서로 출간할 것이다. 셋째는 "동서교류문헌연구총서"이다. 동서교류문헌연구총서는 동서교류문헌을 번역 및 주해하여 원문 역주본으로 출간하고, 우리나라에 잘 소개되지 않는 소수언어의 문법 체계나 배경 문화를 소개하는 과정에서 깊이 연구된 개별 저술들이나 논문들을 엮어 출간하려는 것이다. 이 본연의 연구 성과물을 통해서 동서교류의 과거 · 현재 · 미래를 가늠해 볼 수 있고 궁극적으로 '그들'과 '우리'를 상호 교차적으로 비교해 볼 수 있을 것이다.

안양대학교 신학연구소 인문한국플러스 사업단장

곽문석

차 │ 례

역주자
서문

    13세기 후반 마르코 폴로의 동방 여행으로 상징되는 중국과 유럽 사이의 교류는 15세기에 대항해 시대가 시작된 이후 보다 본격화되었고, 1557년에 포르투갈이 마카오를 식민지로 삼은 뒤로 마테오 리치, 아담 샬 같은 종교인들의 활약에 힘입어 유럽의 지식과 문명이 중국에 큰 영향을 끼치기도 하였지만, 1840년에 발발한 영국과 청나라 사이의 아편전쟁을 거치면서 두 문명 사이의 관계는 더욱 중대한 변화를 맞이하기 시작했다. 청나라는 대외적으로는 홍콩을 영국에 할양하고 막대한 전쟁배상금을 지불하며 주요 항구를 개방하고 자유로운 무역을 보장해야 했고, 국내적으로는 아편전쟁 이후 태평천국과 동치 중흥 등과 같은 위기와 대응이 차례로 이어졌다. 이와 같은 역사적 격변기를 겪으면서 청나라 조정은 더 이상 조공 책봉 관계에 기초한 전통적인 대외 관계를 지속하기 어려움을 깨닫고 대등한 상대를 전제로 한 새로운 외교 부서를 1861년에 설치했고, 이를 통해 '서양 오랑캐(양이洋夷)'와의 교섭과 교류 체제를 만들어가고자 했다. 이후 새 외교 부서에서는 서양과의 교섭, 조약 체결 및 이행 등의 업무를 관장하여 때로는 서양의 사절단을 맞아 외교 활동을 펼치고 때로는 서양 각국에 중국의 사절단을 파견하여 외교 업무를 수행하게 하였다.

    이 책은 바로 이 새로운 문명 간 관계 정립의 시기에 서양에 파견된 중국의 사절단을 따라간 한 청년이 쓴 여행 일기를 완역한 것이다. 저자의 이름은 장덕이張德彝이고 책의 원제는 『재술기再述奇』이며 국역본의 제목은 『구미환유기歐美環遊記(재술기)』이다. 그는 중국 최초의 근대적 외국어 교육 기관에서 영어를 전공하여 막 졸업한 학생이었다. 그는 1866년부터 사절단을 따라 여러 차례 서양 각국을 방문하거나 상대국의 아그레망을 받은 외교관의 신분으로 해당국에 체류하였고, 그때마다 자세한 기록을 남겼다. 특히 1868년부터 1869년까지 2년 가까운 기간 동안의 두 번째 여행에서는 미국, 영국, 프랑스를 차례로 방문하고 지구를 일주하여 귀국했는데, 하루도 빠짐없이 일기를 쓰며 자신이 보고 들은 바를 자세히 적어 후손에 남겼다. 역자는 이 두 번째 여행의 원고를 정리하여 출간한 책을 번역한 것이다.

역자가 이 책에 대해 알게 된 것은 약 20년 전에 페데리코 마시니의 『근대 중국의 언어와 역사』를 번역하면서였다. 이 책은 오늘날의 중국어 어휘가 오랜 기간에 걸친 외부와의 언어 접촉의 산물로 형성된 것이라는 전제 위에, 특히 19세기의 격변기에 서양에 대한 지식을 중국에 소개하는 과정에서 만들어진 어휘가 매우 많았음을 실증적으로 밝힌 책이다. 이 책은 역자를 새 어휘가 대량으로 형성되던 150여 년 전으로 끌고 돌아가는 듯할 정도로 생생하여 흥미진진했고, 여기에 소개된 많은 문헌들이 현대 중국어 어휘의 형성뿐 아니라 서양 지식의 중국 전파에도 큰 공헌을 했음을 알게 되었다. 그중에서도 가장 눈길이 가는 책이 두 권 있었는데 하나는 위원魏源의 『해국도지海國圖志』이고 다른 하나는 『항해술기航海述奇』라는 제목으로 묶여 지칭된 장덕이의 7권의 여행 일기였다. 마시니의 책을 번역하고 나서 처음에는 먼저 나온 책인 『해국도지』를 읽어보고 싶은 욕심이 있었으나 혼자 읽기에는 부담스럽던 차에 마침 동료 한 분이 함께 읽자고 제안하여 의기투합했지만 이런저런 사정으로 실행에 옮기지 못했다.

그 후에도 서양 지식의 중국 전파와 중국의 근대적 어휘 형성이라는 매력적인 주제에 대해 관심을 놓을 수 없었고, 책 전체의 분량은 『해국도지』만큼 많지 않으나 수많은 어휘들이 마시니의 책에 수시로 인용되어 역시 중요도가 높다고 생각된 『항해술기』에 눈길이 쏠렸다. 그 무렵 중국어학을 전공하는 대학원 후배였고 지금은 각 대학에서 교편을 잡고 있는 변지원, 김석영 두 분 선생님의 도움으로 장덕이의 『항해술기』의 속편인 두 번째 여행기 『재술기』의 영역판을 2006년 말엽에 구할 수 있었다. 그 후 영역판을 장덕이의 원문과 대조하며 읽어보면서 당시로서는 금방 확인하기 어려웠던 서양 인명과 지명에 관한 확인에 적지 않은 도움이 되었고, 이 때문에 그의 첫 번째 여행기보다는 두 번째 여행기의 독해가 더 순조로울 것이라고 생각되어 『재술기』의 번역을 먼저 염두에 두게 되었다. 다만 첫 부분의 번역을 진행하면서 영역판에 지명과 인명 등 고유명사 대응 표기의 오류가 많고 오역과 생략도 적지 않은 것을 확인하여 보다 신중하게 참고하지 않을 수 없었다.

번역을 작정하면서 만난 또 하나의 고려 사항은 장덕이가 중국어로 표기한 서양의 인명과 지명 등의 고유명사, 그리고 서양 사물의 명칭과 개념어 등을 본 역서에서는 어떻게 표기할 것인가의 문제였다. 이를테면 그가 상해에서 만난 영국인 세무사 토머스 딕(Thomas Dick, 중국명은 적타마狄妥瑪)이나 선체 외부에 외륜外輪이 달린 배를 뜻하는 외륜선(paddle wheeler, 중국어 명칭은 명륜선明輪船)을 번역문에서 어떻게 표기하는 것이 장덕이의 눈으로 본 외부 세계를 적절하게 드러내어 줄 것인가의 문제였다. 생각 끝에 장덕이는 중국인의 눈으로 서양을 보았고 역자는 그의 방식을 존중하여 한국어로 변환하는 것이 적절하겠다는 결론을 내리고, '적타마狄妥瑪'나 '명륜선明輪船'을 앞에 노출하고 괄호 안에 영문 표기나 한국어 설명을 병기하는 방식으로 적기로 하였다. 즉 각각 '적타마狄妥瑪(Thomas Dick)'와 '명륜선明輪船(외륜선)'으로 표기하기로 한 것이다. 물론 이와 다르게 '토머스 딕(Thomas Dick, 중국명 적타마狄妥瑪)', '외륜선(명륜선明輪船)'이라는 방식으로 적을 수도 있겠으나, 그럴 경우 장덕이가 새로 접한 서양 문물에 대한 표기를 그대로 드러내는 효과가 다소 줄어드는 듯하다. 어떻든 이러한 종류의 문헌을 번역에서 어떤 방식으로 표기할 것인가의 문제는 매우 흥미로운 토론 주제라고 생각한다.

번역의 대상과 번역어 표기 방식에 대한 방침은 정했지만, 그 후 다른 연구에 바쁜 나머지 오랫동안 방치해두고 있었다가 2020년에 코로나19가 시작되고 실내에 격리되어 있는 기간이 길어지면서 시간적 여유가 생김과 함께 갑갑함을 조금이라도 이겨낼 수 있는 방법이 없을까 궁리하다가 이 책을 가이드로 삼아 가상 여행을 떠나보자는 생각이 문득 떠올랐고 바로 번역을 재개하였다. 물론 나름대로 꽤 오랫동안 관심을 가져왔던 주제에 대해 좀 더 탐구하고 싶은 의욕이 컸던 것도 사실이다. 마침 이 책에서 장덕이의 첫 서양 체류 지역이 미국 샌프란시스코인데, 이곳은 역자가 2015년에 연구년을 보낸 지역이기도 하여 더 반가운 마음으로 150여 년 전에 한 중국인 청년이 지나갔던 길과 방문했던 장소를 보며 역자의 여행 경험과 겹치는 것을 즐겁게 확인하기도 했다. 또한 예전에는 쉽게 확인하기 어려웠을 지명이나 인명 등을 구글 지도와 검색을 통해 하나씩 확인할 때도 쾌감이 적지 않아서 2년 넘는 팬데믹 시기를 견디며 보내는 데 상당한 도움을 받았다. 특히 최근에는 19세기 중엽의 각국 및 지역의 신문들이 상당수 디지털 아카이브로 구축되어 공개되고 있고, 가족 검색이나 묘지 검색을 통한 인물 확인도 상당수 가능하며, 급속하게 발전하는 인공지능 검색까지 활용할 수 있게 되어, 예전 같으면 쉽게 찾기 어렵던 기록들을 찾아낼 때마다 놀라움을 금할 수 없었다.

이후 틈나는 대로 작업을 이어가다가 초고를 완성할 무렵인 2022년에 마침 비슷한 주제로 강독을 진행하는 연구팀에 합류하는 기회를 얻어 왕도王韜의 『만유수록漫遊隨錄』을 공동으로 번역 출간했다. 올해 초에 『만유수

록』이 완간된 후에는 『재술기』의 번역 초고를 함께 읽기 시작하여 최근에 일
독을 완료했는데, 이 강독을 통해 많은 오류를 수정하고 미흡한 사항을 보
충할 수 있었다. 초고를 함께 읽으며 많은 귀중한 의견을 주신 민정기, 백
광준, 이성현, 이화진, 최정섭 선생님께 깊이 감사드린다. 또한 프랑스 지
명 검색을 도와주신 서강대학교 유럽문화학과의 전종호 선생님께도 감사드
린다. 그럼에도 불구하고 혹시 오류가 남아있다면 전적으로 역자의 잘못이
다. 또 아직 확인하지 못한 인명이나 지명이 일부 남아있어서 아쉬운 마음
이다. 이에 대해서는 눈 밝은 독자의 가르침을 기다리며, 한편으로는 앞으
로 더욱 발전할 강화된 디지털 검색 기술을 기대한다. 마지막으로 이 책을
출간하는 데 도움을 주신 안양대학교 HK+ 동서교류문헌연구 사업단 관계
자께도 감사드린다.

　이 책은 근대 중국인의 서양 문명에 대한 경험과 인식을 살피고 현대
중국어 어휘 형성의 역사를 이해하는 데 일독할 가치가 매우 클 뿐 아니라
한 청년이 장기간 여행을 통해 겪은 다양한 경험과 그에 대한 흥미로운 반
응들을 엿볼 수 있게 해주기도 한다. 책의 곳곳에 드러나는 저자의 호기심
어린 시선과 지칠 줄 모르고 빠짐없이 적어나간 여행 일기를 보면서 지난날
저자의 여행 세계 속으로 들어가 보기를 권한다.

2024년 8월
서강대 연구실에서 이정재 씀

일러두기

1 이 책은 장덕이張德彝의 구미여행기 『재술기再述奇』를 완역한 것이다. 번역은 『고본항해술기회편고本航海述奇匯編』(북경도서관출판사北京圖書館出版社, 1997)에 영인 수록된 원고본을 저본으로 하고, 종숙하鍾叔河가 주편主編한 '주향세계총서走向世界叢書' 시리즈 제1집의 『구미환유기歐美環遊記』(호남인민湖南人民출판사, 1981, 악록서사岳麓書社, 1985, 2008)를 참고하였다. 또한 Simon Johnstone의 영역본 *Diary of a Chinese Diplomat* (Chinese Literature Press, 1992)도 참고하였다.

2 서양의 인명, 지명, 사물명은 중국어 표기의 한국어 독음, 중국어, 서양어 표기 순으로 적었다. 예) 삼불란서사고三弗蘭西司皐(San Francisco)

3 서양의 인명, 지명, 사물명 중 원명이 확인되지 못한 경우는 한국어 발음과 중국어 표기만 적었다. 예) 애덕림艾德林

4 원문에서 날짜는 음력으로 표기되어 있는데, 편의를 위해 양력 날짜를 일기의 첫머리에 추가하여 표시하였다.

5 장덕이가 수행한 사절단의 중국인 대표인 지강志剛이 쓴 『초사태서기初使泰西記』에 기록된 내용 가운데 참고할 만할 것을 해당 날짜의 일기 각주에 적었다.

6 사진과 그림은 원서에는 없으나 이해를 돕기 위해 추가하였다.

제1부

구미환유기(재술기) 해제

청년 외교관 장덕이와 그의 서양 여행기

『구미환유기歐美環遊記(재술기再述奇)』는 장덕이張德彝(1847~1919)라는 청년이 1868년 초부터 이듬해 10월까지 약 22개월에 걸쳐 청나라에서 서양에 파견한 공식 외교 사절을 수행하여 미국과 영국, 프랑스를 차례로 방문하고, 태평양, 대서양, 인도양을 모두 거쳐 지구를 일주하여 귀국한 일을 상세하게 기록한 여행 일기이다. 장덕이는 1862년에 설립된 근대 중국 최초의 외국어 교육 기관인 북경의 경사동문관京師同文館에서 영어를 배우고 우수한 성적을 거둔 것에 힘입어 수행원으로 발탁되어 1866년 초부터 약 9개월에 걸쳐 유럽 탐방단의 일원으로 처음 서양을 방문하였고, 이후 수십 년 동안 여덟 번에 걸쳐 서양을 방문 또는 여행하거나 특정 국가에 주재하면서 그때마다 자세한 여행 기록을 남겼다. 그는 첫 여행 일기의 제목을, 바다를 건너가서 기이한 모습들을 보고 적은 책이라는 뜻으로 『항해술기航海述奇』라고 붙였고, 그 후의 일기 제목은 『재술기再述奇』, 『삼술기三述奇』 등과 같이 숫자를 붙여 지었으며, 마지막 일기인 『팔술기八述奇』까지 남겼다. 『구미환유기』는 그의 두 번째 여행기인 『재술기』의 제목을 바꾼 것으로, 1980년대에 출간된 '주향세계총서走向世界叢書' 시리즈에 포함되면서 미국과 유럽 지역을 순방한 여행 여정을 참고하여 새롭게 붙인 제목이고, 본 역서에서도 이를 참고하였다. 아래에서는 『구미환유기(재술기)』의 저자 장덕이와 그의 여행 일정, 그리고 책의 내용과 특징을 간단히 소개하고자 한다.

1. 장덕이의 생애와 해외 경험

이 책의 저자 장덕이는 본명이 덕명德明이고 자는 준봉峻峰이었고, 뒤에 이름을 덕이, 자를 재초在初로 바꾸었는데, 정확한 개명 시기는 불분명하다. 다만 본서에서는 자신의 이름을 덕명, 자를 재초로 적고 있어서 재초라는 자를 먼저 쓰고 덕이라는 이름은 그 뒤에 쓰게 되었던 것 같다. 그의 조상은 남방의 복건福建에서 살았는데, 청나라가 중국을 지배하기 전 어느 때에 만주 지방으로 가서 팔기 한군八旗漢軍의 양황기鑲黃旗에 입대하였고 1644년에 청의 군사가 산해관山海關을 넘어 북경에 진주할 때 입경入京한 뒤에는 대대로 북경에서 거주하였다. 부친은 장은상張恩常이고 모친은 동董 씨였으며, 큰형은 그가 태어나기 전에 세상을 떠났다. 그는 1847년 12월 18일에 북경 백림사柏林寺 옆의 용왕묘 호동龍王廟胡同(지금의 백림 호동柏林胡同)의 주택에서 태어났는데, 집이 가난하여 일곱 살에 서당에서 공부할 때 작은 할아버지가 매번 학비를 내줄 정도였다고 한다.

그는 16세가 되던 1862년에 그해 막 설립된 경사동문관에 입학하여 영문관英文館에서 영어를 전공하며 공부를 시작하였다. 경사동문관은 1840년에 발발한 아편전쟁 이후 국내외에서 서양 외국어에 능통한 중국인의 양성이 필요하다는 인식이 대두되고 특히 조약문의 정확한 작성과 이해를 위해서는 그 필요성이 더욱 크다는 의견이 제기됨에 따라 당시 개혁을 이끌던 공친왕恭親王 혁흔奕訢(1833~1898) 등의 상소를 통해 1862년에 근대식 외교 부서인 총리각국사무아문總理各國事務衙門(총리아문)의 직속 기관으로 설립된 외국어 교육기관이었다. 설립 첫해에 북경에 거주하고 있던 영국 선교사 존 버든(John S. Burdon, 중국명 포이등包爾騰, 1826~1907)을 영문 교습敎習(교수)으로 초빙하고 15세 전후의 팔기 자제八旗子弟 가운데 10명을 장학생으로 모집하여 동당자 호동東堂子胡同에 있던 총리아문의 한 건물에서 강의를 시작하였는데, 장덕이는 바로 이 10명 중에 포함되었던 것이다. 이곳에서 공부한 지 3년이 지난 1865년에 그는 시험을 거쳐 8품관품官에 배수되면서 봉의鳳儀, 언혜彦慧 등 다른 동문관 학생들과 함께 유럽 파견 인원으로 선발되어 빈춘斌椿(1804~1871)을 따라 이듬해 영국, 프랑스, 러시아, 프로이센, 네덜란드, 덴마크, 스웨덴, 벨기에 등의 유럽 여러 나라들을 9개월여에 걸쳐 여행한 후 귀국하였고, 그 여행의 기록인『항해술기』를 썼다.

이후 그는 수십 년에 걸쳐 여러 차례 서양 각국을 방문하거나 특정 국가에 체류하면서 통역관 또는 외교관으로 근무하였고, 중국 내에 있는 동안에는 동문관의 교습과 총리아문의 영어 통역관으로 일하였고 1891년에는 광서 황제에게 영어를 가르치기도 하였다. 특히 1902년부터 1906년까지는 출사영국흠차대신出使英國欽差大臣으로 임명되어 영국 공사관에 부임하여 근무하면서 영국뿐 아니라 이탈리아, 벨기에, 스페인과도 교섭하는 유럽 지역의 외교 수장을 지냈고, 1906년 귀국 후에는 정백기正白旗 한군漢軍 부토통副都統과 양남기鑲藍旗 몽고蒙古 도통都統을 지냈으며 정시廷試와 서학西學 고시의 열권대신閱卷大臣 즉 채점관으로 일하기도 하였다. 공직에서 물러난 뒤에는 별다른 활동을 하지 않고 저술 정리에 힘썼으며, 청나라가 망한 뒤인 1919년 1월 8일 북경에서 세상을 떠났다.[1]

그의 저술로는 8편의 해외 여행기 원고를 모아 영인하여 간행된『고본항해술기회편稿本航海述奇匯編』(총 10권)을 비롯하여, 여러 해에 걸쳐 당시의 신문에서 주요 사건과 기사를 옮겨적어 67세에 편찬을 완성한『성목청심록醒目淸心錄』(총 60권)과 자신의 시문집詩文集인『광록대부건위장군장공집光祿

---

1 장덕이의 생애에 대해서는 조카 장목인(張穆印)이 작성한 '연보'와 아들 장영화(張榮驊), 장영기(張榮驥)가 쓴 '행술(行述)', 후배 문인 반사괴(潘士魁)가 쓴 '일사(軼事)' 등을 바탕으로 하고(이들은 모두『광록대부건위장군장공집(光祿大夫建威將軍張公集)』제1~3권에 수록됨),『주향세계총서 1』에 수록된 종숙하의 해제, 그리고 Day, Jenny Huangfu, *Qing Travelers to the Far West*, Cambridge University Press, 2018 등을 참고하였다.

大夫建威將軍張公集』, 중국 최초의 영문법 해설서인『영문화규英文話規』, 그리고 중국과 외국의 연도를 대조하여 정리한『중외백년력中外百年曆』등이 있는데, 이들은 모두 영인 출간되었다.[2] 또한 그의 여행기는 1980년에서 1986년에 걸쳐 간행된 '주향세계총서走向世界叢書' 시리즈(1~4차, 2008년에 수정판이 간행됨)와 2016년에 간행된 '주향세계총서속편' 시리즈(5~8차)에 포함되어 현대식 구두점을 가하여 출간되기도 하였다.

앞서 말한 대로 장덕이는 모두 8차례에 걸쳐 외국을 방문하였는데, 그동안 해외에 체류한 기간은 모두 27년이나 되어 당시에 해외 경험이 가장 많은 공직자 중 한 사람이었다고 할 수 있다. 그의 해외 방문 또는 체류 경력을 정리해 보면 다음 〈표 1〉과 같다.

	연도	방문 및 체류 내용	저술
1차	1866	빈춘斌椿을 수행하여 유럽 방문	『항해술기』4권
2차	1868~1869	벌링게임, 지강志剛, 손가곡孫家穀을 수행하여 미국, 유럽 방문	『재술기』6권
3차	1870~1872	숭후崇厚를 수행하여 통역관으로 프랑스 방문	『삼술기』8권
4차	1876~1880	곽숭도郭崇燾를 수행하여 영국에서 통역관으로 근무, 숭후를 수행하여 러시아 방문	『사술기』16권
5차	1887~1890	홍균洪鈞을 수행하여 독일 사관使館에서 사원使員으로 근무, 러시아, 오스트리아, 네덜란드 등 방문	『오술기』12권
6차	1896~1900	나풍록羅豐祿을 수행하여 영국 사관에서 참찬관參贊官으로 근무, 벨기에, 이탈리아 등 방문	『육술기』12권
7차	1901	나동那桐을 수행하여 참찬관으로 일본 사관 방문	『칠술기』(개요)
8차	1902~1906	영국 공사관에서 출사영국흠차대신으로 근무	『팔술기』20권

〈표 1〉 장덕이의 여덟 차례 해외 방문 및 체류

표에 나타난 경력을 보면 1~3차와 7차는 탐방단이나 사절단의 일원으

---

2 국가도서관분관(國家圖書館分館) 편,『성목청심록(醒目淸心錄)』(총 13권), 전국도서관문헌축미중심(全國圖書館文獻縮微中心), 2004에 모아져 있다.

로 서양 각국 및 일본을 방문하여 통역 및 외교 활동을 한 것이고, 4~6차와 8차는 유럽 각국에서 일정 기간 체류하며 통역 및 외교 업무를 담당한 것임을 알 수 있다. 다시 말해 장덕이는 20대 중반까지는 미국과 유럽 각국을 방문하여 견문을 쌓았고 30대부터는 여러 차례 장기간 여러 국가에 주재하며 통역관과 외교관으로서의 경력을 쌓아간 정통 외교 관료로, 근대 초기 중국 외교사에서 매우 중요한 위치에 있었던 인물이었다. 또한 그가 남긴 방대한 자료와 기록들로 볼 때 그는 자료의 수집과 정리를 매우 좋아하였고, 보고 겪은 일들을 지치지 않고 상세하게 적어나간 열정적인 작가였다고 할 수 있다.

2. 첫 번째 여행과 두 번째 여행

앞서 말한 대로 장덕이의 첫 번째 서양 여행은 빈춘을 수행하여 유럽 여러 나라들을 다녀온 것이었다. 이 여행은 당시 조정에서 서양 사정에 밝은 중국인 관원을 양성할 필요가 있다는 인식이 커지던 중, 마침 중국 해관海關의 총세무사總稅務司로 일하던 영국인 로버트 하트(Robert Hart, 중국명 혁덕赫德, 1835~1911)가 총리아문을 방문하여 자신이 휴가로 귀국하는 길에 동문관 학생 한두 명을 데려가서 서양에 대한 견문을 넓혀주겠다고 공친왕에게 제안하여 시작되었다. 공친왕은 하트의 제안에 응하여 장덕이, 봉의, 언혜 등 동문관 학생 3명을 선발하고 학생들을 인솔할 책임자로 내무부內務府의 한군 정백기正白旗에서 일하고 있던 63세의 한족 관료 빈춘을 추천하였고, 빈춘은 자신의 아들 광영廣英을 데려가기로 하였다. 그 밖에 프랑스인 에밀 드 샹(Emile de Champs, 중국명 덕선德善), 영국인 에드워드 보우라(Edward Bowra, 중국명 포랍包臘, 1841~1874) 등의 통역자까지 포함하여 모두 8명으로 구성된 탐방단이 꾸려졌다. 이들 일행은 비록 정식 외교 사절은 아니었지만, 유럽 각국을 탐방하며 고위급 인사들과 교류하였고 특히 영국의 빅토리아 여왕과도 비공식적인 만남을 가질 수 있었다. 청나라 조정에서 최초로 파견한 빈춘 일행의 서양 방문은 이후의 외교 사절 파견의 출발점이 되었지만, 장덕이 개인의 외교관 생애의 중요한 출발점이기도 하였다. 이 여행을 성공적으로 다녀온 장덕이는 이후 지속적으로 서양 방문 외교 사절단에 포함되었기 때문이다.

장덕이의 두 번째 서양 여행은 1868년 초에 이루어졌는데, 이번에는 총리아문이 청과 서양 각국 사이에 맺은 조약의 개정을 포함한 외교적 교섭을 위해 미국과 유럽에 특사를 파견하기로 하고 당시 막 주청駐淸 미국 공사직을 사임한 앤선 벌링게임(Anson Burlingame, 중국명 포안신浦安臣, 1820~1870)에게 특사단의 대표를 맡아줄 것을 요청하면서 시작되었다. 청의 특사단 대표를 미국인 전 외교관에게 맡기는 것이 이례적으로 보일 수 있으나, 벌링게임은 1862년에 공사로 부임한 이후 청 조정과의 관계에서 우호적으로 활동하면서 특히 전함 구매를 둘러싸고 청과 영국 사이에 발생한 분쟁을 적극적으로 중재하여 청 조정으로부터 신임을 얻었고 이에 따라 미국과 유럽에서 청의 입장을 잘 대변해 줄 것으로 인정되어 총리아문이 그에게 특사단 대표를 제안하게 된 것이었다. 벌링게임이 제안을 받아들이자, 총리아문은 그와 함께 청의 입장을 더욱 확실하게 개진할 수 있게 하기 위하여 만주족 관리 지강志剛(1817~?)과 한족 관리 손가곡孫家穀(1823~1888)을 발탁하여 벌링게임과 함께 대표단을 이루게 하였고, 동문관 출신의 수행원 6명과 통역관 2명, 그리고 실무자, 의사, 무관 등 5명 등을 포함하여 모두 16명으로 이루어진 공식 사절단을 구성하였다.[3] 사절단 구성을 정리해 보면 다음 〈표 2〉

---

3 다만 무관 2명은 북경을 출발한 지 약 20일 만에 호위가 필요한 육로 여행을 마치고 뱃길을 따라 남하하기 시작할 때 일행을 떠나 호위 병사들을 인솔하고 귀경하였다. 또한 요리사와 하인 10여 명이 별도로 수행하였으나 이들의 존재는 장덕이의 기록에는 자세하지 않고 미국과 프랑스의 신문을 통해서 확인된다.

와 같다.

첫 번째 여행이 기본적으로는 탐방의 성격이 강한 소규모의 비공식 방문단이었다면 두 번째 여행은 외교 교섭의 임무를 공식적으로 부여받은 확대 사절단이었다. 동문관 출신 수행원들은 영어, 러시아어, 프랑스어를 각각 구사할 수 있었지만, 중국어에 능통한 서양인 통역관 두 명이 있었으므로 이들은 통역의 부담을 크게 지지 않고 여전히 비교적 자유롭게 탐방을 통해 견문을 넓히는 것이 주요 수행 목적이었다고 할 수 있고, 장덕이도 이와 같은 조건을 적극 활용하여 활동하면서 대표단이 전하지 못한 많은 이야기들을 남길 수 있었던 것이다.

대표단	앤선 벌링게임Anson Burlingame(중국명 포안신浦安臣) 지강志剛 손가곡孫家穀
통역관	영어: 존 맥리비 브라운John McLeavy Brown(중국명 백탁안柏卓安) 프랑스어: 에밀 드 샹Emile de Champs(중국명 덕선德善)
동문관	영관英館(영어): 봉의鳳儀, 덕명德明(장덕이)
	아관俄館(러시아어): 탑극십눌塔克什訥, 계영桂榮
	법관法館(프랑스어): 정준廷俊, 연방聯芳
공사供事	장춘령莊椿齡, 항정용亢廷鏞
의관醫官	추종호鄒宗灝
무변武弁	과경서果慶瑞, 뇌병문雷炳文 (청강포淸江浦에서 귀경)

〈표 2〉 1868년 사절단의 인원 구성

3. 두 번째 여행의 여정

사절단의 서양 방문과 인원 구성은 동치同治 6년(1867) 양력 11월 27일에 결정되었고, 이들은 1868년 1월 5일에 북경을 출발하여 3년 가까이 이어질 장기간의 장거리 여행을 시작하였다. 이들은 북경에서 상해까지는 육로와 운하를 통해 이동하였고, 그 이후 바닷길은 모두 증기선을 타고 장시간 이동하였으며, 서양에서 도착한 뒤 육로는 기차와 마차 등을 이용하며 이동하였다. 사절단의 여정을 요약하면 부록의 표와 같다. 이들의 여정을 보다 상세하게 살펴보기 위해 북경에서 요코하마까지, 미국, 영국, 프랑스, 그리고 귀환 등의 단계로 나누어 소개한다.

먼저 일행은 북경에서 출발한 지 거의 한 달 만에 상해에 도착하였다. 날마다 적게는 3~40리에서 많게는 70리까지 마차를 타고 가면서 주요 지점으로 탁주涿州, 하간河間, 제하齊河를 거쳐 1월 16일에 황하를 건넜고, 이후 태안泰安, 기주沂州, 숙천宿遷 등지를 지나 1월 24일에 홍택호洪澤湖 가의 청강포淸江浦에서 관선官船 여의如意 호를 타고 운하를 통해 남하하였다. 이때부터는 많게는 하루에 100여 리를 넘게 가면서 회안淮安, 양주揚州를 지났으며, 이후 장강長江에 들어가 남안의 진강鎭江에 들렀다가 다시 장강을 타고 내려가서 신강申江 즉 지금의 황포강黃浦江으로 진입하여 2월 2일에 상해의 부두에 도착하였다. 상해에서 일행은 외국인 세무사와 선교사, 그리고 중국인 관료들을 방문하였고 시내에 나가 연극 구경도 하면서 선편의 출발 날짜를 기다리다가 24일에 증기선 코스타리카 호를 타고 일본을 향해 출발하여 나흘 만에 일본 나가사키에 도착했다. 배는 하루를 정박하고 다시 출항하여 지금의 시모노세키, 세토나이카이, 효고를 지나 3월 4일에 요코하마에 도착하였다. 일행은 요코하마에서 며칠 머무르며 미국행 배편을 기다렸다가 3월 7일에 증기선 차이나 호를 타고 샌프란시스코를 향해 출발하였다.

여러 차례 거센 비바람과 파도를 맞으며 고생한 끝에 이십여 일이 지난 31일에 샌프란시스코항에 도착한 일행은 며칠 동안 차이나타운, 조폐국, 조선소, 방직공장, 제련소 등을 둘러보았고, 사상 처음 서양에서 청의 용기龍旗가 게시된 연회장에서 열린 캘리포니아 주지사의 환영 연회에 참석하고 앨커트래즈, 포트 포인트 등의 군사 요새도 탐방하면서 바쁜 일정을 보냈다. 샌프란시스코 일대에서 약 한 달 정도 머무른 일행은 4월 30일에 증기선 콜로라도 호를 타고 뉴욕을 향해 출발하여 거의 보름 만에 파나마에 도착하였고, 배에서 내려 기차를 타고 대서양 쪽으로 넘어가서 애스핀월(현 콜론)에 도착하여 다시 증기선 애리조나 호를 타고 출항하여 대서양을 따라 북상한 지 일주일여 만인 5월 22일에 뉴욕시에 도착하였다. 일행은 뉴욕시에서 8일을 체류하며 맨해튼의 극장, 갤러리, 센트럴 파크, 대학, 도서관, 고아원, 구빈원, 병원, 교도소 등을 방문하였고, 6월 1일 이른 아침에 기차를 타고 워싱턴 D.C.로 떠나 같은 날 오후에 도착하여 이튿날부터 윌리엄 수어드 국무장관과 앤드루 존슨 대통령을 차례로 예방하였다. 백악관 방문 이튿날부터는 의회당, 조지 워싱턴의 묘와 옛집, 알링턴 국립묘지, 재무부 청사 등 주요 장소들을 방문하고 율리시스 그랜트 부통령, 새먼 체이스 연방대법원장, 그리고 군 장성 등의 요인들을 두루 만나며 21일까지 머물렀다. 22일 뉴욕시로 돌아온 일행은 뉴욕 주지사 환영 만찬에 참여하고 극장, 학교, 경마장, 상점 등을 돌아보며 일주일 동안 머물렀다가 28일 저녁에 다시 기차를 타고 워싱턴 D.C.를 향해 출발하여 이튿날 도착하였다. 이때부터 약 한 달 동안 워싱턴 D.C.에 체류하면서 각계 인사들을 만나고 조폐국, 박물관 등지를 방문하고 시내 구경을 하였는데, 중요 일정이 많지 않고 비교적 여유롭게 지내다가 7월 25일에 사절단 주최로 미국 정관계 인사 6백여 명을 초청하여 만찬을 베풀었고, 28일에 천진조약의 개정안에 서명한 뒤 29일에 기차를 타고 워싱턴 D.C.를 떠나 뉴욕시로 돌아갔다. 뉴욕시에서 며칠 머무르며 전신국과 신문사를 방문한 일행은 8월 3일에 뉴욕시를 떠나 증기선을 타고 허드슨강을 따라 북상하며 올버니를 경유하여 오번이라는 소도시에 도착하여 수어드 국무장관의 사저 등지에서 사흘 동안 묵으며 감옥, 공장, 유아원 등을 방문하고 농기계, 온실, 상수도 시설 등을 관람하였고, 8

일에 로체스터를 거쳐 나이아가라에 도착하여 폭포와 현수교 등을 관람하며 휴식을 취했다. 15일에는 인근의 대도시 버펄로에 가서 곡물 창고, 철기국 등을 관람하고 나이아가라로 돌아갔다가 19일에 기차를 타고 나이아가라를 떠나 다음날 보스턴에 도착하였다. 보스턴에서는 전현직 주지사가 참석한 환영식과 만찬에 참석하였고, 군사 요새, 고아원, 음악당, 하버드대, 모직 공장 등을 방문하고 해군 요양소, 조선소, 시계 공장을 둘러보았고, 9월 2일에 보스턴을 떠나 뉴욕시로 돌아가서 영국행 선편을 기다렸다가 9일에 증기선 자바 호를 타고 출항하여 열흘 동안 대서양을 횡단한 끝에 19일 낮에 영국 리버풀에 도착하여 기차로 갈아타고 5시간 정도를 달려 심야에 런던에 도착하였다.

영국에 도착한 사절단은 영국 외교부 장관과 총리를 예방하는 등 대표단을 중심으로 하여 외교 업무를 이어갔는데, 장덕이는 때로는 대표단을 수행하기도 하고 때로는 독자적으로 움직이기도 하면서 하이드 파크, 동물원, 템스 터널, 대영박물관, 크리스탈 팰리스, 마담 투쏘, 박물관 등을 두루 관람하였고, 외교관이자 중국학자로 이름난 토머스 웨이드 경, 저명 시인 헨리 워즈워스 롱펠로 등을 만나기도 하면서 장기간 런던에 체류하였다. 특히 10월 30일에 영국인 애덕림艾德林(영어 이름은 미확인)의 기숙학교에 가서 두 달 정도 머무르면서 그에게 영어와 서양 사정에 대해 배웠고, 틈틈이 직간접적으로 보고 들은 모습과 그에 대한 자신의 생각을 일기에 남겼다. 이후 햄프턴 코트 팰리스, 켄싱턴 공원과 궁전 등을 방문하고 연극과 음악회 등의 공연을 관람하였다.

영국에 100여 일 체류하면서 외교 활동을 마친 일행은 이듬해인 1869년 1월 2일 아침에 기차를 타고 런던을 떠나 도버 항에 도착하여 증기선을 타고 프랑스 칼레에 도착한 후 다시 기차를 타고 당일 저녁에 파리에 도착하여 프랑스 체류를 시작하였다. 사절단은 프랑스에서도 여러 외교 업무를 수행하는 한편 여러 명승지를 방문하고 유명 인사들과 만나는 일정을 소화했는데, 장덕이도 활발하게 활동하면서 프랑스 체험을 쌓았다. 장덕이가 방문한 명소는 샹젤리제 거리, 개선문, 콩코르드 광장, 마들렌느 광장, 불로뉴 숲, 팔레 루아얄, 앵발리드, 뇌이 축제 등과 같이 역사적 문화적 명소들이 있었고, 이 밖에도 동물원, 극장, 카페, 무도회장, 화원, 육영당, 관상대, 여자대학, 목욕탕 등과 같은 일상생활과 가까운 여러 장소와 시설들도 함께 둘러보았다. 또 일행과 함께 총리, 황제, 파리 시장 등과 같은 정부 고위직 인사들을 예방하거나 존 포브스, 샌드니 후작 같은 중국 관련 인사들과도 만남을 가졌다. 장덕이는 파리에 장기 체류하는 동안 어린이나 성인들의 여러 가지 놀이와 게임 등에 특히 많은 관심을 보이며 그 종류나 방법에 대해 상세하게 적었다.

이처럼 여러 활동을 하면서 파리에 체류한 지 반년이 지난 7월 25일에 장덕이는 말을 타다가 추락하여 큰 부상을 입고 위중한 상태에 이르렀다가 다행히 회복되면서 재정 부담 감경 차원에서 존 브라운, 탑극실눌, 정준, 장춘령 등 일행 4명 및 하인 9명과 함께 9월 2일에 귀국길에 오르게 되었다. 기차를 타고 하루를 달려 이튿날에 마르세유에 도착한 일행은 4일에 증기선 펠루스 호를 타고 출발하여 10일에 이집트 알렉산드리아에 도착하였고, 기차를 타고 수에즈로 넘어가서 12일에 티그르 호를 타고 수에즈를 출발하여 아덴, 실론, 싱가포르, 사이공 등을 거쳐 한 달여 만인 10월 14일에 홍콩에 도착하였다. 도착 당일 바로 뒤플렉스 호로 갈아타고 홍콩을 출발하여 20일에 상해에 도착하였고, 이틀 후인 22일에 남심 호를 타고 상해를 출발하여 연대를 거쳐 26일에 천진에 도착, 28일에 마차를 타고 북경의 집에 도착하여 마침내 장장 2년에 가까운 시간이 걸린 세계 일주를 마쳤다.

전체 여정을 보면 일행은 이동하는 기간을 제외하고 미국과 영국에서 각각 약 3개월 남짓 체류하였고 프랑스에서는 9개월 정도를 머물렀는데,

미국에서는 이동 장소가 많았고 영국과 프랑스에서는 각각 런던과 파리에서 체류한 기간이 대부분이었다.[4] 또한 배로 이동한 시간은 상해에서 요코하마까지는 4일, 요코하마에서 샌프란시스코까지는 24일, 샌프란시스코에서 뉴욕까지는 22일, 보스턴에서 리버풀까지는 10일, 그리고 마르세유에서 천진까지는 52일이 걸렸다는 것도 알 수 있다. 장덕이의 첫 번째 서양여행이 인도양과 알렉산드리아, 마르세유를 거쳐 유럽 각국을 다녀온 것이었음에 비해 두 번째 여행은 처음으로 태평양을 횡단하여 대서양, 지중해, 인도양을 거쳐 지구를 일주한 것이었고, 특히 태평양과 대서양 횡단은 이때가 유일하였다. 한편 장덕이가 중도에 귀국한 뒤에도 사절단은 계속하여 스웨덴, 덴마크, 네덜란드, 독일 등을 방문하며 외교 활동을 이어갔고, 벌링게임이 1870년 2월 러시아의 상트페테르부르크에서 갑자기 세상을 떠난 뒤에도 지강이 대표가 되어 그해 9월까지 이탈리아와 스페인 등을 방문하고 귀국길에 올라 11월에 북경에 귀환하였다.

4. 술기述奇의 글쓰기: 신기한 타자에 대한 성실한 서술

장덕이의 여행기의 특징은 무엇보다도 기록의 성실함을 들 수 있다. 그는 모두 여덟 차례의 해외여행 때마다 매일 일기를 적었고,[5] 이는 두 번째 여행에서도 마찬가지여서 1868년 1월 5일 북경 출발일부터 이듬해 10월 28

---

4 장덕이의 『구미환유기』와 지강의 여행기인 『초사태서기(初使泰西記)』를 종합해 보면 런던과 파리에서의 공식적인 일정은 많지 않았다. 다만 장덕이 등의 동문관 출신 수행원들은 체류 기간 동안 각국의 생활을 다양하게 경험하고 언어를 배울 수 있었던 것으로 보인다.

5 1901년 일본에서 3개월 정도 체류했던 기간 동안의 일기는 개요만 적은 매우 간략한 형태이다. 1900년 6월 11일 북경 주재 일본 서기관 스기야마 아키라(杉山彬, 1862~1900)가 의화단과 가까운 감군(甘軍)에게 살해당한 사건이 일어나자 청 조정은 일본에 깊은 유감을 전하고 위문과 배상을 하기로 하여 이듬해 6월부터 9월까지 예부시랑 나동을 대표로 한 위문단이 일본을 방문하였고, 장덕이는 이 방문을 수행한 것이다. 이 때문에 그는 일기 첫머리에 "국체國體에 욕됨을 깊이 느껴 '철이부술輟而不述(개요만 나열할 뿐 상세히 서술하지 않음)'하였다"고 적었다.

일 북경에 돌아간 날까지 하루도 빠짐없이 일기를 남겼다. 일기의 구성은 음력 날짜와 날씨로부터 시작하여 그날의 주요 일정을 시간대별로 적고 필요하면 자신의 생각을 덧붙이는 방식이었다. 대양 항해 중이나 별다른 일정이 없는 경우에도 사람들과의 대화 내용이나 다른 사람들의 소문까지 옮겨 적었고, 특정한 주제에 대해 자신이 알게 된 지식을 자세히 설명하는 날도 적지 않았다. 적을 내용이 많지 않을 때에는 날씨 변동에 대해서라도 적었다. 그러나 방문지나 체류지에서는 자신이 보고 들은 일을 하나라도 빼놓지 않으려는 듯한 태도로 방문 장소와 일정, 만난 사람들의 이름 같은 주요 내용뿐만 아니라 음식, 주변 광경, 각종 신기한 물건들의 모양과 쓰임새 등 사소한 내용들까지도 자세하게 적었다. 이는 장덕이가 자신이 경험하거나 전해 들은 다양한 일에 관한 관심이 깊었을 뿐 아니라 기록에 대한 집착에 가까운 습관을 익혔음을 말해준다. 사절단의 대표 중 한 사람인 지강도『초사태서기初使泰西記』라는 이름으로 여행기를 남겼지만, 그는 매일 일기를 남기지 않았고 중요한 일정이 있는 날에만 자신의 의견이나 소감을 더해 글을 썼다. 장덕이는 지강에 비해 훨씬 부지런하고 꼼꼼한 저자였던 셈이다. 물론 장년의 사절단 대표와 갓 스물이 넘은 청년 수행원이 보고 느끼고 기록한 서양의 모습은 똑같을 수 없었을 것이겠지만, 장덕이의 일기는 의무적인 방문 보고서의 수준을 훨씬 뛰어넘어 호기심 가득한 눈으로 자세히 바라본 이역의 모습들을 지치지 않고 적어나갔던 것이다.

그의 이와 같은 기록벽記錄癖은 특히 중국에서는 보기 어려운 산업 시설이나 복지 시설, 그리고 역사 유적이나 문화 활동 등과 관련된 대상들을 경험했을 때 두드러진다. 예컨대 샌프란시스코에서 방문한 조폐국, 조선소, 방직공장, 요새, 포대, 그리고 미국 동부나 영국, 프랑스에서 방문한 유적, 궁전, 공원, 무도회장 등에 대한 묘사는 모두 매우 상세하고 생생하여 사명감을 갖고 최선을 다해 현장의 모습을 기록하여 귀국 후에 주위 사람들에게 자신의 견문과 소감을 적극 전달하고자 하는 의지가 강했음을 알게 한다. 일례로 샌프란시스코의 조폐국을 방문한 날에 적은 일기를 보자.

[동치同治 7년 3월] 18일 정묘(1868년 4월 10일 금요일). 맑음. 사정巳正(10시)에 지志 흠헌欽憲(지강)과 손孫 흠헌(손가곡)을 따라 조전국造錢局(조폐국)에 구경하러 갔다. 국은 아주 넓고 컸고 높이는 4층이었다. 조전의 방법은 화기火機(증기기관)를 많이 사용하였다. 먼저 광사礦砂를 통에 넣어 녹여 덩어리로 만들고 찌꺼기를 제거한다. 그리고 녹은 덩어리를 물에 넣어 가루로 만든다. 그다음에 가루를 강수로强水爐에 넣어 금, 은, 동 세 가지를 분리하고 그것으로 돈을 만든다. 금을 두 곤축輥軸(롤러) 사이에 끼워 넣고 돌리면 금괴가 평판이 된다. 다시 평판을 알기軋機(구멍 뚫개)에 놓는다. 이 기계는 장붓구멍과 장부 사이처럼 동작하는데 기계가 움직이고 평판이 진행하면 동그란 모양으로 잘려서 아래로 떨어지고 동그란 구멍이 생긴 나머지 평판은 연속으로 다른 상자로 들어간다. 아래로 떨어진 동그란 금을 눌러 옆으로 펴면 문양을 찍을 수 있게 된다. 인기印機(압인기)는 덮개처럼 생겨서 아래로 눌러 음각을 만든다. 덮개가 올라갔다 내려갔다 하는 것과 둥근 모양이 왔다 갔다 하는 것이 순전히 윤기輪機만으로 움직이고 인력을 필요로 하지 않아 지극히 빠르다. 또 목판 위에 동전 틀 백 개를 파 놓는데 틀의 깊이와 돈의 두께가 같다. 돈이 만들어지면 손으로 흩뜨려서 틀에 다 채우면 양전洋錢 백 원이 된다. 이것을 다른 곳으로 기울이면 사람 손으로 세는 것보다 훨씬 빠르다. 은전과 동전도 이와 같은 방법으로 만든다. 미초未初(13시)에 숙소에 돌아왔다.

기계화된 조폐창에서 화폐가 생산되는 모습을 최대한 자세하게 기록하고 있는 모습이 이 기록을 참고하여 중국 내에서 필요한 시설을 만드는 데 도움을 주고자 하는 기대나 바람이 있지 않았을까 추측하게도 된다. 다른 기관이나 시설을 방문했을 때도 이와 같이 자세한 묘사를 남긴 사례가 적지 않다.

　장덕이는 여행지에서 자신이 만난 수많은 사람들에 대해서도 빠짐없이 적으려고 했다. 그가 만난 사람은 상해에서는 응보시應寶時, 진복훈陳福勳 등의 중국인 관원과 토머스 딕, 헨리 콥쉬 같이 해관(세관)에서 일한 서양인 세무사들이 있었고, 미국에서는 앤드루 존슨 대통령을 비롯하여 율리시스 그랜트 부통령, 윌리엄 수어드 국무장관, 그리고 주지사, 하원 의원, 장군 등의 고위직 인사뿐 아니라 상공업자, 선교사 같은 사람들도 다양하게 만났으며, 영국과 프랑스에서도 빅토리아 여왕과 나폴레옹 3세를 비롯하여 총리, 외무장관, 주지사 등의 고위층 인사와 함께 귀족, 상인, 작가, 학자 등을 두루 만났다. 그가 만난 사람 가운데 다른 기록에서 보기 어렵거나 주목되는 인물들을 꼽아보면 다음과 같다. 먼저 런던에서는 토머스 웨이드 경, 애덕림, 로버트 더글러스 경 등이 주목되는데, 토머스 웨이드 경은 영국의 외교관이자 중국학자로, 군인으로 아편전쟁에 참전했다가 홍콩, 상해 등지에서 외교관으로 활약했고, 이후 케임브리지대학 교수로 중국어 로마자 표기법을 고안한 학자였다. 또 애덕림은 영국인 교사로, 그를 약 두 달 동안 기숙시키면서 영어와 서양 문화에 대해 가르쳐주었다. 그리고 로버트 더글러스 경도 영국의 외교관이자 중국학자로, 홍콩, 광주, 북경 등지에서 외교관으로 활동했고 대영박물관 도서관의 중국 담당자와 킹스 칼리지 교수를 지낸 사람이다. 이어 파리에서는 존 포브스, 왕승영王承榮, 곽회인郭懷仁, 정돈령丁敦靈, 생드니 후작, 이융방李隆芳 등이 주목되는데, 존 포브스는 미국인 부호로 중국에서 사업을 펼친 사람이고, 왕승영은 영파寧波 출신의 상인으로 20년 이상 파리에 거주한 이민자였으며, 곽회인도 사천四川 출신의 파리 이민자였다. 또 정돈령은 평양平陽 출신으로 마카오를 거쳐 파리에 가서 통번역가로 활동하며 유명한 중국학자 스타니슬라스 줄리앙의 번역과 저술을 도운 사람이며, 생드니 후작은 줄리앙의 뒤를 이어 콜레주 드 프랑스의 교수를 지낸 중국학자로 이용방이라는 중국인 조수의 도움을 받아 당시唐詩와 「이소離騷」 등을 비롯한 많은 중국 고전을 프랑스어로 번역한 사람이다. 그리고 사이공에서 만난 장옥생張沃生은 향산香山 출신으로 홍콩에서 사업을 하다가 사이공으로 건너가 장기간 그곳에서 사업을 하며 중국인 여행객들과 교류한 사람이다. 이들 중 웨이드, 더글러스, 포브스, 생드니 후작 등은 당시의 이름난 중국학자 및 사업가였지만, 왕승영, 곽회인, 정돈령, 이용방, 장옥생 등과 같은 중국인 이민자들은 19세기에 유럽과 아시아를 무대로 파란만장한 삶을 이어갔으나 그동안 잘 알려지지 않았다가 장덕이의 기록을 통해 비로소 그 존재가 희미하게나마 드러나면서 특별히 주목되는 인물들이다. 이와 같은 인물들에 대한 조명을 더 진행하고 새로운 인물들을 더 발굴하여 이 시기 디아스포라에 대한 새로운 이해와 인식이 이루어질 수 있을 것으로 기대된다.

장덕이의 호기심 가득한 관찰력은 며칠에 한 번씩 일기 말미에 덧붙인 '기記' 즉 부기附記 부분에서도 잘 드러난다. 물론 그날 방문한 장소나 만난 사람, 겪은 일 등에 대해서도 빠짐없이 기록하고자 했지만 '기'에서는 각 나라나 도시의 개요와 역사, 풍속과 제도 등을 비롯하여 지리, 종교, 여성, 결혼, 성매매, 무도회, 달력, 철도, 빈민, 세금, 속설, 인사법 등과 같은 개별적인 항목에 대해 자신이 알게 된 사실을 비교적 자세히 적고 있고, 특히 아이들이 즐기는 놀이와 나이에 관계없이 즐길 수 있는 게임 등에 대해서는 매우 자세하게 설명하고 있다. 예컨대 놀이 중에는 겨루기 놀이 31종류, 구슬 놀이 13종류, 팽이 놀이 4종류를 소개하고 있고, 수영의 준비 과정, 영법, 유의 사항 등에 대해 14항목으로 자세하게 적었으며, 체커, 도미노스, 백개먼, 체스 등과 같은 게임에 대해서도 도구, 방법, 규칙 등을 비교적 조리 있게 설명하고 있다. '기' 형식의 기록이 일기의 본문과 다른 특징은, 본문은 주로 그날그날 자신이 직접 방문하거나 체험한 일을 중심으로 적은 것인데 비해, '기'는 직간접적인 여러 경로를 통해 새로 알게 된 지식들을 정리하여 기록하고자 했기 때문이라고 하겠다. 물론 '기' 중에는 "동선한 양인洋人은 남녀 24명이고, 화인華人은 남녀노소 1,237명으로 광동 사람이 많았다."(1868년 3월 7일)와 같이 극히 짧은 것도 있으나 서술 대상에 대해 비교적 길고 자세하게 적은 것이 대부분으로, 장덕이의 호기심 어린 기록벽 즉 '기이한 것(奇)을 서술한다(述)'라는 정신을 가장 잘 드러내고 있는 사례들 가운데 하나라고 할 수 있을 것이다.

다만 장덕이는 사절단에서 공식 통역의 부담을 지지 않고 비교적 자유롭게 활동했다. 이러한 배경 때문인지 그는 대부분의 공식 외교 행사에 대표단을 따라 참석했지만 대체로 간략하게 그날의 모습을 기록으로 남겼을 뿐 그 행사의 구체적 내용 및 그에 대한 자신의 의견을 남긴 것은 찾아보기 어렵다. 예컨대 사절단이 미국을 방문한 가장 중요한 목적인 천진조약의 개정안 서명 행사에는 장덕이는 참석하지 않고 다음과 같이 적었다.

[동치 7년 6월] 9일 병진(1968년 7월 28일 화요일). 아침에는 먹구름이 가득하더니 오후에 바람이 불어 맑게 개었다. 지 흠헌과 손 흠헌이 총서總署에 가서서 담판한 안건에 도장을 찍어 신뢰로써 지킬 것을 밝히고 바로 총통부와 각 처에 가서 작별을 고했다.

위에서 '담판한 안건'은 바로 천진조약의 개정안을 말하는데, 장덕이는 개정안의 구체적인 내용에 대해 전혀 언급하지 않고 있다. 사절단의 대표자인 지강이 쓴 『초사태서기』에 해당 개정안의 조문條文과 부기가 빠짐없이 상세하게 기록되어 있는 것과 대조된다. 영국과 프랑스에서 국왕을 만난 일도 간략하게 적는 데 그치고 있다. 따라서 장덕이의 여행기에 사절단의 주목적인 외교 행사의 내용과 그 의미에 대한 서술은 미흡하다고 할 수 있다. 이는 그의 여행기에 해당 지역의 지리적 경관과 처음 접하는 여러 종류의 시설과 자신이 만난 사람들이 보여주는 풍속과 문화 등 영민한 청년이 바라본 서양의 모습이 상세하게 적혀있는 것과 대비된다.

5. 장덕이의 시선: 호기심과 거부감의 뒤섞임

위에서처럼 장덕이의 자세한 서술은 그가 방문한 장소와 만난 사람을 가리지 않고 이루어졌는데, 그의 호기심은 외국어에 대한 관심에서도 잘 드러난다. 서양어에서 외국어를 표기하는 방식이 중국어의 경우와 비슷하다고 생각하는 대목을 인용해 본다.

[동치 7년 4월] 21일 계해癸亥(1868년 6월 1일 화요일). 흐리고 서늘함. 기기記: 외국에서는 각 물건을 말할 때 본국에서 나거나 만들어진 것이 아니면 환음還音(음역)하는 일이 많다. 생산되는 땅에서 불리는 이름을 [그대로] 이름으로 삼는 것이 있는데, 이를테면 차茶는 '체첩(tea)' 또는 '차叉(chai)'라고 하고, 자기瓷器는 '재납齋納(china)' 또는 '중국中國'이라고 하고, 탑은 '도이陶爾(tower)' 또는 '파구타巴勾他(pagoda)'라고 하고, 아편연鴉片烟은 '구편아歐片亞(opium)' 또는 '구피양歐皮陽(opium)'이라고 한다. 마치 중토中土에서 살피아薩皮雅(sophia), 바라밀波羅蜜(paramita), 답련褡褳(talimp), 객라喀喇(kala), 필기嗶嘰(beige) 등으로 [음역]하는 것과 비슷하다. 화륜차선火輪車船(기차와 증기선), 전기선電氣線(전선) 등의 이름은 모두 그 뜻을 생각하여 이름으로 정한 것이다.

그는 서양과 중국에서 모두 음역어가 많이 쓰이지만 '화륜차선'이나 '전기선'처럼 중국에 들어온 서양 문물에 의역어도 만들어져 쓰이고 있음을 지적하고 있다. 실제로 그의 일기에는 지명과 인명 같은 고유명사는 음역의 방식으로 표기되는 일이 많고 새로 접한 문물이나 개념은 넓은 의미의 의역 방식으로 표기된 사례들이 많다. 지명을 음역한 사례로는 캘리포니아는 알력불니아嘎力佛呢亞, 샌프란시스코는 삼불란서사고三弗蘭西司皋로 표기한 것이 있고, 의역한 사례로는 합중국合衆國(United States), 금산金山(Golden Mountains, 샌프란시스코) 등이 있다. 신문물을 의역한 사례로는 화기火機(증기기관), 윤선輪船 또는 화륜선火輪船(증기선), 윤차輪車 또는 화륜차火輪車(기차), 용화금은창熔化金銀廠(제련소), 신문지新聞紙(신문) 등이 있고, 정치 제도와 관련된 용어로는 총통總統(대통령),[6] 신사紳士(의원), 상회당上會堂(상원), 하회당下會堂(하원) 등이 의역의 방식으로 표기되어 있다. 음역어는 대체로 장덕이의 독자적인 표기가 많고 의역어는 이미 쓰이고 있던 것과 장덕이가 새로 쓴 것들이 뒤섞여 있었던 듯한데, 분명한 것은 그의 일기 속에 기록된 많은 외국어 어휘들 가운데 상당수가 중국에 알려지면서 중국의 서양 인식이 확장되고 중국어 어휘의 증대가 이루어졌다는 것이겠다. 장덕이의 여행기가 비록 중국 내에서 즉각 널리 알려지지 않았다고 해도 최소한 장덕이 자신을 포함하여 서양 지식에 대한 관심과 수용에 적극적이었던 사람들로부터 인식의 변화와 새 어휘의 확산이 시작되었을 것임은 부인할 수 없을 것이다. 어떻든 외국어 표기에 대한 장덕이의 관심 역시 서양 문물에 대한 그의 왕성한 호기심을 보여주는 사례라고 하겠다.

장덕이는 서양의 많은 사람들을 만나 현지의 문화와 역사에 대해 지식을 넓히기도 했지만, 이들과의 만남은 타문화에 대한 자신의 부정적인 생각

6　그는 미국에서 '총통'을 백리새천덕(伯理璽天德, president)이라고 부른다는 사실도 소개하고 있다.

을 드러내는 기회가 되기도 했다. 예를 들어 그가 미국에서 만난 중국계 선교사가 중국에 천주교를 전파하고자 한다고 말하자 그는 이렇게 힐난한다.

나는 당신이 어찌 그리도 어리석은지, 어찌 그리도 어리석은지 애석하오! 무릇 이른바 진실한 선도라 함은 당신이 알 수 있는 바가 아니오. 야소耶蘇(Jesus)라는 사람은 1,860년 전에 태어났는데 이는 한漢 평제平帝 때이고, 그가 선언善言으로 서토西土를 교화하여 구라파 각국의 인민들은 모두 그의 은택을 입어 대대로 그의 가르침을 받들어왔소. 공자는 야소보다 550여 년 전인 주周나라 때 태어나셨고 남기신 가언嘉言과 의행懿行으로 아세아 각국과 부근 도서島嶼들에 전해져서 이들을 교화하셨으니, 이를테면 일본, 유구琉球(오키나와), 안남安南(베트남) 각국 인민들이 모두 그 은택을 입어 대대로 그 가르침을 받들어왔소. 당신은 아세아 사람이니 어찌 이쪽을 버리고 저쪽으로 귀의한다는 말이오? (…) 당신이 천주교를 따르는 것은 행선行善을 하고자 함이 아니라 취리取利일 뿐이오. 당신은 지금 작은 이익을 취하기 위해 대의를 어지럽히고 당신의 조상과 당신의 부친을 망각하는 것이니, 당신이 죽고 나서 어찌 당신의 선대 조종祖宗을 뵐 수 있겠는가? 당신의 조부 또한 당신을 자손으로 여기지 않을 것이오. 아! 아! 양을 잃었더라도 외양간을 고치면 아직 늦지 않았소.

그는 한편으로는 서양에 대한 적극적인 관심과 흥미를 가지고 자신이 보고 들은 일에 대해 자세하게 적고자 했지만, 이처럼 다른 한편으로는 천주교에 대한 거부감과 유가적 전통문화에 대한 옹호의 태도가 분명하게 드러나 있다. 서양을 이해하여 중국을 위기에서 구해내고자 하는 사절단의 목적과 이를 수행한 장덕이의 복합적인 심리가 상징적으로 드러난 대목이라고 하겠다.

장덕이가 보여주는 서양에 대한 흥미와 중국문화에 대한 애착은 중체서용中體西用이라는 당시의 정치적 기조의 영향을 받은 것이겠는데, 다음 글에서 특히 흥미롭게 드러난다. 그는 샌프란시스코 만의 맞은편 도시인 오클랜드를 다녀와서 그 감흥을 「구란기鷗蘭記」라는 글로 남겼는데, 이 글은 송나라 때의 유명한 문인이었던 구양수歐陽修의 명작 「취옹정기醉翁亭記」의 정취를 빗대어 쓴 것이다. 일부를 본다.

작은 정자를 맑은 물이 감싸고 긴 탁자에는 꽃그늘이 드리워져 있었다. 많은 음식을 만들어 객들에게 주었는데 객들은 많은 향기가 퍼지는 가운데 줄지어 앉았다. 곧 삼편三鞭(샴페인)을 따르고 가비加非(커피)를 마시고 손에는 도차刀叉(칼과 포크)를 들었는데 고기의 노린내가 났지만, 그곳 습속을 따랐다. 멀리 올록볼록 이어지고 무성하여 수려한 모습이 보였는데 이는 주점 앞의 언덕이다. 누대樓臺가 이어져 있고 들판 향기가 그윽한 것은 주점 뒤의 명원名園이다. 물이 거울과 같고 물결이 일지 않고 동남쪽을 감싸고 있는 것은 주점 오른쪽의 작은 호수이다. 주점과 언덕 사이에 용이나 무지개처럼 호수 위에 가로누워 있는 것은 긴 다리이다. 아름다운 나무가 무성하고 녹음이 이어져 있는 것은 주점 왼쪽의 떡갈나무 숲이다. 천만 가지로 알록달록하여 난금爛錦처럼 어지러운 것은 봄날의 고운 꽃들이다. 이윽고 꾀꼬리가 목청을 돋우듯 고운 소리가 울려 퍼지는 것은 번부番婦(미국여자)가 음식을 가져오는 것이다. 쟁강거리는 소리가 어지럽게 퍼지는 것은 사람들이 음식을 먹으며 도차가 움직이는 것이다. 남녀가 섞여 앉고 신발이 뒤섞여 있다가 일어나서 떠들썩한 것은 좌객座客들이 즐거워하는 것이다. '구구 동동'하는 소리는 번인番人(외국인)이 말하는 것이다. 이윽고 차와 술을 마치니 잔과 그릇이 어지럽고 석양이 산에 걸려 맑은 바람이 솔솔 불고 새들이 지저귀고 숲에서는 바람

소리가 났다. 태태太太(여자)들이 먼저 자리를 떠나면서 여우가 꼬리를 땅바닥에 끌듯 긴 치마를 끌고 가는데 향취가 풍겨왔다. 비록 발이 한 척이나 되었지만 가녀리고 고운 자태였다. 아연히 쳐다보면서 더는 작별을 고하는 이가 없었으니 객들이 취한 것이었다. 객들이 취하자 성사星使(대사)께서 떠나셨다. 이 일을 적어 일소一笑에 부친다.

취옹정으로 올라가는 길에 보이는 장소들을 짧은 문장으로 리듬감 있게 이어가는 「취옹정기」처럼 이 글 역시 아름다운 산과 원유園囿[7]와 호수로 둘러싸인 구란(오클랜드)의 한 야외 식당에서 서양식 식사와 음료를 즐기며 주변의 수려한 풍광과 즐겁게 식사 중인 사람들의 모습을 한껏 흥겨운 심정으로 그려내고 있다. 중국 여성과는 다른 서양 여성의 커다란 발도 놓치지 않으면서. 구양수의 스타일에 따라 오클랜드 레스토랑의 아름답고 흥겨운 모습을 적은 이 글을 중체서용을 실현한 문장으로 본다면 억지일까.

6. 『구미환유기(재술기)』의 문화사적 의의

두 차례 아편전쟁의 결과로 1842년에 맺어진 남경조약과 1858년에 맺어진 천진조약은 근대 중국의 대표적인 불평등조약으로, 통상 이를 기점으로 서양 열강의 중국 진출이 본격화하고 청 조정의 위기감이 커지기 시작했다고 평가된다. 이와 같은 정세 속에서 1868년의 사절단은 미국으로부터 최혜국 대우를 받게 되는 벌링게임 조약 체결을 포함하여 중국의 국제적 위기 상황을 조금이라도 완화하고자 파견된 것이었다. 이 사절단에 포함된 동문관 장학생 출신 청년 장덕이는 서양 여행에 대한 기대감과 어려운 나라 상황에 무거운 임무를 지니고 먼 길을 떠난다는 부담감이 함께 있었을 수

---

7 장덕이는 정원(garden)과 공원(public park)을 구분하지 않고 모두 원유라고 썼다.

있으나, 일기에는 새로운 나라와 문명의 여러 가지 '기이한' 모습들을 호기심 가득한 시선으로 바라보고 이를 자세히 적어낸 기록들로 가득하다. 물론 여러 가지 아이들 놀이에 대한 거듭된 관심에서 보듯이 때로는 사소하고 덜 중요해 보이는 일들을 지나치게 자세하게 소개하고, 워싱턴 D.C.에서 조우한 화교 기독교 선교사에게 유교를 배신하고 기독교를 따른다고 거세게 비난한 데에서 보듯이 과격한 애국주의의 모습이 종종 드러나기는 하지만, 만 2년 가까운 기간에 걸친 근대 중국 최초의 세계 일주 경험을 통해 지강이나 손가곡 같은 장년 대표단이나 동년배의 동문관 장학생들이 미처 증언하지 못한 수많은 이야기들을 지치지 않고 자세히 기록으로 남긴 사실만으로도 장덕이의 여행기의 문화사적 가치는 비교할 수 없이 크다고 할 수 있다.

향후 같은 여행의 기록인 지강의 『초사태서기』와의 비교를 통해 사절단의 행적과 공과를 보다 다면적으로 이해할 수 있을 것이다. 장덕이의 여행기를 국내에 소개하면서 그가 경험한 이역에 대한 호기심 넘치고 지치지 않는 기록을 남긴 근대 일기 문학의 명작을 통해 근대 중국의 서양 인식과 당시 동아시아 국제 관계사에 대한 우리의 이해가 조금이라도 나아지기를 바란다.

제2부

구미환유기(재슐기) 번역

종준성의 서문

    대해大海의 한가운데 수미산須彌山[1]이 있다. 물에 잠긴 부분과 물에서 나온 부분이 각각 8만 4천 유순由旬[2]이고, 뭍에서 떨어진 거리도 4천 유순이다. 꼭대기에는 아누달阿耨達 연못[3]이 있는데, 물이 네 갈래로 흘러 꼭대기를 감돌다가 대해로 흘러든다. 산의 동쪽에 불우체주弗于逮洲, 서쪽에 구야니주瞿邪尼洲, 북쪽에 울단월주鬱單越洲, 남쪽에 염부제주閻浮提洲 등 4개의 대주大洲[4]가 있고, 주위에 8만 4천 개의 소주小洲가 있다. 사정이 이러하니 사해四海가 어찌 끝이 있겠는가? 육합六合[5]의 바깥을 성인은 논하지 않으

---

1 불교의 우주에서 중심에 있는 상상의 산으로, 수미는 수메루(Sumeru)의 음역어이다. 메루(Meru) 산, 마하메루(Mahāmeru) 산, 시네루(Sineru) 산이라고도 하고, 의역하여 묘고산(妙高山) 또는 묘광산(妙光山)이라고도 한다.

2 옛날 인도의 거리 단위로, 요자나(yojanā)의 음역어이다. 80리, 60리, 40리 등의 여러 설이 있다. 당(唐) 현장(玄奘)이 쓴 『대당서역기(大唐西域記)』에서는 제왕의 거마(車馬)가 하루에 달리는 거리라고 했다.

3 아누달은 범어 아나바탑타(Anavatapta)의 음역어로, 무열뇌(無熱惱, 뜨겁지 않음, 번뇌가 없음)의 뜻이다. 아누달 연못은 세계의 중심에 있는 연못으로, 항가하(恒伽河), 사타하(私陀河), 신도하(信度河), 박추하(縛芻河) 등 네 줄기 강의 연원이며 이곳에 살던 용왕이 보살이 되었다고도 한다.

4 불교의 4대 부주(部洲)로, 수미산을 중심으로 사방에 있다는 네 대륙을 말한다. 한문으로는 동승신주(東勝身洲), 서우하주(西牛荷洲), 남섬부주(南贍部洲), 북구로주(北俱盧洲)라는 이름이 잘 알려져 있고, 범어로는 각각 푸르바비데하(Pūrva-videha, 동방 승신인[勝身人] 즉 몸이 뛰어난 사람들의 땅), 아파라고다니야(Apara-godānīya, 서방 우화[牛貨] 즉 소를 파는 땅), 잠부드비파(Jambu-dvīpa, [남방] 잠부 나무의 땅), 우타라쿠루(Úttara-kuru, 북방 끝의 땅)라고 한다. 본문에서 불우체, 구야니, 염부제, 울단월은 각각 범어의 해당 단어 일부를 음역한 것이다. 참고로 명대 소설 『서유기』에서는 손오공의 근거지 화과산은 동승신주에 있고, 당나라는 남섬부주에 있고, 천축은 서우하주에 있는 것으로 나온다.

5 천지와 사방을 합한 말로, 인간 세상을 뜻한다.

셨는데, 일부러 논하지 않으신 것이 아니라 볼 일이 거의 없기 때문이었다.

재초씨在初氏[6]가 여러 차례 사신使臣을 모시고 먼바다를 건넜는데 모두 구야니의 땅[7]이었고 갈 때마다 반드시 손으로 적었다. 일찍이 그의 초편初編을 읽은 적이 있었는데, 이번에 다시 동년同年의 이작주李芍洲 가부駕部[8]를 통해 이편二編과 삼편三編을 내게 보내와 글을 써달라고 부탁해 왔다. 내 생각에 중토中土(중국)는 정기正氣요 해외海外는 여기餘氣이다. 글들 속에 적은 각국의 풍토, 인정人情과 일체의 기기괴괴한 일들은 모두 눈으로 본 것이나, 옛날 책에 있는 기굉奇肱, 장고長股, 무장無腸, 섭이聶耳 등의 나라[9]에 대한 기록은 하나도 보이지 않는다. 어찌 그러한가? 천체天體는 둥글고 드넓어 둘레가 6억 10만 7백 25보步이고, 대지의 두께는 48만 유순이며, 그 수륜水輪(물레방아)의 두께는 60만 유순이다. 옛사람이 말했다. "곤륜崑崙 산에는 기운이 모여 있어서, 마치 바다의 배꼽과 같다." [그렇다면] 해외의 여러 주들은 아마 [바다의] 지절肢節이 아닐까? 뿌리가 크고 말단이 작은 것과 안이 무겁고 밖이 가벼운 것을 일컬어 '굳세다'고 하는데, 듣기로 재초씨가 또 태서泰西(서양) 각국을 수행하여 그 정치와 형벌의 큰 줄기를 상세히 살피고 강약득실의 이유를 밝혀 사편四編을 쓸 것이라고 하니, 내가 그것도 읽어 칭송하고자 한다.

인화仁和 종준성鍾駿聲[10]

---

6 본서의 저자 장덕이(張德彝)를 말한다. 해제 참고.

7 여기에서는 서양을 가리킨다.

8 말, 수레, 가마, 병거(兵車), 우역(郵驛) 등에 관한 일을 맡은 벼슬이다.

9 이들은 모두 고대 지리서 『산해경(山海經)』에 나오는 나라 이름이다. 기굉과 장고는 각각 팔과 다리가 긴 사람들이 사는 나라이고, 무장은 장이 없는 사람들이 사는 나라이며, 섭이는 귓불이 긴 사람들이 사는 나라이다.

10 종준성(1833~?)은 절강(浙江) 인화(仁和) 즉 지금의 항주(杭州) 사람으로, 함풍(咸豐) 10년 (1860) 은과(恩科)에 급제하여 한림원 수찬(翰林院修撰) 및 시강학사(侍講學士) 등을 지냈다.

장덕이의 자서

　천하의 땅은 다섯 개의 대주大洲[11]로 나누어지고 나라는 수백 개이며 사람은 백억조百億兆이니, 풍토와 인정이 크게 다르고 의복과 음식도 서로 다르다. 이들은 바다 건너 산 너머에 아조我朝(청)와 천리만리 떨어져 있으니 두루 돌아보는 것은 실로 어렵다. 하물며 한 사람이 두루 돌아보는 것은 더욱 어렵지 않겠는가? 앞에 나온 천하의 여러 책들에서 실로 이미 자세히 말했지만, 말한 바가 징실徵實[12]한 것은 열 가운데 두셋에 불과하다. 덕명德明[13]이 두 차례 명을 받아 사신을 수행하여 항해하며 동서의 땅을 한 바퀴 돌았으니, 10여만 리 열세 나라를 다니며 눈과 귀로 보고 들은 것 중에 앞에서 말하지 않은 것들을 날마다 한두 가지씩 적었다. 범사凡事에 징실하여 군더더기 같아도 피하지 않았으니 함부로 경솔하게 지은 글은 아니다. 차나 술을 마실 때 이 글을 보면서 수마睡魔를 물리칠 수도 있을 것이다.

　동치同治 임신壬申년(1872) 여름, 철령鐵嶺의 덕명德明 재초씨가 술기관述奇館에서 적다.

---

11 아시아, 아프리카, 유럽, 아메리카, 오세아니아 등을 말한다.

12 사실이 확인되거나 사실을 추구한다는 뜻이다.

13 장덕이 자신이다. 해제 참고.

구미환유기(재술기)

북경에서 상해까지

1867년 11월 27일 수요일

대청大清 동치同治 6년 정묘년 11월 2일. 총리각국사무아문總理各國事務衙門[14]의 상소를 거쳐, 화령花翎,[15] 이품정대二品頂戴,[16] 전임前任 귀주貴州 석천부石阡府 지부知府, 기명해관도記名海關道,[17] 양남기만주鑲藍旗滿洲[18]의 **지강**志剛(극암克菴)[19]과, 화령, 이품정대, 예부禮部 주객청리사主客淸吏司 낭

14 서양 각국을 상대하여 외교 및 양무(洋務)를 관할하기 위해 1861년에 설립된 관청으로, 약칭은 총리아문이다. 설립 초기에는 공친왕(恭親王) 혁흔(奕訢)이 주도하여 1866년에 빈춘(斌椿), 1868년에 앤선 벌링게임 등을 대표로 하는 사절단을 유럽과 미주에 파견하는 등 적극적인 활동을 펼쳤으나, 1870년대에는 북양통상대신(北洋通商大臣)에 취임한 이홍장(李鴻章)에게 외교 사무의 주도권을 빼앗겨 영향력을 상실했다. 1901년에 외무부로 개칭되었고, 1912년 중화민국 성립과 함께 외교부로 바뀌었다.

15 청대 5품 이상 관원의 모자 뒤에 드리운 공작의 깃으로, 고위직임을 나타낸다.

16 정대(頂帶)라고도 쓴다. 청대 관원의 등급을 나타내기 위한 모자 장식으로, 꼭대기에 단 구슬의 종류와 빛깔에 따라 등급을 구분했다.

17 해관도는 청나라 때 순무(巡撫)의 위임을 받아 해관 감리와 관세 수령 등을 관장하던 벼슬이다.

18 청나라 때 만주족의 호구로 조직한 군대 편제인 팔기(八旗)의 하나이다. 본래 만주족으로만 구성되었으나 후에 몽고족와 한족 팔기도 생겼다. 본문에 따르면 지강을 비롯하여 봉의, 덕명, 탑극십눌, 계영, 정준, 연방 등이 모두 팔기 출신이다.

19 지강(1817~?)은 만주족 최대 씨족인 구왈기야 할라(瓜爾佳氏) 출신으로 자는 극암이다. 양남기만주(鑲藍旗滿洲) 출신으로, 거인(擧人)이 된 뒤 귀주(貴州) 석천부(石阡府) 지부(知府)를 지냈고, 동치(同治) 3년(1864)에 예부원외랑후선지부(禮部員外郞候選地府) 신분으로 총리각국사무아문에 파견되었다. 1868년 2월부터 사절단을 이끌고 미국과 유럽 여러 나라를 방문한 뒤 1870년 10월에 귀국했다. 1870년 2월 사절단의 대표자였던 벌링게임이 폐렴으로 사망한 뒤 사절단을 대표하여 교섭 업무를 총괄했고, 이 사절단의 여행기록인『초사태서기(初使泰西記)』를 남겼다. 귀국 후에는 1871년부터 1873년까지 만주(滿洲) 울리야스타이(烏里雅蘇臺, Uliastai) 참찬대신(參贊大臣)을 지냈고 1875년부터 1878년까지 만주 퀴리예(庫倫, Küriye) 판사대신(辦事大臣)을 지냈고 이후 병으로 퇴직했다. 이하 원서에는 따로 표시되어 있지 않지

중랑中, 안휘安徽 봉양부鳳陽府 수주壽州의 **손가곡**孫家穀(가생稼生)[20]과, 원외랑함員外郎衛, 후보주사候補主事, 동문관同文館 영관英館 팔품관八品官인 정황기몽고正黃旗蒙古의 **봉의**鳳儀(기구夔九)와 양황기한군鑲黃旗漢軍의 **덕명**德明(재초在初)과, 주사함主事銜, 동문관同文館 아관俄館 팔품관八品官인 정남기한군正藍旗漢軍의 **탑극십눌**塔克什訥(목암木庵)과 정남기한군鑲藍旗漢軍의 **계영**桂榮(동경冬卿)과, 주사함主事銜, 동문관同文館 법관法官 구품관九品官인 정남기몽고正藍旗蒙古의 **정준**廷俊(보신輔臣)과 양백기한군鑲白旗漢軍의 **연방**聯芳(춘경春卿) 등과, 공사供事 2명 즉 전임 병마사兵馬司 이목吏目, 안휘 휘주부徽州府 기문현祁門縣의 **장춘령**莊椿齡(송여松如)과 동지함同知銜으로 지현知縣을 지낸 강소江蘇 소주부蘇州府 오현吳縣의 **항정용**亢廷鏞(연농硯農)과, 의관醫官 1명 즉 후선종구품候選從九品, 강소 상주常州 의흥현宜興縣의 **추종호**鄒宗灝(추범秋帆)와, 무변武弁 2명 즉 천총千總 **과경서**果慶瑞와 파총把總 **뇌병문**雷炳文 등은, 원임原任 합중국合衆國(미국) 정공사正公使이자 중국판리중외교섭사무대신中國辦理中外交涉事務大臣으로 개수改授된 **포안신**蒲安臣(Anson Burlingame)[21]과, 좌협리左協理인 영국 번역관翻譯官(통역관) **백탁안**柏卓安(John McLeavy

만 이날 기록에서 복잡한 관직명 등으로 한번에 알아보기 어려운 인명을 굵은 글씨체로 표시하여 이해를 돕고자 했다.

20 손가곡(1823~1888)은 안휘(安徽) 봉대(鳳臺) 사람으로, 자는 가생이다. 함풍 6년(1856)에 진사가 되어 동치 연간 총리각국사무아문 장경(章京)을 맡았고, 여러 외국에 출사(出使)하여 교섭 사무를 맡았다. 광서(光緖) 5년(1879)에 절강안찰사(浙江按察使)가 되었고, 뒤에 절강포정사(浙江布政使)를 겸직했다.

21 앤선 벌링게임(1820~1870)은 미국 뉴욕주 뉴 베를린(New Berlin)에서 태어났다. 1838년부터 미시간대학에서 수학했고 1846년 하버드대 로스쿨을 졸업했다. 졸업 후 보스턴에서 법률 실무를 익혔고, 1853년에 메사추세츠주 상원의원에 당선되고, 1855년에는 연방 하원의원에 당선되었다. 1861년부터 1867년까지 중국(청) 주재 대사로 재직하면서 무력 시위보다는 협력 위주의 외교를 펼쳐 청 당국의 신임을 얻었다. 대사 임기를 마치고 귀국을 앞두고 있을 때 청의 총리아문의 요청을 받고 중국 최초의 외교사절단의 대표인 중국판리중외교섭사무대신(中國辦理中外交涉事務大臣)을 맡아 미국과 유럽 각국을 순방했고, 러시아를 순방하던 1870년 2월 상트페테르스부르그에서 폐렴에 걸려 50세의 나이로 세상을 떠났다. 그의 유해는 미국으로 돌아와 메사추세츠주 캠브리지의 마운트 오번(Mount Auburn) 묘지에 묻혔다.

Brown)[22]과, 우협리右協理인 구강九江 부세무사副稅務司 법인法人(프랑스인) **덕선德善**(Emile de Champs)[23] 등과 함께, 합중국 및 구라파歐羅巴 각국에 가서 중외中外 교섭 사무를 처리하게 되었다. 어명을 받들어 아뢴 대로 행하게 되었다. 이해 12월 초순에 행장을 꾸렸다. 포 대신과 덕 협리는 모두 상해上海에서 기다리기로 했고, 백 협리는 이번 달 14~15일에 탁군涿郡에서 만나기로 약속했다.

---

22 존 맥리비 브라운(1835~1926)은 아일랜드의 매게라갈(Magheragall)에서 태어났다. 대학 졸업 후 중국에 가서 벌링게임의 좌협리(일등비서관)이 되었고, 중국 외교사절단의 대표인 벌링게임을 수행하여 미국과 유럽 각국을 순빙했다. 1874년에는 광주(廣州) 월해관(粵海關)의 부세무사(副稅務司)가 되었다. 이후 1893년에는 로버트 하트(Robert Hart)의 추천으로 조선해관(朝鮮海關) 총세무사(總稅務司)가 되었고 고종(高宗)의 탁지고문(度支顧問)을 맡기도 했다. 1905년 조선을 떠났고 1913년 해관에서 퇴직한 뒤 세상을 떠날 때까지 영국 주재 중국 대사관의 참찬(參贊)을 지냈다.

23 에밀 드 상은 프랑스 태생으로, 1867~1868년에 구강(九江) 대리세무사와 세무사를 지냈고, 1871년에는 담수(淡水) 세무사를 지냈다. 1866년에 빈춘(斌椿)을 수행하여 영국과 프랑스 등을 방문했고, 1868년에 벌링게임을 수행하여 미국과 유럽 각국을 순방했다. 1872년에 해관 직무를 사직했다.

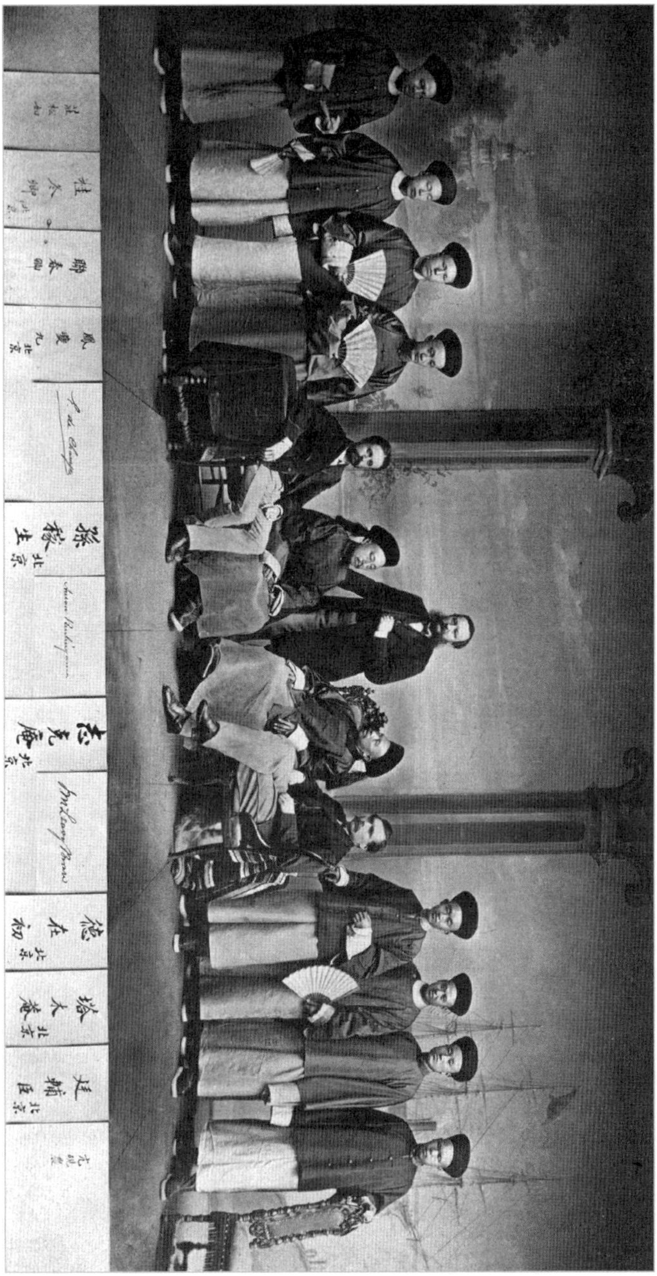

[그림 1] 1868년 사절단. 왼쪽부터 장춘령, 계약, 엽방, 봉의, 드 샹, 손가곡, 블랑게이, 지강, 브라운, 정덕이, 탐규신돌, 정조, 항정웅. 의란 충조호는 빠져 있다. 뉴욕 맨해튼 거니 앤 선(Gurney & Son) 스튜디오 촬영

북경에서 상해까지 │ 47

[그림 2] 왼쪽부터 손가곡, 벌링게임, 지강(1868)

[그림 3] 장덕이(1866)

[그림 4] 존 브라운

[그림 5] 에밀 드 샹

1868년 1월 5일 일요일

12월 11일 경인.[24] 맑음. 사각巳刻(09~11시)[25]에 관서(총리아문)에 모여 오정(12시)에 차車(마차)에 올라 숭문문崇文門, 광덕문廣德門으로 나가 비성肥城과 노구교蘆溝橋를 지나 35리를 가서 유정(18시)에 장신점長辛店에 도착하여 묵었다.[26]

[그림 6] 동치제와 자안태후

---

24 지강은 바로 전날인 음력 12월 10일(양력 1월 4일)에 자금성에 입궐하여 동치제(同治帝)와 자안황태후(慈安皇太后, 동태후東太后라고도 함)를 알현하고 출국을 보고했다. 이날 지강과 황제, 황태후 사이에 이루어진 대화가 『초사태서기』에 상세하게 나와 있다.

25 사시(巳時)와 같다. 오전 9시~11시이다. 이밖에 시각을 나타내는 말로 '○초(○初)'와 '○정(○正)'이 있는데 각각 '○시'의 시작 시각과 중간 시각을 가리킨다. 예를 들어 인초(寅初)는 오전 3시이고, 인정(寅正)은 오전 4시이다. 또한 '○초일각(○初一刻)'이나 '○정일각(○正一刻)' 등은 모두 각 시 15분을 가리킨다. 본서에서는 편의를 위해 오늘날 방식의 시각을 괄호 안에 병기하였다. 전체 시각 대조표는 본서의 <부록> 참고.

26 숭문문은 북경 내성(內城)의 남동쪽에 있는 문이고, 광덕문은 황성 연경전(延慶殿) 북쪽의 작은 문의 이름이지만 여기에서는 외성(外城) 서남쪽의 광안문(廣安門)을 잘못 쓴듯하다. 비성은 노구교의 바로 동쪽에 있는 군사 주둔지인 완평성(宛平城)의 별명이다. 노구교는 북경 서남쪽에 있는 유명한 다리로, 금나라 때인 1192년에 지어졌다. 장신점은 지금의 북경시 풍대구(豊臺

[그림 7] 청대 말엽의 마차

1월 6일 월요일

12월 12일 신묘. 맑음. 아침에 집안의 영수永修 형님이 전별해주고 귀경했다. 사각(09~11시)부터 날이 흐려졌다. 오정(12시)에 출발하여 25리를 간 뒤 신초(15시)에 양향현良鄕縣²⁷에 도착하여 묵었다. 밤에 큰 눈이 내렸다.

1월 7일 화요일

12월 13일 임진. 눈이 계속 내림. 묘정(06시)에 출발했는데 내내 눈발이 날려 은처럼 쌓이니 파교灞橋의 풍경 못지 않았다.²⁸ 50리를 가서 두점寶店²⁹에 도착하여 아침을 먹었다. 오초(11시)에 눈이 그치고 유리하琉璃河³⁰를 건너 40리를 가서 신정(16시)에 탁주涿州³¹에 도착하여 군郡 가까운 곳에서

區) 영정하(永定河)의 서안에 있는 오래된 마을이다. 명나라 초엽에 만들어진 장점(長店)과 신점(新店, 후에 辛店으로 바뀜) 두 마을이 통합하여 생겨났다. 원명대 이후 서남쪽에서 오는 상인, 과거 응시자, 여행객 등은 모두 이곳을 지나 북경성으로 들어갔고 온갖 부류의 사람들이 모여들어 매우 번화하고 복잡했다고 한다.

27 지금의 북경 방산구(房山區) 양향지구(良鄕地區)이다.

28 파교는 장안(長安)의 동쪽을 흐르는 파수(灞水)에 놓인 다리이다. 당나라 시인 맹호연(孟浩然)이 이른 봄에 처음 핀 매화를 찾아 파교를 건너 설산으로 갔다는 파교탐매(灞橋探梅) 또는 답설심매(踏雪尋梅)의 고사를 빌어와 썼다.

29 지금의 북경 방산구(房山區) 두점진(寶店鎭)이다.

30 지금의 북경 방산구(房山區) 유리하진(琉璃河鎭)이다.

31 지금의 하북성 보정시(保定市) 관할의 탁주시(涿州市)이다.

묵었다. 장교長橋 세 개를 건너니 위쪽에 '천간대비千間大庇', '황간풍청皇澗風淸'이라고 적힌 편액과 '일변충요무쌍지日邊衝要無雙地, 천하번난제일주天下繁難第一州'라는 영첩楹帖이 보였다.[32]

1월 8일 수요일

12월 14일 계사. 흐렸다 개었다 함. 백 협리를 기다리느라 계속 탁주에 머물렀다. 이곳은 한漢 소열제昭烈帝(유비劉備)와 장 환후張桓侯(장비張飛)의 고향으로, 우물이며 사당이 모두 남아있고 영웅의 기풍이 삽삽하여 이곳 부로父老들은 아직도 도가 쇠하지 않았다고 칭송했다. 저녁에 구름이 달을 가리고 사발의 물이 얼어 함께 화로에 둘러앉아 초가 다 녹을 때까지 담소했다.

1월 9일 목요일

12월 15일 갑오. 맑음. 바람이 거세게 불어 나무가 울고 낙엽이 창을 때렸다. 오후에 바람이 그치고 조금 따뜻해졌다. 신초(15시)에 백 협리가 도착했다. 밤에는 조금 흐려졌다.

1월 10일 금요일

12월 16일 을미. 맑음. 인초(03시)에 출발했다. '계성모점鷄聲茅店' 구절[33]을 읊으니 정경이 들어맞았다. 60리를 가서 신성현新城縣[34]에 도착하여

---

32 각각 '천하를 보호하는 대읍(大邑)', '황제의 시내에 바람이 맑다', '해 옆의 둘도 없는 요충지', '천하제일의 복잡하고 어려운 땅'이라는 뜻이다.

33 당(唐) 온정균(溫庭筠)의 시 「상산조행(商山早行)」에 "鷄聲茅店月, 人迹板橋霜(닭은 초가 주막 달빛 아래 울고, 사람은 판교에 내린 서리에 발자국 남겨놓았네)"라는 구절이 있다.

34 지금의 하북성 보정시(保定市) 관할의 고비점시(高碑店市) 신성진(新城鎭)이다.

아침을 먹었다. 다시 70리를 가서 웅현雄縣[35]에 도착하여 묵었다.

1월 11일 토요일

12월 17일 병신. 맑음. 인초(03시)에 출발하여 60리를 가서 임구현任邱縣[36]에 도착하여 아침을 먹었다. 다시 60리를 가서 하간현河間縣[37]에 도착하여 묵었다.

1월 12일 일요일

12월 18일 정유. 맑음. 인정(04시)에 출발하여 60리를 가서 헌현獻縣[38]에 도착하여 아침을 먹었다. 다시 40리를 가서 교하현交河縣의 부장역富莊驛[39]에 도착하여 묵었다.

1월 13일 월요일

12월 19일 무술. 맑음. 인초(03시)에 출발하여 60리를 가서 만하漫河[40]에 도착하여 아침을 먹었다. 다시 70리를 가서 유지묘劉智廟[41]에 도착하여 묵었다.

---

35 지금의 하북성 보정시 웅현이다.

36 지금의 하북성 창주시(滄州市) 관할의 임구시이다.

37 지금의 하북성 창주시 관할의 하간시이다.

38 지금의 하북성 창주시 헌현이다.

39 교하현은 지금의 하북성 창주시 관할의 박두시(泊頭市) 교하진(交河鎭)이다. 부장역은 지금의 박두시 부진(富鎭)이다. 당시에는 부진이 교하현에 속했으나 이후 교하현이 교하진으로 축소되고 부진은 박두시 관할이 되었다.

40 지금의 하북성 형수시(衡水市) 부성현(阜城縣) 만하진이다.

41 지금의 하북성 형수시 경현(景縣) 유지묘진(留智廟鎭)이다.

1월 14일 화요일

12월 20일 기해. 맑음. 인각(03~05시)에 출발하여 70리를 가서 곡록점曲鹿店[42]에 도착하여 아침을 먹었다. 다시 50리를 가서 평원현平原縣[43] 20리 지점에 이르러 포숙鋪宿(노숙)했다.

1월 15일 수요일

12월 21일 경자. 맑음. 인초(03시)에 출발하여 70리를 가서 우성교禹城橋[44]에 도착하여 아침을 먹었다. 다시 50리를 가서 안성晏城[45]에 도착하여 묵었다. 연일 일찍 출발하니 잔월殘月이 하늘에 있고 잔설이 길에 남아있었다. 성의 북쪽 백 리 일대가 황폐했는데 전에 황하黃河가 터져서 무너진 농가가 셀 수 없이 많았던 것이다.

1월 16일 목요일

12월 22일 신축. 맑음. 인초(03시)에 출발하여 30리를 가서 제하현齊河縣[46]에 도착하여 황하를 건너 두점頭店[47]에서 아침을 먹었다. 다시 20리를 가서 두가묘杜家廟[48]에 이르러 산길에 접어들었고 다시 50리를 가서 장청현長淸縣에 도착하여 장하章夏[49]에서 묵었다. 도중에 산의 돌들이 솟아 있고

---

42 지금의 산동성 덕주시(德州市) 평원현(平原縣) 삼당향(三唐鄉) 통달사구(通達社區) 곡륙점촌(曲六店村)이다.

43 지금의 산동성 덕주시 관할의 평원현이다.

44 지금의 산동성 덕주시 관할의 우성시(禹城市) 북쪽을 흐르는 도해하(徒駭河)를 건너는 다리였을 것이다.

45 지금의 산동성 덕주시 제하현(齊河縣)의 안성가도(晏城街道)이다.

46 지금의 산동성 덕주시 제하현이다.

47 정확한 위치는 미상이나 지금의 산동성 제남시(齊南市) 서쪽, 황하 남쪽에 있었던 지명일 것이다.

48 지금의 산동성 제남시 시중구(市中區) 두가묘촌이다.

49 지금의 산동성 제남시 장청구(長淸區) 장하진(張夏鎭)이다.

계곡물이 차갑고 북풍이 매서워 나그네의 처량한 신세만 깊어졌다.

1월 17일 금요일

12월 23일 임인. 맑음. 인정(04시)에 출발하여 50리를 가서 태안현泰安縣[50]에 도착하여 전대佃臺[51]에서 아침을 먹었다. 다시 50리를 가서 태안부泰安府에 도착하여 동관東關[52]에서 묵었다. 저녁에 걸어서 대묘岱廟[53]에 가서 산신을 참배했다. 전각이 높고 크고 돌길과 아로새겨진 용마루, 집을 둘러싼 송죽松竹으로 그윽하고 조용하여 볼만했다. 동악東嶽(태산)을 올려다보니 겹겹의 봉우리와 절벽이 하늘 높이 솟아 있어서 그야말로 바라볼 수는 있어도 오르지는 못할 기세를 띠고 있었다.

1월 18일 토요일

12월 24일 계묘. 맑음. 인초(03시)에 출발하여 100리를 가서 양류점羊流店[54]에 도착하여 아침을 먹었다. 다시 85리를 가서 신태현新泰縣에 도착하여 오양鰲陽[55]에서 묵었다. 도중에 내내 따스한 바람이 살랑살랑 불어오고 땅의 기운이 살아나고 소나무 버드나무에 푸른 빛이 돌고 길은 평평하고 밭은 비옥했다.

---

50 지금의 산동성 태안시이다.
51 지금의 산동성 제남시 장청구 점대촌(店臺村)이다. 청대에 태안현에 속했다가 이후 제남시로 편입되었다.
52 지금의 산동성 태안시 태산구(泰山區) 대묘가도(岱廟街道) 동관촌이다.
53 산동성 태안시에 있다. 동악묘(東嶽廟)라고도 한다. 역대 황제가 봉선 의례와 태산 산신에 대한 제사를 지낸 사당이다.
54 지금의 산동성 태안시 관할의 신태시(新泰市) 양류진(羊流鎮)에 있다.
55 지금의 산동성 태안시 관할의 신태시 문남진(汶南鎮) 남오양촌(南鰲陽村)이다.

1월 19일 일요일

12월 25일 갑신. 맑음. 인초(03시)에 출발하여 115리를 가서 타장垜莊[56]에 도착하여 아침을 먹었다. 다시 45리를 가서 청타사靑駝寺[57]에 도착하여 묵었다. 이날은 산길이 구불구불한 것이 자못 험했다.

1월 20일 월요일

12월 26일 을사. 맑음. 인정(04시)에 출발하여 사각(09~11시)에 산을 나와 90리를 가서 기주부沂州府[58]에 이르러 아침을 먹었다. 길거리에 남녀가 무리 지어 다니며 광주리를 들고 버들가지를 들고 함께 새해를 축하했다. 그런데 「황화皇華」를 읊다 보니 나도 모르게 고향 생각이 났다.[59] 오후에는 흐려졌다. 술초(19시)에 강을 건너 다시 45리를 가서 난산현蘭山縣에 도착하여 이가장李家莊[60]에서 묵었다. 밤에 큰비가 내렸다.

1월 21일 화요일

12월 27일 병오. 비가 계속 내림. 사초(09시)에 비가 그쳐 즉시 출발했다. 60리를 가서 담성郯城[61] 10리 앞에서 포숙했다. 길에 푸른 풀이 널리 깔려있어서 푸른 빛이 넘실거렸다.

---

56 지금의 산동성 임기시(臨沂市) 몽음현(蒙陰縣) 타장진(垜莊鎭)이다.

57 지금의 산동성 임기시 기남현(沂南縣) 청타진(靑駝鎭)에 있었던 사원이다.

58 지금의 산동성 임기시이다.

59 「황화(皇華)」는 『시경(詩經)』 「소아(小雅)」의 편명 '황황자화(皇皇者華)'의 준말이다. 임금이 사신을 보낼 때 부른 노래로, 사신으로 가는 일이나 사신을 찬미하는 뜻으로 쓴다.

60 지금의 산동성 임기시 난산구(蘭山區) 난산가도(蘭山街道) 소이가장사구(小李家莊社區)일 듯하다.

61 지금의 산동성 임기시 담성현이다.

1월 22일 수요일

12월 28일 정미. 흐림. 인각(03~05시)에 출발하여 60리를 가서 홍화부紅花埠[62]에 도착하여 아침을 먹었다. 다시 60리를 가서 용수구龍鬚溝[63]를 지났다. 미각(13~15시)에 해가 나고 쌍 햇무리가 졌다. 신정(16시)에 사오峒嶅[64]에 도착하여 묵었다.

1월 23일 목요일

12월 29일 무신. 맑음. 인초(03시)에 출발하여 60리를 가서 순하집順河集[65]에 이르러 아침을 먹었다. 다시 60리를 가서 숙천현宿遷縣[66]에 도착하여 앙화집仰化集[67]에서 묵었다. 모두 병란을 만나 인적이 드물고 시정市井이 황폐했다.

1월 24일 금요일

12월 30일 기유. 맑고 추움. 자초(23시)에 출발하여 황하黃河[68]를 건넜는데 왼쪽의 긴 둑에 무지개가 걸리고 찬바람이 얼굴을 찔렀다. 110리를 가서 어구漁溝[69]에 도착하여 쉬었다. 다시 40리를 가서 왕가영王家營[70]을 지났

---

62 지금의 산동성 임기시 담성현 홍화진(紅花鎭)에 있다.

63 정확한 위치는 미상이나 지금의 산동성 임기시의 담성현과 강소성 서주시(徐州市)의 신기시(新沂市)가 만나는 곳 근처에 있었을 것이다.

64 지금의 강소성 서주시 관할의 신기시의 옛 이름이다.

65 지금의 신기하(新沂河)가 낙마호(駱馬湖)로 흘러드는 근처의 집시(集市) 즉 장터였을 것이다.

66 지금의 강소성 숙천시이다.

67 숙천시 동남쪽에 있었던 집시이다.

68 지금의 숙천시 남쪽을 흐르는 황하고도(黃河古道)를 말한다. 1855년까지 황하가 이곳으로 흘렀다가 대홍수로 인해 북쪽으로 물길이 크게 바뀌었지만 옛 물길도 일부 남아 있다.

69 지금의 강소성 회안시(淮安市) 회음구(淮陰區) 어구진(漁溝鎭)이다.

70 지금의 강소성 회안시 회음구 왕가영가도(王家營街道)이다.

다. 신초(15시)에 청강포清江浦[71]에 도착하여 차에서 내려 관선官船 여의如意호에 올랐다.[72] 이곳의 거리는 번화하여 선비와 상인들이 운집하였고 저녁에는 등불로 하늘을 밝히고 관현의 음악이 귀에 가득하여 천하제일의 명구名區였다. 지 흠헌欽憲(지강)[73]과 손 흠헌(손가곡)께서는 뇌 무변武弁(뇌병문雷炳文)과 과 무변(과경서果慶瑞)에게 명하여 녹영綠營 병정[74] 여섯을 데리고 귀경하게 하셨다.

[그림 8] 경항대운하의 관선(1793)

1월 25일 토요일

동치 7년 무진년 1월 1일 경술. 맑음. 인정(04시)에 지 흠헌과 손 흠헌을 수행하고 등안登岸하여 말을 타고 청하현淸河縣[75]의 안란문安瀾門 밖에 도착하여 장자청張子靑 조독漕督(지만지만之萬), 구양건비歐陽健飛 총융總戎(이견리견利見)

---

71 지금의 강소성 회안시 청강포구(淸江浦區)에 있던 옛 포구이다.

72 여기부터 관선을 타고 이운하(裏運河)를 통해 경항대운하로 이동했다.

73 흠헌은 황명을 받은 상사에 대한 경칭이다.

74 녹영은 한족으로 편성된 정규군으로, 팔기의 관리가 미치지 못하는 분야와 국토 수비를 담당했다.

75 본래는 지금의 강소성 회안시 회음구(淮陰區)에 있었다. 1760년 황하의 범람으로 파괴되어 청강포를 새 현성으로 삼았다.

및 부현府縣의 각 관원들과 함께 성패聖牌에 절을 올리고 오정(12시)에 배로 돌아왔다.[76]

1월 26일 일요일

1월 2일 신해. 맑음. 사정(10시)에 배가 떠나 20리를 가서 회안淮安 안관安關에서 한 시진時辰 쯤 정박했다. 오정일각(12시 15분)에 다시 출발하여 21리를 가서 회안부淮安府 산양현山陽縣[77]에 도착했다. 다시 5리쯤 가서 하일포下一鋪[78]에 이르러 정박했다.

1월 27일 월요일

1월 3일 임자. 맑음. 진초(07시)에 배가 떠나 맞바람을 받으며 80리를 가서 보응현寶應縣[79]에 이르러 정박했다. 다시 20리를 가서 유정(18시)에 위궐루魏闕樓[80]에 이르러 주선住船했다.

1월 28일 화요일

1월 4일 계축. 맑음. 묘초(05시)에 배가 떠나 뒷바람을 받고 갔다. 진각(07~09시)에 고우호高郵湖 왼쪽을 지났는데 둑을 따라 갈대가 자라있고 오리와 갈매기들이 물에 떠 있어서 경치가 괜찮았다. 100리를 가서 자정(24시)에 고우주高郵州[81]에 이르러 주선했다.

---

76 조독과 총융은 각각 해당 지방의 운하 감독책임자와 군사 지휘관이다. 이날 사질단 일행은 실을 맞이하여 성패 앞에서 황제를 향해 세배를 올린 것이다.

77 지금의 강소성 회안시 회안구 산양가도(山陽街道) 일대이다.

78 지금의 강소성 회안시 회안구 남각루(南角樓) 근처이다.

79 지금의 강소성 양주시 보응현이다.

80 위궐루는 회안에 있던 누각이다. 여기에서는 고우호(高郵湖) 동북쪽 모퉁이 근처에 있던 누각의 이름을 잘못 적은 듯하다.

81 지금의 강소성 고우시이다.

1월 29일 수요일

1월 5일 갑인. 맑음. 진초(07시)에 배가 떠나 뒷바람을 받고 갔다. 사각 (09~11시)에 노근사露筋祠[82]를 지났는데 여름에 다른 곳에는 모두 모기가 생기지만 사당 안에는 없다고 했다. 편액이 번쩍여서 천고의 곧은 기풍이 빛났다. 110리를 가서 신초(15시)에 양주揚州[83]에 도착하여 주선했다. 밥을 먹고 나서 성에 들어갔는데 여러 층의 높은 집들이 절반은 발역髮逆[84]에 의해 불타고 무너져 있었다. 옛날의 번화를 생각하니 그저 감개만 더해질 뿐이었다. 다만 운사가運司街의 시전市廛만은 아직 정연했다. 성 밖에는 배들이 늘어서 있고 물살이 빙글빙글 돌고 있었다.

1월 30일 목요일

1월 6일 을묘. 맑음. 묘정(06시)에 배가 떠나 40리를 가서 미각(13~15시)에 과주瓜洲[85]에 도착하여 주선했다. 이곳은 성城이 없고 배는 많고 여항閭巷은 적었다. 옛날에는 성이 있었는데 뒤에 강물이 흘러넘쳐 장강長江 속으로 잠겨버렸다고 한다.

1월 31일 금요일

1월 7일 병진. 맑음. 묘초(05시)에 배가 떠나 양자강揚子江에 들어갔다. 금산사金山寺[86]를 지났는데 역시 발역들에게 유린된 곳이 많았다. 15리를

---

82 지금의 강소성 고우시 남쪽에 있는 소백호(邵伯湖)의 왼쪽에 있던 사당이다.

83 지금의 강소성 양주시이다.

84 변발하지 않고 두발을 기른 반역자들이라는 뜻으로, 태평천국(太平天國) 군대를 멸시하여 부르는 말이다.

85 지금의 강소성 양주시 한강구(邗江區) 과주진(瓜洲鎭)이다. 이곳에서 운하가 장강과 만난다.

86 지금의 강소성 진강시(鎭江市) 윤주구(潤州區)에 있는 불교 사찰이다. 동진(東晉) 시대에 개창된 이름난 절이다.

가서 오초(11시)에 칠호구七濠口[87]에 이르러 정박했다. 오정(12시)에 작은 배를 타고 진강부鎭江府[88] 성에 들어갔는데 가게들이 별만큼 늘어서 있었고 오가는 수레들이 바퀴를 부딪힐 정도로 사람들이 많았다. 초산焦山, 감로사甘露寺, 한석恨石, 장대將臺, 주마파駐馬坡 등의 고적을 돌아보았다.[89] 신초(15시)가 되니 바람이 불고 풍랑이 일어나고 먹구름이 가득 끼었다.

2월 1일 토요일

1월 8일 정사. 흐림. 풍랑이 더욱 거세졌다. 사초(09시)에 진강鎭江 세무사稅務司 두덕유杜德維(Edwards Bangs Drew)[90]가 밥을 먹자고 청했으나 사양하고 가지 않았다. 신각(15~17시)에 경구구생회京口救生會[91]의 배를 타고 2리 정도 갔는데 풍랑이 세고 배가 작아서 몇 번이나 뒤집어질 뻔했다. 뒤에 화륜선火輪船 비사해마飛似海馬(Fusiyama) 호[92]를 탔는데, 명륜선明輪船(외륜

---

87 과주 성 동쪽에 있던 장강 북안 부두의 지명이다.

88 지금의 강소성 진강시이다.

89 초산은 진강 경구구(京口區) 북서쪽에 있는 아름다운 섬이고, 감로사도 경구구에 있는 불교 사찰로 삼국시대 오나라 때 지어져 촉한의 유비가 그곳에서 아내를 맞이했다는 전설이 유명하다. 또 한석은 한석(狠石)이라고도 하는데 감로사에 있는 양(羊) 모양의 돌이고, 주마파도 감로사 근처에 있는데 유비와 손권이 기마에 대해 이야기를 나누면서 말을 세워둔 언덕이라고 한다. 장대는 미상이나 역시 감로사 근처에 있었을 듯하다.

90 에드워즈 뱅스 드루(1843~1924)는 미국 사람으로, 1865년에 중국 해관에 입사했다. 구강(九江), 연대(煙臺), 진강, 상해(上海), 영파(寧波), 광주(廣州), 복주(福州) 등지에서 근무했다. 1908년에 퇴직했고, 이후 귀국하여 지내다가 사망했다.

91 경구는 진강의 옛 이름이고, 구생회는 선박과 승선객들을 구조하고 돕기 위해 만들어진 자선 조직이다.

92 일본 후지산(富士山)의 이름을 땄다. 부사호(富士號)라고도 했다. 『초사태서기』에서는 기창양행(旗昌洋行, Russell & Company) 소속의 선박이라고 하였는데, 보다 정확하게는 기창양행에서 1862년에 설립한 중국 최초의 기선 회사인 기창윤선공사(旗昌輪船公司, Shanghai Steam Navigation Company) 소속의 선박이었다. 1866년부터 1877년까지 운항하면서 주로 상해와 한구(漢口) 노선을 오간 기록이 보인다. 기창양행은 미국인 무역업자 사무엘 러셀(Samuel Rusell) 등이 1818년 광주에 세운 무역회사로, 처음에는 차, 생사(生絲), 아편 등을 주요 품목으로 삼아 사업을 크게 키웠고 후에 기선 회사까지 운영하게 되었다. 기창윤선공사는 1877년에 중국 당국이 세운 공영기업인 윤선초상국(輪船招商局)에 팔렸고, 기창양행은 1891

선)으로 길이가 27장에 너비가 2장쯤 되었다. 중국 객창客艙과 음식이 있는데 상품上品이 모두 쇠고기 두 그릇에 배추 한 접시뿐이어서 그 음식의 수준을 알 만했다. 즉시 배가 떠나 맞바람을 받으며 갔는데 흔들림이 아주 심하여 많은 사람들이 구토를 하고 쇳소리가 삐걱거렸다. 해초(21시)에 큰비가 내렸다.

[그림 9] 에드워즈 드루 부부

2월 2일 일요일

1월 9일 무오. 흐림. 아침에 장강을 내려와 낭산狼山[93]을 지나 신강申江[94]에 들어갔다. 미각(13~15시)에 조금 개었고 유각(17~19시)에 오송구吳淞口[95]에 도착하여 정박했다. 추워졌다.

년에 영업을 중단했다.

93 강소성 남통시(南通市)에 있는 산으로, 장강에 가까이 붙어있다.

94 황포강(黃浦江)의 별칭이다.

95 황포강과 장강이 만나는 곳이다.

2월 3일 월요일

1월 10일 기미. 아침에 가랑비가 추적추적 내렸다. 배가 떠나 [황포강] 안쪽으로 들어가 기창旗昌 부두⁹⁶ 옆에 도착했다. 오후에 하선하여 가마를 타고 이장夷場(조계租界)의 대마로大馬路⁹⁷에 있는 양경빈이사공해洋涇浜理事公廨⁹⁸에 갔는데 높은 누방樓房(건물)들이 구름에 닿을 정도여서 귀와 눈이 일신一新되었다.

[그림 10] 대마로(1865). 지금의 남경로

---

96 정식 이름은 기창윤선마두(旗昌輪船碼頭)이다. 기창윤선공사가 1861년에 지금의 십육포(十六鋪) 북쪽에 건설하여 운영한 부두이다.

97 지금의 남경로(南京路)이다. 아편전쟁 이후 상해에 각국 조계(租界)가 설치되면서 동서 방향으로 건설된 7개 대로 중 하나로 가장 먼저 만들어졌다. 장덕이가 상해에 갔을 때는 영미(英美) 조계 관할 하에 있었다.

98 양경빈이사공해는 남경로에 있던 양경빈북수이사아문(洋涇浜北首理事衙門)의 공관과 부속 시설을 말한다. 양경빈북수이사아문은 1864년 상해도아(上海道衙)에서 설립한 사법 기구로, 조계 내의 범죄와 민형사 사건을 심판하였다. 1869년에 회심공해(會審公廨)로 명칭이 바뀌었다. 지금의 남경동로(南京東路) 제일식품상점(第一食品商店) 자리에 있었다. 『초사태서기』에서는 일행이 이곳에 묵었다고 했다. 양경빈은 본래 황포강의 지류의 이름이다. 하천을 경계로 영국 조계와 프랑스 조계가 나누어지고 양안에 송강로(松江路)와 공자로(孔子路)의 두 도로가 있었다. 이 때문에 양경빈은 조계를 뜻하는 말로도 쓰였다. 1914~5년에 하천을 메워 도로로 만들었다. 지금의 연안동로(延安東路) 구간 중 서장중로(西藏中路)와 만나는 곳에서 외탄(外灘)까지의 동서 약 2km 구간이다.

[그림 11] 회심공해. 양경빈이사공해의 후신

2월 4일 화요일

1월 11일 경신. 흐림. 오초(11시)에 응민재應敏齋 관찰觀察(보시寶時)과 왕
련당王蓮塘 대령大令(종렴宗濂)을 찾아뵙고 신초(15시)에 숙소로 돌아왔다.[99]

2월 5일 수요일

1월 12일 신유. 큰비. 미각(13~15시)에 포 흠사蒲欽使(벌링게임) 및 진보거
陳寶蕖 사마司馬(복훈福勳)를 찾아뵈었다.[100] 술정(20시)에 비가 그쳤다.

2월 6일 목요일

1월 13일 임술. 계속 비가 내림. 오각(11~13시)에 강해관江海關[101]의 세무

---

99 응보시(1821~1890)는 자가 민재로, 절강 영강(永康) 사람이다. 도광 24년(1844)에 거인이 되
   었고, 1864년에 정일창(丁日昌)의 후임으로 소송도(蘇松道) 도원(道員)이 되었다. 뒤에 강소
   (江蘇) 포정사(布政使)가 되었고 한때 강소 순무(巡撫)를 대리하기도 했다. 관찰은 각 성의 부
   처 장관이나 각 부현의 행정을 감찰한 벼슬인 도대(道臺) 또는 도원(道員)의 존칭이고, 대령은
   현의 장관인 현령(縣令)의 존칭이다.

100 『초사태서기』에서는 기창양행에 가서 벌링게임을 만났다고 했다. 흠사는 황명을 받은 사절이
    라는 뜻의 존칭이다.

101 강해관은 관세 징수 등의 대외무역 업무를 관장한 행정 부서로, 강희 24년(1685)에 강소(江
    蘇) 연운항(連雲港) 운대산(雲臺山)에 설치되었고 이후 송강부(松江府) 화정현(華亭縣)을
    거쳐 강희 26년에 지금의 상해 황포구(黃浦區) 소동문내(小東門內)로 옮겼다. 아편전쟁 이후
    인 1845년에 다시 지금의 상해 외탄(外灘) 13호 강해관대루(江海關大樓) 자리로 옮겨 강해
    북관(江海北關) 또는 신관(新關)이라는 이름으로 불렸고 이후 몇 차례의 개축이 이루어졌다.
    1950년에 상해해관(上海海關)으로 개칭되었다.

시稅務司 적타마狄妥瑪(Thomas Dick)[102]와 방판幇辦(업무보조) 학생學生 갈현례葛顯禮(Henry Charles Joseph Kopsch)[103]와 신박손辛樸遜(Clare Lenox Simpson)[104]을 방문했다. 신정(16시)에 개었다.

[그림 12] 강해북관(1864)

[그림 13] 오늘날의 강해관대루(시계탑 건물)

---

102 토머스 딕(1837~1877)은 영국 사람으로, 1862년 중국 해관에 입사했다. 상해, 의창(義昌), 복주 등지에서 세무사로 근무했다. 연대(煙臺)에서 사망했다.

103 헨리 찰스 조셉 콥쉬(1845~1913)는 영국 사람으로, 1862년 중국 해관에 입사했다. 1868년 이후 진강, 대남(臺南), 상해, 우장(牛莊), 구강, 북해(北海), 영파 등의 세무사로 32년 동안 근무했다. 1900년에 사직하고 영국으로 귀국했다.

104 클레어 레녹스 심슨(1843~1909)은 신성(辛盛)으로도 쓴다. 영국 사람으로 1861년 중국 해관에 입사하여 1873년 부세무사, 1877년 세무사가 되었다. 상해, 연대, 구강, 산두(汕頭), 천진(天津) 등지에서 근무했다. 1909년 천진에서 사망했다.

[그림 14] 토머스 딕　　　　[그림 15] 헨리 콥쉬

2월 7일 금요일

1월 14일 계해. 맑음. 오정(12시)에 섭추평葉秋萍(승선承銑), 손연농孫硯農(문전文田), 그리고 정관서丁冠西(William Alexander Parsons Martin)[105]의 친구 강벽리姜辟理(William Gamble III)[106]를 방문했다. 유각(18시)에 흐려졌다.

---

105 윌리엄 알렉산더 파슨스 마틴(1827~1916)은 정위량(丁韙良)이라는 이름으로 잘 알려져 있다. 관서는 그의 자이다. 미국 북부 장로회 선교사로, 1850년 중국에 입국하여 영파에서 선교 활동을 하다가 1858년 미국 초대 공사 윌리엄 브래드포드 리드(William Bradford Reed)의 통역관을 맡아 천진조약(天津條約)의 초안을 작성했다. 1863년에 북경으로 옮겨 선교 활동을 하다가 1869년 로버트 하트(Robert Hart)의 추천으로 동문관의 총교습에 취임하여 1894년까지 25년을 근무하면서 국제공법 강의도 맡았다. 1898년 경사대학당(京師大學堂, 북경대학의 전신)이 설립되자 그곳의 총교습으로 초빙되었다. 그후 선교와 교육 활동에 힘쓰다가 1916년 북경에서 세상을 떠났다. 그는 헨리 휘튼(Henry Wheaton)의 영문 저서『국제법원리(Elements of Interntional Law)』를 중국어로 번역하여『만국공법(萬國公法)』이라는 제목으로 간행하여 큰 반향을 일으켰고, 그밖에도 많은 저서와 역서를 남겼다.

106 윌리엄 갬블 3세(1830~1886)는 강별리(姜別利)로도 쓴다. 아일랜드 태생의 미국 장로회 선교사이다. 1858년부터 1869년까지 미국 북부 장로회에서 상해에 설립한 기독교 서적 인쇄 및 출판 기구인 미화서관(美華書館, American Presbyterian Mission Press)의 주임을 지냈다. 전기를 이용한 한자 활판 인쇄술을 발명하여 서양 알파벳과 한자의 동시 인쇄를 가능하게 한 혁신을 이루었다. 1871년에 미국으로 돌아가 과학과 의학 공부를 했고, 1886년 펜실베이니아주 요크(York) 카운티에서 세상을 떠났다. 後藤吉郎, 森啓, 橫溝健志,「William Gambleの生涯: アメリカ議會圖書館におけるW. Gamble Collectionの調査」,『デザイン學硏究. 硏究發表大會槪要集(55)』, 2008 참고.

[그림 16] 윌리엄 마틴　　　[그림 17] 윌리엄 갬블 3세

2월 8일 토요일

1월 15일 갑자. 맑음. 사각(09~11시)에 진보거, 섭추평, 손연농과 양인
洋人 갈현례가 찾아왔다.

2월 9일 일요일

1월 16일 을축. 맑음. 미초(13시)에 적 세무사와 신박손이 찾아왔다. 밤
에 가랑비가 내렸다.

2월 10일 월요일

1월 17일 병인. 아침에 비 조금 내리고 미각(13~15시)에 그침. 덕 협리가
구강九江에서 상해로 들어왔다는 소식을 들었다. 밤에 다시 비가 내렸다.

2월 11일 화요일

1월 18일 정묘.[107] 큰비 뒤 오후에 그침. 신초(15시)에 손연농이 일계헌
一桂軒[108]에서 극을 구경하자고 하여 보았는데 꽤 훌륭했다. 해정(22시)에 숙

---

107 이날 지강은 응보시의 초대를 받아 만찬에 참석하였다.
108 1864년 상해 보선가(寶善街, 지금의 광동로[廣東路]와 호북로[湖北路]가 만나는 곳에서 개

소로 돌아오면서 이마로二馬路[109]와 보선가寶善街 일대의 골목을 보았는데 사람들이 그때까지도 밀집해 있고 등촉이 휘황했다.

2월 12일 수요일

1월 19일 무진. 흐렸다가 사정(10시)에 갬. 오후에 덕 협리를 찾아뵙고 숙소로 돌아오니 웅민재, 왕련당, 진보거께서 찾아왔음을 알았다.

2월 13일 목요일

1월 20일 기사.[110] 맑음. 신각(15~17시)에 섭추평이 단계헌丹桂軒[111]에서 극을 구경하자고 하여 갔는데 극장은 아홉 칸 너비로 양식洋式을 더하여 화미함을 드러내고 구조가 분명하였다. 극장 위아래에 등을 백 개 걸어놓고 밤을 맞으니 불야성不夜城에서 놀기 위함이었다. 연주한 곡조는 꽤 훌륭했는데, 이원자제梨園子弟(배우)들이 모두 북경에서 온 사람들이라고 했다. 해정(22시)에 숙소로 돌아왔다.

2월 14일 금요일

1월 21일 경오. 날씨가 꽤 차고 흐렸다 개었다 함. 미초(13시)에 덕 협리가 찾아왔고 손연농이 다시 신신루新新樓에서 만찬을 청했다.

장한 휘조(徽調, 안휘음악) 극단 극장이다. 1870년에 안휘 출신 배우 웅금계(熊金桂)에게 인수되어 석로(石路, 지금의 복건북로[福建北路])로 옮겨 금계헌(金桂軒)으로 재개장했고, 이후 상해를 대표하는 극장 중 하나가 되었다. 1895년에 영업을 중단했다.

109 지금의 구강로(九江路)이다.

110 이날 지강은 강남기기제조총국(江南機器製造總局)과 조선소를 방문하였다.

111 단계차원(丹桂茶園)이라고도 한다. 1867년 영파 출신의 유유충(劉維忠)이 보선가에 세웠다. 경극 배우들을 초빙하여 공연시켜 큰 인기를 끌었고 1910년 단계제일대(丹桂第一臺)로 개명할 때까지 상해를 대표한 경극 극장 중 하나로 명성을 날렸다.

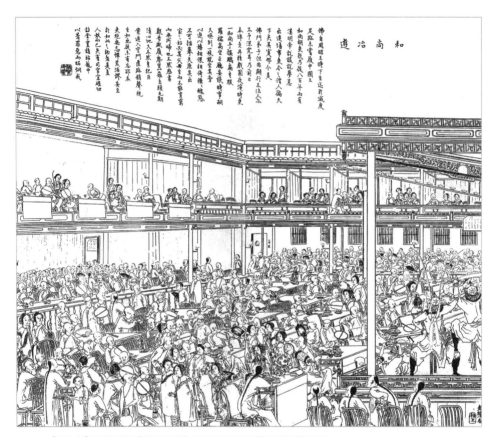

[그림 18] 『점석재화보(點石齋畫報)』에 묘사된 단계헌(단계차원)의 내부

2월 15일 토요일

1월 22일 신미. 흐림. 장천문障川門[112] 안팎을 보니 길이 평탄하고 가게가 가지런하며 둑과 다리가 튼튼하게 지어져 있고 희원戲園(극장)과 술집에서는 밤낮으로 노래와 음악이 울려 퍼지는데 화려한 장관이 천하의 으뜸이었다. 유초(17시)에 개었다.

---

112 1866년에 상해 현성(縣城)의 북쪽에 새로 세운 성문으로 이홍장(李鴻章)이 이름을 지었다. 신북문이라고도 하였고 인민로(人民路)와 여수로(麗水路)가 만나는 곳에 있었다. 1912년에 철거되었다.

2월 16일 일요일

1월 23일 임신. 맑음. 아침에 주인지周人祉, 서란농徐蘭農, 하사암何四庵과 만났다. 모두 순천順天 대흥大興[113] 출신으로, 앉아서 이야기를 나누면서 시간을 보내고 헤어졌다. 저녁에는 찬바람이 심하여 살갗과 뼈까지 찌를 정도였다.

2월 17일 월요일

1월 24일 계유. 맑음. 오후에 신박손이 첩지를 보내와서 27일 신정(16시)에 용천涌泉[114]을 보러 가자고 했다.

2월 18일 화요일

1월 25일 갑술. 맑고 따뜻함. 꿈에 아버지와 어머니를 만나[115] 크게 기뻤는데 기쁨이 한창일 때 놀라 깨어났다. 먼 곳의 딱따기 소리와 첫 새벽닭 우는 소리만 들려서 나도 모르게 슬프게 눈물이 흘렀다.

2월 19일 수요일

1월 26일 을해. 묘초(05시)에 비바람이 거세었다가 유각(17~19시)에 그쳤다. 해초(21시)에 다시 가랑비가 내리고 찬 바람이 불었다.

2월 20일 목요일

1월 27일 병자. 맑음. 신각(15~17시)에 신박손과 함께 사륜마차를 타고 대마로大馬路 동쪽에서 10여 리를 가서 용천에 이르렀다. 모습이 물이 가득

---

113 지금의 북경 대흥구이다.

114 삼국시대 오나라 때 창건된 정안사(靜安寺) 앞에 있던 오래된 우물이다. 20세기 중엽에 매몰되었다가 2009년에 정안사 남쪽의 정안공원(靜安公園)에 개건(改建)되었다.

115 당시 부친은 살아있었고 모친은 세상을 떠났다.

한 우물 같았고 물이 끓는 것처럼 솟아 나와 흘러내렸다. 길에는 충루層樓들이 높이 솟아 있었고 풀들이 막 자라고 숲이 푸르고 울창하여 그윽한 것이 괜찮았다.

2월 21일 금요일

1월 28일 정축. 맑음. 사각(09~11시)에 백 협리가 찾아왔다. 오후에 비바람이 거세어졌고 밤이 되자 더욱 심했다.

2월 22일 토요일

1월 29일 무인. 맑고 따뜻함. 오후에 동쪽으로 1리쯤 가서 구경하며 회포를 풀었다. 경치와 만물이 풀어지니 늦추위도 다 끝난 것 같았다.

2월 23일 일요일

2월 1일 기묘. 맑음. 아침에 행장을 꾸렸다. 사각(09~11시)에 각처에 작별 인사를 했다. 저녁에는 친구들이 모두 찾아와 송별해 주었는데 밤새도록 그치지 않았다.

2월 24일 월요일

2월 2일 경진. 아침에 큰비가 내리고 오후에 콩 만한 우박이 떨어졌다. 해초(21시)에 가마에 올라 8~9리를 가서 대홍구大虹口 부두[116]에 도착하여 미국 윤선 알사대력알戞司大力嘎(Costa Rica) 호에 올랐다.[117] 이 배는 명륜선

---

116 오송강(吳淞江)이 황포강과 만나는 지점 바로 북쪽의 지류를 본래는 홍구(洪口)라고 불렀고 청 말엽에는 홍구(虹口)로 바꾸어 불렀다. 오송강은 지금은 소주하(蘇州河)라고 부른다.

117 코스타리카 호는 1863년에 건조된 화물여객선으로, 미국 사업가 코닐리어스 밴더빌트(Cornelius Vanderbilt)가 처음 소유하여 1864년 7월부터 1865년 여름까지 뉴욕과 애스핀월(Aspinwall) 사이를 운항하였고, 1865년에 퍼시픽 메일 기선 회사(Pacific Mail Steamship Company)에 인수된 뒤로도 1866년까지 같은 노선을 운항하였다. 그후 1867년 4월 1일에

인데 길이는 30여 장, 너비는 2장 7척으로 극히 깨끗하고 넓었음은 말할 나위가 없다.

[그림 19] 황포강과 지류. 가운데 지류인 오송강의 위가 홍구이고 아래가 양경빈이다. 『동치(同治) 상해현지(上海縣志)』

[그림 20] 상해 황포강의 부두(1860년경)

뉴욕을 출발하여 희망봉을 거쳐 요코하마로 향했고, 1875년까지 요코하마-상해 노선을 운항하였다. 1875년에는 일본의 우편기선삼릉회사(郵便汽船三菱會社)에 인수되어 현해환(玄海丸, 겐카이 마루) 호로 이름이 바뀌었고, 1885년에 일본우선회사(日本郵船會社)에 인수되었다가 1888년에 다시 도쿄의 오카다 카쿠베이(岡田覺兵衛)에게 팔렸다.

[그림 21] 코스타리카 호

상해에서 샌프란시스코까지

2월 25일 화요일

2월 3일 신사. 가랑비. 오초(11시)에 배가 떠나 동북쪽으로 나아갔다. 신정(16시)에 배가 멈추었는데 해면의 짙은 안개로 몇 무武[118]만 떨어져도 사람이 안 보였다.

2월 26일 수요일

2월 4일 임오. 맑음. 축초(01시)에 움직이기 시작했는데 풍랑이 일어 심히 위험했다. 한참 동안 간담이 떨어지는 듯했다.

2월 27일 목요일

2월 5일 계미. 맑음. 배가 여전히 이리저리 흔들렸다. 멀리 맞은편에서 풍봉風篷(범선) 한 척이 보였는데 천리안千里眼(망원경)으로 바라보니 가는 모습이 화살같이 빨라서 천리안으로 따라잡지 못할 정도였다.

2월 28일 금요일

2월 6일 갑신. 흐림. 풍랑이 더욱 거세졌다가 오초(11시)에 조금 줄어들었다. 오도五島(고토)[119]로 들어갔는데 정북 방향에 띠처럼 산들이 이어져 있

---

118 1무는 3척이다. 1척이 약 32cm이므로 1무는 약 1m이다.
119 일본 나가사키 현 서쪽에 있는 다섯 개의 섬인 고토 열도를 말한다.

었는데 그 길이가 200여 리쯤 되었다. 일본국의 가장 남쪽 경계였다. 전체를 '과두戈兜'라고 불렀는데 다섯 섬이라는 뜻이다. 여러 산들이 멀리 보이고 나무들이 무성하고 잡다하고 밭둑길이 교차되어 있었다. 미정(14시)에 동북쪽으로 나아갔는데 가랑비가 한 차례 내렸다. 산협山峽 사이를 지나가는데 겹겹의 봉우리들이 들쑥날쑥하여 계속 대응하느라 쉴 틈이 없었다. 배에서 화살 날아갈 만한 곳에 푸른 빛의 궁성이 솟아 있었다. 신정(16시)에 장기島長崎島(나가사키) 입구로 들어갔는데 산들이 마치 호리병 몸뚱이처럼 둘러쌌다. 누각은 모두 양식을 본땄고 외국 배들이 베를 짜듯 오갔다. 이곳에는 삼판三板(sampan)[120]이라는 배가 있는데 앞은 뾰족하고 뒤는 네모난 모양이고 말이 달리듯이 빨랐다.

[그림 22] 나가사키 항(1865)

---

120 본래 중국에서 만들어진 나무배로 산판(舢舨)이라고도 쓴다. 동남아시아와 일본에서도 많이 쓰였다. 그림은 Anton Baeckström, *A visit to Japan and China*, Albert Bonniers, Stockholm 1871 참고.

[그림 23] 일본의 삼판

　정박 후 일본 사람 두 명이 와서 화물을 살폈는데, 하나는 성이 유길有吉이고 이름이 제좌諸佐, 나이는 26세이고 다른 하나는 성이 단야檀野이고 이름이 영대랑榮大郎, 나이는 18세로 모두 세관에서 일하는 사람들이었다. 말이 통하지 않아 필담으로 대신했다. 이들 말에 따르면 이곳의 옛 이름은 심강포深江浦(후카에 우라)였고 경포瓊浦(타마노 우라)라고도 불렸는데 뒤에 기양崎陽(키요우)으로 이름을 바꾸었다고 한다. 이 섬은 모두 아홉 나라로 나누어진다는데 아마도 아홉 군郡일 것이다. 손에서 옛글을 한 묶음 꺼냈는데 첫 편은 「동엽봉제변桐葉封弟辨」[121]이었다. 이로 보건대 이 땅도 조금씩 거서車書[122]의 교화를 입어온 듯하다. 두 사람은 모두 깃이 크고 소매가 넓은 옷을 입고 짧은 치마를 두르고 바지를 안 입었다. 발에는 나막신을 신고 옆구리에는 긴 칼 두 자루를 찼는데 날이 잘 서 있었다. 큰놈은 석 자, 작은놈은 그 절반 크기였다. 유길은 양쪽 어깨에 둥근 베를 꿰매 이었는데 지름은 1촌쯤 되고 팔각의 검은 문양을 그려놓았다. 전쟁이 날 때 식별하기 위한 것이라고 했다. 사람은 생김새가 온화하고 예의를 잘 아는 편이었다. 듣자니 화상華商 2천여 명이 이곳에서 무역을 한다고 했다. 해초(21시)에 날이 개었다.

121　당나라 문인 유종원(柳宗元)의 산문이다.
122　문물과 제도를 두루 이르는 말이다. 『예기(禮記)』 등에 나온다.

상해에서 심강포(나가사키)까지의 물길은 1,455리이다.

2월 29일 토요일

2월 7일 을유. 맑고 추움. 축정(02시)에 배가 떠나 해구海口(항구)를 나가 남쪽으로 나아갔다. 인정(04시)에 북쪽으로 가면서 약간 서쪽을 향했다. 좌우에 산들이 우뚝 솟고 기암괴석이 삐쭉 빼쭉하였다. 오정(12시)이 되니 동쪽 산이 높이 솟아 하늘을 찔렀는데 오르기는 힘들어 보였다. 서쪽 산은 끊어졌다 이어졌다 하면서 멀리서 바라보면 그다지 높지는 않았다. 묘정(06시)에 일본국 장산長山 장주長州의 적간관赤間關[123]에 도착했는데 토인土人(본토인)들은 '아객마알새급阿喀嗎嘎塞及(아카마가세키)'이라고 불렀다. 이곳은 집들이 즐비하고 배들이 구름처럼 모여 있었다. 이때 같은 배에 탄 일본 사람 등원득소藤原得所라는 이와 필담을 했는데 그가 시 한 편을 이렇게 지었다.

비 때문에 귀향선은 적간관에 묶여 있는데,
돌아가는 기러기 소리를 물 위에서 부럽게 듣노라.
여기는 고향에서 삼백 리 떨어진 곳,
석양이 문 옆에 선 노모 얼굴에 비치리라.[124]

그리고 끝에는 '복걸부정伏乞斧正'[125]이라고 적었다. 그에게 중토中土(중국)에 가보았느냐고 물었더니 대답하기를 "뜻은 있으나 이루지 못했는데 주

---

123 적간관(아카마가세키)은 지금의 시모노세키(下關)이다. 장산은 율령국인 나가토국(長門國)의 잘못인 듯하고 장주는 에도 시대에 지금의 시모노세키가 속한 야마구치(山口) 현 일대를 지배한 조슈번(長州藩)을 가리킨다.

124 "歸帆阻雨赤間關, 江上羨聽鴻雁還. 此去家鄕三百里, 夕陽老母倚門顔."

125 '고쳐주시기를 삼가 바랍니다'라는 뜻이다.

머니에 부끄럽게도 동전 한 닢밖에 없어서일 따름이오."[126]라고 했다.

이날 저녁에는 푸른 파도가 잠잠하고 달빛이 휘황하며 하늘과 물이 한 색깔을 이루니 모든 근심을 잠시 잊었다. 사방에는 산이 없고 오직 바다 위에 일엽철주一葉鐵舟 뿐이었다. 일본 사람 중에 진자경陳子敬이라는 이가 있었는데 광동 출신 하인과 이름이 같았다. 그가 친구 전취악田翠岳이라는 이를 데리고 왔다. 진은 자기가 명나라 진금옹陳金翁의 후손이고 지금은 일본의 영역사英譯司[127]에서 일한다고 했다. 전은 교섭 사무를 본다고 했다. 듣자니 그 나라의 대관大官은 '섭정攝政(셋쇼)', '관백關白(칸파쿠)', '총독總督(소도쿠)', '대장군大將軍(타이쇼군)' 등으로 부른다고 했다.[128] 지금 국왕은 나이가 16세이고 이름은 통인統仁(오사히토)이고, 대장군은 이름이 원경희源慶喜(미나모토 요시노부)라고 한다.[129]

---

126 본문은 완낭수삽(阮囊羞澀)으로, 주머니 사정이 좋지 않아 수중에 돈이 없다는 뜻이다. 진(晉)나라의 완부(阮孚)가 검은 주머니를 차고 회계(會稽)에 갔을 때 어떤 이가 주머니에 무슨 물건이 있느냐고 묻자 동전 한 닢이 있다고 하며 수줍어했다는 고사에서 유래했다.

127 영어 통번역을 맡은 기관이다.

128 셋쇼는 천황의 권한을 대행한 직책이고 칸파쿠는 천황 치하에서 정무를 총괄한 직책이다. 소도쿠는 메이지 초기에는 지방 법원의 장관을 뜻했고, 타이쇼군은 세이이타이쇼군(征夷大將軍)의 약칭으로 쇼군이라고도 하며 막부의 수장이자 메이지 유신 이전 일본의 실질적 통치자였다.

129 당시 천황은 휘(諱)가 무쓰히토(睦仁)인 메이지(明治) 천황(1852~1912)이었다. 오사히토는 고메이(孝明) 천황(1831~1867)의 휘이다. 장덕이가 무쓰히토를 오사히토로 잘못 적은 것이다. 이때 메이지 천황의 나이가 16세였다. 또 이 시기 막부의 쇼군은 도쿠가와 요시노부(德川慶喜, 1837~1913)로, 미나모토 요시노부는 도쿠가와 가문이 황족 출신인 겐지(源氏)의 후손이라는 뜻으로 쓴 별칭이다. 요시노부는 1867년 11월 9일에 통치권을 메이지 천황에게 반환(大正奉還)함으로써 도쿠가와 막부의 마지막 쇼군이 되었다.

[그림 24] 도쿠가와 요시노부(1867)와 메이지 천황(1873)

3월 1일 일요일

2월 8일 병술. 맑음. 파마양播摩洋[130]에 들어갔다. 전후좌우에 겹산이 둘러싸고 해로는 구불구불했다. 크고 작은 산봉우리들이 마치 배웅하고 마중하는 듯하며 각각 멀지 않게 떨어져 있었다. 그중 초목이 없이 벌거벗은 섬이 바다에 외롭게 떠 있었는데, 집들은 산 남쪽에 줄지어 있고 모두 산세를 따라 지어져 있었다. 미각(13~15시)에 일본 동쪽 경계인 병고兵庫(효고) 지방에 도착하여 정박했다. 비록 큰 물길이나 뭍길이 있는 곳은 아니지만 삼면이 산으로 둘러싸여 그윽하고 빼어나서 맑은 공기가 얼굴에 닿았다.

---

130 세토 나이카이(瀬戸内海) 동부의 해역인 하리마 나다(播磨灘)를 가리킨다.

[그림 25] 효고 항(19세기 말)

이날 등원이 다시 시를 두 편 적었는데, 첫 편은 이러했다.

저 멀리 보이는 푸른 봉우리 한 줄기가,
월越인가, 오몇인가?
사공에게 물으려 하나,
그 모습 아스라이 사라지네.[131]

둘째 편은 또 이러했다.

배는 화살보다 빨라서,
붕정鵬程 만 리 길을 하루 만에 돌아가네.
새벽에 경포 항을 떠났는데,
저녁에 적간관에 들어왔다.

---

131 "遙峰靑一線, 不識越耶吳? 欲向篙師問, 模糊影欲無."

몸은 청산과 더불어 고요하고,

마음은 백로 따라 한가롭다.

풍파는 오히려 넘을 수 있건만,

이 세상사 어려움은 또 어찌하랴.[132]

시가 아주 청아하여 마음에 들었다. 저녁이 되자 물에 흰 비단이 엉기고 차가운 달빛이 물 위에 어리니 야광이 적적하고 돛 그림자가 침침한 모습만 보일 따름이었다.

공신보龔愼甫라는 이가 있었는데 나이는 딱 서른이고 절강 항주부杭州府 사람으로 일본어를 할 줄 알고 그곳 정세에 밝았다. 듣자니 난리를 피해 이곳에 와서 글로 생계를 꾸렸는데 몇 해 동안은 다행히 굶지 않았다고 한다. 하지만 고국의 맛을 접할 때마다 비감해했고, 또 이렇게 말했다. "지금 시진市鎮은 쇠퇴하고 상인들은 발이 묶여 있는데, 일본 각 군의 토왕土王들이 대군大君과 틀어져 서로 군사를 일으켜 싸웠기 때문이라오. 대군이 패전하여 이미 삭발하고 승려가 되었는데 회복을 도모하며 때를 기다려 움직이려고 하고 있지요."[133]

심강포에서 병고에 이르기까지 물길은 모두 1,200리 남짓이다.

3월 2일 월요일

2월 9일 정해. 맑고 추움. 지난밤에 두께가 4푼分[134]쯤 되는 얼음을 부

---

132 "船脚疾于矢, 鵬程一日還. 曉辭瓊浦港, 暮入赤間關. 身與靑山靜, 心隨白鷺閑. 風波猶可涉, 奈此世途難."

133 에도 막부 말기인 1868년에 일어난 보신전쟁(戊辰戰爭)을 말하고 있다. 마지막 쇼군인 도쿠가와 요시노부와 반(反) 막부 세력이 충돌하여 쇼군이 패배함으로써 막부 체제가 종말을 고하고 천황 체제로 이행했다. 본문에서 토왕은 번주(藩主)를 뜻하고 대군(大君)은 쇼군인 도쿠가와 요시노부를 가리킨다.

134 1푼은 1척의 백분의 일이다. 4푼은 약 1.2cm이다.

앉다. 아침에 일본인과 이야기를 나누었다. 듣자니 일본은 개국 이래 과거로 선비를 뽑은 적이 없었다고 한다. 문무를 막론하고 모두 세습되었다는 것이다. 또 허직虛職을 연납捐納하는 관습도 있었다고 한다.[135] 관원은 늘 관원이요 백성은 늘 백성이었다. 관원과 병사는 모두 칼을 차고 존귀함이 지극했다. 백성이 시사市肆(시장)에서 칼 찬 사람을 보면 머리를 숙이고 무릎을 꿇어야 한다. 평소의 대등한 예법은 두 손을 무릎에 대고 몸을 굽혀 고개를 숙이기만 할 뿐이다. 국인國人(일본인)들의 복식은 남자는 긴 옷을 입는데 깃이 크고 소매가 넓으며 섶이 없다. 허리에는 두꺼운 띠를 감고 발가락이 거친 발에 남색 천으로 만든 버선에 'ㅠ'자 모양의 나막신을 신고, 바지는 결코 입지 않는다. 연로한 사람 중에 수염이 난 자가 적고 정수리는 2촌寸[136]쯤 삭발하여 초승달 모양을 만든다. 어떤 이는 이렇게 삭발하지 않고 전체를 한 자쯤 길이로 자르고 기름을 바르고 묶어서 '乙'자 모양을 만들기도 한다. 겨울과 여름에는 모두 관모冠帽를 쓰지 않고 임금과 대관大官만 쓴다. 여자는 머리를 길러 댕기를 땋고 은전 모양을 달기도 한다. 귀에는 고리를 달지 않고 머리에는 비녀를 꽂는다. 옷은 짧은 적삼을 입는데 깃이 크고 소매가 넓은 것은 남자와 같지만, 소매 뒤에 구멍이 나 있는데 무슨 용도인지는 모르겠다. 역시 바지를 입지 않고 몸에 붙는 치마를 두르고 맨발에 밑창이 거친 나막신을 신는다. 예법은 남녀가 같다. 여자가 시집을 가면 눈썹을 밀고 이[齒]를 검은색으로 칠한다. 처녀는 눈썹을 밀지 않고 이를 칠하지 않는다. 남녀의 모습은 중토와 같다. 나라 대다수가 영하寧夏[137] 사투리처럼 말하고 몸집이 작은 사람이 많다. 지금은 경응慶應(게이오) 4년 2월 9

---

135 이름뿐인 벼슬을 돈으로 사는 것을 말한다.

136 1촌은 1척의 십분의 일이다. 2푼은 약 6cm이다.

137 지금의 영하회족자치구이다.

일이고, 역법은 중토의 역법과 같다.[138]

신각(15~17시)에 지 흠헌이 동승한 일본 의생醫生 흥진興津이라는 자와 담소하고 그에게 칠언절구 한 편을 주셨는데 시는 이렇다.

장문長門 바다에서 명의를 만났는데,
나라는 다르지만 문자는 같아서 바로 인연을 맺었다네.
약초 캐는 당신은 서복徐福을 찾아가시구려,
가르쳐 말씀 전하심에 신선이 들어있으니.[139]

흥진은 곧 같은 운韻으로 화답하여 읊었다.

날아가는 배 안에서 한담을 나누니,
우연히도 신비로운 인연을 만났다네.
방금 지은 싯귀를 무척이나 좋아하시니,
오늘 아침 유배 온 신선을 만났다네.[140]

흠헌이 지금 어디로 가느냐고 물으시니 친지를 찾아간다고 했다. 고향을 물으니 아파국阿波國[141]이라는 곳으로 왕경王京의 동남쪽에 있다고 대답했다. 마침 귤이 있어서 하나를 주시니 과일 이름이 무엇이냐고 물었고, 흠헌은 옛날 삼국 시대 육적陸績이 품었다는 귤[142]이 바로 이 과일이고 이것을

---

138 게이오 시대는 1865년부터 1868년까지 고메이 천황의 후기와 메이지 천황 초기까지이다. 메이지 천황이 유신을 선포하면서 1868년 1월 3일부터 메이지 시대가 되었다.

139 "長門海上逢名醫, 異國同文卽是緣. 采藥倩君尋徐福, 任敎傳語有神仙."

140 "閑談飛舶裏, 邂逅是神緣. 最喜新詩句, 今朝見謫仙."

141 지금의 도쿠시마(德島) 현에 해당한다.

142 육적(188~219)은 후한 말엽의 관료이자 학자이다. 그가 구강(九江)에서 원술(袁術)을 만났을

드려 효심을 위로하고자 한다고 대답하셨다. 그 사람이 "말씀을 들으니 부끄럽습니다. 하지만 양친께서 과일을 좋아하시니 큰 선물을 받았습니다."라고 말했다. 그이가 다시 귤의 유래를 묻자 흠헌은 귤, 유자, 감자柑子, 등자橙子 등 몇 가지를 들어 상세하게 대답해주셨다.

유초(17시)에 배가 남쪽으로 나아가니 그곳에 산이 가까이 있어서 삼면으로 활의 등처럼 둘러싸고 있는 것이 보였다. 산 아래에는 기와집이 빽빽하게 있는데 수만 채나 되었다. 남쪽으로 띠처럼 긴 산이 멀리 아스라이 보였는데 그 길이가 천 리도 넘는 것 같았다. 해구를 나오니 물이 잠잠하고 바람도 순해졌고 고깃배 열 몇 척이 바다 위에 떠 있는 모습만 보였다. 술정(20시)에 바다에 들어가니 바다가 하늘처럼 드넓어 아득히 끝이 없는 듯했다.

3월 3일 화요일

2월 10일 무자. 맑음. 온종일 거센 바람이 불어 배가 심하게 흔들리고 밤에는 더욱 심해져서 기둥과 벽이 쩍쩍 소리를 내어 말문이 막혀 아무 말도 못했다.

3월 4일 수요일

2월 11일 기축. 맑음. 사초(09시)에 일본국의 횡빈橫濱(요코하마)에 도착했다. 이곳은 강호江戶(에도)라고도 불렀다. 부두가 넓고 많은 배들이 오가고 층루가 많아 빈 땅이 거의 없었다. 서, 남, 북 삼면을 산들이 띠처럼 둘러쌌는데, 가까이는 높은 절벽에서 푸른 빛이 떨어지고 멀리는 낭떠러지 위로 구름이 나와서 가히 물 맑고 산 맑은 곳이라 할 만하여, 바라보는 사람들

때 원술이 귤을 내오자 그는 그 중에 세 개를 품고 있다가 작별할 때 귤을 땅에 떨어뜨렸고, 이를 본 원술이 귤을 품은 이유를 묻자 육적은 모친에게 드리고자 한 것이라고 대답했다. 이후 귤을 품는다는 말은 효심을 뜻하는 말로 쓰였다.

이 찬탄하였다. 사람은 용감하고 쇠는 날카롭고 물건은 정교하여 천지의 영
험한 기운이 모두 이곳에 모인 듯했다. 해구 안에서는 북풍이 거세게 불어
파도가 몰아치는 소리가 밤낮으로 그치지 않았다.

병고에서 횡빈까지의 물길은 모두 625리이다.

[그림 26] 페리 제독과 미 해군의 요코하마 상륙(1853)

3월 5일 목요일

2월 12일 경인. 맑고 추움. 서쪽에 굳건한 부자산富姿山[143]이 보였다.
높이는 약 1천3백 길이고 토인들은 '복사아마福思雅瑪(후지야마)'라고 불렀다.
국왕은 세시歲時에 제사의 예를 올리고 국인들은 이 산을 마치 화인華人이
태산泰山을 받드는 것처럼 받든다. 위에는 일 년 내내 녹지 않는다는 눈이
쌓여 있었다. 새벽마다 일어나서 멀리 바라보면 청운靑雲 한 줄기가 산허리
에 걸쳐 있어서 산 위가 마치 하늘 끝이 걸려 있는 듯했다.

기記: 일본 사람들은 병고를 소구消溝(효고)라고 부르고 심강을 나알살

───────────────

143 후지산(富士山)을 들은 대로 적은 것이다.

길나가살길那嘎撒吉(나가사키)이라고 부르고 횡빈을 유구합마由勾哈瑪(요코하마)라고 부른다.

해초(21시)에 흐려지고 미풍이 차게 불었다. 먼 곳에 와서 일본 사람과 만나 무척 즐거웠는데 동선同船한 분들 사이에서 약간 뒷말이 있는 듯했다. 나는 이렇게 대답하겠다. 이 세상에 태어나서 어디에서든 모두 배울 수 있고 또 믿어서 안 될 사람은 없다. 옛말에 '유불폐학遊不廢學'[144]이라고 했는데 진실로 맞는 말이다. 하물며 험난한 일을 몸으로 겪었다면 더욱 헛된 말로 치부할 것이 아니다. 지금 만 리 먼 길을 떠나와서 땅을 밟고 사람을 만나서 그 풍토와 사람들의 모습을 싫증내지 않고 자세하게 적었거늘, 꼴이나 땔나무를 모은 것이라 그저 며칠 밤낮으로 읽을 만한 것일 따름이라고 말할 바는 아니다.[145] 그런데도 혹자가 좋지 않다고 여긴다면 정말 이해할 수 없는 것이다. 게다가 먼 땅에 출사出使하여 옛 성현의 가르침이 통하지 않지만, 내가 소박한 소망으로 대했으니 그분도 반드시 진심이 통할 것이다. 공자 말씀에 "말이 진실하고 미더우며 행실이 돈독하고 조심스러우면 오랑캐 나라에서도 통할 것이다."[146]라고 했으니, 제공諸公은 어찌 이 말씀을 유념하지 않는 것인가!

3월 6일 금요일

2월 13일 신묘. 아침 내내 궂은 비가 내리고 짙은 안개가 끼었다.

기記: 일본에는 알 모양의 금전이 있는데 위아래에 각각 화인花印이 하나씩 있고, 가운데에는 '일냥一兩'과 '광정光頂'의 장인長印이 두 개 있고 아래위로 모두 24개의 줄이 그어져 있다. 뒷면에는 '정正'자 방인方印 하나와

---

144 '놀러 나가서도 배움을 그만두는 것이 아니다'라는 뜻이다.
145 꼴이나 땔나무는 보잘 것 없는 것을 뜻하는 겸사이다.
146 『논어』 「위령공」에 나온다.

'길훍'자와 '대大'자가 있는 원인圓印 세 개와 나비 한 마리가 있다. 은전은 무게가 2돈 5푼이고, 길이는 약 7푼, 너비는 7푼, 두께는 약 2푼으로 세로로 긴 방형方形이다. 앞면에는 '정定', '은추銀墜', '상시常是'[147]라는 다섯 글자가 있고 뒷면에는 '일분은一分銀' 세 글자가 있다. 은전을 '지포支布'라고 불렀다. 동전은 크기가 계란만 하고 가운데를 꿸 수 있는 네모난 구멍이 뚫려있고 앞면에는 '천보통보天保通寶' 네 글자가 있고 뒷면에는 '당백當百' 두 글자가 있고 아래에는 화압花押이 하나 있다.

저녁을 먹을 때 사과를 하나 얻었는데 맛이 좀 시었다.

[그림 27] 19세기 일본의 금전, 은전, 동전

3월 7일 토요일

2월 14일 임진. 아침에 큰 눈이 내리다가 소나기가 이어졌다. 오초(11시)에 작은 배를 타고 2리쯤 가서 합중국의 큰 윤선을 탔다. 이 배는 명륜선으로 길이는 약 45장, 너비는 10장이고 이름은 재나齋那(China) 호로 영언英言(영어)으로 '중화'라는 뜻이다.[148] 무척 넓고 깨끗했다. 앞쪽 절반은 2등 여객의 포개진 철 침상이 1천5백 개가 있고, 좌우에는 염소 우리와 닭장이 있

---

147 은추(銀墜)는 은좌(銀坐)의 잘못이다. 정(定)은 단위이고, 은좌는 은전을 만든 공장이고, 상시는 은화 주조를 담당한 관공서 수장의 직명인 대흑상시(大黑常是)를 말한다.

148 차이나 호는 퍼시픽 메일 기선 회사 소속의 화물여객선으로, 1866년 12월 8일에 뉴욕에서 진수되어 1867년 9월 20일에 샌프란시스코에 도착한 뒤에 샌프란시스코-요코하마-홍콩을 오가는 태평양 횡단 노선에 투입되었고, 1883년까지 운항한 뒤 재력가 헨리 빌라드(Henry Villard)에게 매각되었다.

는데 악취에 머리가 아팠는데 그것을 구경하는 사람이 있었다. 가운데는 주방, 정방淨房(변소), 정용整容(화장하는 곳), 흡연[149] 등을 하는 곳으로 화인 전용으로 되어 있었다. 뒤쪽은 상등 객창과 식당으로 구조는 다른 배와 같았다.

기記: 동선한 양인洋人은 남녀 24명이고, 화인華人은 남녀노소 1,237명으로 광동 사람이 많았다.

PACIFIC MAIL STEAMSHIP CHINA

[그림 28] 차이나 호

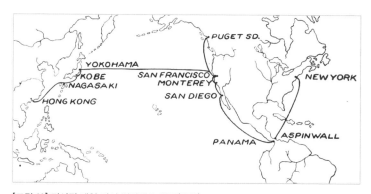

[그림 29] 퍼시픽 메일 기선 회사의 노선도(1867)

3월 8일 일요일

2월 15일 계사. 맑음. 초겨울처럼 추워 얼음이 1촌 두께로 얼었다. 아

---

149 아편을 피우는 것을 말한다.

침에 맞은편 배에서 일본 사람 백여 명이 나오는 것이 보였는데 모두 얼굴이 더럽고 머리는 헝클어져 얼굴을 덮어 모습이 마치 원귀冤鬼 같았다. 우리 배를 노려보는데 그 모습이 무서웠다. 물어보니 양선洋船에서 잡일하는 사람들로 포로 같은 옷을 입고 개돼지나 먹는 음식을 먹으며 힘을 쓰다가 생을 마치니 그 고생 역시 가히 가련하다 하겠다. 밤이 깊었을 때 갑자기 닭과 개가 울고 까마귀가 참새가 울고 사람들 소리가 뒤섞이니 마치 고향에 있는 것 같았다. 이윽고 사공이 배를 청소하고 쇠 닻줄이 땅에 떨어지는데 그 소리가 엄청나서 놀라 깨어나니 여전히 배 안에 있었는데 그 모습이 눈에 선하다.

미초일각(13시 15분)에 배가 출발하여 해구를 나서서 남쪽으로 향하니 좌우가 모두 산이었다. 밤에 태평양太平洋으로 들어갔는데 대동양大東洋이라고도 불렀다.

3월 9일 월요일

2월 16일 갑오. 맑음. 물결은 잔잔하고 물색은 짙은 남색이다. 동선한 일본인 중 합중국 신부新埠(New York)에 가서 경기經紀(경영)를 배웠다는 이가 영어를 할 줄 알았다. 그이가 말하기를 자기네 국자國字는 세 가지가 있는데 문자文字 이외에 평가자平假字(가타가나), 편가자片假字(히라가나)라고 했다. 문자는 중화 한자로 진眞, 초草, 예隷, 전篆 각체가 있고, 평가자는 모두 48자로 필획이 분명하여 'ナガサキ' 같은 모양이고, 편가자는 평가자를 부드럽게 만들어 모양이 벌레 같아서 'ながさき' 같은 모양이다. 이 여덟 글자는 각각 내奈, 가加, 색色, 귀貴로, 국인國人들은 나那, 알嘎, 살撒, 길吉로 읽는다.[150]

그이는 또 이런 말도 했다. 이 나라(일본)의 세 명절에는 모두 등불을 켜

---

150 나가사키의 가나 표기와 중국어, 일본어 발음에 대한 설명이다.

고 노래를 부르는데, 칠석 때가 더욱 시끌벅적하여 온 성의 아이들이 2천여 명이 모여 색동옷을 입고 피리를 불고 거리를 다니며 노래를 부른다고 한다. 밤이 되면 각자 여러 가지 모양의 오채색 꽃등을 들고 다니고 노랫소리가 가득 울려 퍼지고 남녀 구경꾼들이 담장처럼 둘러싼다고 한다. 또 공성묘孔聖廟(공자 사당)와 관왕사關王祠(관우 사당)에서는 매년 5월 13일에 제사를 올린다고 한다.

이날 저녁은 보름달이 밝게 떠올라 배를 비추었다.

3월 10일 화요일

2월 17일 을미. 하늘색이 흐려지고 먹구름이 드리웠다. 동남쪽으로 가고 물은 잔잔하고 날은 따뜻했다. 오각(11~13시)에 맑아졌다가 신정(16시)에 다시 흐려지고 맞바람이 일어나고 가랑비가 내렸다.

3월 11일 수요일

2월 18일 병신. 맑고 따뜻함. 미각(13~15시)에 큰비가 대야로 들이붓듯이 쏟아졌다. 하늘과 바다가 같은 색깔이어서 흐릿하여 전혀 분간되지 않았다.

기記: 일본은 옛날에는 왜노국倭奴國이라고 불렀다.[151] 대동양에 큰 섬세 개가 이어져 있고 지형은 반원 모양으로 길다. 남북으로 길게 뻗어 화주華洲(중국)를 감싸고 있다. 남쪽에 있는 것을 구주九州(큐슈), 북쪽에 있는 것을 엽사葉娑(에조), 가운데 있는 큰 것을 일본이라고 하고 왕이 그곳에 산

---

151 왜노는 옛날에 일본 사람을 낮추어 부른 말로 『후한서(後漢書)』「광무기(光武紀)」 등에 나온다.

다.[152] 도都(도성)는 '미야곡彌耶谷(미야코)'이라고 부른다.[153] 세 섬의 남북 길이는 약 3,700여 리이고 동서로는 개의 이빨처럼 맞물려 있는데 각각 약 6~7백 리이다. 덥고 추운 날씨는 중토와 같고 자라는 화목花木이 극히 많아 유향乳香나무, 송백松柏, 옻나무, 소철蘇鐵 등의 종류도 있다. 그릇과 상자 등의 색채가 정묘하다. 강도鋼刀(칼)는 외국에 파는 것을 엄금하는데, 그 칼날의 예리함이 천하제일이다.

3월 12일 목요일

2월 19일 정유. 맑음. 온종일 광풍과 큰 파도가 몰아쳐서 배가 심하게 흔들렸다.

기記: 일본의 가옥은 모두 나무로 짓는 데다가 장부머리와 장붓구멍의 연결이 단단하지 않아 비바람 때문에 고생하는 일이 많으나 무척 깨끗하다. 백성은 물건을 훔치는 자가 없고 용맹하고 여자는 조용히 있지 않고 심성이 뛰어나다. 여자가 장부를 맡아보는 점포가 많고, 손님이 주점에 들어가면 여자 점원이 무릎을 꿇고 맞이한다. 이 나라에는 천보장川寶藏이라는 장난감이 있는데 아주 작은 나무 상자로 이것을 열면 3촌 길이쯤 되는 물건이 튀어나온다. 꼿꼿하게 서 있는데 아마 가짜 기물(남성 성기)일 것이다. 아이들 장난감으로 여겨지지만, 부녀자도 손으로 잡고 부끄럽게 생각하지 않는다. 머리는 상아로 만들고 기둥에는 구리철사를 감고 붉은 비단으로 감싸서 진짜와 꼭 닮았다. 그믐날과 보름날마다 가짜 기물을 한 길 남짓 높이로 들고 거리를 다닌다. 남녀 혼욕은 지금은 조금 달라졌다. 국인들이 매일 아침

---

152 각각 큐슈, 홋카이도, 혼슈를 가리킨다. 시코쿠는 언급하지 않았는데 혼슈의 일부분으로 생각한 듯하다. 에조는 에미시, 에비스라도 하고 모두 한자로 '하이(蝦夷)'라고 쓴다. 간사이 이남 지역에 사는 사람들이 간토, 도호쿠, 홋카이도 지역에 사는 사람들을 부르는 말이었다. 근대에는 특히 아이누 민족을 가리켰다.

153 천황의 궁궐이 있는 곳을 뜻하는 '都'의 훈독이 미야코이다.

일어나서 서로에게 안부를 물을 때는 이렇게 말한다. "간밤에 봄바람이 몇 번이나 불었던가요? 가경佳境이 더욱 좋아지겠지요?"

3월 13일 금요일

2월 20일 무술. 맑음. 배는 동쪽으로 가고 서북풍이 몹시 거세어 몇 겹의 파도가 뒤집혀 배에 부딪히니 배는 좌우로 뒤집히고 앞뒤로 들렸다 가라앉았다 했다. 우당탕대고 찌그덕거리는 소리가 그칠 때가 없었다. 험준한 산과 거대한 골짜기가 크게 일어나 허공을 쳤는데 다가온 것은 돌멩이가 아니라 큰 물살이었다. 오초(11시)에 후창後艙이 갑자기 진동하였는데 바닷물이 객창 위로 밀고 들어와 각 방이 모두 침수되어 바닥에 물이 반 자 높이까지 차 올랐다. 미각(13~15시)에 중창中艙 앞에 있는 두 자 남짓 높이의 나무 문설주가 물을 맞아 두 길 높이로 날아올라 선원 몇 사람이 다쳤다.

3월 14일 토요일

2월 21일 기해. 맑음. 어제처럼 큰바람이 불었다. 파도가 사방에서 일어나 점점 높아지더니 산봉우리만큼 커졌다. 물보라가 마치 눈발처럼 날리며 험하게 떨어지고 게다가 바닷물이 들어와 배가 정신없이 흔들렸다. 뱃전에 나온 손님들은 급히 돌아가야 했고 그대로 있던 사람에게는 미친 파도가 쳐서 온몸이 모두 흠뻑 젖었다.

3월 15일 일요일

2월 22일 경자. 맑음. 어제보다 더욱 거센 폭풍이 불었다. 파도는 산처럼 몰려왔고 배는 벌레처럼 기어가다가 날아올랐다. 산채만한 파도와 만나면 배 뒤쪽이 파묻히는 것같이 보였고 파도가 지나가고 골짜기에 빠지면 뱃머리가 물속으로 잠겨버리는 것 같았다. 하늘을 올려다보면 하늘이 갑자기 무너지고 구름도 달아나는 듯했다. 배 안의 물건들은 쨍그랑 우당탕 소리를 내며 둥근 것은 굴러가고 네모난 것은 부러지고 서 있는 것은 넘어지고 걸려있는 것은 흔들리고 쌓아놓은 것은 무너지고 띄워놓은 것은 날아가고 곳곳이 모두 온통 물에 젖어버렸다. 배가 어느 정도나 흔들렸냐 하면, 아래가 둥근 반규半規¹⁵⁴가 달려있고 그 한가운데 줄이 달려 늘어져 있어서 좌우로 기우는 정도를 재는데 이날은 그 줄이 반규 바깥으로 나와버렸을 정도이다. 밤이 되자 조금 평온해졌다. 근래 며칠 사이에 만난 험한 풍랑은 바다에 익숙한 선원들도 모두 놀라고 두려워하지 않는 자가 없었다. 그러면서 이 배가 넓고 튼튼해서 다행이지 조금만 작았더라면 이 바다에 들어와서 폭풍을 만나면 어디로 표류하게 될지 몰랐을 것이라고 말했다. 이 대동양은 태평양이라고도 부른다고 했는데 풍랑이 이토록 험악하니 그 이름과 부합하지 않는 듯하고 차라리 험조양險阻洋이나 구풍양颶風洋이라고 부르는 것이 낫지 않을까 한다. 그렇지만 사람들이 이 바다 이름을 '태평'이라고 붙인 것은 여기가 험난하여 '태평'이라고 이름을 붙여서 두려운 마음을 안정시키고자 한 것이거나 아니면 다른 바다가 여기보다 더 험해서 여기를 태평양이라고 부른 것인지 모르겠다. 재나 호는 강철로 만들어져 무척 견고하고, 그 힘은 만만萬萬 근도 넘게 실을 수 있고, 풍랑 속을 헤쳐나가도 전복될까 두려워하지 않으니, 이는 행운이 아니라 마땅한 것이다. 드넓은 바다의 머나먼 길을 만약 이 배가 없었더라면 어떻게 건너갈 수 있겠는가? 또 배를 타고 가면서 풍랑을 만나지 않는다면 항해의 어려움을 어찌 알 수 있겠는가? 이런 까닭에 광풍을 만나고 거센 파도를 만나 사흘 동안 거의 전복될 뻔한 것도 불행이 아니라 마땅한 것이다.

---

154 반원 모양의 각도기이다.

3월 16일 월요일

2월 23일 신축. 맑음. 풍랑이 잦아들어 걱정하던 사람이 기뻐하고 아픈 사람이 낫고 동선한 사람들이 기뻐하고 음식을 먹을 수 있게 되었다. 앞의 사흘 동안 밤과 낮이 구분되지 않으니 건강한 사람도 몽롱해지고 몸이 안 좋은 사람은 기운이 약해져서 생명이 위태롭고 간담이 놀라서 목숨을 부지할 희망이 거의 없었다.

3월 17일 화요일

2월 24일 임인. 맑고 따뜻함. 오후에 맞바람이 불고 동쪽으로 가면서 약간 북쪽으로 향했다. 바다가 푸르고 구름이 어지러웠다. 밤에 약간 추워졌다.

3월 18일 수요일

2월 25일 계묘. 맑음. 맞바람이 불어 배가 조금 흔들렸다. 저녁에 고확일관高確一貫이라는 일본 사람과 담소하였는데, 그가 칠율七律을 한 편 보여주었다.

> 스무 네 해 동안 어리석었더니,
> 만리 먼 길 누구 위해 떠나는가?
> 동해에서 자란 동생은 기운이 밝고,
> 서양 찾아가는 형은 사업에 열심이네.
> 친자식이 떠나감에 어찌 한이 없으실까만,
> 나라의 은택을 깊이 생각하네.
> 공명과 부귀는 나의 일이 아니니,
> 바라건대 맑은 정신으로 사이四夷를 돌아보리라.[155]

---

155 "二十四年愁我癡, 遠遊萬里知爲誰? 養將東海季明氣, 欲索西洋伯業治. 親子別離豈莫

3월 18일 수요일

(하루 늦추어짐) 2월 25일 갑진.[156] 맑음. 맞바람이 불었다. 서인西人의 말을 듣자니 이 배는 횡빈에서 출발하여 금산金山(San Francisco)[157]에 도착하는데 도중에 하루가 늘어나고, 금산에서 횡빈으로 올 때는 도중에 하루가 줄어든다고 한다. 해 뜨는 쪽으로 돌면 지구가 매일 몇 분씩 줄어들고 해 지는 쪽으로 돌면 지구가 매일 몇 분씩 늘어나기 때문인 것 같다. 만약 이 증감을 계산하지 않는다면 어느 곳에 도착한 날짜가 맞지 않게 된다.

3월 19일 목요일

2월 26일 을사. 하늘이 흐려지고 가랑비가 빗겨 내리더니 찬 바람이 거세게 불고 배가 다시 흔들렸다. 해초(21시)에 날이 개고 추워졌다.

3월 20일 금요일

2월 27일 병오. 맑고 바람이 크게 불었다. 물빛은 진한 남색인데 배는 앞뒤로 흔들리고 좌우에서는 산만한 파도가 몰아쳤다.

3월 21일 토요일

2월 28일 정미. 아침에 비. 오후에 갬. 맞바람이 조금 잦아들어 전복될

恨, 國家恩澤深相思. 功名富貴非吾事, 願以精神貫四夷."

156 날짜변경선을 지나더라도 25일은 갑진일이 아니라 계묘일일 수밖에 없는데 이날부터 날짜(숫자)는 정확하나 일진(日辰) 즉 갑자(甲子)가 하루씩 당겨지는 혼동이 생겼다. 여기에서는 혼동의 가중을 피하기 위해 저자의 기록을 따라 오류 그대로 표기하되, 다만 양력 대응 날짜는 계산에 따라 정확히 표기하였다.

157 19세기 중엽부터 시작된 골드러시 시대에 캘리포니아의 광산에서 일한 중국인 노동자들이 샌프란시스코를 부른 이름이다. 뒤에 오스트레일리아 멜버른에서 금광이 발견되어 중국인들이 그곳을 신금산(新金山)으로 부르면서 샌프란시스코는 구금산(舊金山)으로 불리기 시작했다. 구금산이라는 중국어 명칭은 오늘날에도 사용되고 있고, 홍콩 등지에서는 삼번시(三藩市)로 음역한 명칭도 사용된다.

까 하는 걱정이 사라졌다. 저녁에 태서泰西(서양) 남녀들이 모두 길복吉服(연회복)으로 갈아입고 선면船面(갑판)의 큰 방에 모여 악기를 연주하고 노래를 불렀다. 밤이 되어서도 술을 마시며 떠들썩하게 즐기다가 날이 밝아서야 파했다.

3월 22일 일요일

2월 29일 무신. 맑음. 파도는 잔잔함. 일본은 문자는 같지만 화서華書(중국 책)를 읽을 때 구두(읽는 방법)가 다르다. 이를테면 '맹자견양혜왕孟子見梁惠王'[158] 구절은 좌우에 작은 표시를 하여 오른쪽([그림 30])과 같이 바꾼다. 읽을 때는 '맹자, 양혜왕, 견'의 순서로 읽는다. 또 '왕왈王曰, 수불원천리이래叟不遠千里而來, 역장유이리오국호亦將有以利吾國乎?'[159]는 '왕왈, "수! 천리, 원, 불, 이래, 역, 장, 이오국, 리, 유, 호?"'의 순서로 읽는다. 글을 쓰는 것이나 주해하는 법은 중화와 같으나 읽는 법만 조금 다른 것이다.

3월 23일 월요일

2월 30일 기유. 아침에 비가 조금 오고 맞바람이 무척 거셌다. 사초(09시)에 날이 갰다. 물빛은 진한 남색이었다. 오후에 옆바람이 크게 불었다.

3월 24일 화요일

3월 1일 경술. 맑음. 옆바람이 계속 거세게 불고 탁한 파도가 허공으로

孟子見梁惠王 王曰 叟不遠千里而來 亦將有以利吾國乎

[그림 30]

---

158 『맹자』「양혜왕」의 첫 부분이다. '맹자가 양혜왕을 만났다'라는 뜻이다.
159 '맹자견양혜왕'의 다음 구절이다. '왕이 말하기를, "노인장께서 천 리를 멀다 여기지 않고 오셨으니, 또한 내 나라를 이롭게 할 방법이 있습니까?"'라는 뜻이다.

솟구치고 배는 전과 같이 흔들리고 방향을 분간할 수 없었다.

3월 25일 수요일

3월 2일 신해. 맑음. 옆바람이 약간 잠잠해졌다. 저녁에 초승달이 서북쪽에 떴는데 해면에서 두 길쯤 높이였다.

3월 26일 목요일

3월 3일 임자. 맑음. 물이 검은색이었다. 바다가 기름처럼 평평하고 배는 화살처럼 빠르게 나아갔다. 밤에 약간 흐리고 추워졌다.

3월 27일 금요일

3월 4일 계축. 옆바람이 아주 적당하게 불었다. 물빛이 하늘과 맞닿아 끝없이 푸르렀다. 오후에 무척 따뜻해졌다.

3월 28일 토요일

3월 5일 갑인. 맑음. 남풍이 부드럽게 불었다. 물빛은 남색이었다. 저녁에 구름이 옅어지고 바람이 시원했는데 승객들이 모두 갑판에 모여 서로 이야기하고 노래를 주고받으며 무척 즐거워했다.

3월 29일 일요일

3월 6일 을묘. 잔잔함. 동북풍이 약하게 불었다. 이곳에서 처음으로 새가 파도를 스쳐 지나가고 물고기가 뻐끔거리는 것을 보았다. 이 배는 석탄이 넉넉하지 않을 때를 대비하여 석탄 공급용으로 쇠사슬로 선미船尾에 길이 약 5장, 너비 3장이 되는 작은 배를 묶어두었다. 그런데 이틀 전에 배가 요동쳤을 때 쇠사슬이 끊어지고 배가 사라져버렸다.

3월 30일 월요일

3월 7일 병진. 맑음. 바람은 없고 풍랑도 없음. 미초(13시)에 북쪽 백 리 밖에 풍봉風篷(범선) 한 척이 보였는데 보일락 말락 하며 점 같은 흰 돛만 보였다. 생각해보니 횡빈에서 배에 올라 지금까지 한 달 동안 만 리 길을 오면서 본 것은 오직 하늘과 물뿐이었다. 이제 멀리서나마 배를 보니 사람들은 모두 반가워서 쳐다보니 항해가 쉽지 않았음을 족히 알겠다. 식사를 마치고 나서 사람들은 모두 일어나서 술잔을 들고 축송했다. 그 뜻은 대양을 안전하게 건너와서 경하할 만한 것일 터이니, 바다를 건너는 것이 어려움을 더욱 알게 되었다. 밤이 되자 양인들은 모두 흰옷으로 갈아입고 높은 관冠을 쓰고 각자 마음대로 종이를 이어 여러 겹을 만들어 들고 둥글게 줄을 서서 따라 돌며 노래를 불렀다.

샌프란시스코

3월 31일 화요일

(동치 7년 3월) 8일 정사. 흐리고 추움. 오후에 북쪽에 높은 산들이 띠처럼 이어진 것이 보였다. 미각(13~15시)이 되자 남북의 봉우리들이 이어져 양쪽의 거리가 가까워졌다. 신초(15시)에 해구로 들어가니 좌우 산에 황금빛이 짙었는데 토인(본토인)이 말하기를 온 산에 모두 노란 꽃이 피어서라고 했다. 신정(16시)에 해안을 따라 30여 리를 가다가 정박하였는데 양안에는 빽빽하게 들어선 집들이 계곡 사이에 숨었다 드러났다 했다. 유정(18시)에 하선하여 사륜마차를 타고 15리를 가서 객점에 들었다. 객점의 이름은 오극희단敖克希丹(Occidental)이라고 했는데, 7층 높이로 사뭇 웅장했다.[160] 지명은 금산金山이라고 했고 토인들은 삼불란서사고三弗蘭西司皐(San Francisco)라고 불렀다. 일본 횡빈에서 이곳까지의 물길은 17,299리이다.

---

160 옥시덴털 호텔은 1861년 몽고메리 가(Montgomery St.)에서 개업하였고 1906년 샌프란시스코 대지진 때 파괴되었다. 사진 속의 외관은 4층으로 보이는데 장덕이는 7층 높이로 생각한 듯하다. 『초사태서기』에서는 오극서단달(敖克西丹達)이라고 적었다.

[그림 31] 샌프란시스코 항(1854)

[그림 32] 샌프란시스코의 브로드웨이 부두(1864)

[그림 33] 옥시덴털 호텔

4월 1일 수요일

3월 9일 무오.[161] 맑음. 이곳은 합중국의 서쪽 경계이고 성省의 이름은 알력불니아嘎力佛呢亞(California)이다. 아침에는 따뜻하고 저녁에는 서늘하고, 겨울은 심하게 춥지 않고 여름에는 습한 더위가 없다. 가끔 폭풍이 불어 먼지를 날려 눈을 가린다. 땅은 지극히 비옥하여 온갖 곡식이 모두 자란다.

4월 2일 목요일

3월 10일 기미. 맑음. 오후에 거리를 돌아다녔는데 풍경은 태서(유럽)보다 좀 떨어졌다. 어느 골목과 시장, 묘우廟宇와 회관會館, 주점과 희원戲園에든지 모두 화인華人(중국인)들이 모여 있었고 거리의 모습이 질서정연했다. 큰길은 토인들이 당인성唐人城(Chinatown)[162]이라고 불렀다. 멀리서 보면 양성羊城(광주廣州)으로 착각할 정도였다.

---

161 데일리 알타 캘리포니아(Daily Alta California) 1868년 4월 1일자에는 벌링게임 사절단이 홍콩에서 출발하여 요코하마를 경유한 차이나 호에 탑승하여 전날 샌프란시스코에 도착했다는 기사가 실려 있는데, 여기에는 공식 대표단 12명 이외에 하인 18명도 함께 왔다고 했다.

162 샌프란시스코 차이나타운은 그랜트 가(Grant Ave.)와 스톡턴 가(Stockton Ave.)를 중심으로 하여 약 3.2㎢의 면적을 차지하고 있는 북미에서 가장 오래된 중국인 커뮤니티이다. 당인가(唐人街) 또는 당인부(唐人埠)라고도 불렀다. 1850년대 초에 형성되어 광동 출신을 중심으로 한 다수의 중국인 이민자들이 정착하고 활동하였고, 지금은 약 3만여 명이 거주 및 활동하고 있다.

[그림 34] 샌프란시스코 차이나타운의 새해맞이. 하퍼스 위클리(Harper's Weekly) 1871년 3월 25일자

4월 3일 금요일

3월 11일 경신. 맑음. 해초(21시)에 소나기가 내렸다. 토인의 말로는 이곳은 17년 전에는 들판이었고 나무와 잡풀이 우거졌었는데 오금五金[163]이 많이 나면서 금을 찾는 사람들이 고생을 마다않고 이곳에 몰려들었고, 금방 토인 26만 명, 화인 8만 9천 명이 모여 왕래하여 이름난 도시가 되었다고 한다.

4월 4일 토요일

3월 12일 신유. 맑음. 미각(13~15시)에 차[164]를 타고 20여 리를 가서 개

---

163 오금은 금, 은, 동, 철, 석을 말하지만, 여기에서는 주로 황금을 가리킨다.
164 마차를 뜻한다. 이하에서도 화륜차 또는 윤차는 기차, 차는 마차를 뜻한다.

복방凱福房(Cliff House)[165]에 도착했는데, 목루木樓가 스무 남짓 칸 있고 앞은 바다, 뒤는 긴 언덕이 있었다. 바로 앞에는 작은 섬이 세 개 있었는데 초서 '육六'자 모양으로 뾰족하게 솟아 있었다.[166] 갑자기 바다사자 수십 마리가 물 밖으로 나와서 암석 위에 엎드려 햇볕을 쬐며 잠이 들었는데 몸은 물고기 같은데 털이 나 있고 색깔은 자줏빛이 도는 잿빛이고 머리는 쥐나 개

[그림 35] 클리프 하우스(1863)

[그림 36] 바다 쪽에서 본 오늘날의 클리프 하우스

---

165 클리프 하우스는 포인트 로보스 가(Point Robos Ave.)의 서쪽 끝에 있어서 태평양을 바라볼 수 있는 전망 좋은 레스토랑으로, 1858년에 개장하였다. 이후 몇 차례의 개수(改修)를 거쳐 지금도 같은 자리에 있다. 코로나19 여파로 2020년 말에 폐점한 상태이고 2024년에 재개장할 예정이다. 『초사태서기』에서는 보호사(普豪斯)라고 썼는데, 일부를 잘못 듣고 쓴듯하다.

166 클리프 하우스 앞에 있는 바다사자 바위(Seal Rocks)를 말한다.

같고 두 다리는 물고기의 꼬리지느러미 같았다. 그중에는 소보다도 덩치가 큰 것이 있어서 울음소리는 개와 비슷했지만 더욱 컸고 사나운 모습이라 무서웠다. 위로 올라가서 멀리 바라보니 푸른 바다와 붉은 해만 보였는데, 만리에 은빛 물결이 솟구치는 소리가 밤낮으로 그치지 않았다. 멀리 하늘 끝에는 돛대와 바닷새만 점점이 보일 뿐이었다. 차를 타고 숙소로 돌아올 때에는 바닷가를 20여 리를 둘러 왔는데 파도가 차의 밑까지 올라왔다. 차의 왼쪽은 운무가 가린 푸른 산이 솟아 있었고 차의 오른쪽은 흰 파도가 겹쳐져 무늬를 이루었다. 그 뒤에는 구불구불한 산길이 이어졌는데 온 길에 울긋불긋한 꽃들이 만발하여 향기가 옷소매에 스며들었다.

4월 5일 일요일

3월 13일 임술. 맑음. 토산土産의 진채蓁菜[167]는 키가 약 4척이고 뿌리 둘레가 7촌이었다. 그밖에 시금치, 배추, 완두, 납작콩, 무, 그리고 파, 마늘, 가지, 오이 등 각종 채소들이 없는 것이 없었다. 과일은 귤은 크고 감은 작고 땅콩과 개암은 손가락보다 크고 밤과 오이도 내지內地(중국)보다 더 컸다. 과실 중에 익혀 먹어야 하는 것들은 불 옆에서 구워 먹을 뿐이었는데 맛이 썩 좋지는 않았다.

4월 6일 월요일

3월 14일 계해. 맑음. 만찬에 수박과 사과를 먹을 수 있었는데 맛이 모두 달고 좋았다. 밤이 되자 흐려졌다.

기記: 외국 아이들은 놀이가 무척 많아서 돌 구슬을 가지고 노는 법이 모두 열 세 가지나 있다. 첫 번째는 '일탑一塔'이다. 바닷가의 흰 돌로 구슬을 만들고 오채색을 칠한 파리玻璃(유리)로 만들기도 한다. 하란荷蘭(Holland)

---

167 미나리나 샐러리 종류를 뜻하는 근채(芹菜)를 가리키는 듯하다.

에서 시작된 놀이이다. 땅에 원을 하나 그리고 그 가운데 구슬 네 개를 삼각형으로 놓는다. 손에 구슬 한 개를 들고 땅바닥에 누워 네 구슬에서 각자 힘에 따라 1척부터 10척까지 떨어져서 엄지손가락으로 구슬을 튕겨 원 안의 구슬을 모두 밖으로 나가게 하면 이기고 실패하면 진다.

두 번째는 '삼갱三坑'이다. 원 안에 작은 구멍 세 개를 파는데 원둘레는 약 5척이다. 원 밖에 6척 길이로 직선을 하나 그어 경계를 나타낸다. 앞뒤 순서에 따라 구슬을 튕긴다. 첫 번째 사람이 구슬이 첫 번째 구멍에 들어가면 다른 구슬을 튕겨 두 번째 구멍에 집어넣는다. 두 번째 구멍에 들어가지 않으면 물러나고 두 번째 사람이 이어서 튕긴다. 구멍에 들어가면 그 구슬과 직전에 안 들어간 구슬이 가까이 있으면 내 구슬로 상대 구슬을 쳐내는데 멀리 쳐낼수록 좋다. 만약 구멍에 넣지 못하면 세 번째 사람이 이어 튕긴다. 이렇게 하여 세 구멍에 연달아 집어넣은 사람이 이기고 그렇지 못하면 진다.

세 번째는 '구공九孔'이다. 대장이 많은 구슬을 이용하여 작은 다리 모양을 만들고 구슬이 지나갈 만한 크기로 틈새(아치)를 아홉 개 만든다. 틈새에는 1에서 9까지 숫자를 표시하는데, 일부 틈새에는 숫자를 쓰지 않는데, 1이 없거나 2가 없거나 3이 없거나 하는 등이다. 구슬을 던지는 사람은 9척 떨어져 서서 던지는데 구슬이 틈새를 통과해 지나가면 대장은 틈새에 적힌 숫자만큼 은銀을 상으로 주고 숫자가 없는 틈새를 지나가면 상을 주지 않는다. 구슬이 틈새 옆을 치면 구슬은 대장이 가진다. 5부터 13까지의 숫자를 표시하기도 하는데 틈새를 지나가게 던진 사람에게는 숫자만큼 은을 상으로 준다. 그렇지 못하면 구슬을 잃을 뿐 아니라 매번 대장에게 은전을 한 개씩 준다. 대롱에 구슬을 넣어 불어서 틈새로 보내는 방식도 있는데 이것은 더욱 어렵고 은전도 많이 든다.

네 번째는 '격구擊球'이다. 한 사람이 큰 돌 구슬을 들고 20보 밖에 서 있고 맞은 편에서 몇 사람이 순서에 따라 구슬을 던져, 맞추면 이기고 못 맞추면 진다. 맞춘 사람은 바로 구슬을 집어 들고 절대 버리지 말아야 한다. 그렇지 않으면 맞추었더라도 진다.

다섯 번째는 '시권猜拳'이다. 한 사람이 손에 구슬을 몇 개 쥐고 다른 사람이 몇 개인지 알아맞히면 이기고, 많거나 적으면 진 사람이 틀린 개수만큼 구슬을 상대방에게 준다. 가령 손에 여덟 개를 쥐었는데 세 개라고 말하면 다섯 개를 주고 열 개라고 말하면 두 개를 준다. 복숭아씨나 단추 등으로도 할 수 있다.

여섯 번째는 '반격反擊'이다. 먼저 한 사람이 구슬을 벽에 던져서 6척 바깥쪽으로 튕겨 나오게 한다. 다음 사람이 벽에 구슬을 던져 튕겨 나와 먼저 구슬을 맞히면 이기고 그렇지 않으면 구슬을 그대로 두고 다음 사람이 던진다. 맞히지 못하면 다시 다음 사람이 던진다. 이렇게 순서대로 던져서 맞히면 멈추고 땅에 있는 구슬은 모두 맞힌 사람이 갖는다. 만약 앞서 맞히지 못한 구슬이 맞혀야 할 구슬과 가까이 있으면 던지는 사람은 반드시 그 구슬을 피해 목표 구슬을 맞혀야 하는데 이것이 묘기이다.

일곱 번째는 '요척遙擲'이다. 벽 가까운 곳에 구멍을 하나 파고 구멍에서 8척 길이의 직선을 그려 경계를 표시한다. 던질 구슬 개수를 미리 정하고 매번 몇 개씩 구슬을 던진다. 가령 두 사람이 각각 세 개씩 걸고 한다면, 먼저 던지는 사람이 구슬 여섯 개를 쥐고 모두 던진다. 구슬 중에 구멍에 들어간 것이 둘, 넷, 여섯처럼 짝수이면 이기고, 하나, 셋, 다섯처럼 홀수이면 진다. 이긴 사람은 구슬을 주운 뒤에 구슬을 내어 새로 던진다. 다른 방식도 있는데, 가령 여섯 사람이 던지는 순서를 미리 정하고 첫 번째 사람이 먼저 던져 구멍에 들어간 것을 갖는다. 두 번째 사람이 앞 사람이 안 던진 구슬을 던져 구멍에 들어가면 그것을 갖는다. 또 세 번째 사람이 두 번째 사람이 안 던진 구슬을 던지는 방식대로 이어간다. 또 첫 번째 사람이 모든 구슬을 한꺼번에 구멍 안에 던지면 나머지 사람이 구슬을 내어 새로 던지는 방식도 있다. 단추를 사용할 수도 있다.

여덟 번째는 '대격對擊'이다. 중국의 척구踢球와 같다. 갑이 먼저 구슬을 던지고 을이 구슬로 갑이 던진 구슬을 치고, 맞히지 못하면 갑이 구슬을 주워 을의 구슬을 친다. 누구든 맞히면 멈춘다.

아홉 번째는 '기우奇偶'이다. 주머니에서 작은 구슬을 손으로 쥐고 꺼내어 홀짝을 맞혀서 맞으면 하나를 얻고 틀리면 하나를 잃는다.

열 번째는 '탄구彈球'이다. 옛날에는 영탁鈴鐸이라고 했는데 무슨 뜻인지는 모르겠다. 땅에 둘레가 2척인 원을 하나 그린다. 사람들은 각각 원 안에 구슬을 하나씩 두고 그 밖에 3척 길이로 직선을 그어 경계를 표시한다. 엄지로 구슬을 튕겨 여러 구슬을 쳐서 원 밖으로 나오는 구슬을 튕긴 사람이 모두 갖는다. 만약 하나도 나오지 않으면 구슬들을 모두 원 안에 놓아두고 다음 사람이 원 안의 나머지 구슬들을 튕겨낸다. 첫 번째 사람이 모든 구슬을 원 밖으로 내보내거나 한 사람이 남았을 때 원 안의 구슬이 모두 쳐내어진다면 각자 다시 구슬을 하나씩 내어 이차 치기를 준비한다. 또 구슬을 울타리에서 발 하나 정도 떨어진 곳에 놓고 무릎 아래로 튕기고 만약 그것이 어려우면 무릎 위로 튕긴다. 이것은 힘과 기교가 모두 있어야지 성공할 수 있다.

열한 번째는 '타라陀羅'이다. 구슬 여러 개를 원 안에 놓고 한 사람이 손으로 타라(팽이)를 돌린다. 팽이에 부딪혀 원 밖으로 나간 구슬을 팽이를 돌린 사람이 모두 갖는다. 또 먼저 팽이를 돌리고 구슬로 팽이가 멈출 때까지 팽이를 향해 던진다. 팽이를 맞힌 구슬의 개수를 세어 두 배를 준다.

열두 번째는 '방성方城'이다. 땅에 네모 모양을 그리고 가운데를 약간 파서 중심 구슬을 하나 놓는다. 네모에서 2척 거리에 다른 네모 모양을 만들고 네 귀퉁이에 구슬을 하나씩 놓는다. 하나는 네모, 하나는 원, 하나는 사등면체四等面體, 하나는 이십등면체.[168] 두 구슬 사이마다 원 구슬을 하나씩 놓는다. 이 8개의 주변 구슬로 순서대로 중심 구슬을 친다. 중심 구슬이 맞아 파인 곳 밖으로 나오면 이긴다. 주변 구슬이 네모 밖으로 나가면 치는 순서가 한 바퀴 돌아온 뒤에 다시 시작한다. 주변 구슬이 네모 안에 남아있으면 다른 구슬로 쳐내야만이 다시 칠 수 있다.

열세 번째는 '현격懸擊'이다. 구슬 하나씩을 작은 원 안에 놓아 쌓는다. 한 사람이 엄지와 집게손가락으로 구슬을 하나 집어 들어 눈높이에서 구슬 쌓은 곳으로 떨어뜨려 원 밖으로 나간 구슬들을 모두 갖는다. 만약 떨어뜨린 구슬이 원 밖으로 나가지 않으면 그대로 두어 다음 사람이 이어서 한다.

4월 7일 화요일

3월 15일 갑자. 맑음. 미초(13시)에 재나 호에 탔던 광동廣東 사람 육송陸松이라는 이가 원방루遠芳樓에서 식사를 하자고 청했다. 산해진미에 음식 솜씨가 모두 내지와 같았다. 모두 네 사람이 함께 식사했는데, 하나는 섭좌당葉佐棠이라고 했고 다른 사람은 이름을 알지 못한다. 유초(17시)에 숙소로 돌아왔다.

4월 8일 수요일

3월 16일 을축. 맑음. 토인은 화인華人을 보면 모두 주안朱安(John)이라고 불렀다. '주안'은 서양의 아이들 이름이다.

4월 9일 목요일

3월 17일 병인. 맑음. 신정(16시)에 흐려짐. 섭좌당과 광동 신신봉반新新鳳班이 하는 연극을 보았는데 자못 훌륭했다. 밤이 되자 큰비가 내렸다.

---

168 정사면체와 정이십면체이다.

4월 10일 금요일

3월 18일 정묘. 맑음. 사정(10시)에 지 흠헌과 손 흠헌을 따라 조전국造錢局[169]에 구경하러 갔다. 국은 아주 넓고 컸고 높이는 4층이었다. 조전의 방법은 화기火機(증기기관)를 많이 사용하였다. 먼저 광사礦砂를 통에 넣어 녹여 덩어리로 만들고 찌꺼기를 제거한

[그림 37] 미 조폐국 샌프란시스코 지국(1854)

다. 그리고 녹은 덩어리를 물에 넣어 가루로 만든다. 그 다음에 가루를 강수로強水爐[170]에 넣어 금, 은, 동 세 가지를 분리하고 그것으로 돈을 만든다. 금을 두 곤축輥軸(롤러) 사이에 끼워 넣고 돌리면 금괴가 평판이 된다. 다시 평판을 알기軋機(구멍뚫개)에 놓는다. 이 기계는 장붓구멍과 장부 사이처럼 동작하는데 기계가 움직이고 평판이 진행하면 동그란 모양으로 잘려서 아래로 떨어지고 동그란 구멍이 생긴 나머지 평판은 연속으로 다른 상자로 들어간다. 아래로 떨어진 동그란 금을 눌러 옆으로 펴면 문양을 찍을 수 있게 된다. 인기印機(압인기)는 덮개처럼 생겨서 아래로 눌러 음각을 만든다. 덮개가 올라갔다 내려갔다 하는 것과 둥근 모양이 왔다 갔다 하는 것이 순전히 윤기輪機[171]만으로 움직이고 인력을 필요로 하지 않아 지극히 빠르다. 또 목판 위에 금전 틀 백 개를 파 놓는데 틀의 깊이와 돈의 두께가 같다. 돈

---

169 미국 조폐국 샌프란시스코 지국(US Mint San Francisco)을 말한다. 1854년 설립 초기에는 커머셜 가(Commercial St.) 608호 자리에 있었고, 1875년에 5번가(Fifth St.) 88호 자리로 이전했으며, 1937년에 다시 지금의 허먼 가(Hermann St.) 155호로 옮겼다.

170 강수는 'strong water'라는 별칭이 있는 질산 용액을 가리킨다.

171 바퀴나 기어로 연결되어 돌아가는 기계를 뜻한다.

이 만들어지면 손으로 흩뜨려서 틀에 다 채우면 양전洋錢 백 원이 되고, 이 것을 다른 곳으로 기울이면 사람 손으로 세는 것보다 훨씬 빠르다. 은전과 동전도 이와 같은 방법으로 만든다. 미초(13시)에 숙소에 돌아왔다.

4월 11일 토요일

3월 19일 무진. 흐리고 비. 저녁에 차를 타고 1리쯤 가서 가짜 흑인의 희戲(쇼)를 보았다. 흑인은 남南 아미리가阿美里加(America)에서 나왔는데 옷은 북방과 같지만, 얼굴은 칠처럼 까맣고 치아는 은처럼 하얗다. 이 희에서는 토인이 [흑인처럼] 우스꽝스럽게 치장하고 희대戲臺(무대)에 9명이 늘어서서 호가胡笳[172]를 불고 팔각고八角鼓(탬버린)를 쳤고, 노래의 음조가 신기했다. 앉았다 누웠다 하며 춤을 추는데 모습이 원숭이 같았고 우스개 말이 뒤섞여서 실컷 웃을 만했다. 술초(19시)에 비가 그쳤고 숙소로 돌아올 때는 꽤 추웠다.

4월 12일 일요일

3월 20일 기사. 맑음. 오초(11시)에 섭좌당이 행향루杏香樓에서 식사를 하자고 했다. 식당은 이층으로 골동품과 그림과 편액을 꽤 많이 진설하고 있었는데 모두 명인名人들이 제사題寫한 것들이라 전아典雅하고 볼만했다.

4월 13일 월요일

3월 21일 경오. 맑음. 사초(09시)에 지 흠헌과 손 흠헌을 따라 조선창造船廠(조선소)에 가서 구경하였다.[173] 조선창은 바다 옆에 서 있는데 화약으로

---

172 색소폰 등의 관악기일 것이다.

173 샌프란시스코 반도의 헌터스 포인트(Hunter's Point)에 있던 드라이독(drydock, 건선거)을 갖춘 조선소를 말한다. 이곳은 태평양 연안 최초의 영구 드라이독을 갖춘 조선소였다. 캘리포니아 드라이독 회사(California Dry Dock Company)가 1867년에 설립하였다. 1905년 베들

암반을 폭파하여 굴을 뚫어 조槽(dock)를 만든 것이었다. 앞쪽은 네모나고 뒤쪽은 둥근 모양으로 길이는 100장이 넘고 깊이는 수 장, 너비는 20여 장이었다. 조구槽口에는 철 갑문을 세웠는데 그 뒤에는 나무 계단을 백 층 정도 놓아 공인工人들이 오르내리기 편리하게 만들었다. 선척이 만들어지면 갑문을 열어 물을 집어넣고 물이 들어와 배가 떠서 스스로 나가고 배가 나가면 갑문을 닫는다. 조의 바닥에는 우물을 파서 아래로 함동涵洞(하수통로)

[그림 38] 헌터스 포인트의 드라이독(1868년경)

으로 통하고 그 좌우 양옆에는 윤기輪機를 설치하였다. 기계가 움직여 바퀴가 돌아가서 물이 조를 빠져나가 다시 바다로 들어가니 인력을 크게 아낄 수 있다. 미초(13시)에 숙소에 돌아왔다.

4월 14일 화요일

3월 22일 신미. 맑음. 사정(10시)에 지 흠헌과 손 흠헌을 따라 직전국織氈局(방직공장)에 가서 구경하였다.[174] 제조방법은 윤기를 이용하여 먼저 나무통에서 융絨(원면原綿)을 세척하고 세척을 마치면 펑펑한

[그림 39] 방적기(1858년경)

쟁반에 놓아 흘려보내어 축軸에 감는다. 축면軸面은 울퉁불퉁한데 융을 감아 가늘어지면 연축면練軸面으로 보내고 경사로를 돌아 왼쪽에서 오른쪽으

레헴 제철 회사 조선 부문(Bethlehem Steel Corporation Shipbuilding Division)에 합병되었고, 1940년에 해군이 매입하였으며, 1974년부터 민간에 임대하다가 1980년대에 폐쇄되었다. 한편『초사태서기』에서는 19일에 방문했다고 했으나 착오인 듯하다.

174 『초사태서기』에서는 19일에 방문했다고 했으나 착오인 듯하다.

로 가서 가느다란 융絨을 뽑아 두꺼운 실로 만든다. 다시 촬축撮軸으로 들어가서 실이 되고 실이 만들어지면 직조를 하게 된다. 북을 왕래하고 실을 올리는 것은 모두 윤기를 이용한다. 철 기계 10대를 단 한 사람이 감독하였다.

4월 15일 수요일

3월 23일 임신. 맑음. 진정(08시)에 쌍마차를 타고 3리쯤 가서 나루에 도착하여 아랍문달阿拉門達(Alameda) 호라는 이름의 윤도輪渡(페리)에 탔다. 배의 길이는 약 9장이고 명륜선으로 수백 명을 실을 수 있었다.

[그림 40] 샌프란시스코 만을 왕래한 알라메다 호 페리

양륜 사이와 객실 아래에 작은 복도가 하나 있어서 마차를 몇 대 실을 수 있을 정도였다. 배가 10리를 가서 금강金江(San Francisco Bay)을 건너 윤차輪車(기차)를 타고 66리를 가서 흑와黑窩(Hayward)라는 곳에 도착했다.[175] 길가에 수목이 드리워져 있고 전원田園이 무성하고 쌀 창고가 100여 칸 모여 있는데

---

175 『초사태서기』에서는 23일에 방문했다고 했으나 착오인 듯하다. 지강은 이날 수은 광산도 방문했다고 했으나 장덕이의 일기에는 보이지 않는다.

크고 정결했다. 안에는 참빗처럼 생긴 수전 기기收田機器(수확기계)가 있었는데 칼날이 숨겨져 있고 왼쪽에는 철륜鐵輪과 관건關鍵(스위치)이 있었다. 말이 그것을 끌게 하는데 말이 달리면 바퀴가 돌고 기기가 스스로 농작물을 베고 묶고 늘어놓아 밭에 쌓는다. 사람은 마차의 옆에 앉아 앞으로 나아가는 길을 조정할 뿐이다. 구경을 마치고 다시 윤차를 타고 35리를 돌아와서 마차로 바꾸어 타고 윤차를 관리하는 관사官舍에 가서 조금 앉아있다가 나왔다.[176]

[그림 41] 샌프란시스코-알라메다 철도를 운행한 기관차 에드윈 마스틱(Edwin Mastick) 호(1866)

다시 20여 리를 가서 구란鷗蘭(Oakland) 장莊(마을)에 도착하여 다원茶園에서 술을 마셨다.[177] 다원 안에는 가옥이 몇 칸 있고 연못에는 버드나무가

---

176 관사는 1865년 개통된 샌프란시스코-알라메다 철도(San Francisco & Alameda Rail Road, S.F. & A.R.R.) 철도의 알라메다 지역에 있었던 엔시널(Encinal) 역을 말한다. 이 철도는 샌프란시스코에서 알라메다 터미널까지는 페리로 연결되고 알라메다 터미널에서 헤이워드까지의 구간은 철도로 이어졌다. 이후 이 철도의 샌리앤드로 역(San Leandro Station)에서 새크라멘토(Sacramento) 방면으로 가는 대륙횡단철도가 연결되었다.

177 오클랜드는 샌프란시스코만 동쪽에 있는 도시로, 1850년대의 골드러시로 샌프란시스코로 많은 사람이 몰려 땅값이 비싸지면서 오클랜드가 커지기 시작했고 이후 대륙횡단철도의 서쪽 끝이 되면서 더욱 커졌다. 또 장덕이 일행이 간 다원은 이름이 벨 뷔 뒤 락, 론데부 드 샤스(Belle Vue du Lac, Rendezvous de Chasse, 뜻은 '호수 전망 좋은 곳, 사냥을 위한 모임 장소')이고 뒤에 영어 이름 하우스 오브 블레이지즈(House of Blazes)라고도 알려진 리조트 겸 레스토랑이었다. 지금의 12번 가(12th St.)와 오크 가(Oak St.)가 만나는 곳에 있는 캘리포니아 오클랜드 박물관 자리에 있었다. 메리트 호(Lake Merritt)를 바라보는 조망이 뛰어난 위치이다.

가득하며 그 앞쪽에는 작은 호수가 있고 오른쪽으로는 길게 뻗은 언덕이 보였다. 언덕과 호수는 철교로 이어져 있고 왼쪽으로는 떡갈나무 숲이 있고 뒤쪽에는 원유園圃가 붙어 있었다. 하늘이 청명하고 봄빛이 완연한데 화분이 늘어서 있는 곳에서 봄바람을 맞으며 술을 마셨다.

[그림 42] 하우스 오브 블레이지즈. 오클랜드 트리뷴(Oakland Tribune) 1916년 7월 2일자

[그림 43] 워슈 호(왼쪽)와 샌프란시스코 호 페리

다시 10여 리를 가서 화륜차 객청客廳에 도착하여 잠시 쉬었는데 토인들이 계속하여 쳐다보았다. 윤차에 올라 14리를 가서 부두에 도착하여 왜수왜收(Washoe)라는 이름의 윤주輪舟(페리)에 올라 전과 같이 건넜다.

신정일각(16시 15분)에 숙소에 돌아와서 백포도(청포도)를 먹었는데 맛이 꽤 달았다. 그 뒤에 등불 아래에서 무료하게 있다가 갑자기 의욕이 생겨서 「구란기鷗蘭記」를 적어보았다. 그 글은 다음과 같다.

"구란은 번역하면 떡갈나무밭이라는 뜻이다. 이곳은 경치가 청유淸幽하고 산언덕 아래 주점이 있어서 노니는 사람들이 쉴 수 있는 곳이다. 무진년 봄에 덕명德明(장덕이)은 사절을 수행하여 이 나라에 와서 이곳에서 노닐 수 있었다. 이날은 하늘이 맑게 개고 맑은 공기가 두루 퍼지니 중화의 사절 예닐곱 사람과 서사西士(서양 선비) 대여섯 명이 차를 타고 주점에 이르렀다. 작은 정자를 맑은 물이 감싸고 긴 탁자에는 꽃그늘이 드리워져 있었다. 많은 음식을 만들어 객들에게 주었는데 객들은 많은 향기가 퍼지는 가운데 줄지어 앉았다. 곧 삼편三鞭(champagne)을 따르고 가비加非(coffee)를 마시고 손에는 도차刀叉(나이프와 포크)를 들었는데 고기의 노린내가 났지만, 그곳 습속을 따랐다. 멀리 올록볼록 이어지고 무성하여 수려한 모습이 보였는데 이는 주점 앞의 산언덕이다. 누대樓臺가 이어져 있고 들판 향기가 그윽한 것은 주점 뒤의 명원名園이다. 물이 거울과 같고 물결이 일지 않고 동남쪽을 감싸고 있는 것은 주점 오른쪽의 작은 호수이다. 주점과 언덕 사이에 용이나 무지개처럼 호수 위에 가로누워 있는 것은 긴 다리이다. 아름다운 나무가 무성하고 녹음이 이어져 있는 것은 주점 왼쪽의 떡갈나무 숲이다. 천만 가지로 알록달록하여 난금爛錦[178]처럼 어지러운 것은 봄날의 고운 꽃들이다. 이윽고 꾀꼬리가 목청을 돋우듯 고

---

178 현란한 무늬의 비단이다.

운 소리가 울려 퍼지는 것은 번부番婦(미국여자)가 음식을 가져오는 것이다. 쟁강거리는 소리가 어지럽게 퍼지는 것은 사람들이 음식을 먹으며 도차가 움직이는 것이다. 남녀가 섞여 앉고 신발이 뒤섞여 있다가 일어나서 떠들썩한 것은 좌객座客들이 즐거워하는 것이다. '구구 동동'하는 소리는 번인番人(외국인)이 말하는 것이다. 이윽고 차와 술을 마치니 잔과 그릇이 어지럽고 석양이 산에 걸려 맑은 바람이 솔솔 불고 새들이 지저귀고 숲에서는 바람 소리가 났다. 태태太太(여자)들이 먼저 자리를 떠나면서 여우가 꼬리를 땅바닥에 끌듯 긴 치마를 끌고 가는데 향취가 풍겨왔다. 비록 발이 한 척이나 되었지만 가녀리고 고운 자태였다. 아연히 쳐다보면서 더는 작별을 고하는 이가 없었으니 객들이 취한 것이었다. 객들이 취하자 성사星使(대사)께서 떠나셨다. 이 일을 적어 일소一笑에 부치노라."[179]

4월 16일 목요일

3월 24일 계유. 맑음. 문설주에 이러한 첩지를 붙여놓은 것을 보았다. "화인 중에 서복西服을 입은 자는 흠차欽差를 뵐 수 없음." 이 첩지를 누가 붙였는지는 모르겠지만 이곳에서 무역을 하는 화인 중에 서복을 입은 자는 백 명 중에 한 명도 없었다.

4월 17일 금요일

3월 25일 갑술. 맑음. 오후에 일본국의 고환이 찾아와서 한참 이야기를 나누고 갔다. 저녁에는 같은 객점에 있는 합중국 뉴紐방邦(뉴욕 주) 사람으로 성이 파이삼巴爾三이라는 자와 함께 이야기를 했다. 그 사람은 나이가 오십 정도이고 말씨는 온화하였다. 금산이 땅은 비옥하지만, 지진이 자주 난다는 것을 알게 되었다.

---

179 송나라 문인 구양수(歐陽修)의 「취옹정기(醉翁亭記)」를 흉내 내어 썼다.

4월 18일 토요일

3월 26일 을해. 맑음. 진정(08시)에 바람이 많이 불었다. 거리는 광활하지만 돌을 깔고 사칠沙漆(모르타르)로 바른 길은 적어서 바람이 불면 먼지가 일어나고 비가 오면 진흙탕이 되었다. 밤이 되자 바람이 그쳤다.

4월 19일 일요일

3월 27일 병자. 맑음. 객점 맞은편의 점포에서는 한 가지 물건만 파는데, 터의기攄衣器(탈수기)라고 이름을 붙이면 좋을 것 같다. 이것은 주석 대야로 둘레가 약 9척이고 높이는 8촌이며 옆에는 나무 손잡이와 철 기계가 있다. 세탁을 마친 옷을 기계 안에 넣고 손으로 손잡이를 밀면 기계가 움직이는데 젖었던 옷이 모두 마른다.

4월 20일 월요일

3월 28일 정축. 맑음. 사초(09시)에 일본 상인이 크고 작은 왜도倭刀를 하나씩 들고 와서 팔면서 이렇게 말했다. "폐읍弊邑의 칼은 판매를 엄금하지만 멀리 떠나와 있는 사람은 간혹 경계하는 마음이 있어서 몰래 몇 자루를 가지고 나와서 좋지 않은 일을 대비하고 있었습니다. 그런데 이제 여비가 떨어져 이것을 당신께 바치고자 합니다." 그 값을 물으니 큰 것은 25원圓(달러)이고 작은 것은 15원이라고 했다. 등불 아래에서 살펴보니 칼집은 칠을 했고 자루는 상아로 만들었고 칼날이 눈길을 빼앗을 만큼 예리하여 차가운 빛이 번쩍이고 백 차례나 담금질을 거쳐서 손가락에 두를 수 있을 정도로 부드러웠다.

4월 21일 화요일

3월 29일 무인. 맑음. 오초(11시)에 육송이 친구 다섯 명을 데리고 찾아왔다. 종이를 가지고 와서 글씨를 써달라고 하길래 거절하지 못하고 대략 몇 글자를 적어 주었다.

4월 22일 수요일

3월 30일 기묘. 맑음. 사각(09~11시)에 연춘경聯春卿(연방), 탑목암塔木庵(탑극십눌)과 함께 차를 타고 남쪽으로 4리쯤을 가서 점포에 들어가 상相(사진)을 찍었다. 건물에는 미인의 소조小照(사진)가 걸려있었는데, 세로 약 3척, 가로 2척에 거울을 보고 앉아 앞뒤가 모두 나온 것이었다. 그 사람은 봉황 눈에 거위 눈썹을 하고 머리카락은 길어서 땅까지 닿았고 허리는 가는 버드나무 같고 손은 복사꽃 같았다. 누군지 물어보니 금성金城(San Francisco) 거상巨商의 부인이라고 했다. 이날 오후에 비가 조금 오고 신정(16시)에 개었다.

4월 23일 목요일

4월 1일 경진. 맑음. 관제묘關帝廟[180]를 찾아가 향을 올렸다. 전각이 크고 화려했고 편액은 빛이 났다. 광동 상인들이 돈을 모아 세운 것이었다. 성제聖帝의 위령威靈은 이르지 않는 곳이 없을 것이다.

4월 24일 금요일

4월 2일 신사. 맑고 무척 더움. 사각(09~11시)에 광동 육관六館의 사사司事[181]들이 찾아와서 다음날 낮에 강주회관崗州會館(Kong Chow Temple)[182]에서

---

180 관우를 모신 사당인 관제묘는 스톡턴 가(Stockton St.) 855호에 있는 강주회관(岡州會館)에 있다.

181 광동 육관은 옛 강주(岡州)의 여섯 지역(다음 주석 참고)을 말한다. 사사는 본래는 담당 관리를 뜻하나 여기에서는 옛 강주 여섯 지역을 대표하는 사람을 말한다.

182 강주회관은 미국 최초의 중국 묘당(廟堂)이다. 강주(崗州)는 강주(岡州)와 같고 수당(隋唐) 시대에 지금의 광동 광주(廣州) 서남쪽의 신회(新會), 학산(鶴山), 대산(台山), 개평(開平), 은평(恩平) 일대에 설치된 주의 이름이다. 강주회관은 이곳 출신 이민자들이 주도하여 세운 관우(關羽) 사당으로, 1849년에 강주고묘(岡州古廟)라는 이름으로 설립되었고 1854년에 강주회관으로 개명하여 지금에 이르고 있다. 처음에는 세인트 메리 광장(St. Mary's Square)에 있

술을 마시자고 청했다.

[그림 44] 지금의 강주회관

4월 25일 토요일

4월 3일 임오. 오초(11시)에 지 흠헌과 손 흠헌을 따라 쌍마차를 타고 2리쯤 가서 강주회관에 도착하여 육관 사사들을 만났다.[183] 이날은 풍악이 울려 퍼지고 비단이 바닥에 깔리고 꽃을 매달고 오채색을 엮어 화려하기가 비할 데 없었다. 붉은 글씨로 써서 붙인 영첩楹帖이 세 폭 있었는데 그 중 첫 번째는 다음과 같았다.

성천자聖天子께서 예를 닦아 근린을 화목하게 하셨지만,
교화 밖의 만이蠻夷는 정말이지 갓난아이와도 같다네.
어진 사신使臣이 인을 펴고 덕을 펼치셔서,
하늘 끝의 고향 사람들을 한 집안처럼 보노라.[184]

있다가 1977년에 지금의 위치인 스톡턴 가(Stockton St.)로 옮겼다.
183 『초사태서기』에서는 4일에 방문했다고 했으나 착오인 듯하다.
184 "聖天子修禮和隣, 化外蠻夷渾若赤. 賢使臣宣仁布德, 天涯桑梓視同家."

두 번째는 다음과 같았다.

천조天朝의 맑은 교화에 목욕하고 음덕을 받았지만,
객이 된 지 여러 해라,
말하지 말게나, 달을 이고 별을 지고 다니며,
성택聖澤을 받지 못하고 있다고.

단서丹書(칙서) 받들고 객점에 말을 멈추시고,
이국에서 상봉하였으니,
어찌 안주와 술 올리면서,
함께 고국 소식을 이야기하지 않겠는가.[185]

세 번째는 다음과 같다.

먼 곳의 자줏빛 기운이 동쪽에서 오고,
한 조각 붉은 구름이 북쪽에서 내려오네.[186]

잠시 이야기를 나누다가 돌아왔다.

4월 26일 일요일

4월 4일 계미. 맑음. 오정(12시)에 육관 사사들이 다시 찾아왔다. 밤이 되어 매우 추워져서 가죽옷을 입었다.

---

185 "沐淸化以食德天朝, 作客多年, 漫云戴月披星, 無關聖澤. 捧丹書而停驂旅館, 相逢異國, 怎不薦芹獻酒, 共敍鄕情."
186 "遐方紫氣從東接, 一片彤雲自北來."

4월 27일 월요일

4월 5일 갑신. 맑음. 오후에 지 흠헌과 손 흠헌을 따라 교외로 15리를 나가서 용화금은창熔化金銀廠(제련공장)을 구경했다. 금은을 녹일 때 순전히 화기火機(증기기관)만을 이용하는 것은 다른 나라와 같으나 다만 철재鐵滓(쇠부스러기)와 남전藍靛(인디고)이 여러 돈囤(ton) 나오는 것이 보였다. 토인이 말하기를, 그것을 밭에 뿌리면 해충을 막을 수 있다고 했다.

4월 28일 화요일

4월 6일 을유. 맑음. 유각(17~19시)에 지 흠헌과 손 흠헌을 따라 망격말芒格茉 가(Montgomery St.)의 이극방利克房(The Lick House)에 가서 총독(주지사) 흑黑 공公(Henry Huntly Haight)이 초청한 연회에 참석했다.[187] 건물이 높고 수려하고 등불이 휘황하였고 정면에는 대청大淸의 용기龍旗와 합중국의 화기花旗[188]가 높이 걸려있고, 좌우에는 영, 법 각국의 채색 깃발이 걸려있어 바람에 나부껴 비단 물결이 출렁였다. 금슬琴瑟과 종고鐘鼓가 아악을 연주하고 술잔과 그릇들이 성연盛筵에 펼쳐졌다. 이날은 관원과 상인 5백 명, 그리고 화상華商 및 육관 사사 등 70명[189]이 각각 11원(달러) 씩을 갹출하여 6,270원이 모아졌다. 식사를 마치고 모두 축하의 말을 주고받았고 축초(01시)에 작별하였는데 닭이 벌써 세 번 울고 있었다.

---

187 릭 하우스는 1861년 개업한 호텔이다. 소유자 제임스 릭(James Lick)의 이름을 따서 호텔 이름을 지었다. 1906년 샌프란시스코 대지진 때 화재로 붕괴되었다. 헨리 헌틀리 하이트(1825~1878)는 뉴욕 주 출신의 법률가이자 정치가로, 1867년 12월 5일부터 1871년 12월 8일까지 캘리포니아 주지사를 지냈다. 『초사태서기』에서는 7일에 참석했다고 했으나 착오인 듯하다.

188 화기는 미국 성조기의 옛 이름이다. 알록달록한 무늬로 되어 있다고 하여 붙인 이름이다. 1849년에 서계여(徐繼畬)가 편찬한 세계지리 서적인 『영환지략(瀛寰志略)』 등에 나온다. 장덕이가 본 성조기에는 별이 50개가 아닌 37개가 그려져 있었다.

189 원문에는 7명으로 되어 있으나 역산하여 70명으로 정정한다.

[그림 45] 릭 하우스의 연회장   [그림 46] 헨리 하이트

[그림 47] 1868년의 청 용기와 별이 37개인 당시의 미국 성조기

4월 29일 수요일

4월 7일 병술. 맑음. 신문지新聞紙를 보니 어젯밤 연회의 일이 상세히 보도되어 있었다.[190] 열방列邦(세계)에 알려 성사盛事가 전해진 것이다.

진정(08시)에 지 흠헌과 손 흠헌을 따라 해구에 가서 새로 건조된 아관阿寬(Ancon) 호 윤선[191]을 구경했다. 배의 길이는 20여 장, 너비는 2장으로 명륜선이다. 이날 배를 처음 시동하게 되어 사람들을 초청하여 축하한 것이

---

190 전날의 주지사 초청 연회는 데일리 알타 캘리포니아(The Daily Alta California) 1868년 4월 29일자 1면에 크게 보도되었다.

191 앵컨 호는 1867년에 샌프란시스코 헌터스 포인트의 드라이독에서 건조되었고, 1868년 4월 29일에 첫 해양 항해를 시작했다. 초기에는 주로 샌프란시스코-파나마시티 노선을 운항했고, 후기에는 알래스카를 중심으로 운항하다가 1889년에 난파당했다.

[그림 48] 주지사 초청 연회 기사의 헤드라인. 데일리 알타 캘리포니아 1868년 4월 29일자

다. 선체는 견고하고 사면이 빛났다. 배에는 관원과 상인 백여 명과 악병樂兵(군악대)도 한 부대가 탔다. 배는 30여 리를 가서 아랍객달랍사阿拉喀達拉司(Alcatraz) 포대[192]에 이르러 접안을 준비했다.[193] 이때 갑자기 커다란 포성이 울리고 악병들이 연주하며 환영하여 체통을 높였다. 도착한 곳은 외딴 섬으로, 포대에는 대포 1백 문이 늘어서 있었는데, 각 대포는 길이 1장 5척, 직경 5촌, 화약 170여 근 용량이었다. 대포는 모두 15발이 울렸는데 그 소리가 산악을 진동시켰다. 또 바다 쪽으로 대포를 발사하니 포환이 파도를 허공 높이까지 일으켰는데 그 모습이 수법水法(분수) 같았다. 구경을 마치고 배로 돌아와서 20여 리를 가서 금문金門(Fort Point) 포대[194]에 도착하니 악병들이 앞에서와 같이 환영했다. 하선하여 남쪽으로 가서 석문石門으로 들어가니 성벽이 둘러싸여 있었다. 안으로 들어가니 사면에 높은 누대가 있고 석벽이 숨겨져 있고 좌우에는 화로가 두 개 있었다. 관포관管炮官(포대 장교)이 이렇게 말했다. "대포를 쏠 때 포자炮子(포탄)을 화로에 넣어 달군 뒤에 그것을 포신에 밀어 넣으면 그 힘이 커지고 멀리 갑니다." 누대 위에 대포들이 줄지어 있는데 모두 활차活車가 있어서 사면으로 밀어 옮길 수 있었다. 이 포대는 높은 위치에 암석과 철로 지어졌는데, 위에는 등루燈樓(등대)를 만들어 백 리 밖에서도 보이고, 아래

---

192 앨커트래즈 포대는 샌프란시스코 반도 북쪽에 있는 앨커트래즈 섬의 요새에 있던 포대이다. 골드 러시 이후 샌프란시스코 만을 방어할 필요성이 커지자 1853년에 요새를 건설했다. 1915년에는 군사 감옥이 되었고 이후 연방 교도소로 전환되어 1963년까지 운영되었다.

193 『초사태서기』에서는 8일에 방문했다고 했으나 착오인 듯하다.

194 포트 포인트 포대는 샌프란시스코 반도 북쪽 끝에 세워진 요새에 있던 포대이다. 앨커트래즈 포대와 같은 시기에 같은 목적으로 건설되었다. 지금은 금문교(The Golden Gate Bridge) 남단의 아래쪽에 기념관으로 남아있다.

에는 화약 창고가 있어서 몇 년 동안 쓸 수 있었다. 구경을 마치고 배로 돌아
와서 섬 몇 개를 돌아다녔는데 푸른 절벽과 고개가 우뚝하여 볼만 했으니 참
으로 이 나라의 명승지라고 하겠다. 미각(13~15시)에 숙소에 돌아왔는데 약간
추웠다.

[그림 49] 앵컨 호

[그림 50] 앨커트래즈 섬과 샌프란시스코 반도

[그림 51] 앨커트래즈 요새의 포대

[그림 52] 포트 포인트 요새와 포대

샌프란시스코에서 뉴욕까지

4월 30일 목요일

4월 8일 정해. 맑음. 사초(09시)에 출발하여 해구에 도착하였다.[195] 객루랍두喀臕拉兜(Colorado)라는 이름의 윤선에 탔는데, 길이는 26장, 너비는 4장으로 명륜선이다.[196] 신기하게 생겨서 윤축이 밖으로 나와 있는데 그 모

[그림 53] 헌터스 포인트 조선소에서 수리 중인 콜로라도 호(1870년경)

---

195 『초사태서기』에서는 9일에 출발했다고 했으나 착오인 듯하다.

196 콜로라도 호는 퍼시픽 메일 기선 회사 소속의 화물여객선으로 1864년 5월 21일에 뉴욕에서 진수되어 이듬해 4월 1일에 샌프란시스코에 도착하였다. 이후 주로 샌프란시스코-파나마시티 노선을 운항하였고, 간혹 중국 노선을 운항하기도 했다. 1878년에 팔렸고 이듬해 해체되었다.

습이 마치 천평天平(천칭)과 같고 높이는 2장이 넘는다. 이날은 선객들이 꽤 많아 전별하는 사람들이 담장처럼 늘어서 있었다. 배가 해구를 나서서 남쪽으로 가니 동쪽으로는 긴 산과 구름이 끊임없이 이어졌다. 신초(15시)에 가랑비가 한 차례 내렸다.

5월 1일 금요일

4월 9일 무자. 흐리고 비. 무척 추웠다. 오후에 날이 개고 동쪽에 오색 무지개가 떠서 눈길을 빼앗았다. 바다는 초록빛이고 파도는 일지 않았다. 전체 크기는 모르겠으나 뱀의 머리에 물고기 꼬리를 한 것 몇 마리가 한 시진時辰 쯤 배 주위를 돌다가 사라졌다.

5월 2일 토요일

4월 10일 기축. 맑고 따뜻함. 물이 잔잔하고 배는 평온하여 평지를 가는 듯했다. 멀리 큰 고래가 물을 높이 뿜어내는 것이 보였다.

5월 3일 일요일

4월 11일 경인. 맑음. 동쪽에 산들이 이어졌는데 바위는 푸르고 숲은 울창하고 바다와 하늘이 같은 색깔이고 새들이 높이 날았다.

5월 4일 월요일

4월 12일 신묘. 맑음. 오초(11시)에 산이 보였는데 그 높이가 백 인仞[197]이 넘고 끝이 구름 밖으로 나왔다. 햇볕이 불같아서 뜨거움을 견딜 수 없었다.

---

197 1인은 8자에 해당한다고 하나 7자, 5자 6치, 4자 등이라는 설도 있다.

5월 5일 화요일

4월 13일 임진. 맑음. 바다는 평평함. 물빛은 진한 남색이고 달은 작고 산은 높으며 하늘은 맑고 공기는 상쾌하고 주위는 고요했다. 자초(23시)에 금산 해차海汊(Channel)[198]를 지난 뒤 운선 한 척과 조우했는 데 배 이름은 기억나지 않고 북쪽으로 금성金城(San Francisco)로 가는 배라는 정도만 알았다.

5월 6일 수요일

4월 14일 계사. 맑고 따뜻함. 오후에 너럭바위 같은 먹구름이 드리웠는데 아주 컴컴해졌다. 우레가 숲을 울리는 소리가 해안 너머 멀리에서 들려왔다.

기記: 동선한 남자 승객은 879명이고 부녀자는 120명이고 아이는 96명으로 모두 합중국 사람들이다.

5월 7일 목요일

4월 15일 갑오. 맑음. 동쪽에서 산들이 우리를 환영하는 듯했다. 백사장과 절벽이 나타났다가 녹음이 우거진 산이 나왔다가 했다. 배가 화살처럼 빠르게 가서 마치 허황되고 아득한 땅을 가는 것이 아닌가 했다. 오후에 뒤쪽 객창에서 아이 한 명이 병에 걸려 죽었다는 소식이 들렸다. 그 모친은 젊은 과부인데 큰아들도 전에 익사했던 터라 이날 거의 정신을 잃을 만큼 통곡했다. 이날은 극히 더워 선주(서장)가 사람을 시켜 ㄱ 여인을 선면船面(갑판)의 난간 있는 곳으로 옮겨 요양에 도움이 되게 했다.

유초(17시)에 어느 산 입구에 들어갔다. 섬들이 수려하고 여러 물길이

---

198 해차는 바다의 일부가 육지로 휘어 들어와서 형성된 지류를 뜻하는데, 샌프란시스코를 떠난 지 닷새가 지난 때에 금산 해차를 통과했다는 진술은 의문점이 있다. 샌프란시스코에서 파나마로 가는 뱃길의 중간에 있는 멕시코 바하 칼리포르니아 반도를 지나면 나오는 칼리포르니아만(Golfo de California)을 뜻하는 것일 듯하다.

다투어 흘렀다. 얼마 뒤 아랍알백랍구阿拉嘎白拉溝(Acapulco)[199]에 배를 댔는데 이곳은 묵서가墨西哥(Mexico) 국의 남서쪽 경계이다. 토인들은 인도인처럼 새까만데 여송呂宋(Luzon)의 후손들이라고 했다.[200] 복색은 태서 사람들과 같았다. 날씨는 찌는 듯이 덥고 토맥土脈은 비옥하고 사방이 높은 산들로 막혀 있었다. 파초芭蕉(바나나)와 애귤艾橘(오렌지)이 석란錫蘭(Ceylon) 것과 비슷했다. 누가 이곳의 과품果品이 아주 많고 좋다고 했다. 파라밀波羅蜜(파인애플), 수박, 귤등橘橙(오렌지) 같은 것들이 맛이 아주 달아서 이방 사람들도 잘 먹는다고 했다. 토인들은 게을러 농사를 짓지 않고 나무를 깎아 배를 만들어 생계를 꾸리고 쇠고기를 구워 먹었다. 다행히 산에서 금은이 나서 그것으로 편안하게 산다고 했다. 배에서 화물을 내리고 싣기를 마치자, 자초(23시)에 출발하여 해구를 나왔는데 무척 잔잔했다.

[그림 54] 아카풀코 항(19세기)

---

199 아카풀코의 공식 명칭은 아카풀코 데 후아레스(Acapulco de Juarez)이다. 멕시코 남서부의 주요 항구로, 스페인 식민지 초기부터 개척되었다.

200 루손은 필리핀을 가리킨다. 지금의 멕시코와 필리핀은 16세기부터 오랫동안 스페인의 지배를 받았는데, 16세기 중반부터 19세기 초까지 현 멕시코의 사카테카스(Zacatecas)와 현 볼리비아의 포토시(Potosi)에서 채굴된 은이 아카풀코 항을 통해 갈레온(Galeon, 대형 범선)에 실려 마닐라로 이송된 후 다시 중국산 사치품과 교환되는 무역이 성행했고, 이 무역로를 통해 많은 필리핀 사람들이 멕시코로 이주하였다. 장덕이가 여기에서 토인이라고 말한 사람들은 바로 이들 필리핀계 이주민이었다.

5월 8일 금요일

4월 16일 을미. 맑음. 물은 초록빛이고 잔잔했다. 적도赤道에 가까워지자 홍해紅海(Red Sea)보다 더 뜨거워졌다. 동쪽은 모래 해안으로 절벽은 없는데 얼마나 길게 뻗어있는지 알 수 없었다. 신정(16시)에 흐려졌다. 한밤에 큰비가 퍼붓듯이 쏟아졌다. 낮에는 동남쪽으로 가다가 밤이 되어 동쪽으로 가다가 비스듬하게 남쪽으로 갔다.

5월 9일 토요일

4월 17일 병신. 아침에 가랑비가 내리다가 오후에 날이 개었다. 물은 잔잔하고 배는 평온했다. 길이가 9척쯤 되고 주둥이가 뾰족하고 비늘이 작은 커다란 물고기가 바다 위에서 헤엄치는 모습이 보였는데 성질이 온순했다. 이름을 알지 못해 아쉽다.

5월 10일 일요일

4월 18일 정유. 맑음. 물은 거울처럼 잔잔했다. 굴달랍屈達拉이라는 남자아이와 성이 포包, 이름이 사위하似葦荷라는 여자아이가 어젯밤에 상간桑間에 갔다는 소문이 들렸다.[201] 여자아이는 14살, 남자아이는 겨우 13살이라고 했다. 사람들은 이를 알고서도 개의하지 않았다. 아마도 타국의 풍속이 그러한 듯했다.

5월 11일 월요일

4월 19일 무술. 맑음. 옆바람이 불어 배가 조금 흔들렸다. 서북쪽에 높이 솟아 하늘을 막은 청산靑山과 아찔한 절벽이 멀리 보였다. 오후에 둘레

---

201 상간은 복수(濮水) 상류의 지방으로 이곳에서 음란한 음악이 성행했다고 한다. 후에 남녀가 밀회하는 곳이라는 뜻으로도 쓰였다.

가 1장 남짓이나 되는 큰 거북을 하나 보았다. 파도에 떠 있었는데 검은색 바탕에 푸른색이 사이사이에 있고 얼룩무늬가 있는 영물이었다. 유각(17~19 시)에 흐려졌다. 해저海猪(돌고래)도 보았는데 두 귀[202]가 곧게 서 있는 모습으로 물 위에 떠 있었다.

5월 12일 화요일

4월 20일 기해. 아침에 큰비가 쏟아지고 오후에 조금 개었다. 동쪽으로 높지 않은 산들이 이어졌는데 나무는 구름처럼 **빽빽**하게 자라 있어서 멀리에서는 작은 틈도 안 보였다. 저녁 식사 때 묵서가 토산 과일이 나왔는데 이름이 만과蠻果(망고)라고 했다. 모양은 복숭아와 비슷하지만 길쭉하고 살구보다 약간 붉은 기운이 도는 색이다. 맛은 면과麵瓜(호박)와 비슷하고 안쪽에 큰 씨가 있다. 무성한 가지와 큰 잎사귀가 있는 나무에서 거꾸로 자란다. 저녁에 다시 흐려지고 해초(21시)에 큰비가 내렸다.

5월 13일 수요일

4월 21일 경자. 아침에 계속 큰비가 내렸다. 오정(12시)에 천천히 동쪽으로 가면서 약간 북쪽으로 올라갔다. 긴 산이 바다 옆에 이어졌는데 숲이 연기처럼 **빽빽**하고 위아래에 흰 구름이 걸쳐 있고 푸른 색깔이 그 사이로 보였다 숨었다 했다. 올려다보니 꼭대기가 보이지 않아 높이가 얼마나 되는지 가늠할 수 없었다. 내려다보아도 기슭도 보이지 않아 깊이가 얼마나 되는지 알 수 없었다. 신초(15시)에 좌우에 작은 섬 두 개가 보였는데 하나는 네모나고 하나는 둥그런 것이었다. 색이 노랗고 사방에서 흰 파도가 치는 가운데 있는 연봉오리 같았다. 술초(19시)에 비가 그치고 약간 추워졌다. 자

---

202 가슴지느러미를 귀로 생각한 듯하다.

초(23시)에 파나마巴拿馬(Panama)[203]에 도착했다.[204] 이곳은 묵서가에 속하는 땅으로 남북 아미리가가 이어지는 곳이다. 사람들은 모두 잡종이고 흑백이 제각각이었다.

금산에서 파나마까지는 물길이 9,845리이다.

[그림 55] 파나마 철도(점선은 1914년 운하 개통
이전, 실선은 운하 개통 이후)

5월 14일 목요일

4월 22일 신축. 맑음. 진각(07~09시)에 화륜도火輪渡(페리) 파구대巴勾大 (Bogota) 호가 와서 우리 배의 모든 남녀 승객과 짐을 실었다. 사초(9시)에 배가 출발하여 동쪽으로 10여 리를 가서 서안西岸에 도착하여 [하선한 뒤] 화륜차를 타고 141리를 갔다. 가는 내내 날이 흐렸고 약한 비가 이어졌다. 깊은 산에 작은 계곡이 있고 대숲이 빽빽하며 온 땅에 이끼가 가득하여 간혹 진흙에 미끄러지는 것을 막아주었다. 크고 작은 나뭇잎과 검고 흰 새들과 알록달록한 꽃들과 빨갛고 노란 과실들이 많은데 알 수 있는 종류는 백에 몇 개도 안 되었다. 집들은 모두 대나무로 틀을 만들고 잎사귀로 기와를 대

---

203 지금의 파나마시티를 말한다. 파나마 운하의 태평양 쪽 항구이다.
204 『초사태서기』에서는 22일에 도착했다고 했으나 착오인 듯하다.

신했는데 작고 누추하여 서공西貢(Saigon)에는 한참 못 미쳤다. 사람들은 얼굴이 퉁퉁하고 눈이 크고 코는 납작하고 기골이 크고 흑인과 황인이 제각각이었다. 남녀노소를 멀리에서 바라보면 귀신 같아 놀랍고 무서웠다. 먹는 것은 산채와 쇠고기뿐이었다. 오후에 동안東岸에 도착했는데, 이곳은 아사빈액阿斯濱額(Aspinwall)[205]이라고 불렀다. 사람이 많아서 시장 같고 길은 진흙탕이고 냄새가 심하여 가까이 가기 어려웠다. 화륜차에서 내려 아리수나阿里搜那(Arizona) 호 윤선에 탔다.[206] 이 배는 길이가 26장, 너비가 3장이고 암륜선暗輪船[207]이다. 신초(15시)에 배가 출발하여 해구를 나와 대서양大西洋에 들어갔다.[208]

[그림 56] 애스핀월(지금의 콜론)의 기차역(1885년 화재 이전)

---

205 애스핀월은 파나마 운하의 대서양 쪽 항구이다. 1850년 파나마 철도 종착지로 건설되어 미국계 이민자들은 퍼시픽 메일 기선 회사의 공동 창립자이자 파나마 운하 철도 건설을 추진한 미국인 사업가 윌리엄 헨리 애스핀월(William Henry Aspinwall, 1807~1875)의 이름을 따서 애스핀월이라고 불렀으나 현지의 스페인계 주민들은 크리스토퍼 콜럼버스의 스페인어 이름인 크리스토발 콜론을 따서 콜론(Colon)이라고 불렀고 이후 콜론이 정식 명칭이 되었다.

206 애리조나 호는 퍼시픽 메일 기선 회사 소속의 화물여객선으로 1865년 1월 19일 뉴욕에서 진수되어 1866년 3월 1일부터 1869년 6월까지 뉴욕과 애스핀월을 오가는 노선에서 운항하였다. 1877년에 샌프란시스코에서 해체되었다.

207 추진기가 겉으로 드러나는 명륜선(외륜선)과 달리 추진기가 겉으로 드러나지 않은 기선이다.

208 『초사태서기』에서는 23일의 일로 적고 있으나 착오인 듯하다.

5월 15일 금요일

4월 23일 임인. 맑음. 동북쪽으로 갔다. 사각(09~11시)에 풍랑이 일어 배가 앞뒤로 흔들렸다. 이곳은 적도보다 북쪽인데도 해가 북쪽에 떠 있고 그림자가 짧게 남쪽으로 진다. 자정(24시)에 바람이 잦아들어 조금 잔잔해졌다.

5월 16일 토요일

4월 24일 계묘. 맑음. 정북 방향으로 갔다. 물빛은 진한 남색이고 풍랑이 더욱 거세져서 구토하고 누워 못 일어나는 사람들이 많았다.

5월 17일 일요일

4월 25일 갑진. 맑음. 조금 잔잔해짐. 진각(07~09시)에 서쪽에 작은 섬 하나가 보였는데 모양이 탁자처럼 평평했다. 동쪽으로도 멀리 산들이 이어진 모습이 보였다. 신초(15시)에 고파古巴(Cuba) 섬을 지났다. 이 섬은 길이가 약 1천여 리이고 서반아西班牙(Spain) 국 땅으로 담배와 사탕이 많이 났다. 이곳에서 벌어먹는 사람 중에 중토中土의 고민苦民(노동자)[209]들이 많았다.

5월 18일 월요일

4월 26일 을사. 맑음. 동승한 서인西人의 말에 따르면 외국에는 남자를 천대하고 여자를 존대하는 주장이 있다고 한다. 남자는 아내를 가장 높이 대하고 혼인 이후에는 항상 함께 있고 모든 것을 아내의 말에 따르며 남편 스스로 정하지 않는다. 자식을 기를 때에는 모든 보호와 동반을 남편이 마치 유모처럼 몸소 맡는다. 남자는 스무 살 이후 바로 자신의 부친과 재산을 나누어 따로 살림을 차리고 스스로 배필을 찾는다. 그리고 여자는 애정이

---

209 힌디어로 품삯 노동자를 뜻하는 쿨리(쿨리)에서 유래된 쿨리(苦力)의 변형어이다. 광동과 복건에서 미주로 건너간 노동자들이 많았고, 특히 캘리포니아로는 10만 명 이상이 보내졌다.

생기는 즉시 금슬을 추구하고 몇 사람을 바꾸고 나서 비로소 마음을 정하는데, 재산이 엇비슷한지 마음이 서로 맞는지가 중요하다. 그러므로 좋은 아내를 구하는 일은 실로 어려운 것이다. 하늘이 낮고 땅이 높은 것도 지기地氣가 그렇게 만든 것이다.

이날 정오에 동쪽에 길이가 3,4백 리쯤 되는 푸르른 평원이 보였는데, 이름이 와특령臥特令 섬(Watling's Island)이라고 했다. 이 섬은 명 홍치弘治 연간(1488~1505)에 서반아 국의 가륜백哥倫伯(Christopher Columbus)이 배를 타고 서쪽으로 새 땅을 찾다가 발견했다고 한다.[210]

[그림 57] 크리스토퍼 콜럼버스

5월 19일 화요일

4월 27일 병오. 맑음. 바람이 잔잔하여 파도가 일지 않고 물이 초록색이었다. 신각(15~17시)에 흐려지고 한밤에 큰비가 내렸다.

---

210 크리스토퍼 콜럼버스가 신대륙의 섬에 처음 도착한 것은 1492년 10월 12일이다. 원주민 과나하니(Guanahani)라고 부른 이 섬을 콜럼버스는 산살바도르(San Salvador, 구세주)라고 명명했다. 전통적으로는 산살바도르 섬이 오늘날의 와틀링스 섬에 해당한다고 믿어왔으나 현대 전문가들 사이에서는 이견이 있다.

5월 20일 수요일

4월 28일 정미. 흐리고 비가 내리고 몹시 추웠다. 신각(15~17시)에 폭풍우가 몰아쳐서 사방에서 물이 넘치고 파도가 배 꼭대기까지 넘어갔다. 배가 앞뒤로 흔들리고 중창中艙(중앙 객실)은 물이 한 자나 차올라서 물이 흔들리는 소리가 밤새 그치지 않았다.

5월 21일 목요일

4월 29일 무신. 날씨는 흐리고 풍랑은 어제와 같았다. 사정(10시)에 갑자기 맑아지고 파도가 잦아들어 순조롭게 나아갔다.

후창後艙의 승객 한 명이 일어나지 못해 선주가 흑인 네 명을 시켜 흰 모전毛氈(양탄자)으로 말아서 바다에 던졌다고 한다. 밤이 되자 몹시 추워졌다.

5월 22일 금요일

윤 4월 1일 기유. 맑음. 바다는 잔잔함. 묘각(05~07시)에 북쪽으로 가다가 약간 서쪽으로 향했는데 왼쪽에 띠처럼 긴 백사白沙 해안이 보였다. 100여 리를 가니 해안과 점점 가까워지고 마을과 부두가 나타났다. 해구에 들어가서 동쪽으로 돌아가니 동, 서, 북 삼면에 누방樓房이 즐비했다. 양쪽 해안까지의 거리는 30여 리 정도 되는데 왕래하는 윤도(페리)가 극히 많고 풍봉風篷(범선)과 화륜(증기선)은 더욱 많았다. 이곳은 신부新埠라는 곳으로 뉴약紐約(New York)이라고도 불렀다. [211] 동서 양쪽 바다로 모두 통하고 삼면의 부두가 67곳이다. 오초(11시)에 정박하니 합중국 위원委員인 두리문竇理文(James M. Dolliver)[212]이라는 사람이 와서 우리를 맞이했다. 미초(13시)에 상륙

---

211 『초사태서기』에서는 2일에 도착했다고 했으나 착오인 듯하다.

212 제임스 돌리버는 보스턴 출신으로, 여러 선박의 선장을 지냈고 보스턴 세관에서 세관원으로 근무했으며 벌링게임 사절단의 미국 방문 때 안내를 맡았다.

하여 사륜 쌍마차를 타고 20여 리를 가서 위사덕민사달衛四德敏四達 여사旅
舍(Westminster Hotel)²¹³에 들어갔는데 자못 크고 정결하였다.

아사빈액에서 신부까지의 물길은 6,700리 남짓이다.

[그림 58] 뉴욕 맨해튼(1883)

CAPT JAMES M. DOLLIVER.

[그림 59] 제임스 돌리버

---

213 웨스트민스터 호텔은 어빙 플레이스(Irving Place)와 16번 가(16th St.)가 만나는 곳에 있었다.

[그림 60] 웨스트민스터 호텔(1908)

[그림 61] 웨스트민스터 호텔에서 만찬 중인 사절단. 프랭크 레
슬리즈 일러스트레이티드 뉴스페이퍼(Frank Leslie's Illustrated
Newspaper) 1868년 6월 13일자

뉴욕

5월 23일 토요일

윤 4월 2일 경술. 흐리고 비가 옴.

기記: 신부는 성省(주)의 이름도 똑같다. 합중국의 동북쪽 경계이다. 신부 성城[214]은 둘레가 약 75리이고 주민은 150만 명이다. 거리가 넓고 누방이 파리巴里(Paris)처럼 깨끗하고 수려하고 사람들이 많고 점포가 윤돈倫敦(London)처럼 많았다. 여항閭巷(거리)이 엄청나게 많은데 숫자로 이름을 붙여 두조 호동頭條胡同부터 229호동[215]까지 있다. 역시 [파리나 윤돈처럼] 아침마다 가절佳節이요 밤마다 원소元宵(정월대보름)였다. 온 거리에는 거마車馬들이 내달려 밤낮으로 시끄럽고 도행자徒行者(보행자)들이 부딪칠 위험이 있어서 공중에 철교를 가로질러 놓았는데 다리 위는 평평하고 양쪽으로 가면서 비탈이 지고 양쪽 끝에 두 쪽으로 각각 철계단을 두 개씩 놓아 각각 올라가는 길과 내려가는 길로 삼아 왕래함에 전혀 막힘이 없었다. 도로의 불결한 것들은 병사들이 아침저녁으로 물을 뿌려 청소했다. 매일 각 골목에는 모두 차가 한 대씩 지나가는데 차 뒤에 길이가 약 9척, 둘레가 8척인 원쇄圓刷(원통 모양의 솔)가 가로로 달려있어서 차가 가면서 원쇄가 돌면 땅바닥이 깨끗해지는 것이다. 유초(17시)에 비가 그치고 추워졌다.

---

214 의미상은 뉴욕 시(New York City)이지만 여기에서는 맨해튼(Manhattan)을 가리킨다.

215 맨해튼의 1번가부터 229번가까지를 말한다. 지금은 맨해튼에는 220번까지 있고 그 북쪽 브롱크스에 이어져 263번가까지 있다.

[그림 62] 맨해튼의 브로드웨이(19세기)

5월 24일 일요일

윤 4월 3일 신해. 비가 계속 왔다. 술초(19시)에 차를 타고 5리쯤 가서 어느 희원戱園에 들어가 극을 보았는데 자못 훌륭했다. 한 사람이 바다 속에서 유영하는데, 달이 호산湖山을 비추고 물속에서 어국魚國을 다니고 잠자리가 날아다니는 등 계속 이어지는 변화가 말로 다 하기 어려웠다. 축정(02시)에 숙소에 돌아왔다.

5월 25일 월요일

윤 4월 4일 임자. 흐림. 오후에 객사 뒤 17호동에서 성이 포布, 이름이 랍격拉格이라는 사람이 찾아왔다.[216] 저녁에 다시 화루畵樓(갤러리)를 가보자

---

216 포랍격은 뉴욕 맨해튼 출신의 석판 인쇄업자였던 제임스 블랙(James Black, 1812~1885)을

고 하여 함께 걸어서 1리쯤 가서 내흥탄萊興坦 가(Lexington Ave.)에 도착하여 누방에 들어갔다. 누방의 크기와 유화油畫의 수량은 태서(유럽)에 있는 것과 같았다.

5월 26일 화요일

윤 4월 5일 계축. 조금 갬. 미각(13~15시)에 지 흠헌과 손 흠헌을 따라 차를 타고 북쪽으로 20여 리를 가서 한 원園(공원)에 도착했는데 이름이 정중 正中(Central Park)[217]이라고 했다. 그 안에는 구불구불한 차로가 100여 리가 나 있는데, 용도甬道[218]는 평탄하고 좌우로 돌난간이 세워져 있었다. 청산과 녹수 사이에 화목花木과 누대樓臺가 있고 거마가 이어지고 구경 온 사람이 끊이지 않았다. 강 위에는 13장 6척 높이의 구공九孔의 장교長橋[219]가 놓여 있는데 앞쪽으로 강과 바다로 통하고 날마다 윤도(페리)가 왕래했다. 유정(18시)에 숙소에 돌아왔다.

말한다. 뒤에 나오는 귀금속 회사 볼 블랙 앤 컴퍼니(Ball, Black & Co.)를 운영한 윌리엄 블랙(William Black)의 동생이다. 처음에는 그의 성 블랙을 음역하여 포랍격이라고 했다가 이후에 포를 성, 랍격을 이름으로 착각했던 듯하다.

217 센트럴 파크는 1853년에 설립 계획이 확정되고 1858년부터 순차적으로 조성, 개방되어 1876년에 완공되었다.

218 양쪽에 격벽이나 가드레일 등을 설치한 도로이다.

219 센트럴 파크를 벗어나 북쪽으로 가서 맨해튼과 브롱스(Bronx)를 잇는 할렘 강(Harlem River) 위의 하이 브리지(High Bridge)를 말한 듯하다. 이 다리는 뉴욕 시의 가장 오래된 다리로 1848년에 세워졌다. 처음에는 용수로를 위한 다리였다가 1864년에 보도(步道)가 만들어져 차량은 통행하지 못하게 되었다. 지금도 보도로 이용된다.

[그림 63] 센트럴 파크(1873)

[그림 64] 하이 브리지(1860년대)

　초저녁에 두 분 흠헌을 따라 화루 옆에 있는 합미탄哈米坦의 집에 가서 그의 소개로 가족을 만났다. 그이의 장남 합사이哈斯爾가 북경 총세무사總稅務司에서 화문華文을 배우는데 반년 동안 손꼽아 기다려도 안부를 들을 수가 없어서 걱정이 크다고 했다. 그의 부인과 여자들이 악기를 연주하고 차를 따르면서 우리의 청담淸談을 도왔다. 해정(22시)에 작별하고 돌아왔다.

5월 27일 수요일

윤 4월 6일 갑인. 오초(11시)에 차를 타고 1리쯤 가서 의사義社(사립대학)[220]에 도착했다.[221] 이곳은 고백이古柏爾(Peter Cooper)라는 부자가 수만 원元(달러)을 들여 세운 곳이다. 높은 누방은 둘레가 10여 리로,[222] 이곳에 천하의 서적, 그림, 석조상들을 널리 전시하여 군내郡內[223] 주민들이 공부하게 했다. 책을 읽거나 그림을 그리거나 조소나 조각을 하거나 원하는 대로 할 수 있고 일체의 비용을 모두 그 사람이 댔다고 한다.

[그림 65] 피터 쿠퍼

[그림 66] 쿠퍼 유니언의 파운데이션 빌딩

220 맨해튼의 이스트 빌리지(East Village)에 위치한 명문 사립대학인 쿠퍼 유니언(Cooper Union, 정식 명칭은 The Cooper Union for the Advancement of Science and Art)을 가리킨다. 사업가 피터 쿠퍼(1791~1883)가 1859년에 설립한 이 대학은 블루컬러 계층 자녀들에게 등록금을 받지 않고 교육한 것으로 유명했고 지금도 최상위권 대학의 명성을 유지하고 있다.

221 『초사태서기』에서는 7일에 도착했다고 했으나 착오인 듯하다.

222 쿠퍼 유니언 파운데이션 빌딩의 실제 둘레는 약 250m이다. 청대에 1리는 360보步로 약 570m였으므로, 장덕이가 10여 리(약 5.7km)라고 말한 것은 부정확하다. 이후에도 건물의 크기나 면적에 대한 장덕이의 기록은 부정확한 사례가 일부 보이지만 원문 그대로 옮겼다.

223 여기에서 군(郡)은 카운티(county)에 해당하는 말이지만 뉴욕 시는 몇 개의 카운티가 합쳐진 도시이므로 여기에서는 맨해튼 지역(보로[borough])를 가리킨다.

다시 3리쯤 가서 의서당義書堂(공공도서관)에 도착했는데 이름을 아사덕이阿司德爾(Astor library)[224]라고 했다. 역시 명인이 세운 것으로 둘레가 15리에[225] 백석白石으로 만든 층루層樓인데, 안에는 각국의 고금 서적 7만 5천여 권이 모아져 있다. 국인國人 중 관람을 좋아하는 사람은 마음대로 볼 수 있어서 견문을 넓힐 수 있다. 다만 문밖으로 가지고 나가거나 낙서를 하는 것은 금지한다.

[그림 67] 애스터 도서관

그 후 큰길에 있는 어느 은기銀器 점포에 갔다. 점포는 파극이巴克耳라는 사람이 열어 운영하는 곳으로 주옥珠玉과 전석鋥石 등 천하의 으뜸가는 보물을 모두 널리 모은 것이었다. 그러나 은기 중에서 신기한 것은 역시 금을 박고 장식을 한 것들로 굉장하여 볼 만했다. 저녁에 이웃 포랍격이 차를 마시자고 했고 그이어 친구 양앙楊㺕이 함께 앉았다. 술정(20시)에 숙소에 돌아왔다.

---

224 애스터 도서관은 맨해튼의 이스트 빌리지에 있었던 공공도서관이다. 사업가 존 제이콥 애스터(John Jacob Astor)와 교육자 조셉 콕스웰(Joseph Cogswell)이 협력하여 1854년 개관하여 운영되다가 1895년에 폐관했다. 라파예트 가(Lafayette St.) 425호에 있었고, 지금은 퍼블릭 시어터(The Public Theater)가 있다.

225 실제 둘레는 약 200m이다.

5월 28일 목요일

윤 4월 7일 을묘. 신정(16시)에 차를 타고 유년由年 방坊(Union Square)에 가서 병사들이 벌떼처럼 몰려오는 모습을 보았는데 무기가 선명하고 발걸음이 정연했다. 그것이 무엇인지 물어보니 성省의 의용대로 약 1천 명이 모두 마치 중국의 단련團練처럼 신사紳士와 상인에서 충당된 사람들로,[226] 흰색 군복을 입어 관병官兵과 구분되었다. 그들은 중국 흠차欽差를 향해 모두 깃발을 내리고 칼을 들어 올리고 멈추어 서서 공경을 표시했다.

[그림 68] 유니언 광장에서 뉴욕 주 방위군 제7연대를 사열하는 사절단. 프랭크 레슬리즈 일러스트레이티드 뉴스페이퍼 1868년 6월 13일자

5월 29일 금요일

윤 4월 8일 병진. 흐림. 오후에 지 흠헌과 손 흠헌을 따라 차를 타고 10여 리를 가서 하안河岸에 도착하여 복래福來(Fly) 호 윤선을 타고 30여 리를 가서 난달蘭達 섬(Randalls Island)[227]에 도착했다. 섬의 둘레는 수십 리이

---

226 단련은 청나라 때 지방의 유력자가 도적 등으로부터 마을을 지키기 위해 조직한 무장 자경 집단이다.

227 랜덜즈 섬은 맨해튼 북부의 할렘 강과 이스트 강 사이에 있는 섬으로, 19세기 중엽에 고아원,

고 사면이 화원으로, 그 안에 지어진 대루大樓 열 몇 채에서 홀로 되어 의지할 데 없는 군내 사람들을 보살폈다. 여자에게는 바느질을 가르치고 남자에게는 병법을 가르쳤다. 남녀가 따로 책을 읽고 밥을 먹고 쉴 수 있는 장소가 있고 음식과 의복은 똑같이 주어진다. 각 대루의 동거자는 나이가 같아서 예를 들어 8살 아이는 8살 아이와 10살 아이는 10살 아이와 함께 거주한다. 모두 1,500여 명이 있는데 9살짜리 성명 미상의 중국 남자아이 한 명도 있었다. 유병幼兵 부대가 시범을 보였는데 규모는 약 50명이고 인솔자는 14~5세였다. 각기 칼과 창을 들고 발걸음이 잘 맞으니 동자군童子軍이라고 부를 만했다. 시범을 마치자 찬탄하지 않는 이가 없었다.

[그림 69] 랜덜즈 섬 구난소(1855)

배를 타고 12리를 가서 포랍오布拉烏 섬(Blackwell's Island)[228]에 도착했다.[229] 원유와 누방이 넓게 지어져 질병, 잔폐殘廢(장애), 풍매瘋呆(치매)를 앓

구빈원(救貧院), 정신병원, 대체요법 병원, 참전용사 휴게소, 비행 청소년 교정 시설 등이 지어졌다. 1960년대에 남쪽의 워즈 섬(Wards Island)과 연결되어 랜달스 워즈 섬이 되었다. 『초사태서기』에서는 9일에 도착했다고 했으나 착오인 듯하다.

228 블랙웰즈 섬은 랜덜즈 섬 남쪽 이스트 강 하류에 있는 긴 섬으로, 1973년에 루스벨트 섬으로 개명되었다. 이곳에는 여러 종류의 병원과 교도소가 세워져 운영되었다.

229 『초사태서기』에서는 9일에 도착했다고 했으나 착오인 듯하다.

는 사람들을 보살폈다. 남녀 모두 여러 가지 방법으로 치료하여 나으면 귀가시켰다. 도적이나 범법자를 붙잡아 종일 쉼 없이 일을 시켰는데 옷과 밥을 주어 배고프지 않게 해주었고, 개선되면 풀어주었다. 유정(18시)에 숙소로 돌아왔다.

5월 30일 토요일

윤 4월 9일 정사. 흐렸다가 오후에 갬. 술각(19~21시)에 지 흠헌과 손흠헌을 따라 차를 타고 서북쪽으로 3리쯤 가서 매지선梅地仙 방방(Madison Square)에 도착하여 유인회遊人會(Traveler's Club)의 모임에 참석했다.[230] 누방에 들어가니 온 나라에서 몰려온 남녀가 구름처럼 많이 모여 있었다. 그중 중토에 가본 사람이 20여 명이고 화언華言을 할 줄 알아 말이 서로 잘 통했다. 축초(01시)가 되어서야 흩어졌다.

[그림 70] 더 클럽 하우스에서 열린 여행자 클럽 주최 리셉션에 참석한 사절단. 프랭크 레슬리즈 일러스트레이티드 뉴스페이퍼 1868년 6월 20일자

---

230 맨해튼의 트래블러스 클럽은 매디슨 광장 근처의 5번가 222호에 있었다.

5월 31일 일요일

윤 4월 10일 무오. 맑음. 오초(11시)에 포랍격이 자기 자녀들을 데리고 와서 거리에 구경 나가자고 했다. 골목을 나와 작은 원園에 갔다. 화목이 많지 않고 쇠로 만든 등자橙子(벤치)가 줄지어 있었는데 남녀노소가 더위를 피해 담소하거나 노래를 부르거나 바느질하거나 책을 보았다. 아이들은 공을 치며 돌아다니거나 마음대로 놀았다. 사방이 녹음이어서 더위가 들지 않으니 이것도 여름을 피하는 길이다. 유정일각(18시 15분)에 숙소로 돌아왔다.

워싱턴 D.C.

6월 1일 월요일

윤 4월 11일 기미. 맑음. 진초(07시)에 길을 나서 마차를 타고 하구에 도착하여 윤선을 타고 3리쯤 가서 하안에 도착하자마자 바로 윤차를 타고 서남쪽으로 690여 리를 갔다. 유초(17시)에 합중국 경도京都인 화성돈華盛頓 (Washington D.C.)에 도착했다.[231] 길은 밭둑처럼 이리저리 교차하고 촌진村 鎭은 장관이며 강을 다섯 번 건넜는데 그 철석鐵石 교량의 길이가 모두 합해 2~3리였다.

경도에 들어가 3리쯤 가서 반방盤邦 가(Pennsylvania Ave.)에 도착하여 5 층 높이의 매두백립전梅斗栢立田 점店(Metropolitan Hotel)[232]에 묵었다. 그곳 의 남녀 노복은 2백 년 전 아비리가阿非利加(Africa) 인의 후예로 얼굴이 검 으면서 약간 누런색이고 짧은 곱슬머리를 하고 있고 양인들이 복랍극사ㅏ 拉克司(Blacks)라고 불렀는데 번역하면 흑자黑子라는 뜻이다. 명 정덕正德 연 간(1506~1521)에 영국이 아미리가를 얻고 나서 땅은 넓은데 사람이 적어 국 초國初(청나라 초) 때 아비리가에서 흑인을 비단 1척으로도 한 명을 살 수 있 을 만큼 싸게 사서 노예로 삼았다.[233] 가경嘉慶 13년(1808)에 영국이 사람을

---

231 『초사태서기』에서는 12일에 도착했다고 했으나 착오인 듯하다.

232 메트로폴리탄 호텔은 1865년에 브라운즈 마블 호텔(Brown's Marble Hotel)을 인수하여 개 업한 호텔이다. 1932년에 폐업했다. 펜실베이니아 가(Pennsylvania Ave.) 601호에 있었다.

233 통상 명나라 말엽인 1619년에 버지니아 주의 제임스타운에서 흑인 노예 20명이 거래된 것이 처음이라고 알려져 있는데, 실제로는 그보다 앞선 16세기 초에 북미의 영국 식민지에 이미 노

팔면 해도海盜(해적)로 보아 결국 영원히 금지했다. 지금 합중국의 흑인들은 세 종류로 나누어지는데 각각 모친이 토인土人(아메리카 원주민)이고 부친이 백인, 모친이 흑인이고 부친이 백인, 모친이 흑인이고 부친이 토인인 경우로 이들의 얼굴색이 모두 다른 까닭에 그 후예들이 누런색, 검은색, 붉은색, 자주색 등으로 각기 달라지게 되었다. 객점의 각 방에는 모기장이 쳐져 있는데 모습이 중토와 같았다. 강에서 가까운 곳이어서 큰 모기들이 많이 자라므로 모기장을 써서 모기가 옮기는 병을 피한다.

[그림 71] 메트로폴리탄 호텔

[그림 72] 1868년 6월 1일에 사절단을 맞이하여 메트로폴리탄 호텔에 청 용기가 게양되는 모습. 프랭크 레슬리즈 일러스트레이티드 뉴스페이퍼 1868년 6월 20일자

예 제도가 형성되어 있었다.

6월 2일 화요일

윤 4월 12일 경신. 맑음. 오초(11시)에 지 흠헌과 손 흠헌을 따라 합중국 총리각국사무대신(국무장관)을 방문하러 갔다.[234] 남쪽으로 1리쯤 가서 두 리문을 만났는데 대신이 공무로 나가서 아직 돌아오지 않았다고 알려주어 차를 돌려 의사공해議事公廨(의사당)를 돌아 북쪽으로 갔다. 공해는 백 척의 높은 건물로 둘레가 약 3리이며 한백옥석漢白玉石(대리석)으로 영롱하게 조각 되었고 사방은 화원과 철책으로 둘러쳐져 있고 수목이 구름처럼 많았다.

[그림 73] 미국 국회의사당(1868)

숙소로 돌아와 미정일각(14시 15분)이 되어 다시 차를 타고 10여 리를 가서 합중국 총서總署(국무부)에 도착했다. 정총리正總理(국무장관) 서이덕徐 爾德(William Henry Seward)이 아들이자 부총리(국무부 차관보)인 서뇌력徐賴力

234 『초사태서기』에서는 13일에 방문했다고 했으나 착오인 듯하다.

(Frederick William Seward)을 데리고 문밖에서 기다리고 있다가 우리를 맞이하여 공당公堂으로 데리고 가서 상빈上賓의 예로 정중하게 접대했다.[235] 건물 안에 항아리보다 큰 지구(지구본)가 있었는데 이지泥紙(혼응지混凝紙)로 만든 것이었다. 구면이 평평하지 않고 볼록한 것은 산이요 오목한 것은 물이고 나머지는 평원이었다. 들리는 말로는 합중국의 가장 북쪽에 아랍사알阿拉思戞(Alaska)이라는 땅이 있는데 본래 아국俄國(러시아) 땅이었지만 지금은 합중국에 팔렸다고 했다. 그 값은 7백만 원으로 대부분 불모지인데다가 심히 춥다고 한다. 그곳은 중국에서 1만 6천여 리 떨어져 있다고 한다. 신정(16시)에 숙소에 돌아왔다.

[그림 74] 윌리엄 수어드, 프레데릭 수어드, 에두아르드 스토클

술초(19시)에 서이덕이 우리를 관저로 초대하여 그 권속을 만났다. 이때 아국俄國의 정공사正公使[236]가 자리에 있었는데 서 공이 그이가 온 이유를 다 말해주었다. 옥내에는 골동품이 진열되고 선화鮮花가 자라 있고 사방

---

235 윌리엄 헨리 수어드(1801~1872)는 에이브러햄 링컨과 앤드루 존슨 정부에서 국무장관을 지낸 사람으로, 링컨이 가장 신임한 사람 가운데 하나였다. 그는 알래스카 매입 협상의 책임자이기도 했다. 그의 아들 프레데릭 윌리엄 수어드(1830~1915)는 부친을 보좌하여 국무부 차관보로 일했고, 링컨 암살 당일 부친을 암살하려고 찾아온 루이스 파월(Lewis Powell)에 저항하다 쓰러졌고, 부친과 가족들도 파월에게 피습되었다.

236 에두아르드 안드레비치 스토클(Eduard Andreevich Stoeckl, 1804~1892)이다. 그는 알래스카 매도를 위한 러시아 협상 대표로, 윌리엄 수어드의 카운터파트였다.

의 벽에는 화석和碩 공친왕恭親王[237] 및 총리각국사무 각 대신의 조상照相(사진), 그리고 각국의 국왕과 왕후의 작은 조상이 걸려 있었다. 그밖에 반냥半兩, 오수五銖, 가우嘉祐, 건흥建興 등과 '동복임동강同福臨東江'을 비롯한 스무 글자가 씌어진 대청大淸의 동전 등 중토의 역대 고전古錢들이 종이판 위에 고정되어 파리玻璃(유리) 덮개 안에 놓여있었다.[238] 또 아미리가와 아세아 두 주洲 사이의 섬나라 소국 사람의 조상도 있었는데, 이 나라는 문자가 없어서 화약和約(조약)의 증거로 1척 길이의 누런 자주색 어아주魚牙紬[239]를 매달았다. 또 길이가 3척, 둘레가 2촌인 연구煙具(담뱃대)도 있는데 모양이 지팡이 같았다. 전투에서 개선할 때나 전쟁을 그만두기로 화약을 맺었을 때 이 담배에 불을 붙여 모두 한 모금씩 빨고 마친다. 나머지 허다한 중외中外의 기물奇物들은 다 적을 수가 없다. 자초(23시)에 숙소로 돌아왔다.

6월 3일 수요일

윤 4월 13일 신유. 맑음. 미각(13~15시)에 가랑비가 내렸다. 신부(뉴욕)의 한 신문지 사使(기자)가 숙소에 와서 나를 데리고 함께 주방으로 가서 화인들이 밥을 짓는 모습과 칼, 국자, 채소 등을 보고 모두 연필로 약식으로 그리며 이름이 무엇인지 사용법이 어떻게 되는지를 물었다. 내가 하나씩 대

---

237 화석은 청나라 때 만주족 친왕, 공주 등의 이름 앞에 붙인 미칭이다. 공친왕은 세습 친왕으로, 여기에서는 도광제의 여섯째 아들이자 함풍제의 동생인 공친왕 혁흔(奕訢, 1833~1898)을 가리킨다. 그는 함풍제 사후 동치제를 섭정하여 증국번, 이홍장 등을 중용하며 동치 중흥을 이끌었다.

238 반냥전은 진(秦)나라 때 주조된 된으로 무게는 12수(銖)이다. 오수전은 한나라 무제(武帝) 때 처음 만든 5수 무게의 동전으로 당나라 때 폐지되었다. 가우전은 송나라 인종(仁宗) 때 주조된 가우통보(嘉祐通寶)이다. 건흥전은 삼국시대 촉한의 2대 황제 유선(劉禪) 재위 때 주조한 동전이다. 또 강희 연간에 유통된 강희통보(康熙通寶)는 같은 액면가에 뒷면에 씌어진 글자가 동(同), 복(福), 임(臨), 동(東), 강(江), 선(宣), 원(原), 소(蘇), 계(薊), 창(昌), 남(南), 하(河), 녕(寧), 광(廣), 절(浙), 대(臺), 계(桂), 섬(陝), 운(雲), 장(漳) 등으로 20가지로 다르게 되어 있다.

239 물고기 이빨 모양을 수놓은 비단이다.

답해 주니 그 사람은 고맙다고 말하고 돌아갔다.

6월 4일 목요일

윤 4월 14일 임술. 맑고 약간 서늘함. 유각(17~19시)에 서이덕이 극을 보자고 청했다. 먼저 그의 관저에 가서 2층에 있는 그의 와실로 안내받았는데, 그곳에서 그이는 3년 전 이야기를 해주었다. 남방을 평복平復(평정)한 뒤 통령統領(대통령) 능곤凌昆(Abraham Lincoln)과 극을 보고 있었는데 한 자객이 수창手槍(권총)으로 통령을 쏘아 연환鉛丸(탄환)이 관통했다는 것이다.[240] 이때 그이도 아래턱을 다쳐서 귀가하여 의원을 불러 치료했다고 한다. 그날 밤 갑자기 한 사람이 집에 와서 그의 아들에게 말했다고 한다.[241] "나는 의생醫生인데 존대인을 뵙고 상의드릴 일이 있습니다." 아들이 접견을 허락하지 않자 그자는 몸을 돌려 아래층으로 내려가서 총으로 그의 이마를 때리고 급히 방으로 들어와 비수로 서이덕의 머리를 찌르려고 했다는 것이다. 방이 어두워 그의 하체下體가 다쳤는데, 그때 모든 사람이 놀라 일어나자, 그자는 결국 도망갔다는 것이다. 사흘 뒤에 붙잡혔는데 심문해 보니 역시 남인南人이 주동한 것이었다. 이때부터 출입하는 곳에는 관병이 호위하여 불상사를 막고자 했다고 했다. 이날 저녁 본 극은 자못 훌륭했다. 남녀가 노래하고 춤추는 것은 다른 나라와 같았다. 자정(24시)에 숙소에 돌아왔다.

---

240 자객은 존 윌크스 부스(John Wilkes Booth)를 말한다. 그는 1865년 4월 14일 오후 10시 15분에 노스웨스트 10번가의 포드 극장(Ford's Theatre)에서 링컨 대통령을 저격한 뒤 도주했다가 4월 26일에 육군이 쏜 총에 맞아 이튿날 사망했다.

241 침입자는 루이스 손톤 파월(Lewis Thornton Powell)을 가리킨다. 존 부스의 사주를 받아 부스가 링컨을 저격하던 같은 날 밤에 윌리엄 수어드를 살해하기 위해 그의 집에 침입하여 수어드의 아들 프레데릭 수어드와 격투를 벌이다가 실패하고 체포되어 처형되었다.

[그림 75] 존 부스의 링컨 저격. 커리어 앤 아이브스(Currier & Ives) 그림

[그림 76] 루이스 파월(오른쪽)과 싸우는 윌리엄 수어드의 아들 프레데릭 수어드. 내셔널 폴리스 가제트(National Police Gazette) 1865년 4월 22일자

6월 5일 금요일

윤 4월 15일 계해. 맑음. 오각(11~13시)에 지 흠헌과 손 흠헌을 따라 총리각국사무아문에 가서 서이덕을 만나 함께 총통부總統府에 가서 총통 주온 손朱溫遜(Andrew Johnson)[242]을 알현했다.[243] 합중국 말로는 백리새천덕伯理璽天德(President)이라고 부르는데 나이는 쉰쯤 되고 서민과 똑같이 옷을 입었다. 포 흠차가 먼저 출사出使의 뜻을 밝히고 주 통령이 서이덕으로 하여금 대답하게 했다. 발언이 끝나자 국서國書를 전달하고 악수하고 안부를 물으니, 이는 태서의 예법이었다. 주 총통이 말했다. "귀 흠차께서 폐국에 욕림辱臨(방문)하시니 본 통령이 마땅히 힘을 다해 도와 처리하여 조금도 불편함이 없으시게 하겠습니다." 운운했다.

[그림 77] 백악관(1866)

　　말씀을 마치고 작별하고 나와서 다시 총서로 돌아가 잠시 앉아있다가 각국의 조약, 국서, 지도 수십 종을 보았다. 일본 국새는 전서篆書로 되어 있는데 '경문위무經文緯武'[244]라고 되어 있고 왕래한 문서는 대부분 초서草書

242 앤드루 존슨(1808~1875)은 미국의 제17대 대통령(1865~1869 재위)이다. 에이브러햄 링컨 대통령 재위 시에 부통령이었다가 링컨이 암살된 뒤 1865년 3월 4일에 대통령직을 승계했다.

243 『초사태서기』에서는 16일에 방문했다고 했으나 착오인 듯하다.

244 문(文)을 날실로 삼고 무(武)를 씨실로 삼다. 나라를 다스림에 문을 위주로 하고 무를 보좌로

로 적혀있었다.

　기기記: 주온손은 어려서부터 큰뜻을 품어 봉장縫匠(재단사)으로 지내면서 천문, 지리와 치국안민治國安民의 방책을 정성을 다해 공부하여 국인國人들이 존경한다. 전임 통령 능곤이 죽은 뒤에 많은 사람들이 그를 밀어 등위登位(취임)했으므로 국인들이 그를 봉장 통령[245]이라고 부른다. 총통부의 둘레는 약 3리로, 한백옥석으로 지어졌고 바깥은 화원으로 둘러싸였다. 토인들은 여기를 백방白房(The White House)이라고 불렀는데 조롱하는 뜻이다. 그 나라에서는 측간을 백방이라고 부른다고 한다.

[그림 78] 앤드루 존슨 대통령

[그림 79] 백악관에서 존슨 미 대통령을 만난 사절단 일행. 프랭크 레슬리즈 일러스트레이티드 뉴스페이퍼 1868년 6월 27일자

하여 문무를 겸비함을 말한다.

245　테네시 주 연방 상원의원이었던 그의 별명은 테네시 재단사(The Tennessee Tailor)였다.

[그림 80] 백악관 방문 후 당일 저녁에 내셔널 씨어터에서 공연된 〈프라 디아볼로(Fra Diavolo)〉를 관람하는 사절단. 프랭크 레슬리즈 일러스트레이티드 뉴스페이퍼 1868년 6월 27일자

[그림 81] 피터 파커

6월 6일 토요일

윤 4월 16일 갑자. 맑고 더움. 오정(12시)에 봉기구鳳夔九(봉의)가 정관서丁冠西의 추천서를 들고 그의 친구 파극이巴克爾(Peter Parker)[246]를 찾아갔지만 만나지 못하고 돌아왔다.

---

246 피터 파커(1804~1889)는 미국 선교 의사 출신의 외교관이다. 1834년 중국에 도착하여 이듬해 광주(廣州)에서 안과를 개업했다가 1844년 의사를 그만두고 외교관이 되어 청 조정에 대해 강경한 태도를 보였다. 1857년에 건강 문제로 사직 후 귀국하여 워싱턴 D.C.에 거주하다가 1889년에 세상을 떠났다.

신각(15~17시)에 숙소의 동쪽 방에 한 우녀優女(여배우)가 창문에 기대어 앉아 있었는데 이팔청춘의 명주名姝(유명 여성)였다. 이름을 물어보니 성은 개開, 이름은 여사麗姒라고 했다. 노래를 불러달라고 했지만 부끄럽다며 응하지 않았다. 서너 번을 재촉하니 손을 내려 금琴(건반악기)을 한참 매만지더니 악보에 따라 노래를 부르는데 그 소리가 가녀린 것이 여운이 있었고 듣고 있자니 몇 번이나 혼이 달아나는 것 같았다.

해초일각(21시 15분)에 손 흠헌과 지 흠헌을 따라 서이덕의 관저에 가서 각국 공사와 본국 대료大僚(고위관료) 2백여 명을 만났다. 원내園內의 나무마다 붉고 푸른 채색 등이 걸려있었으며 성연이 크게 열려 악공樂工의 연주로 식사의 분위기를 돋우었다. 위층으로 올라가서 갑자기 한 사람을 만났는데 누런 얼굴에 흑발이어서 모습이 아세아 사람 같았다. 일본 사신이라고 생각하여 말을 건네보았더니 그가 이곳에 온 지 벌써 7년이 된 상양인上洋人(화교)이라는 것을 그제야 알게 되었다. 무엇을 하는지를 물으니,

"전교傳敎(선교) 공부를 합니다."라고 했다.

"중토로 돌아가고자 하오?"라고 물으니,

"그렇습니다."라고 대답했다.

"그러하면 당신은 변발을 이미 잘랐는데 어찌 돌아갈 수 있겠소?"라고 하니,

"기르면 됩니다."라고 했다. 그이가 다시 말하기를,

"여러분께서 돌아가셔서 서국西國의 풍속과 정사政事의 훌륭한 것으로 화인의 좋지 못한 것을 바꾸도록 권하시면 몇 해 안에 화인이 반드시 서국을 따라갈 수 있을 것입니다."라고 했다. 내가 말했다.

"당신은 중화 사람이니 중토의 일을 잘 알 것이오. 각국이 모두 선정과 미속美俗이 있어서 이쪽에서 저쪽으로 옮겨가지만 그래도 마땅한 것과 마땅하지 않은 것이 있거늘, 하물며 중국은 수천 년을 이어왔고 옛 선현들이 남

기신 좋은 말씀과 옳은 행실이 이루 헤아릴 수 없으니 어찌 하필 저쪽의 수백 년의 선정을 취하여 우리의 수천 년의 선정을 바꾸겠는가? 그러하면 당신은 중국에 공성孔聖(공자)이 계셨음을 아오?"라고 했더니, 그가 "예."라고 대답했다.

"당신은 대청국에 동치 황제가 계심을 아오?"

"압니다."

"알고 있다면 내가 당신에게 말하겠으니 당신이 모두 망각하지 않았을까 걱정되기 때문이오. 대청국의 금률禁律은 남자가 변발을 하고 장복長服을 입는 것인데, 지금 당신은 이미 변발을 자르고 이복異服을 입었으니 나는 당신을 화인으로 보지 않고 구라파나 아미리가 사람으로 여긴 것이오. 그런데 당신은 전교를 배워 장차 무엇을 하려 하오?"

"반드시 진실된 선도善道를 얻어 우리 화인에게 함께 선도에 오르자고 권할 것입니다."

"나는 당신이 어찌 그리도 어리석은지, 어찌 그리도 어리석은지 애석하오! 무릇 이른바 진실한 선도라 함은 당신이 알 수 있는 바가 아니오. 야소耶穌(Jesus)라는 사람은 1,860년 전에 태어났는데 이는 한漢 평제平帝 때이고, 그가 선언善言으로 서토西土를 교화하여 구라파 각국의 인민들은 모두 그의 은택을 입어 대대로 그의 가르침을 받들어왔소. 공자는 야소보다 550여 년 전인 주周나라 때 태어나셨고 남기신 가언嘉言과 의행懿行으로 아세아 각국과 부근 도서島嶼들에 전해져서 이들을 교화하셨으니, 이를테면 일본, 유구琉球(오키나와), 안남安南(베트남) 각국 인민들이 모두 그 은택을 입어 대대로 그 가르침을 받들어왔소. 당신은 아세아 사람이거늘 어찌 이쪽을 버리고 저쪽으로 귀의한다는 말이오? 그렇다면 당신의 선조는 바로 천주교라는 것인가?"

"아닙니다."

"당신의 부친은 천주교인가?"

"역시 아닙니다."

"그러하면 당신이 천주교를 따르는 것은 행선行善을 하고자 함이 아니라 취리取利일 뿐이오. 당신은 지금 작은 이익을 취하기 위해 대의를 어지럽히고 당신의 조상과 당신의 부친을 망각하는 것이니, 당신이 죽고 나서 어찌 당신의 선대 조종祖宗을 뵐 수 있겠는가? 당신의 조부 또한 당신을 자손으로 여기지 않을 것이오. 아! 아! 양을 잃었더라도 외양간을 고치면 아직 늦지 않을 것이오."

그이가 크게 부끄러워했다. 옆에 모 씨의 딸이 나의 분노가 그치지 않음을 보고 아래층으로 내려가 화원을 거닐어 보라고 권했다. 얼마 뒤에 다시 돌아와 각국 공사들의 의론을 옆에서 들었는데 모두 그이를 낮추어 보았고 내가 잘못했다고 여기는 사람은 없었다. 축정(02시)에 숙소에 돌아왔다.

6월 7일 일요일

윤 4월 17일 을축. 맑음. 미각(13~15시)에 주안朱安(John)이라는 객점 흑복黑僕(흑인 직원)—나이는 서른 살쯤 되고 무쇠 같은 얼굴에 은빛 치아, 검은색 바둑돌같이 형형한 두 눈을 가졌다—을 데리고 북쪽으로 10여 리를 갔다가 동쪽으로 돌아갔는데 내내 원림에 화수花樹가 가득하고 누각들이 우뚝 서 있는 모습을 보고 자못 즐거웠다. 이때는 날이 흐렸는데 다시 동쪽으로 1리쯤 갔을 때 갑자기 큰비가 퍼부었다. 괴롭게도 우구雨具가 없어서 급히 한 집에 들어가 비를 피했다. 그 권속은 남녀가 각각 세 명이 있었는데 노부부와 아들 며느리들이었다. 갑자기 구름 사이에서 크게 번개가 치자 젊은 여인이 실색하여 손으로 두 어깨를 짚으며 십자 표시를 하는데 천주天主에게 묵축黙祝하는 뜻이라고 했다. 일찍이 듣기로 태서 사람들은 "우레와 번개는 모두 전기電氣가 만들어낸 것이어서 신령할 것이 전혀 없다."라고 말한다는데, 이 젊은 여인의 행동을 보니 서인도 역시 천둥 치는 것을 두려워했다. 우레는 여전히 신령스러운 것이었다. 비가 조금 그치기를 기다렸는데 노인이 "북쪽으로 몇 무武 안 가면 해차海車[247]를 찾을 수 있습니다."라고 말해주어 결국 흑복과 함께 비를 맞으며 제7호동(7번가)까지 가서 차를 기다렸다. 차가 왔을 때에는 비바람이 더욱 거세졌고 빙박冰雹(우박)까지 쏟아지고 매우 추웠다. 신정(16시)에 숙소로 돌아왔다.

[그림 82] 뉴햄프셔 주에서 운행된 소형 마차철도(1877)

6월 8일 월요일

윤 4월 18일 병인. 맑음. 사정(10시)에 거리에 나가 동북쪽으로 3~4리를 가서 교외로 나가 유명한 원유 12군데를 잇달아 구경했다. 곳곳마다 무성한 나무들이 해를 가렸으며, 이 같은 모습이 수십 리 이어져 머지않은 거리마다 철등鐵凳(철제 벤치)을 두어 구경 온 사람들이 쉴 수 있게 해놓았다.

---

247 궤도 위를 달린 마차인 마차철도(horsecar)를 말한다. 반차(班車)라고도 했다. 장덕이의『사술기(四述奇)』에서는 당시 러시아, 미국, 덴마크에서 운행되었고 말 두 마리가 끄는 마차에 50여 명이 승차한다고 하였다.

가는 길 내내 토방土房이 높지는 않았지만 모두 정연했고 흑인들이 많이 살았다. 이들은 내가 홀로 걷는 모습을 보더니 모두 뭐라 뭐라 말을 하면서 저이가 어느 나라 사람인지를 모르겠다고 했다. 잠시 앉아 있었더니 남녀가 나를 살펴보러 왔다. 아이들이 모여 서서 나를 쳐다보더니 내가 자리를 떠나자 뛰어서 쫓아왔다. 어떤 아이는 나를 여자라고 말하고 어떤 아이는 남자라고 말하고 어떤 아이는 복색이 신기하다고 말하고 어떤 아이는 내 머리가 제 얼굴보다 검다고 말하면서 아주 재미있어했다. 합중국은 2백 년을 지나오는 동안 이미 아미리가 36방邦(주)으로 바뀌었다.[248] 이미 바뀐 곳에서는 남녀를 노복으로 삼았는데, 복식은 다른 사람들과 같지만 어음語音만은 조금 달라 별종의 토어가 되었다. 그들의 얼굴은 무쇠 색인 자가 있고 연한 누런 색인 자가 있다. 모발은 모두 가늘고 많고 그 색은 잿빛이 도는 붉은색이다. 아직 바뀌지 않은 몇 나라는 여전히 들판에서 움을 파서 살고 짐승을 잡아먹고 얼굴에는 오색을 칠하고 몸에는 깃털을 붙이고 서인도西印度 사람이라고 구분한다. 명 홍치 연간(1488~1505)에 서반아 사람 가륜백이 큰 배를 타고 서쪽으로 와서 새로 이 땅을 찾았는데 이곳이 다른 주洲인 줄 모르고 아세아의 서쪽 끝이라고 여겨서 이러한 이름이 생겨난 것이다.

6월 9일 화요일

윤 4월 19일 정묘. 맑음. 오정(12시)에 지 흠헌과 손 흠헌을 따라 차를 타고 2리쯤 가서 합중국 의사청議事廳—상회당上會堂이라고도 한다—에 도착했다.[249] 계단을 걸어 들어가니 묘우가 매우 넓고 장식이 깨끗하고 화려했다. 한가운데의 대청은 원형이고 북쪽의 높은 대臺 위에 정부 수령正副首

---

248 장덕이가 미국에 간 1868년에는 36개의 주와 주에 속하지 않는 워싱턴 D.C.가 연방에 가입되어 있었다. 이 문단에서 '바뀌었다(化)'는 표현은 연방에 통합되었다는 의미이다.

249 미국 국회의사당(United States Capitol)을 말한다. 다만 상회당은 상원 또는 그 회의당을 말하는데, 저자의 혼동인 듯하다.

[그림 83] 스카일러 콜팩스

領(의장과 부의장)이 앉고 아래에 목등木凳(나무 벤치)이 줄지어 있어서 각 방邦의 신사紳士(의원) 270여 명이 앉는다. 위층에는 천여 개의 좌석이 있는데 나라의 남녀들이 의회의 논의를 듣는 곳이다. 흠헌들께서 들어가시니 모든 사람들이 기립했다. 포 흠차께서 정수령 구법사립寇法四立(Schuyler Colfax)[250]과 담화하며 서로 사의를 표했다. 각 신사들이 모두 자리에서 나와 두 날개로 도열하여 일일이 우리와 납수拉手(악수)하며 이름을 말하고 안부를 물었다. 납수를 마치자 손과 팔이 아픈 것이 느껴졌다. 그다음에 각자 종이를 하나씩 꺼내어 이름을 쓰는데 손이 떨려서 고생했다. 들자니 합중국 사람들은 각자 작은 책자를 한 권씩 지니고 다니면서 새로 사람을 사귈 때마다 모두 본인의 이름을 책자에 쓰게 하여 필적을 남긴다고 한다. 심지어 일면식이 없는 조중朝中의 대료大僚에게도 사람을 시켜 책자를 보내어 그의 필적을 구하여 후인後人들이 그 책자를 보고 아무개 대관, 아무개 명사와 교유했다는 것을 알 수 있게 한다는 것이다. 이런 까닭에 내가 객사에 있는 동안에도 날마다 서명을 얻고자 하는 남녀가 끊이지 않고 찾아왔고, 갑자기 길에서 만나더라도 주머니 안에서 필筆(펜)을 꺼내어 이름을 써달라고 한 뒤에 떠나갔다. 원청圓廳을 나와 각 옥우屋宇를 두루 구경했는데, 어느 서실에 들어가니 책 17만 5천여 권과 석상石像, 화축畵軸 등이 있었다.[251] 구경을 마치고 숙소로 돌아왔다.

---

250 스카일러 콜팩스(1823~1885)는 미국 공화당 정치인이다. 연방 하원의원과 하원 의장을 지냈고 율리시스 그랜트 대통령 정부에서 부통령을 지냈다.

251 당시 국회의사당 내에 있던 의회도서관을 말한다. 의회도서관은 국회의사당 건설 도중인 1800년에 의사당 내부에 설립되었고, 1897년에 현재의 토머스 제퍼슨 빌딩으로 이전했다.

[그림 84] 국회의사당 내의 의회도서관(1853)

　유초(17시)에 다시 지 흠헌과 손 흠헌을 따라 백방의 연회에 갔다.[252] 15
일에 미리 절간折柬(서신)으로 초청의 말을 전했는데 다음과 같았다. "대합중
국 백리새천덕 주온손 부처夫妻는 흠차대인을 본월 19일 유각(17~19시)의 만
작晚酌(만찬)에 초대하고자 삼가 말씀드립니다. 조속한 회신을 보내주시면
감사하겠습니다." 이날 저녁에 각국 공사와 서이덕 부자가 동석했다. 통령
께서 내게 말씀했다. "제흠諸欽들께서 하읍下邑에 왕림해 주시니 본 통령은
영광을 이기기 어렵습니다. 일체의 일들을 마음을 다해 살펴 미선美善에 이
르고 화호和好를 돈독히 하고자 합니다. 귀국貴國과 서양 각국의 교류가 오
래되었기 때문에 합중국과 중국 사이의 두터운 우의가 절로 드러납니다. 합
중국은 본래 대청과 바다 하나만을 사이에 두고 있어서 실은 이웃입니다.

─────────────
252 『초사태서기』에서는 20일에 참석했다고 했으나 착오인 듯하다.

중국 농인農人들은 농사를 짓는 방법이 훌륭하므로 합중국 사람들이 이를 배울 만합니다. 또 합중국은 힘을 덜 들이고 농사를 짓는 기기를 가지고 있으니 중토도 이를 배울 수 있습니다. 이는 두 나라가 서로 잘하는 것을 택하여 그것을 따라가는 것이니 어찌 곧 번성을 볼 수 있지 않겠습니까?" 자초 일각(23시 15분)에 자리를 떠나 숙소에 돌아왔다. 밤이 되자 흐려졌다.

[그림 85] 이날 열린 백악관 국빈 만찬. 프랭크 레슬리즈 일러스트레이티드 뉴스페이퍼 1868년 6월 27일자

6월 10일 수요일

윤 4월 20일 무진. 가랑비가 계속 내림. 신초(15시)에 지 흠헌과 손 흠헌을 따라 차를 타고 십여 리를 가서 넓은 강[253]의 하안河岸에 도착하여 관륜도官輪渡(관용 페리)를 타고 구불구불한 물길을 따라 48리를 가서 와남산臥南山(Mount Vernon)[254]에 도착했다. 가는 내내 짙은 그늘이 푸른 나무들에 드리우니 구름이 끝없이 펼쳐진 것이었다. 배에서 내려 계단을 올라가서 4리

253 포토맥(Potomac) 강을 가리킨다.
254 마운트 버넌은 미국 초대 대통령 조지 워싱턴의 농원 저택이다. 워싱턴은 사후에 이곳에 묻혔다.

쯤 걸어가서 새로 옮긴 화성돈華盛頓(George Washington)의 묘에 도착했다. 묘의 계단은 붉은 벽돌로 되어 있는데 앞쪽은 '산山'자 같고 뒤쪽은 교배橋背 같았다.[255] 안쪽의 굴에는 석관 두 개가 나란히 놓여 있는데 화성돈 부처가 합장된 곳이었다. 바깥에는 월문月門[256]과 철책이 있고 좌우에는 석갈石碣[257]이 6~7개 있는데 모두 그의 자녀와 조카들이 세운 것으로 공덕을 칭송하는 것이었다. 다시 동북쪽으로 가서 옛 묘를 지났는데 깊은 구덩이로 바깥은 베개 모양의 벽돌로 쌓았다. 길을 돌아 언덕 위로 올라가니 소박한 모습의 석루石樓 몇 채가 보이고 뒤쪽은 난간 있는 주랑走廊과 원유가 있고 땅이 아주 널찍했는데 이곳이 화성돈의 옛 집이었다. 앞은 장강이 가까이에서 옥대玉帶처럼 감싸고 있고 뒤는 청산이 비단 병풍처럼 서 있었다. 소나무, 삼나무, 단풍나무, 버드나무가 자라 있고 화초들이 아름다웠다. 묘를 지키는 자는 모두 본토 흑인이었다. 언덕을 내려와 다시 작은 배를 타고 가서 윤도에 올랐다. 동승한 나리羅理라는 쉰 살 가까이 된 합중국 사람과 이야기를 나누었는데 자기 말로는 150여 나라의 말을 다 알아듣고 쓸 줄도 안다고 했다. 만주 말과 한자도 모두 안다고 했다. 술정(20시)에 숙소에 돌아왔다.

[그림 86] 마운트 버넌의 저택 '더 맨션'

255 묘의 앞쪽에서 보면 '凸' 모양이고 안쪽은 돔 모양이어서 아치형 다리의 한가운데처럼 생겼다는 뜻이다.
256 달처럼 둥근 모양의 아치형 통로이다. 월동문(月洞門)이라고도 한다.
257 위쪽을 둥글게 만든 비석이다.

[그림 87] 마운트 버넌의 조지 워싱턴 부부의 묘를 참관하는 사절단. 프랭크 레슬리즈 일러스트레이티드 뉴스페이퍼 1868년 7월 4일자

6월 11일 목요일

윤 4월 21일 기사. 흐리고 비. 사각(09~11시)에 찰극손扎克遜이라는 자가 봉기구와 나를 불러 차를 타고 구경을 나갔다. 그이는 남방南邦(남부연합)과 전쟁을 할 때 왼쪽 어깨를 잃었는데, 나라에서 은 백 원을 들여 가수假手(의수)를 사서 이어주었고 해마다 급양섬給養贍(보훈금)으로 은 4백 원을 주고 있었다. 그날 교외로 나가 4리 길이의 나무다리를 지나갔다. 20여 리를 가서 아릉둔阿陵屯(Arlington)에 도착했는데 이곳에 남방의 반수叛首(반란 수령) 이의李義(Robert Edward Lee)의 집이 있었다.[258] 그가 패전한 뒤에 이곳을 경관京觀[259]으로 개축하여 충혼을 위로하고 있다. 사방에 꽃과 나무들이 심어져 있고 가운데 석루가 아주 우뚝 솟아있었다. 앞쪽은 강이고 뒤쪽은 산으로,

258 로버트 에드워드 리(1807~1870)는 버지니아주 출신의 장군으로 남북전쟁에서 남군을 이끌었으나 율리시스 그랜트 장군이 이끄는 북군에 패하였다. 전쟁 전에 그는 알링턴의 커스티스 리 맨션(Custis-Lee Mansion)에 살았는데 전쟁 중에 북군에 넘어가서 알링턴 국립묘지가 되었다. 국립묘지 내에 있는 알링턴 하우스는 로버트 리 기념관으로 쓰이고 있다.

259 본래 전공(戰功)을 나타내기 위해 적의 시체를 쌓고 그 위에 흙을 덮어 만든 무덤을 뜻하지만 여기에서는 묘지의 뜻으로 쓰였다.

앞쪽이 탁 트여 끝없이 멀리까지 바라보였다. 누방의 오른쪽으로 가니 높이 1장, 길이 1장 4척, 너비 6~7척의 큰 돌무덤이 있고 그 위에는 이렇게 씌어있었다. "이 안에는 무명의 전쟁 희생 병용兵勇 2,111명이 묻혀있다. 전장에서 백골을 수습하여 묻은 것이다."[260] 이 뒤에는 의총義塚이 줄지어 있는데 모두 2만 7천여 명이었다. 묘 앞에는 하얀 팻말로 표시가 있고 팻말 위에는 아무개 부대의 어디 출신 누구라는 소개가 새겨져 있고 봄가을에 나라에서 제사를 지낸다. 팻말에는 둥근 모양이나 십자 모양의 선화鮮花가 걸려있는데 모두 국인들이 이곳에 와서 추도하며 꽃을 바쳐 승천升天을 기원하는 뜻이었다. 이때 찬 바람이 불면서 가랑비가 내렸는데, 사방에는 아무도 없고 나그네가 천애天涯에 있으니 어찌 눈물이 흐르지 않겠는가! 옛말에 "한 장수의 공적은 만 명의 뼈로 이루어진 것"[261]이라고 했는데, 이를 보면 중토나 외국이나 모두 무공武功이 그저 빛낼 만한 것이기만 하겠는가?

---

260 석관의 옆면에 쓰인 전체 원문은 다음과 같다. "Beneath this stone repose the bones of two thousand, one hundred and eleven unknown soldiers gathered after the war from the fields of Bull Run and the route to the Rappahannock, their remains could not be identified, but their names and deaths are recorded in the archives of their country, and its grateful citizens honor them as of their noble army of martyrs. May they rest in peace. September. A. D. 1866. (이 석관의 아래에는 불런의 전장과 래퍼핸녹에 이르는 길에서 수습된 2,111명의 무명용사의 유해가 안장되어 있다. 그들의 유해는 식별되지 못했지만 그들의 이름과 죽음은 그들 나라의 공문서에 기록되어 있으며, 감사의 마음을 가진 시민들은 그들을 고귀한 순국선열 군대로 존경한다. 평화 속에 안식하소서. 1866년 9월.)"

261 원문은 "一將成功萬骨枯"이다. 당(唐) 조송(曹松)의 시 「기해세(己亥歲)」의 한 구절이다.

[그림 88] 알링턴 국립묘지의 알링턴 하우스 로버트 리 기념관

[그림 89] 로버트 리   [그림 90] 무명용사의 묘

이곳을 떠나 40여 리를 가서 쇠사슬 다리인 장교長橋(Long Bridge)[262]를

---

262 롱 브리지는 포토맥 강을 건너 워싱턴 D.C.와 버지니아 주를 잇는 다리로, 1808년에 목제로
처음 지어졌을 때의 이름은 워싱턴 브리지(Washington Bridge)였으나 점차 사람들이 롱 브
리지라고 부르게 되었다. 이후 보다 튼튼한 다리가 필요하여 1864년에 철 구조물 다리 두 개
를 새로 지어 기차가 지나는 다리를 레일로드 브리지(Railroad Bridge), 기차 외의 교통수단
이 지나는 다리를 턴파이크 브리지(Turnpike Bridge)라고 불렀다.

건넜는데 강의 이름은 파다마波多麻(Potomac)이고 지나는 길은 모두 비옥한 땅이었는데 다만 개벽開辟(경작)하는 자는 적었다. 수십 리 길의 옆에는 숲이 무성하여 해를 가렸다. 다만 중간에 훼손된 큰 땅이 한 군데 있었는데 전쟁 때 땔감을 마련하느라 베어버린 곳이라고 했다. 찰극손은 이렇게 말했다. "8년 전에 흑인들은 모두 합중국에 복역服役(복무)했는데, 북방北邦(북부연방)은 이들을 부리는 것이 천리天理에 어긋나 나라의 근심이 될까 걱정하여 각 방邦들을 모아 의논하여 흑인들을 풀어주어 제민齊民(평민)으로 만들어주고자 했습니다. 하지만 남방의 각 방들은 이를 받아들이지 않아서 마침내 병사들을 끌어다가 성省 몇 개를 빼앗아 파하波河(포토맥 강) 이남을 자기네 땅으로 삼고 입척만立尺滿(Richmond) 성城[263]을 서울로 삼았습니다. 전쟁이 4년 만에 비로소 끝나고 흑인들은 이때부터 풀려났습니다. 남방은 비록 졌지만 그 대추大酋(최고지도자) 이의李義는 결코 주살誅殺(처형)되지 않았고 지금 위지아威至雅(Virginia) 방邦의 내행탄萊杏坦(Lexington) 성城에서 대학원大學院(대학)의 교습敎習(교수)으로 있습니다.[264] 그곳에 엄고嚴錮(연금軟禁)되어 있으니 감금과 같습니다." 아마도 남방의 사람들은 안일에 빠져 거주나 음식을 사람을 시켜 다스릴 필요가 있어서 흑인들을 가두고 풀어주지 않은 것이니, 오직 이러한 까닭일 뿐이다. 지금은 흑인들이 이미 풀려나서 각자 원하는 바에 따라 부자는 편안히 지내고 빈자는 힘을 쓰니, 그야말로 합중국의 제일가는 인정仁政이라고 하겠다.

---

263 리치몬드는 현재 버지니아 주의 주도이다.

264 로버트 리는 앤드루 존슨 대통령으로부터 사면을 받고 1865년 10월 2일에 버지니아 주 렉싱턴에 있는 워싱턴대학(Washington College, 지금의 Washington and Lee University)의 학장으로 취임하여 1870년 세상을 떠날 때까지 재직했고 사후 이 학교 예배당에 묻혔다.

[그림 91] 포토맥 강의 롱 브리지(1865)

[그림 92] 프리드리히 폰 게롤트

유초(17시)에 숙소로 돌아왔다. 술각(19~21
시)에 지 흠헌과 손 흠헌을 따라 차를 타고 포
국布國(프로이센) 공사 고高 아무개[265]의 공서
公署에 갔다. 그는 우리에게 15호동의 마소
공馬素公 예배당(Cathedral of St. Matthew the
Apostle)[266]으로 오라고 했다. 그 안에는 긴 탁
자가 놓여있고 위에는 화초와 당과糖果, 그리
고 여러 가지 아이들 장난감이 있었는데, 젊
은 여자 10여 명이 보통의 네 배 값에 팔았다.

그런데 그것을 사는 사람들은 모두 부자들이어서 값을 깎으려고 하지 않았

---

265 당시 미국 주재 프로이센 공사는 프리드리히 칼 요제프 프라이헤어 폰 게롤트(Friedrich Karl
   Joseph Freiherr von Gerolt)였다.

266 성 마테오 사도 대성당은 1840년에 15번 가(15th St.)와 에이치 가(H St.)가 만나는 곳에 세
   워졌다가 1895년에 지금의 자리인 로드아일랜드 가 서북(Rhode Island Ave. NW) 1725호로
   옮겨 첫 미사가 이루어졌다.

다. 아마도 당비堂費가 부족하여 이렇게 하여 채우는 것 같았다. 자초(23시)에 숙소에 돌아왔다.

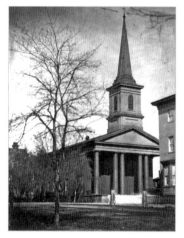

[그림 93] 건립 초기와 현재의 성 마테오 사도 대성당

6월 12일 금요일

윤 4월 22일 경오. 맑고 더움. 오후에 지 흠헌과 손 흠헌을 모시고 사람들을 방문했다. 한 분은 대병帶兵 총통 고신固愼(Caleb Cushing)으로 도광 18년에서 19년(1838~1839)에 중토에 온 적이 있어 중외中外의 사정에 대해 매우 공평하게 논했다.[267] 한 분은 대병 총통 한고韓皋(Winfield Scott Hancock)[268]인데, 공이 외출하여 만나지 못했다. 한 분은 총서總署의 총판總辦[269] 갈사력葛士力

267 케일럽 쿠싱(1880~1879)은 1835년에서 1843년까지 미 하원 의원을 지냈고, 1844년 6월에서 8월까지 초대 중국 주재 미국 대사를 지내면서 최초의 양국 조약인 망하조약(望廈條約)에 미국 대표로 서명했다. 이후 미국-멕시코 전쟁(1846~1848) 때 준장이 되었고, 이어 법무부 장관과 스페인 주재 대사를 지내기도 했다. 본문에서 쿠싱이 1830년대에 중국을 방문했다고 한 것은 장덕이의 착오이다.

268 윈필드 스콧 행콕(1824~1886)은 남북전쟁 때 북군의 장군으로 활약한 군인으로 최종 계급은 소장이었다.

269 총서는 미국 국무부를 가리키고 총판은 고위직 관원을 뜻한다.

(Joseph Calm Griffith Kennedy)[270]으로, 그의 부인과 딸을 만나 차를 마시고 돌아왔다. 술각(19~21시)에 관가대희원寬街大戲園[271]에 가서 극을 보았다. 아라사俄羅斯(Russia)의 백다라伯多羅 왕(Пётр I, 표트르 1세)이 하란荷蘭(Holland)에서 철목장鐵木匠을 배우고 귀국하여 백관百官이 영접하니 하란 사람들은 비로소 그가 왕임을 알게 되었다는 이야기였다.[272] 축초(01시)에 희희가 끝났다.

[그림 94] 케일럽 쿠싱

[그림 95] 윈필드 행콕

[그림 96] 조지프 케네디

6월 13일 토요일

윤 4월 23일 신미. 맑음.

기記: 합중국은 남방南邦의 난으로 군비가 너무 많이 들어 가嘉 방邦(캘

---

270 조지프 캄 그리피스 케네디(1813~1887)는 펜실베이니아 주 출신의 변호사, 언론인, 정치가이다. 1850년과 1860년에 인구조사국장을 지냈다.

271 이날 일행은 펜실베이니아 가(Pennsylvania Ave.)의 내셔널 시어터(National Theater)에 가서 오페라를 관람했다. 이 극장은 1835년에 개장하여 많은 연극과 오페라 작품을 무대에 올렸고, 워싱턴 D.C의 대표적인 역사적 문화적 명소 중의 하나로 지금까지 이어지고 있다.

272 일행이 관람한 오페라는 알베르토 로르칭(Albert Lortzing)이 작곡한 희가극 <짜르와 목수(Czar and Carpenter)>였다. 표트르 1세(1672~1725)는 1682년에 로마노프 왕조의 황제로 즉위했고, 1698년 오스만제국을 견제하기 위해 서유럽에 대규모 사절단을 파견했는데, 이때 자신의 신분을 숨기고 사절단의 일원으로 동행하여 여러 나라에서 대포 조작, 목선 건조 등을 배우고 수학, 천문학, 의학도 배웠다. 다만 실제로는 방문국들도 그의 신분을 알고 우대해주었다. 이후 전쟁과 개혁을 통해 국력을 강화하고 1721년에 러시아제국을 세워 황제로 즉위했다.

리포니아 주)만이 은원銀圓을 사용하고 나머지 35방은 모두 관표官票(지폐)로 바꾸어 사용한다. 그 은수銀數(액면)는 수십 원에서 반원半圓(50센트)과 일각一角(10센트)까지 상이하다. 큰 것은 길이가 반 척에 높이는 2촌 5푼이고, 작은 것은 길이가 2촌에 높이는 1촌이다. 앞면에는 금색 그림과 검정색 글씨가 찍혀 있고 뒷면에는 녹색의 꽃문양이 찍혀 있어서 속칭 녹배綠背(greenbacks)라고도 부른다. 실제 은은 1원에 6전 2푼이 나가는데 관표는 1원에 6전 2푼부터 5전, 4전 등으로 상이하여 시가가 날마다 다르다.

저녁에 이웃의 마랍사馬拉斯라는 이가 극을 보자고 청했다. 지금은 서력西曆(서기) 1868년이지만 극은 1872년의 일로 가상하여 만들어졌으니 도리에 맞지 않음이 심하다고 하겠다.

6월 14일 일요일

윤 4월 24일 임신. 맑음. 오후에 혼자 걸어서 동쪽으로 1리쯤 가서 나무다리를 건너 대원大園에 들어갔다. 석루石樓 안에 각국의 골동품과 새, 짐승, 물고기, 벌레 등의 뼈가 많이 있었다. 구경하는 사람이 문에 들어가면 모두 장부에 이름을 적어 만약의 조사에 대비했다. 석루 밖의 사면에는 꽃나무가 에워쌌는데 꽃은 무궁화, 털여뀌, 소철, 두견, 부용, 장미, 작약, 모란 등이 있었다. 또 마루립아麻婁立雅(magnolia)[273]라는 양화洋花도 몇 그루 있는데 잎사귀는 파초만큼 크고 꽃은 흰색이고 꽃봉오리는 연꽃 정도의 5촌 길이이고 향기가 맑았다. 풀과 나무는 소나무, 홰나무, 느릅나무, 버드나무, 마름, 개구리자리 정도만 있었다.

6월 15일 월요일

윤 4월 25일 계유. 맑음.

---

273 백목련, 자목련 등의 목련속 식물이다.

기記: 합중국 사람들은 서홍시西紅柿(토마토)를 좋아해서, 날것으로나 익혀서 기름과 초, 설탕을 곁들여 먹는다. 첨과甛瓜(멜론)도 먹는데 항상 소금과 후추를 뿌린다. 기호가 다른 것이 여기에서 나타난다. 또 사사로이 수창手槍(총)을 지니고 있는 사람은 은 5원의 벌금을 내고 길에서 방뇨하는 사람도 같은 벌금을 낸다고 한다.

6월 16일 화요일

윤 4월 26일 갑술. 맑다가 오각(11~13시)에 흐려져 가랑비가 한동안 내렸다. 미정(14시)에 한 관서에 갔는데 중국의 호부戶部, 공부工部와 같은 곳이었다.[274] 누방은 6층이고 한백옥석漢白玉石(대리석)으로 지어졌는데 누방을 둘러싼 사방이 6리였다. 각 층의 관사에서 절반은 전무田畝(재무)의 일을 보고 절반은 공장工匠(제조)의 일을 보았다. 국인이 한 가지 물건이나 기명器皿

[그림 97] 재무부 빌딩

---

274 재무부 빌딩(Treasury Building)을 말한다. 펜실베이니어 가(Pennsylvania Ave.) 1500호에 있는 현재의 건물은 1836년에 건축이 시작되었고 1869년에 북쪽 건물이 마지막으로 완성되었다. 미국 10달러 지폐 뒷면의 도안으로도 유명하다.

을 창조(발명)하면 반드시 그 도식圖式을 관청에 알려 조상照像(사진)을 보관하고 4년 뒤에 비로소 다른 사람이 모방해서 만들 수 있게 허가하여 만든 이가 이익을 얻기에 도움이 되게 한다. 누방 안에는 크고 작은 기명들이 수백만 건이나 보관되어 있고 각 기명마다 첨簽(표식)을 붙여 연월年月과 만든 사람의 이름을 적어놓았다. 포대, 화륜, 기기, 그리고 연, 종이 인형, 비단으로 만든 꽃, 과일 모양 자기磁器와 같은 장난감 등도 없는 것이 없었다. 그중 파리玻璃(유리) 상자 안에 놓을 수 없는 큰 물건들은 모두 녹나무와 상아로 만들어 놓았는데 진짜와 다를 바 없었다.

6월 17일 수요일

윤 4월 27일 을해. 맑고 더움.

기記: 합중국은 건륭 40년(1775) 영국의 학정에 고통스러워하다가 반란을 일으켜 자립自立(독립)한 지 이제 백 년이 되었다. 이미 36방이 되었는데 백성들이 나라를 이끌고 함께 통령(대통령) 한 사람을 수령으로 세운다. 통령은 재위가 4년으로 제한되고 매년 은 2만 5천 원을 받는다. 부통령이 그를 보좌하고 매년 6천 원을 받는다. 통령의 4년 임기가 차면 사람들을 모아 의논하는데 사람들이 그를 현명하다고 여기면 다시 4년을 맡기는데 길어도 12년을 넘을 수 없다. 좋은 평가를 받지 못하면 부통령을 통령으로 미는데, 부통령이 인망人望을 얻지 못하면 별도로 추거推擧(선거)를 행한다. 스무 살이 된 국인은 모두 천거薦擧(선거)의 권權이 있다. 그 방법은 사람들이 자기가 천거하는 사람을 써서 상자 안에 집어넣는다. 모두 마치면 상자를 열어 많이 얻은 사람을 골라 세운다. 관원이든지 평민이든지 자격에 구애가 없다. 퇴위한 통령은 서민과 같다. 의사청의 정부正副 수령(의장과 부의장)과 각 신사紳士(의원)들도 공거公擧로 뽑는다. 의사청에는 상회당上會堂(상원)과 하회당下會堂(하원)의 구별이 있고, 나라에 대사가 있으면 모여서 논의한다. 먼저 [의안을] 하회당에 제출하여 그중 좋은 것을 상회당에 제출하고 마지막에 통령에게 전달한다. 만약 통령이 찬성하지 않으면 다시 상회당에 보내재의하게 하고 의론이 달라지지 않으면 통령도 자신의 뜻을 굽히고 그것을 따른다.

6월 18일 목요일

윤 4월 28일 병자. 맑음. 오후에 흐려짐. 미초일각(13시 15분)에 지 흠헌과 손 흠헌을 따라 차를 타고 동쪽으로 몇 리를 가서 교군장敎軍場(열병장)에 도착했다.[275] 정면의 병방兵房(막사)은 벌집 같았는데 나무판자로 간대看臺(관람석)를 높이 세우고 가운데에는 합중국 화기를 세우고 좌우에는 중국 용기를 두 개 세웠다. 흠헌께서 도착하시니 대포 일곱 발을 차례로 쏘며 정중하게 환영했다. 연병 대신演兵大臣 한활韓闊[276]이라는 사람이 우리를 간대로 데리고 올라가서 통령 및 수많은 대관大官들과 만났다. 이날은 마병馬兵(기마병)과 보병步兵이 연무演武했는데 호령이 엄숙하고 군마가 정연했다. 또 구화격통救火激筒(소방대포)도 연무했는데 통은 대포처럼 움직이고 가죽 용龍(호스)이 이어졌는데 인력이 필요 없고 물이 비처럼 쏟아져 나왔다.

6월 19일 금요일

윤 4월 29일 정축. 흐림. 숙소 아래에서는 매일 어떤 흑인이 손에 목갑木匣을 들고 입으로 "피혜皮鞋(구두) 까맣게 해드립니다!"라고 외쳤다. 더러워진 신발을 대신 닦아준다는 것인 듯했다. 저녁에는 아이가 신문지를 팔면

---

275 이브닝 스타(Evening Star) 1868년 6월 18일자 등에 따르면, 사절단은 전날인 6월 17일에 대서양 군 사령관 행콕 장군의 초청으로 국회의사당 동쪽의 링컨 디포(Lincoln Depot) 즉 지금의 링컨 공원(Lincoln Park)에 가서 연합 부대를 사열했다. 장덕이가 18일에 열병식을 참관했다고 적은 것은 착오인 듯하다.

276 앞에서 한고韓皐라고 표기된 윈필드 행콕 장군이다.

서 "만보晩報(석간신문) 3선仙(센트)이요!" 신문지 하나가 3선이라는 뜻인 듯했다. 합중국의 1원은 동전으로 1백이고, 1전을 선이라고 부른다.

6월 20일 토요일

5월 1일 무인. 맑다가 미각(13~15시)에 흐려지더니 신초(15시)에 큰비가 내렸다. 유각(17~19시)에 지 흠헌과 손 흠헌을 따라 부통령 과란달戈蘭達(Ulysses Simpson Grant)[277]을 방문하여 합중국 문무 대원 및 각국 공사들을 만났다. 과란달은 나이가 서른이 넘었고 말수가 적고 행동이 신중했는데 문무에 모두 뛰어나서 국인들이 자랑으로 여겨 승남장군勝南將軍으로 칙봉勅封되었으니 그 공적이 위대하다 하겠다. 뒤에 이형관理刑官(연방대법원장) 시사柴沙(Salmon Portland Chase)[278]가 우리를 자신의 집으로 초대하여 잠시 앉아 있다가 해정(22시)에 숙소로 돌아왔다.

[그림 98] 율리시스 그랜트   [그림 99] 새먼 체이스

277 율리시스 심슨 그랜트(1822~1885)는 군인이자 정치가로, 남북전쟁 때 북군의 사령관으로 크게 활약하였고, 이후 전쟁부 장관대행, 육군 총사령관 등을 거쳐 제18대 대통령(1869~1877)이 되었다. 장덕이가 그랜트를 만났을 때 그랜트는 육군 총사령관이었고, 당시 부통령은 궐위 상태였다.
278 새먼 포틀랜드 체이스(1808~1873)는 미국 정치인이자 연방대법원장을 지낸 사람이다. 오하이오 주지사와 연방 재무장관을 지냈다.

뉴욕

6월 21일 일요일

5월 2일 기묘. 아침에 맑았다가 오초(11시)에 큰비가 내렸다. 술초(19시)에 길을 나서 화륜차를 탔다. 차에는 화로, 얼음통, 대야 등이 있었고, 밤에 직접 위에서 꺼내야 하는 이불, 베개, 모기장 등의 모든 것이 윤선의 상등창과 같았다. 하룻밤을 빨리 달려갔는데 풀밭의 반딧불이가 별과 같이 반짝였고 바람이 불어도 꺼지지 않았다.

6월 22일 월요일

5월 3일 경진. 여전히 가랑비가 자욱하게 내렸다. 묘초(05시)에 뉴약에 도착했다. 차에서 내려 나루(허드슨강)를 건너 다시 이전의 객점에 들었는데 자못 추웠다. 신초(15시)에 옆방의 양앙楊昻이 우리를 만작晚酌에 초대했는데 마립손馬立孫, 포랍격, 파안사巴安駟, 배립裴立 등 10여 명이 있었다. 모두 신방新邦(뉴욕주)의 부호들이었다. 담소하는 사이에 신문지를 보았는데 미리기 구름 같고 2척 길이로 댕기를 땋은 화인華人과 흡사한 젊은 여자가 거리를 돌아다니다가 말이 댕기를 물어갔다고 했다. 말 탄 이가 댕기를 빼앗아 돌려주니 여자가 고개를 숙이고 붉어진 얼굴로 그것을 받았는데 머리가 빠져 가발을 써서 꾸민 사람인 듯했다. 또 어느 부자가 하인을 한 명 고용했는데 밤이 깊어 주인이 잠자리에 들려고 할 때 하인이 불을 꺼 주러 갔다가 주인이 코와 치아와 오른쪽 다리가 모두 없는 것을 보고 놀라 달아나서 어쩔 줄 몰랐다는 얘기도 들었다. 아마 주인의 사지가 온전하지 못해 가짜로 꾸며 보기 좋게 한 것인 듯했다. 서국에는 재주가 뛰어난 장인들이 있어서 사람 몸의 모든 부분을 진짜와 다름없이 잘 만들어 이를 모르는 사람은 그것이 가짜임을 아는 자가 드물다고 했다. 유각(17~19시)에 숙소로 돌아왔다. 밤이 되자 날이 개었다.

6월 23일 화요일

5월 4일 신사. 맑음. 유초(17시)에 지 흠헌과 손 흠헌을 따라 차를 타고 1리쯤 가서 대랍막니구代拉莫呢扣 점(Delmonico's)[279]에 도착하여 연회에 갔다. 5일 전 화성돈에 있을 때 "신부 방(뉴욕주)의 전체 신상紳商이 이날 이곳에서 중국 흠차를 삼가 초청하여 만작을 베풀고자 합니다."라는 전보電報가 왔기 때문이다. 이날 저녁에는 긴 식탁 9개가 ㄷ 자 모양으로 놓여져 있었고 290여 명이 참가하여 음악과 식사가 베풀어졌다. 식사가 끝나자 모두 일어서서 칭상稱觴(축배)하며 대청국 대황제를 축원하고 다음으로 합중국 백리새천덕을 축원했다. 그 뒤 포 흠사와 뉴 방 총독(뉴욕 주지사)[280]이 기립하여 중외中外의 화호和好를 이야기하고 말을 마치자 모두 술잔을 들고 크게 "액복額卜(Hip), 액복, 액복, 하래賀來(Hooray), 하래!"라고 외치며 주인과 빈객이 기쁘게 뜻이 맞았음을 나타냈다. 자정(24시)에 숙소에 돌아왔다.

---

279 델모니코스는 1824년에 와인 가게로 처음 설립되었고, 이후 식당과 호텔로 발전했다. 본점은 1836년에 사우스 윌리엄 가(South William St.) 2호로 옮겨왔고 1917년 폐점될 때까지 이곳에 있었다.

280 당시 뉴욕 주지사는 루벤 펜튼(Reuben Fenton)이었다.

[그림 100] 델모니코스 본점   [그림 101] 루벤 펜튼

6월 24일 수요일

5월 5일 임오. 중국의 단양端陽 명절로, 아침 내내 비가 내렸다. 게살
만두, 가지, 홍두紅豆, 오이 등을 먹었다. 저녁에 같은 객점의 토상土商(미국
상인) 맥극로麥克潞가 극을 보자고 청했는데, 뉴 방의 풍토와 인정을 보여주
는 것으로 자못 훌륭했다. 해정(22시)에 숙소에 돌아왔다.

6월 25일 목요일

5월 6일 계미. 맑음. 진각(07~09시)에 포랍격이 청하여 14호동의 남자
관학官學(공립학교)에 가보았다. 이곳에는 나이가 다양한 남자아이들 1천 2
백여 명이 노래를 부르고 글을 읽었는데 경박한 모습이 전혀 없었다. 교습
은 나이 든 여자가 많았다. 이어 13호동의 여자 관학에도 가보았다. 이곳
에도 여자아이들 1천 2백 명이 있었는데 영리하고 총명했고 절반은 좋은 집
안의 규수였다. 두 곳에서 포 공이 내게 중국의 성교聖敎[281]를 강연하여 제
생諸生들을 격려해달라고 했다. 나는 바로 충효와 절의節義 등의 이야기를

281 유학의 가르침을 뜻한다.

해 주었고 제생들은 잘 알아들은 듯했다. 두 관학 모두 누방이 있어서 기숙에 편리했다. 누방은 각 3층이고 층에 따라 구별된다. 6~7세의 초학자들은 말층末層(1층)에 있어서 제3등이고, 10세를 넘는 근학자勤學者는 2층으로 올라가서 제2등이 되고, 15세 이상의 심학자深學者는 수층首層(3층)으로 올라가서 제1등이 된다. 나는 제생들에게 이렇게 말했다. "바라건대 제공諸公이 머지않아 '한 층을 더 올라가기를' 바라니,[282] 이것이 곧 사신使臣의 큰 바램입니다." 모두들 이를 듣더니 크게 기뻐하며 손뼉을 치면서 훌륭하다고 칭송했다.

미초(13시)에 다시 지 흠헌과 손 흠헌을 따라 사륜마차를 타고 40여 리를 가서 정중원正中園(Central Park)을 지나 적노목翟魯木 원園(Jerome Park)[283]에 갔다. 이곳은 둘레가 약 50여 리이고 산수와 화목의 경치가 그윽했다. 가운데는 도마창賭馬廠(경마장)으로 둘레가 7리쯤 되었다.[284] 북쪽에는 무척 높은 간대가 세워져 있어서 부녀 3천 명이 앉을 수 있다. 그 안에는 주루가 있어서 경마꾼들이 술을 마실 수 있다. 뒤쪽에는 마굿간이 있는데 사방에는 고리 모양의 평탄하고 드넓은 마도馬道가 3리쯤 나 있다. 매년 도마賭馬(경마)가 두 차례 열리는데, 말 백여 필이 단숨에 달리고 앞뒤로 나누어 승부를 정한다. 밤이 되니 남녀가 춤을 추며 놀았다.

---

282 당나라 왕지환(王之渙)의 시 「등관작루(登鸛雀樓)」 중의 한 구절(更上一層樓)로, 학업이나 성취가 날로 발전하는 것을 뜻하는 말로 많이 쓰인다.

283 뉴욕 시 웨스트 브롱스(West Bronx)에 있는 지역 명칭이다.

284 제롬 파크 경마장(Jerome Park Racetrack)은 1866년에 뉴욕 주의 웨스트 체스터 카운티 (Westchester County, 지금은 뉴욕 시 웨스트 브롱스 지역에 속함)에 레너드 제롬과 오거스트 벨몬트의 투자로 세워진 경마장이다. 1894년에 문을 닫았다. 지금의 제롬 파크 저수지 (Jerome Park Reservoir) 자리이다.

[그림 102] 제롬 파크 경마장(1868)

[그림 103] 레너드 제롬

이날 심립沈立(Augustus Schell)[285]이 만찬에 청했는데 같은 자리에 있던 사람들 중에는 양마養馬를 잘하는 뉴약 부자들이 많았다. 그중 성이 적翟, 이름이 노목魯木이라는 사람[286]은 나이가 마흔 정도로 품행이 단정하고 마음씨가 순했는데 평소 향리에서 좋아하여 이 사람의 이름으로 공원 이름을 삼아 잊지 않고자 했다고 한다.

유각(17~19시)에 자리를 떠나 차를 타고 10여 리를 돌아서 왕자교王子橋(High Bridge)를 걸어서 건넜다. 저물녘에 입성入城[287]하여 한 희원에 갔다. 이날 저녁에 상연한 것은 법랑서法郎西(프랑스) 희문戲文(연극) 〈격랑국쇄格郎局曬

---

285 아우구스투스 셸(1812~1884)은 뉴욕 출신의 정치가, 법률가이다. 철도 및 금융계의 법률 자문으로 두각을 나타냈고, 민주당 전국위원회 의장을 지냈다.

286 레너드 월터 제롬(Leonard Walter Jerome, 1817~1891)을 말한다. 레너드 제롬은 영국 총리 윈스턴 처칠의 외조부로, 주식투자로 유명하여 '월 가의 왕(King of Wall Street)'이라는 별명을 얻었고 한때 뉴욕 타임즈를 소유하기도 했다. 요트와 경마를 즐겼고 오페라를 후원했으며 제롬 파크 경마장을 설립했다.

287 맨해튼에 돌아온 것을 말한다.

(Grande-Duchesse)〉였는데 번역하자면 '대大공작부인'이라는 뜻이다.[288] 젊은 여자가 머리에 투구를 쓰고 손에 검을 들고 오가면서 노래하며 회오리치듯 춤을 추었는데, 목소리가 꾀꼬리 같고 몸은 나는 제비 같아서 가는 허리를 한번 젖히니 손바닥 위에 올라가 춤을 추었던 사람도 따라오지 못할 정도였다.[289]

[그림 104] 뉴욕 시어터(1868)

[그림 105] 제롤스탱 여대공 포스터

6월 26일 금요일

5월 7일 갑신. 맑음. 걸어서 1리쯤 가서 관寬 가街(Broadway)의 건화국 乾貨局(Dry Goods Store)[290]에 갔다. 이곳에서는 부녀의 복식을 팔았는데 주

288 연극의 원제목은 '제롤스탱의 위대한 여대공(La Grande-Duchesse de Gérolstein)'이다. 자크 오펜바흐(Jacques Offenbach)가 작곡한 3막 오페레타로, 1867년 4월에 프랑스 파리에서 초연되었다. 제롤스탱 대공국의 미혼 여대공(duchess)이 군대를 검열하다가 한 젊은 병사에게 마음을 빼앗겨 소동이 벌어진 뒤에 갈등이 해소된다는 내용이다. 뉴욕에서는 1867년에 프랑스어로 초연되었고, 1868년에는 6월 17일부터 7월 18일까지 브로드웨이 728호에 있었던 뉴욕 시어터(New York Theatre)에서 영어로 공연되었다. 그런데 뉴욕 헤럴드 1868년 6월 26일자에 따르면 이들이 이날 방문한 극장은 이스트 14번가(E. 14th St.)와 어빙 플레이스(Irving Pl.)의 동북쪽 코너에 있었던 오페라 극장 아카데미 오브 뮤직(Academy of Music)이었다. 이날 해당 오페라가 아카데미 오브 뮤직에서도 공연되었는지에 대해서는 좀더 확인이 필요하다.

289 한(漢)나라 성제(成帝)의 황후가 된 조비연(趙飛燕)은 춤과 노래에 뛰어났는데 손바닥 위에 올라가 춤을 출 정도로 몸이 가벼웠다고 한다.

290 에이 티 스튜어트 드라이 굿즈 스토어(A. T. Stewart Dry Goods Store)를 말한다. 브로드웨

인은 성이 사司, 이름이 구애九愛라는 거상이었다.[291] 그 점포를 둘러싼 땅은 14무畝 쯤이고 7층 누방에 남공男工 2천여 명과 여공 1천 2백여 명과 학예學藝(견습) 백 명을 두고 있었다. 각국의 갖가지 주단綢緞과 면綿, 마麻, 전氈, 융絨이 모두 갖추어져 있었다. 누방 전체에 비단 병풍과 비췻빛 휘장, 향기롭고 영롱한 물건들이 나열되어 있는데 천하에서 가장 보귀한 것들이니 또한 특별하여 신기하지 않을 수 없었다. 한두 가지를 말해 보면, 백 원짜리 손수건과 여자가 걸치는 3천 5백원 짜리 화융편花絨片[292]이 있는데 그 정교한 짜임새는 사람의 힘으로 미칠 수 있는 것이 아니었다. 갈수록 화려해짐이 어느 지경까지 이를 것인가? 구경을 마치고 숙소로 돌아왔다.

[그림 106] 스튜어트 드라이 굿즈 스토어(1850년대)

[그림 107] 알렉산더 스튜어트

이 280호에 있었다. 1823년 브로드웨이 283호에서 개업했고 1846년에 280호로 옮겨 재개업했다. 유럽에서 수입한 다양한 섬유 제품(dry goods)들을 판매하며 20여 년 동안 크게 성장했다.

291 사구애는 스튜어트 드라이 굿즈 스토어의 창립자인 알렉산더 터니 스튜어트(Alexander Turney Stewart, 1803~1876)이다. 아일랜드 태생으로 뉴욕에서 백화점과 부동산 등으로 성공한 사업가이다.

292 융으로 만든 꽃무늬 장식이다.

유초(17시)에 사구애가 청하여 그의 집에 가서 만찬을 했다. 음식 중 새 우탕과 말린 거위고기는 중국의 포炮(센불조리)를 흉내냈지만 맛은 좀 못 미쳤다. 자리에서 한 노인과 가발 이야기를 했는데 내가 "그것이 훌륭하기는 하나 머리카락이 잘 뭉치고 피부는 아무래도 진짜와 같을 수가 없습니다."라고 했더니, 노인이 "짐승 가죽으로 만들 수 있습니다. 증거가 있지요."라고 하면서 손으로 정수리를 만지니 까만 머리가 마치 모자를 벗은 듯이 사라져 버리고 놀랍게도 불모지가 드러났다. 가발을 받아 살펴보니 짐승 가죽으로 껍데기를 만들고 머리카락을 붙인 것이 진짜와 같았다. 사구애가 부인을 잃고 골육이 없어 죽은 뒤에 모든 재산은 관용官用으로 귀속된다는 말도 들었다. 만약 어린 자식이 있다면 장성한 다음에야 비로소 돌려받을 수 있다고 했다.

6월 27일 토요일

5월 8일 을유. 맑음. 거정居停[293] 파만이巴滿爾의 처와 위원 두리문의 처가 지 흠헌과 손 흠헌을 초청하여 객점에서 조찬을 했다. 오후에 포랍격의 누이, 남동생과 함께 형 포위리布威里(William Black)의 금주점金珠店(귀금속 점포)에 갔다.[294] 누방은 7층인데, 오르내리기 위한 자행옥自行屋(엘리베이터)이 있는데 저번의 법국法國(프랑스) 마새馬賽(Marseille)의 점포에 있던 것과 같았다. 동철모銅鐵模[295]와 금은기金銀器 및 팔찌, 귀고리 등이 모두 윤기輪機

---

293 숙소의 주인이라는 뜻이다. 호텔의 소유주 또는 총지배인이다.

294 윌리엄 블랙(1805~1873)은 뉴욕 맨해튼 출신의 상인으로, 석판 인쇄소를 운영한 제임스 블랙(포랍격)의 형이다. 1839년에 귀금속 회사 마르퀀드 앤 컴퍼니(Marquand & Co.)를 공동 인수하여 볼 톰킨스 앤 블랙(Ball, Tompkins & Black)을 설립했고, 1851년에 볼 블랙 앤 컴퍼니(Ball, Black & Co.)로 이름을 바꾸었다. 윌리엄 블랙 사후인 1876년 이 회사는 블랙 스타 앤 프로스트(Black, Starr & Frost)로 다시 이름을 바꾸어 뉴욕을 대표하는 귀금속 회사 중 하나로 지금까지 이어지고 있다. 장덕이가 방문했을 때 볼 블랙 앤 컴퍼니는 브로드웨이 565번지의 빌딩에 입주해 있었다. 이 빌딩은 1860년에 지어져 볼 블랙 앤 컴퍼니에게 임대되었고, 처음에는 5층이었으나 이후 9층으로 증축되었다.

295 구리나 철로 만든 금형(mould)이다.

를 써서 만들어 인력이 필요하지 않았다. 이어 포랍격의 각석작刻石作(석판인
쇄소)에 갔는데, 뉴약 각 점포의 문표門票(입장권) 및 관용 은초銀鈔(지폐)의 도
기圖記를 모두 이곳에서 각인하고 있었다. 필력이 굳세고 머리카락처럼 가
늘었으니 실로 천하의 훌륭한 장인이었다.

[그림 108] 볼 블랙 앤 컴퍼니(1860년대)

이어 정수淨水 항巷(Water St.)에 가서 포랍격의 친구 난만蘭滿(George
Lanman)이 감포龕蒲(George Kemp)와 함께 운영하는 향수국香水局(향수회사)[296]

---

296 란만 앤 켐프(Lanman & Kemp)를 말한다. 이 회사는 프랑스에서 인기를 끌던 향수의 일종인
오드콜로뉴(Eau de Cologne)의 미국판인 플로리다 워터(Florida water)의 제조와 판매를
위해 로버트 머레이(Robert J. Murray)가 1808년 펄 가(Pearl St.) 313호에 창립했고 1820년
대 말엽에 동생 린들리 머레이(Lindley Murray)가 이를 이어받았다. 1835년에는 데이비드 란
만(David T. Lanman)이 파트너로 합류하여 워터 가(Water St.) 69호에서 영업을 시작했으며
1847년에 린들리 머레이가 죽은 뒤 1853년에 조지 켐프(George Kemp)가 파트너로 합류하
여 데이비드 란만 앤 컴퍼니(David T. Lanman & Co.)가 되었다가 1861년 란만 앤 켐프가 되
었다. 데이비드 란만이 사망한 뒤에는 그의 아들 조지 란만(George Lanman)이 이어받았다.

을 구경했다. 누방은 9층이고 여공 6백여 명, 남공 4~5백명이 일하면서 각종 향수를 만들어 각국에 파는데 매일 수천 상자를 만들 수 있다고 했다. 병을 씻고 향수를 넣는 것을 모두 기기를 사용하여 인력을 많이 줄이고 있었다. 중화에 파는 향수 한 가지는 향이 정향丁香 같은데 반 척 높이의 병에 향수를 넣고 짚으로 막고 은박으로 덮었다. 병에는 국표局票(상표)가 두 가지로 붙어 있는데, 하나는 백지에 오채색 꽃과 양자洋字(서양글자)가 찍혀 있고, 하나는 아래와 같이 홍지에 화자華字(한자) 세 줄이 금색으로 씌어있었다.

마리연림문부류리지矛梨煙林文付流梨地

상품화로수발객上品花露水發客

노약림문연감제奴約林文煙監制[297]

필획이 단정하여 화인이 써준 것 같았다. 소위 '마리연림문矛梨煙林文'은 국동局東(사장) 마리馬利(Murray)와 난만(Lanman)이고, '부류리지付流梨地(Florida)'는 향수 이름이며, '노약'은 뉴약이다.

객점으로 돌아온 뒤 유초(17시)에 은상銀商(은행가) 등근鄧勤이 만찬을 청해 그 처와 자식을 만났다. 자정(24시)에 숙소에 돌아왔다.

현재는 란만 앤 켐프-바클레이 앤 컴퍼니(Lanman & Kemp-Barclay & Co., Inc.)로 바뀌어 영업이 지속되고 있다.

297 첫째 줄은 머레이 앤 란만 플로리다(Murray & Lanman Florida)의 음역이고, 둘째 줄은 '상등품 화로수(花露水) 발매'라는 뜻이며, 셋째 줄은 '뉴욕 란만 앤 컴퍼니(New York Lanman & Co.) 제조'라는 뜻이다. 화로수는 향과 알콜을 배합하거나 각종 꽃을 증류하여 얻은 일종의 향수로 프랑스의 오드콜로뉴, 미국의 플로리다 워터에서 시작되었다.

[그림 109] 지금의 란만 앤 켐프 플로리다 워터

6월 28일 일요일

5월 9일 병술. 맑음. 묘정(06시)에 양앙의 처가 나를 초청해서 그 아들 양세창楊世昌과 함께 예배당에 가 보았다. 이날은 외국의 예배일(일요일)로 1리쯤 가서 돌계단을 걸어 들어갔다. 누방 안에는 남녀 백여 명이 단정하게 앉아있었다. 들어가서 얼마 되지 않아 금琴(건반악기) 소리가 크게 나더니 사람들이 모두 무릎을 꿇고 복음福音과 귀의歸依의 구절을 읊었는데 영국의 야소교耶蘇敎와 같았다. 사정(10시)에 금 소리가 그치고 교사敎師(목사)가 돌아가니 사람들이 분분히 누방을 나와 떠났다.

유정(18시)에 숙소를 출발하여 나루를 건너 화륜차를 타고 하룻밤을 달렸다.

워싱턴 D.C.

6월 29일 월요일

5월 10일 정해. 묘초(05시)에 화성돈에 도착하여 다시 이전의 객점에 들었다.[298] 맑고 더웠다. 조반으로 연개해軟蓋蟹[299]와 완두를 먹었다. 미각 (13~15시)에 맞은편 방의 여자아이 맥안려麥安麗와 그 부친 맥한麥漢이 찾아왔다. 맥안려는 나이가 열여섯이 안 되었는데 모습이 아주 곱고 언어가 총명하며 행실이 단정했다. 맥한의 말로는 아이의 학문(공부)이며 저작(글쓰기)이 의학義學(사립학교)에서 으뜸이었고 지금도 1등이며 이미 1층에 살고 있다고 했다.[300] 저녁에 문관 희랍希臘과 무관 위렬衛烈이 찾아왔다.

6월 30일 화요일

5월 11일 무자. 맑고 더움. 듣기로 서국西國 남자들이 복립미손福立美遜 (Freemasonry)[301]이라는 이름의 당을 만들었는데, 입당할 때 은 30원을 보내고 매년 3~4원을 보태어 공비公費로 삼는다고 한다. 합중국 전체 당은 통령 주온손이 수령이고, 각기 암호로 식별하고 바깥으로부터 모욕을 당하면 당

---

298 『초사태서기』에서는 11일에 도착했다고 했으나 착오인 듯하다.

299 껍질을 부드럽게 만든 게 요리이다. 지금은 보통 연각해(軟殼蟹)라고 한다.

300 3학년이라는 의미이다. 앞 참고.

301 프리메이슨은 16세기 말에 유럽에서 인도주의와 박애주의를 표방하며 등장하기 시작하여 세계로 확산된 사교 단체이다. 현재 영국과 아일랜드에 약 40만 명, 미국에 약 2백만 명 등, 전세계적으로 약 6백만 명의 회원이 있는 것으로 생각된다.

을 모아 복수를 한 뒤에 그친다. 암호는 처자식도 들을 수 없으니 기밀이 지극하다 하겠다. 지금은 합중국 여자도 당을 만들려고 하면서 묘당과 회관을 스스로 세우니 아마도 난국이 펼쳐질 듯하다. 남당男黨 안에 여자가 한 명 있었다고 하는데 그 부친이 처음에 사람들과 의논하고 있을 때 그 여자가 궤짝 안에 숨어서 훔쳐 들었기 때문이라고 한다. 의논이 끝나자 여자가 웃는 소리를 듣고 사람들이 모두 화를 내며 죽이려고 했는데 부친이 한참 동안 무릎을 꿇고 용서해달라고 빌었다는 것이다. 사람들은 여자에게 하늘의 해에 맹세하여 영원히 뜻을 변치 않겠다고 말하게 한 뒤에 그쳤다고 한다.[302]

[그림 110] 엘리자베드 앨드워스

---

302 프리메이슨의 유일한 여성 회원은 엘리자베드 앨드워스(Elizabeth Aldworth, 1690년대 ~1770년대)를 가리킨다. 그는 스무 살 무렵에 보수 중인 도서관에서 책을 읽다 잠이 들었다가 옆방에서 수상한 소리가 나는 것을 듣고 깨어나 도서관과 방 사이에 임시로 쌓아놓은 벽돌을 치우자 그곳에서 자신의 아버지가 참여하는 프리메이슨 회의를 목격하게 되었다. 그는 깜짝 놀라 비명을 지르며 밖으로 뛰쳐나갔다가 회의의 보안을 지키기 위해 서 있던 집사에게 붙잡혔고, 회의 중이던 회원들은 보안을 위해서는 그를 회원으로 가입시키는 수밖에 없다고 결론을 내려 그는 최초의 여성 프리메이슨 회원이 되었다고 한다. 본문의 서술 중에 나오는 궤짝(櫃)은 도서관이 와전된 것으로 보인다.

7월 1일 수요일

5월 12일 기축. 맑음. 오정(12시)에 동남쪽으로 수 리를 가니 길가에 백옥白玉의 돌기둥이 서 있는데 아직 완성되지는 않았지만 둘레가 약 25장, 높이가 50장으로 하늘을 찌를 듯하였다. 그 이름은 화성돈 갈碣(Washington Monument)[303]이라고 했는데, 화성돈이 이 나라의 호걸로 나라를 잘 다스려 후세에 드리울 만하다 하여 돌에 공적을 새겼으니 그 역시 마땅하다 하겠다.

[그림 111] 링컨 기념관에서 바라본 워싱턴 기념탑

7월 2일 목요일

5월 13일 경인. 맑음. 삼덕란三德蘭이라는 이가 있는데 화성돈 성의 명사名士였다. 전에 나를 찾아왔는데 공무로 나가 만나지 못했기에 이날 답례로 찾아간 것이다. 그의 처와 장녀를 만나서 삼덕란에 대해 물었다. 그의 처가 말했다.

---

303 워싱턴 기념탑은 워싱턴 D.C.의 중앙에 있는 공원인 내셔널 몰(National Mall)에 세워져 있는 기념탑이다. 미국 독립을 이끈 초대 대통령 조지 워싱턴을 기념하기 위해 1848년 건립되기 시작했으나 기부금 부족, 남북 전쟁 등으로 인해 중단되었다가 1879년 공사가 재개되어 1888년에 대중에 공개되었다. 현재 탑의 전체 높이는 169m인데, 장덕이가 본 기념탑은 50장 높이라고 했으므로 거의 비슷한 높이에 도달해 있었을 것이다.

"남편이 둘째 딸아이를 데리고 나갔는데 잠시 계시면 좋겠습니다."

말을 하던 차에 문이 열리고 어린 여자아이 하나가 들어오면서 나를 보더니 예쁘게 웃으면서 모친에게 말했다.

"아빠가 곧 오실 거예요."

말을 마치고도 웃음을 그치지 않았다. 모친이 말했다.

"중국의 귀인이 여기에 계시는데 재잘거리는 것이 무슨 짓이냐?"

여자아이가 얌전해지더니 천천히 걸어서 나갔지만 문을 나가자마자 다시 크게 웃는 소리가 들렸다. 부인이 말했다.

"못난 딸이 예의를 잃었으니 나무라지 않으시기를 바랄 뿐입니다. 남편이 지나치게 아낀 탓입니다."

내가 말했다. "어린아이를 아끼는 것은 사람의 지극한 마음으로 중외中外가 똑같을 것입니다."

"제가 오래전부터 듣기로 중국에서 여자를 낳으면 물에 빠뜨려 버린다는 말이 있었는데 과연 그런지요?"

"이야기한 사람이 지나치게 말한 것입니다. 만약 여자를 낳았을 때 물에 빠뜨려 버린다면 생치生齒(인구)가 날로 증가하지 않고 날로 감소했을 것입니다."

"저도 그렇게 생각했기에 깊이 믿지는 않았습니다. 이제 말씀을 들으니 의심이 모두 풀렸습니다."

조금 있으니 삼덕란이 돌아왔다. 한 시진쯤 앉아있다가 작별하고 돌아왔다. 어린 여자아이는 12살이고 이름은 민려敏麗라고 했다.

7월 3일 금요일

5월 14일 신묘. 맑고 무척 더움. 저녁에 희랍이 청해 함께 차를 타고 교외로 나가 4~5리를 가서 그의 친구 위렴魏廉의 집에 도착했다. 주인이 신발을 거꾸로 신고 뛰어나와 우리를 데리고 집에 들어갔다. 위렴이 말했다. "귀객이 광림하시니 영광입니다. 부끄럽게도 좋은 술이 없어서 삼가 사리술 利(sherry) 한 잔을 바쳐 두터운 마음에 값하고자 합니다." 말을 마치자 술을 들고 손님에게 축원하며 "애달령유해사愛達令遊海四(I drink your health)!"라고 말했다. 번역하면 "안녕을 빕니다"라는 뜻이다. 서국의 음연飮宴은 주인과 손님이 반드시 먼저 술잔을 들어 이 말을 상대방에게 하는 것이 예의이다. 또 말했다. "귀국의 복색은 제가 평생 보지 못한 것인데, 부녀는 어떤 장식 을 하는지요?" 나는 화미華美함이 귀국과 거의 같다고 대답해주었다. 사방 의 벽에 있는 그림 속의 인물이 살아있는 듯했다. 한 폭은 능곤凌昆(링컨)의 역책易簀[304]의 일을 그린 것이었는데, 능곤이 침상에 누워있고 사방에서 남 녀 6~7명이 무릎을 꿇거나 서서 손으로 눈을 만지며 우는 모습을 하고 있는 데 코가 시큰해졌다. 술자리를 마치고 작별하고 돌아왔다.

THE DEATH-BED OF THE MARTYR PRESIDENT, ABRAHAM LINCOLN.

[그림 112] 링컨의 죽음. 커리어 앤 아이브스 그림(1865)

---

304 화려한 대자리를 바꾼다는 말이다. 증자(曾子)가 임종할 때 화려한 대자리가 자신의 신분 에 맞지 않는다고 바꾸게 했다는 고사에서 나온 말로, 병이 위중하여 곧 죽게 되었거나 죽음 을 이르는 말로 쓴다. 링컨은 피격 직후에 포드 극장 바로 옆에 있는 윌리엄 피터슨(William Peterson)의 집으로 옮겨졌다가 이튿날인 1865년 4월 15일 아침 7시경에 그곳에서 사망했다.

7월 4일 토요일

5월 15일 임진. 맑음. 이날은 서력 7월 4일이다. 화성돈이 영국과 싸워 승리한 날로 합중국이 비로소 하나로 자성自成(독립)한 날이다. 이런 까닭에 매년 이날에는 각 방 성진城鎭의 시전市廛에서 경축연을 크게 열고 곳곳에 화기花旗를 내걸고 집집마다 폭죽을 터뜨리니, 성전盛典이요, 무공武功이 빛난다 하겠다.

합중국에는 회사계回四季(whisky)라는 술이 있는데 주력酒力(도수)이 세고 사납고 맛은 진하고 깊어서 이것을 마시면 며칠 동안 취해 있게 된다. 듣자니 생연生煙[305]을 씹는 자도 있다는데, 연은 모두 긴 실 모양으로 가늘게 만든 것으로, 은박으로 싸거나 원병圓餠처럼 말아서 입 안에 넣고 있다가 얼마 뒤에 침을 뱉으면 그 색깔이 거무튀튀하다고 한다. 5년 전 남방南邦과의 전쟁에서 병사들이 흡연할 새가 없어서 이것을 만들어 대신했는데 지금은 이것이 습관이 되었고 어린아이도 이렇게 씹기를 좋아한다고 한다.

7월 5일 일요일

5월 16일 계사. 맑음. 듣자니 영국 사람은 합중국 사람들을 양기洋技(Yankee)라고 부르고, 합중국 각 방 사람들도 서로를 양기라고 부른다고 한다. 양기는 일이만日耳曼(German) 말로 무슨 뜻인지는 모르는데 혹 본지本地 흑인들이 영길리英吉利(England)를 부른 말이 아닐까 한다.[306]

---

305 연초를 말려서 부수기만 하고 다른 가공을 하지 않은 담배이다.

306 양키의 어원은 확실하지 않다. 겁쟁이를 뜻하는 체로키(Cherokee) 원주민의 단어인 'eankke' 에서 왔다거나 잉글랜드 인을 뜻하는 프랑스어 'l'anglais'에 대한 와이언도트(Wyandot) 원주민의 발음에서 유래되었다는 설 등이 있었으나 기각되었고, 지금은 대체로 개척 초기 뉴욕의 네덜란드 인과 뉴잉글랜드의 영국인들이 교류 내지 갈등하는 과정에서 쓰이기 시작한 네덜란드 단어에서 기원한다고 추정하고 있다. 그렇지만 어느 단어인지에 대해서는 합의가 이루어지지 않고 있다.

7월 6일 월요일

5월 17일 갑오. 맑음. 듣자니 합중국과 영국에는 성姓이 같은 사람끼리 혼인하는 자가 있다고 한다. 이런 사람들은 야외에 흩어져 지내면서 따로 묵이문墨爾門(Mormons)이라는 사교邪敎를 믿는데 아마도 암호로 그 뜻은 모른다.[307] 윤리를 상함이 있어서 나라에서 법으로 엄금하여 이 풍조가 조금 줄어들었다고 한다.

7월 7일 화요일

5월 18일 을미. 맑음.

기記: 합중국 여자는 규각閨閣의 기풍이 적어 이미 시집을 갔든지 아직 가지 않았든지 집안 바깥의 일에 하나하나 간여하고 방탕하여 예의를 지키지 않음을 면하기 어렵다. 심지어 어린 부녀도 혼자 바깥에서 보내고 아는 남자를 따라 멀리 만 리 밖까지 다닐 수 있고 부모도 조금도 책망하지 않는다. 암컷이 엎드려 있지 않고 수컷처럼 날아다니니 암컷이지만 수컷 같은 것이다.

저녁에 찰극손이 마희馬戲(서커스)를 보자고 청했으나 사양하고 가지 않았다.

7월 8일 수요일

5월 19일 병신. 맑음. 어린아이의 놀이를 보았다. 9명이 십자 모양으로 줄을 서는데 사방으로 2명씩 바깥을 향해 서고 가운데 한 사람이 선다. 그밖에 두 사람은 하나는 도망가고 하나는 뒤쫓는다. 도망가는 사람이 붙잡

---

307 몰몬 교 또는 예수 그리스도 후기성도 교회는 1820년대에 뉴욕 서부에서 시작되어 확산된 기독교 교파이다. 몰몬은 4세기 사람으로, 몰몬 교의 경전인 『몰몬 경』에 자신의 조상의 행적을 적은 예언자이자 역사가이다.

힐 것 같으면 십자의 한쪽 끝에 서고 이 끝에 서 있던 첫 번째 사람이 두 번째 사람으로 바뀌고 두 번째 사람이 가운데 서 있게 바뀌고 가운데 서 있던 사람은 밖으로 나와서 도망다니고 쫓아다니던 사람은 계속 쫓아다닌다. 도망다니던 사람이 쫓아온 사람에게 붙잡히면 쫓던 사람은 십자의 한쪽 끝에 서고 도망다닌 사람이 역할을 바꾸어 쫓아다닌다.

저녁에 흐려지더니 큰비가 한바탕 내렸다.

7월 9일 목요일

5월 20일 정유. 맑음. 구라파에서 새로 마희가 왔는데 남녀 수십 명이 채색 옷을 입고 준마를 타고 행렬을 이루어 행진했다. 그 뒤에는 큰 차 6대가 화려하게 장식하고 장막과 탁자 등을 싣고 국기를 꽂고 길을 가면서 고취하여 알렸다. 저녁에 덕 협리가 청해 구경을 갔는데 그 기예는 전에 보았던 것과 같았다. 다만 장막을 치는 것이나 탁자를 늘어놓는 방식은 누관樓館에서 한 것과 다르지 않았다. 마희가 끝나고 장막이 거두어지자 텅 빈 마당만 남았다.

7월 10일 금요일

5월 21일 무술. 맑음. 미각(14시)에 위렬과 함께 교외로 나가 남쪽으로 6리를 가서 합중국 의원義園(묘지)에 도착했다. 사방이 철책으로 둘러쳐져 있고 앞쪽에는 계곡이 있고 뒤쪽에는 언덕이 감싸고 있었다. 이곳에 묻힌 사람들은 대부분 대료大僚와 부자였다. 평지에 묻힌 사람은 땅을 파고 관을 넣어 중국의 백성의 무덤과 같지만 봉분이 없었다. 언덕에 묻힌 사람은 묘혈을 가로로 뚫고 바깥에 석문을 세워 서역의 회민回民(이슬람교도)의 무덤과 같았다. 두 종류 모두 돌비석, 돌기둥, 석상이 세워져 있고 그 위에 망자의 성씨, 관직 및 생졸 날짜가 새겨져 있었다. 이곳에서 다시 10여 리를 돌아가니 날씨가 화창하고 나무들의 그늘이 좋고 초가 몇 채에서는 밥 짓는 연기가 솟아오르고 있었다.

7월 11일 토요일

5월 22일 기해. 맑음. 저녁에 맥한이 차를 마시자고 청하여 그 처와 딸을 만났는데 삼덕란 부녀도 거기에 있었다. 탁자 위에는 선화鮮花 화분이 놓여있었는데 잎은 선인장仙人掌[308]처럼 가늘고 얇고 꽃은 닭의 솜털 같았고, 짙은 붉은색에 그윽한 향기가 진하게 풍겨와서 거의 처음 보는 것이었다. 잠시 앉아있으니 영령鈴(초인종)이 울리는 소리가 들렸는데, 문지기가 계동경桂多卿(계영)이 왔다고 알려주어 서로 만나 크게 기뻐했다. 삼민려가 아어俄語를 안다고 하여 동경과 술을 마시며 아주 즐겁게 담소했다. 술정(20시)에 작별하고 돌아왔다.

7월 12일 일요일

5월 23일 경자. 맑음. 토인들의 놀이를 구경했다. 만약 9명이 있으면 8명이 앉고 한 명이 일어선다. 일어선 사람은 수건으로 눈을 가리고 앉아있는 사람은 남자가 여자 말투를 흉내내고 여자는 남자 말투를 흉내내어 각자 한마디씩 하고 말을 마치고 서로 바꾸어 앉는다. 그 뒤에 서 있는 사람이 수건을 풀고 누가 무슨 말을 했는지 여자 소리인지 남자 소리인지를 알아맞힌다. 이렇게 하여 맞혀진 사람이 일어나고 그렇지 않으면 서 있는 사람이 계속 눈을 가리고 다시 말하고 다시 추측한다.

7월 13일 월요일

5월 24일 신축. 맑음. 근래에 더위가 더욱 심해졌다. 오후에 거리에 나

---

308 여기에서는 한약재로 많이 쓰이는 범부채 뿌리줄기를 가리킨다.

갔다가 무관 알석夏石을 만났다. 그의 딸 알혜憂蕙가 백목련이 곱게 그려진 내 쥘부채을 보더니 가지고 놀면서 좋아하였으나 부끄러워하며 달라는 말을 못했다. 그 부친이 뜻을 알고 대신 청하여 내가 즉시 그것을 주니 부녀가 모자를 벗고 고마워하며 떠났다. 이때 땀이 비가 오듯 쏟아져 소매로 해를 가리고 돌아왔다. 신각(15~17시)에 희랍이 아들 희락希樂을 데리고 찾아왔다.

7월 14일 화요일

5월 25일 임인. 맑음. 신초(15시)에 포랍격이 아들 둘과 딸 하나를 데리고 와서 영리안납英厘安納(Indiana) 방방邦으로 피서를 가려고 한다고 했다. 그곳은 산수가 맑고 숲이 무성하다고 했다. 또 제공諸公이 포사돈包斯頓 (Boston) 등에 가서 공간公幹(공무)을 볼 것이라고 들었다고 말했다. 오늘 온 것은 하나는 떠난다는 인사요 하나는 잘 가라는 인사이니, 손을 잡고 즐겁게 이야기하면서 만남이 너무 늦어서 아쉽고 언제 다시 만나게 될지 모르겠다고 했다. 말을 마치자 눈물을 줄줄 흘렸다. 그의 아들 이름은 탁익卓益 (John Voorhees Black)과 한립翰立(Henry Van Deventer Black)이고 딸의 이름은 개체凱蒂(Catharine Black)라고 했다.[309]

7월 15일 수요일

5월 26일 계묘. 맑음. 듣자니 어젯밤에 어떤 남녀가 야합하다가 순라巡邏(경찰)에게 붙잡혀 각자 양은洋銀 5원을 내고 풀려났다고 했다. 오늘 그 일이 신문지에 실렸다. 어떤 이가 말하기를 만약 두 사람이 공국公局(당국)에 5원을 뇌물로 바치고 그 종이(범칙금 고지서)를 없애버리면 이 수치를 씻을 수

---

309 제임스 블랙은 장남 존(1853~1935), 장녀 캐서린(1854~1920), 차남 헨리(1856~1941) 등 2남 1녀를 두었다. 장덕이는 존의 이름을 조이(Joy, Joey)로 잘못 들은 듯하다.

있을 것이라고 했다. 오후에 의생醫生 도달陶達과 그의 친구 낭복란郎福瀾이 찾아왔다.

7월 16일 목요일

5월 27일 갑진. 맑음. 미각(13~15시)에 걸어서 3호동에 가서 도달을 답방하여 그의 가족 9명을 만났다. 도달은 아들 셋과 며느리 둘에게 피리를 불고 금(건반악기)을 치게 하면서 각자 한 곡씩 노래를 부르라고 시켜 청담淸談을 돕게 했다. 노래가 끝나자 원내園內로 데리고 들어갔는데 넓이가 몇 무가 되는 땅에 대나무 천 그루를 심고 물가에 정자를 지어 그윽한 맛이 넉넉했다. 차를 다 마시고 참외나 오얏 같은 신선한 과실이 쟁반 가득 나오니 더위가 금방 물러가고 두 겨드랑이에 시원한 바람이 들었다.

7월 17일 금요일

5월 28일 을사. 맑음. 사초(09시)에 포랍격이 작별 인사를 하고 영리안납 방으로 떠났다.

기記: 태서의 풍속에 사람을 찾아가서 만나지 못하면 명편名片(명함)을 한 모서리를 접어 남겨두어 주인이 알아보고 답례로 찾아오기에 편하게 한다.

7월 18일 토요일

5월 29일 병오. 맑음. 오정(12시)에 희랍과 함께 은초국銀鈔局(조폐국)[310]

---

310 조폐국(Bureau of Engraving and Printing)을 가리킨다. 1861년 설립되어 화폐와 우표 등을 제작한다. 1880년까지 재무부 건물에 있었고, 1880년에 14번가와 B가가 만나는 곳에 건물을 신축하여 이전하였으며, 1935년에 C가와 D가 중간의 14번가에 건물을 지어 이전하여 현재에 이르고 있다.

에 구경하러 갔다. 남녀 서수書手[311] 2천 5백여 명이 있었다. 그 누방은 백석白石으로 만들었고 둘레는 약 8리로 무척 넓었다. 저녁에 포 흠사께서 신문지 국수局手(국장)를 청해 30여 명과 함께 숙소에서 만찬을 했다. 자초(23시)에 흩어졌다.

[그림 113] 미국을 상징하는 콜롬비아 여신(Lady Columbia)이 서방 세계에 중국을 소개하는 만평. 제목은 '가장 젊은 나라가 가장 오래된 나라를 소개하다(The Youngest Introducing the Oldest)'이다. 왼쪽부터 오스만 제국 술탄 압뒬아지즈, 영국의 상징 인물 존 불, 러시아 짜르 알렉산드르 2세, 프로이센 수상 비스마르크, 프랑스 황제 나폴레옹 3세(앞쪽), 프로이센 황제 빌헬름 1세, 이탈리아 왕자 아마데오, 스페인 여왕 이사벨 2세 , 이탈리아 국왕 비토리오 에마누엘레 2세, 교황 비오 9세, 콜롬비아 여신, 손가곡, 앤선 벌링게임. 하퍼스 위클리 1868년 7월 18일자

7월 19일 일요일

5월 30일 정미. 맑고 더움. 미정(14시)에 위씨衛氏 형제와 함께 교야郊野에서 걷게 되었는데 멀리 구불구불한 산길이 보이고 밭둑길이 교차하고 숲이 무성하여 수십 리에 걸쳐 푸른색이 눈에 가득했다. 이때 훈풍이 불어오고 샘물이 졸졸 흐르고 새들이 위아래로 날며 사람들을 보며 지저귀었다.

311 본래는 글을 쓰거나 베끼는 일을 맡아보는 사람의 뜻이다. 여기에서는 직원의 뜻이다.

돌을 베고 잠을 자다가 얼마가 지나 서산 모퉁이에 먹구름이 가득 끼었을 때 돌아왔다. 유정(18시)에 거센 바람이 불더니 큰비가 쏟아졌다.

7월 20일 월요일

6월 1일 무신. 맑음. 미초(13시)에 낭복란과 도 의생의 동생 도가陶嘉, 그리고 그의 여동생 화약華約이 교외에 놀러 가자고 청했다. 이때는 붉은 해가 하늘에 있어서 화산火傘[312]을 들고 있어서 쇠가 녹고 돌이 녹아 온몸이 불타는 듯했다. 낭복란이 말했다. "이렇게 더우니 실로 여름의 해는 두렵고 겨울의 해는 반갑습니다." 나는 말했다. "그렇지 않습니다. 만약 북극北極으로 간다면 겨울 해는 본래 반갑고 여름 해도 역시 반가울 것입니다. 만약 적도赤道로 간다면 여름 해는 본래 두렵고 겨울 해도 역시 두려울 것입니다. 그렇다면 이는 해의 힘이 아니라 실은 지구 때문에 그렇게 되는 것입니다." 사람들이 옳다고 했다. 차가 6~7리를 가서 긴 숲에서 쉬다가 해가 지자 갔던 길을 따라 돌아왔다. 삼덕란의 장녀 삼국三菊을 만났는데 비취색 치마를 입고 깃 달린 붉은색 모자를 쓰고 그의 오빠 종지鍾智와 함께 말을 타고 숲을 달려와 서로 만나 관을 벗고 손을 모으고 작별했다. 유초(17시)에 숙소로 돌아왔다.

7월 21일 화요일

6월 2일 을유. 맑고 무척 더움. 사초(09시)에 낭복란이 청하여 능곤이 해를 당한 곳[313]에 가 보았다. 지금은 집리관集理館(박물관)으로 변해 있었는데 그 안에는 남녀의 신체 근골 및 장기를 의생들의 고증용으로 보관하고

---

312 이글거리는 태양을 비유하는 말이다.

313 링컨이 피격 이후 옮겨졌다가 사망한 윌리엄 피터슨의 집을 말한다. 이후 피터슨 하우스 (Petersen House)라고 불렸다.

있었다. 또 전쟁에서 죽은 병사들의 지체肢體를 나무 궤짝에 넣어 파리玻璃
(유리)로 덮어 보관하고 있었다. 이로 보건대 서인들은 그 이치를 상세하게
탐구하지 않는 일이 없다고 하겠다.

[그림 114] 포드 극장(왼쪽)과 피터슨 하우스

7월 22일 수요일

6월 3일 경술. 맑음.

기記: 합중국의 거리는 반듯하고 깨끗하며 길에서 노래하는 사람도 없
고 욕하는 사람도 없고 남이 잃어버린 물건을 주워가는 사람도 없고 싸우는
사람도 없고 거지와 좀도둑도 없다. 크고 작은 골목에는 모두 남녀의 정방
淨房(화장실)이 있는데, 위반한 자는 용서 없이 처벌한다.

7월 23일 목요일

6월 4일 신해. 맑음. 듣자니 부이달傅爾達이라는 사람이 무관 위복衛卜
의 처 오씨吳氏와 사통했는데, 남편이 이를 알고 이날 두 정역偵役(탐정)을
모집하여 그 처가 나가기를 기다렸다가 두 정역에게 미행하게 하여 일이 생
길 때마다 알리게 했다고 한다. 정역이 먼저 알려오기를 두 사람이 어느 식
당에서 조찬을 하고 이어서 어디에서 놀고 마지막에는 어느 객점에 투숙했

다고 전했다. 그의 남편이 이를 관가에 알려 일꾼 몇 명을 골라 사다리를 타고 올라가 창을 깨고 들어가서 두 사람을 붙잡게 했다고 한다. 아마도 외국의 풍속에서는 처는 남편이 하룻밤 밖에서 자는 것을 금지하지만 처는 밤새도록 바깥에서 놀아도 그 남편은 감히 묻지 못하는 것 같다. 모집한 정역은 관설官設(공립)이고, 정탐을 마치면 양은洋銀 약간 원을 보수로 준다.

7월 24일 금요일

6월 5일 임자. 사정(10시)에 큰비가 내리고 미각(13~15시)에 약간 그쳤다. 신문지에 위복의 일이 관의 심판을 거쳐 간부奸夫는 양은 5백 원의 벌금을 내고 속죄받고 음부淫婦는 남편이 좋아하지 않으므로 그의 부친이 데려가게 했다는 기사를 보았다. 만약 남편이 여전히 옛 정을 못 잊어 다른 곳에 가는 것을 참지 못한다면 관에서도 그의 뜻을 따른다고 한다. 벽옥璧玉이 비록 완벽하지 않지만 거울이 다시 합쳐질 수 있다는 것이겠다.

오후에 감대립甘大立, 한은자韓恩慈, 극뢰이克賴爾 및 아단阿丹이 찾아왔다. 아단이라는 이는 나이가 스물 정도로, 풍채가 준수하고 말씨가 온화한 뉴약의 재자才子였다. 일찍이 아비리가阿非利加(Africa)에 간 적이 있고 귀향하여 책을 써서 전말을 상세히 알려 사람들에게 찬탄을 받았다. 아주阿洲는 땅의 절반이 사막이어서 척박한 땅이다. 그곳에 가면 어떤 때는 걸어서 천 리를 가도 인가가 없어서 배고프고 목말라 단번에 쓰러지니 그 모습을 말로 다 하기 어렵다. 이런 까닭에 돌아온 뒤에 두문불출하고 기주棋酒(체스와 술)로 홀로 놀았다. 어떤 이가 다른 땅에도 가 보라고 권했지만 결연히 사양했다. 내가 말했다. "사람이 세상에 태어나서 책을 써서 설을 세워 후세에 전하지 않으면 헛되이 산 것입니다. 하물며 족하足下께서는 그렇게 먼 곳까지 다녀오고 견문도 많으시고 이미 책을 써서 멀리 가까이 전하셨습니다. 만약 이를 이어 힘들여 먼 곳을 다니는 일을 꺼리지 않는다면 다른 나라들도 모두 비단 주머니³¹⁴에 들어가 훌륭한 이야기가 될 것입니다." 사람들이 옳다고 하며 종용했고 그도 기뻐하며 마음이 움직인 듯했다.

저녁에 포 흠사의 내제內弟(처남) 이문모李文模(Livermore)가 마사주색사麻沙朱色士(Massachusetts) 방邦에서 왔다.³¹⁵

7월 25일 토요일

6월 6일 계축. 맑음. 술초(19시)에 지 흠헌과 손 흠헌이 포 흠사와 함께 첩지를 갖추어 정부正副 통령 및 대소 관원 6백여 명을 초청하여 숙소에서 만작晩酌을 했다. 사방의 벽에 중외의 깃발이 걸리고 꽃들이 진열되고 서로 즐겁게 담소하다가 자정(24시)에야 흩어졌다. 이날 정통령 주온손은 오지 않았다.

7월 26일 일요일

6월 7일 갑인. 흐림. 오후에 위렬과 함께 포도아문捕盜衙門(경찰서)에 가서 구경했다. 벽에는 작은 남녀 사진 백여 장이 걸려 있었는데 무엇인지 물어보니 도적들의 모습이라고 했다. 또 작은 동철銅鐵 기명器皿 천 종류가 있고 각 기명 아래에는 표식이 붙어있는데 모년 모월 아무개가 이 물건을 가지고 어디에서 훔쳤는지 어떻게 썼는지 하는 설명이 상세하게 기재되어 있었다. 미각(13~15시)에 숙소로 돌아왔다. 저녁에 이슬비가 내렸다.

---

314 당나라 시인 이하(李賀)가 동복(童僕)에게 비단 주머니를 등에 지고 다니게 하여, 길을 가다가 싯구가 떠오르면 써서 넣었다고 한다.

315 앤선 벌링게임의 부인의 이름은 제인 코넬리아 리버모어 벌링게임(Jane Cornelia Livermore Burlingame)이다. 그의 처남은 찰스 프레더릭 리버모어(Charles Frederick Livermore)와 에드워드 마샬 리버모어(Edward Marshall Livermore) 등 두 사람이 있었다.

7월 27일 월요일

6월 8일 을묘. 아침에 큰비가 내리고 오후에 그치더니 약간 시원해졌다.

기記: 화성돈은 별도의 성城(도시)이어서 36방에 속하지 않고 북객이륵나北喀爾勒那(North Carolina) 방(객이륵나는 남과 북의 구별이 있다)의 동북쪽, 물이기니아勿爾幾呢阿(Virginia) 방의 남쪽에 있고, 동쪽에는 바다가 있고 서쪽에는 산이 있다. 둘레는 약 30리이고 주민은 20여만 명이며, 날씨와 냉난冷暖(기온)은 중국의 신경神京(북경)과 비슷하다. 거리는 평탄하지만 포장된 곳은 적다. 민방民房(민가)은 그다지 화려하지 않으나 대체로 반듯하고 튼튼하다. 관서官署는 아주 넓고 장중하며 눈부시게 빛난다. 거리가 극히 넓고 철로와 해차海車가 있는 것은 단니丹尼(Denmark), 법랑서(France) 두 나라와 같다.

7월 28일 화요일

6월 9일 병진. 아침에는 먹구름이 가득하더니 오후에 바람이 불어 맑게 개었다. 지 흠헌과 손 흠헌이 총서總署에 가서서 담판한 안건에 도장을 찍어 신뢰로써 지킬 것을 밝히고[316] 바로 총통부와 각 처에 가서 작별을 고했다.

---

316 제2차 아편전쟁의 결과로 1858년에 맺어진 불평등 조약인 천진조약(天津條約)을 수정하여, 중국과 미국 사이에 공식적 우호 관계를 설립하고 미국이 중국에 최혜국 대우를 보장하는 것을 주요 내용으로 하는 중미천진조약속증조관(中美天津條約續增條款, Burlingame-Seward Treaty of 1868, 약칭 '벌링게임 조약')에 서명한 것을 말한다. 청 조정은 이듬해 조약을 비준했다.

[그림 115] 중미천진조약속증조관(1868년 벌링게임-수어드 조약)의 영문본(1868)의 첫 장과 중문본(1868 또는 1869)의 첫 장. 영문본의 첫 두 줄은 '앤드루 존슨 미합중국 대통령(Andrew Johnson President of the United States of America)'으로 시작되고, 중문본에는 지강, 벌링게임, 손가곡 등 서명자의 성姓이 보인다. 대북臺北 고궁박물원 소장

뉴욕

7월 29일 수요일

6월 10일 정사. 흐렸다 맑았다 함. 아침에 위렬, 희랍, 도달, 그리고 삼덕란 등 몇 사람이 와서 전별해주었다. 오정일각(12시 15분)에 길을 나서 화륜차를 타고 해초(21시)에 뉴약에 도착하여 다시 저번의 숙소에 들었다.[317] 도중에 빈석이륵니안賓夕爾勒尼安(Pennsylvania) 방의 회성會城(주도) 비륵특이비이非勒特爾非爾(Philadelphia)에서 잠시 내렸는데, 산수가 맑고 누방이 준수했다.

7월 30일 목요일

6월 11일 무오. 맑음.

기記: 외국의 영아는 2~3살까지 강보에 싸여 자라고 우는 아이가 드물다. 경조사를 당하면 부모는 모두 아이를 데려가지 않고, 집에서도 한 식탁에서 밥을 먹지 않는다. 매일 잠자리에 들고 일어날 때 부모와 입을 맞추는 것이 예의이고 친척이나 친구를 만나면 손으로 입을 어루만지는 것으로 대신한다. 못된 남녀들은 갑자기 길에서 만나 서로 멀리 떨어져 있으면 서로 자신의 왼손 등이나 오른손 다섯 손가락 끝에 입을 맞춘다. 그리고 왼손바닥을 내려놓고 상대방을 향해 입으로 바람을 불며 웃음을 짓고 끝낸다. 실로 제멋대로의 극치이다.

---

317 『초사태서기』에서는 12일에 도착했다고 했으나 착오인 듯하다.

기記: 천주교의 교황敎皇은 명사가 아니면 만날 수 없고, 만날 때에는 모두 무릎을 꿇고 그의 발에 입맞춤을 하는 것이 예의이다. 각국의 왕이나 왕후라도 마찬가지이다. 지금은 예의가 조금 약해졌다.

7월 31일 금요일

6월 12일 기미. 맑고 더움. 미각(13~15시)에 옆방에 있는 풍안탄馮安坦과 함께 나가서 신국信局(전신국)을 구경했다. 이곳에서 받은 편지는 수시로 지방별로 보내는데, 본성의 각 거리에서 본국의 각 방과 다른 나라에 이르기까지 밤낮으로 조금도 쉬지 않는다.

8월 1일 토요일

6월 13일 경신. 종일 이슬비가 내림. 술각(19~21시)에 신기한 등燈 묘기를 하는 사람이 왔다. 거미 다리를 파리玻璃(유리) 위에 붙여서 등을 비추면 길이가 3장을 넘고 뼈마디 백 개가 비쳤다. 모기 눈은 크기가 바퀴만 하고 육각형 꽃무늬가 퍼져있었다. 개미와 메뚜기와 벼룩은 크기가 돼지만 했다. 장구애비의 배는 파리玻璃처럼 비쳐서 장구애비의 뱃속에 있는 눈에놀이의 축절逐節(관절)도 보였다. 전체적으로 작은 물건에 등을 비추면 모두 무척 커지고 뚜렷해졌다. 또 수기水氣(수소)와 생기生氣(산소)를 섞어 구리 주둥이가 있는 가죽 주머니에 채우고 이수胰水(비눗물)에 담그면 수포가 새어 나오는데 불을 붙이면 폭죽처럼 큰 소리가 났다.

자정(24시)에 지 흠헌과 손 흠헌을 따라 차를 타고 뉴약하립紐約賀臘(New York Herald) 신문지국新聞紙局(신문사)에 가서 구경했다.[318] 누방은 7층이고

---

318 뉴욕 헤럴드는 1835년에 제임스 고든 베넷 시니어(James Gordon Bennett Sr.)가 창간한 신문이다. 뉴욕 시청 근처의 브로드웨이(Broadway)와 앤 가(Ann St.)가 만나는 곳에 있었다. 1918년 프랭크 먼시(Frank Munsey)에게 경영권이 넘어갔고 1924년에 다시 뉴욕 트리뷴(New York Tribune)과 합병하여 뉴욕 헤럴드 트리뷴이 되었다가 1966년에 폐간되었다.

활옥活屋(엘리베이터)이 있어서 위아래로 오르내릴 수 있었다. 조판의 방법은, 먼저 낱자를 한 판에 모으고, 이어 두꺼운 종이를 그 위에 깔고 큰 망치로 두드리면 종이가 음문陰文(음각문자)으로 변한다. 다시 뜨거운 납을 부으면 판이 완성된다. 집자부터 납을 부을 때까지 고작 한 시진이면 된다. 인쇄의 방법은, 화기火機(증기기관) 4대를 늘어놓는데, 각 화기의 안에 큰 바퀴가 하나 있고 그 바깥쪽에 작은 바퀴가 여섯 개 있어서 모습이 마치 국화 같다. 큰 바퀴에 먹을 바르고 작은 바퀴에 판을 놓고 스스로 쓸고 스스로 찍고 스스로 접어 내보내는데, 위쪽에서 한 명이 종이를 내보내고 아래쪽에서 한 명이 종이를 받으면 된다. 한 시진에 2만여 장을 찍을 수 있고 매일 10만 장을 찍으니 양은 5천 원 값에 해당한다. 또 네모난 기계가 있었는데, 그 안에 원판圓板을 가로지르고 한 번 돌면 양면이 인쇄되어 더욱 편리했다. 구경을 마치고 집사방集事房(사무실)에 잠시 앉아있다가 인초(03시)에 숙소에 돌아왔다.

[그림 116] 뉴욕 헤럴드 빌딩(1875)

[그림 117] 뉴욕 헤럴드 1868년 8월 2일자

8월 2일 일요일

6월 14일 신유. 흐렸다 개었다 함. 합중국에는 일종의 단마單馬 쌍륜차
가 있는데 무척 빠르다. 두 사람이 탈 수 있고 대개 스스로 몬다. 이날 미각
(13~15시)에 나는 이 차를 타고 정중원에 놀러 갔다. 어자御者(마부)가 옆에 앉
았지만 길이 평탄하여 가끔 직접 몰아 보았는데, 채찍이 차 옆에 꽂혀 있지
만 입으로 쉭쉭 소리만 내어도 말이 알아서 잘 달렸다. 비가 지나간 터라 가
는 내내 흙에서 좋은 냄새가 났고 다른 사람이 놀고 간 흔적이 거의 없었다.
외국의 중복中伏인 셈이라 모두 다른 고장으로 피서를 떠난 까닭이다. 태서
의 사계는 모두 정해진 기한이 있어서 중토의 사계 구분과 앞뒤로 하루 이
틀 차이로 입춘, 입하, 입추, 입동이 된다.

뉴욕에서 나이아가라까지

8월 3일 월요일

6월 15일 임술. 날씨는 어제와 같았다. 인초(03시)에 일어나 묘정(06시)에 단니랍득육미丹呢拉得陸米(Daniel Drew) 호 윤주[319]를 탔다. 이 배는 길이가 16~7장이고, 명루明樓[320]가 3층이어서 위에 올라가면 멀리 바라볼 수 있고, 그 위에는 대청大淸의 용기龍旗가 꽂혀 있었다.

[그림 118] 대니얼 드루 호

배가 바로 출발하여 서북쪽으로 가서 화촌하和村河(Hudson River)를 따라

---

319 대니얼 드루 호는 1860년에 뉴욕에서 건조되어 뉴욕-올버니 노선을 운항했고, 1886년 퇴역한 뒤 화재로 소실되었다.
320 갑판 위쪽의 층이다.

올라갔다. 이 강은 활득손活得遜이라고도 부르는데 너비가 약 3리이고 좌우는 모두 청산녹수가 펼쳐진 마을과 전원이었다. 동안東岸에는 화륜차 철길이 있는데 차가 쏜살같이 달려가면서 우레 같은 소리를 냈다. 오후에 윤정輪艇을 한 대 만났는데 화기花旗와 나뭇가지들을 꽂은 10여 장 길이의 누선樓船 4척을 뒤에 매달고 오면서 우리 배를 지날 때 손수건을 흔들고 모자를 벗어 경의를 표시했다. 길옆 마을의 나루 10여 곳은 바람이 잔잔하여 배가 평온하게 있었다. 435리를 가서 신정(16시)에 뉴약 방의 대시진大市鎭 아이파니阿爾巴呢(Albany)[321]라는 곳에 도착했다. 배를 내려 마차를 타고 몇 리

[그림 119] 올버니의 델라반 하우스

를 가서 대루만관代婁萬貫(Delavan House)이라는 객점에 들었는데 무척 커서 누방의 문을 몇 차례나 지나 들어갔다.[322] 왼쪽에는 화륜차 길이 가깝고 오른쪽으로는 대로에 걸쳐 있었다. 듣자니 이곳은 철강이 많이 나고

성내 주민은 약 6만 명이며 둘레는 10여 리가 되었다. 술초(19시)에 객점을 나와 거리를 돌아다녔다. 걸어서 몇 무武를 갔을 때 토인들이 우리를 보더니 자기들끼리 찬탄하면서 우리더러 일본 사람이라고 말하는 이도 있고 월남 사람이라고 말하는 자도 있고 심지어 조선 사람이라고 말하는 자도 있었

---

321 올버니는 뉴욕 주의 주도이자 올버니 카운티의 행정 소재지이다. 이리 운하로 연결되는 모호크(Mohawk) 강과 허드슨 강이 만나는 지점에 있어서 농산물 및 섬유 제품의 수송 거점으로 성장하였다.

322 델라반 하우스는 사업가 에드워드 델라반(Edward Delavan)이 1844년에 신축하여 개업한 호텔이다. 올버니의 최고급 호텔로 자리잡았으나 1850년경에 로슬 앤 선(T.E. Roessle & Son)에 매각되었고, 1894년 대화재로 소실되었다. 이후 뉴욕 센트럴 철도회사(New York Central Railroad)에서 부지를 매입하여 유니온 역(Union Station)을 세웠다.

다. 나는 "나구那歐(No), 재니사齋呢司(Chinese)!"라고 말해주었다. "아니, 중화인이오."라는 뜻이다. 사람들이 이를 듣고 즐거워했다.

8월 4일 화요일

6월 16일 계해. 맑음. 묘초(05시)에 길을 나서서 윤차를 타고 서북쪽으로 가서 사감니아랍思甘尼阿拉(Skaneateles)[323]이라는 곳을 지나면서 자염창煮鹽廠(제염소)의 연통 백여 개가 몇 길 높이로 솟아있는 모습을 보았다. 서이덕徐爾德의 친구 다섯 명을 만났는데, 알고 보니 동승했던 것이었다.[324] 450리를 갔는데 내내 밭이 비옥했고, 다만 밭에서 일하고 있는 사람은 적었다. 미초(13시)에 오분敖賁(Auburn)[325] 성에 도착했는데, 많은 차들이 문을 가득 채웠고 남녀 구경하는 사람들이 담장처럼 둘러섰다. 윤차를 내려 쌍마차를 타고 3~4리를 가서 서이덕의 집에 도착했다. 이날 지 흠헌과 손 흠헌, 그리고 포 흠사와 백 협리, 덕 협리 등이 모두 서이덕의 집에 묵었고, 나와 계동경은 오대부吳大富의 집에 묵고, 탑목암과 연춘경은 시대액施大額(Theodore Schenck)[326]의 집에 묵고, 봉기구와 정보신은 배낙의裴樂義(Lewis Paddock)[327]의 집에 묵었다. 모두 인근의 부자들로, 대접이 무척 정성스러웠다. 함께 서이덕의 집에서 만찬을 했는데, 오, 시, 배 세 집의 가족들도 함께 했다.

---

323 스캐니텔리스는 시라큐스(Syracuse) 옆에 있는 소도시이다. 시라큐스는 소금 도시(Salt City)라는 별명으로 유명하다.

324 이들 중 4명은 크리스토퍼 모건(Christopher Morgan), 윌리엄 카펜터(William Henry Carpenter), 윌리엄 베어즐리(William Clinton Beardsley), 마일즈 페리(Miles Perry) 등이다.

325 오번은 뉴욕 주 카유가(Cayuga) 카운티의 행정 소재지이다. 오번 교도소와 수어드 하우스 박물관 등이 유명하다.

326 테오도어 셴크(1837~1874)는 오번 출신의 장교이다.

327 루이스 패독(1825~1909)은 오번의 부동산 부호이다. 1871년에 수어드 부자가 주고받은 편지에는 그가 주택 50채를 소유했다고 적혀 있다.

기記: 오분 성의 둘레는 약 18리이고 주민은 1만 8천여 명이다. 오씨 부부는 2남 1녀가 있는데, 큰아들은 오진吳振이고 며느리는 아씨阿氏이며, 둘째 아들은 오안吳安이고, 딸은 옥란玉蘭이다. 서 대신大臣의 셋째 아들 서위리徐威理(William Henry Seward Jr.)는 외지에서 사업하다 올해 양은洋銀 10만 원의 이익을 얻었다고 한다.

[그림 120] 윌리엄 수어드의 저택(지금의 수어드 하우스 박물관)

[그림 121] 오번 감옥. 하퍼스 위클리 1858년 12월 18일자

8월 5일 수요일

6월 17일 갑자. 맑음. 진정(08시)에 지 흠헌과 손 흠헌을 따라 차를 타고 7리쯤 가서 감옥328을 구경했다. 가운데 석루石樓를 짓고 철벽으로 둘러싼 곳에 범인

---

328 1816년 만들어진 오번 감옥(Auburn Prison)을 말한다. 낮에 침묵 속에 일하고 밤에 독방에 수감되는 '오번 시스템'으로 유명해졌다. 1970년에 오번 교도소(Auburn Correctional Facility)로 개명되었다.

犯人 951명이 있었다. 한 사람이 석옥石屋 한 칸에 있는데 그 안에 철탑鐵榻(철침대)이 있고 철문이 달려있어서 아침에 열리고 저녁에 닫히고 공령功令(규칙)이 삼엄했다. 전체 감옥은 15개의 방房(구역)으로 나누어졌고, 감옥에 있는 자는 능력에 상관없이 종일 일을 했다. 그들이 만드는 것은 쇠, 나무, 가죽, 면 등으로 만드는 기물로, 모두 윤기輪機를 썼다. 각 방은 두역頭役(대표) 1명이 관할했다. 식사 때마다 방울(벨)이 울리면 사람들은 일을 멈추고 줄을 지어 대청에 들어가는데, 그 안에는 긴 탁자와 등자와 쇠그릇이 있고, 한 사람마다 면포麵包(빵)와 돼지고기 한 덩어리, 청채 한 접시, 가비, 탕, 식초 각 한 그릇을 받았다. 사람들이 들어가서 조용히 서 있으니 교사 한 명이 일어서서 기도를 몇 구절 읊었다. 쇠종이 울리자 모두 앉아 도삽刀鍤(나이프와 포크)을 어지럽게 움직이고 잔과 접시가 낭자해졌다. 한 사람이 머리에 계조鷄罩[329] 같은 철모를 썼는데 이는 극히 무거운 형벌이다. 누가 말하기를 이 모자를 쓰는 기한은 여섯 점點(시간)부터 며칠, 몇 달, 몇 년에 이르기까지 다양하고, 만약 악행을 고치지 않으면 죽을 때까지 계속 써야 할 수도 있다고 했다. 옥수獄囚(죄수)의 옷과 음식은 모두 관官에서 나오고, 만든 물건을 팔면 그 돈은 동주東主(운영자)에게 들어가고 동주는 매일 관官에 양은 1원 미만을 낸다. 수인囚人들이 일을 하는 동안 나쁜 생각을 멈출 수 있을 뿐 아니라 동주는 큰 이익을 얻는 셈이다. 구경을 마치고 숙소로 돌아와서 아침을 먹었다.

사정(10시)에 흐려졌다. 뒤에 다시 차를 타고 몇 리를 가서 직전국織氈局(양탄자 공장)을 구경했다. 남녀 장인 몇백 명이 여러 가지 전니氈呢(모직물)를 만들고 있었는데, 회색, 진홍색, 남색이 많고 바탕색과 무늬가 아주 여러 가지였다. 융絨 세탁부터 전氈을 다리기까지 모두 화기火機(증기기관)를 사용했다. 융을 빗어내는 일은 구리 가죽 판을 사용했다. 판을 만드는 방법은

---

329 닭을 가두는 작은 우리이다.

활기活機(이동기계)를 이용하여 가죽 판을 평평하게 걸고 그 옆에 동사銅絲 한 판을 깔아놓는다. 활기가 움직이면 마치 송곳이 뚫고 나오는 것처럼 동사가 가죽을 뚫어 한꺼번에 가지런하게 잘린다. 또 한 손으로 실 60여 가닥을 자아낼 수 있는데 아주 빨랐다.

직전국을 떠나 걸어서 육영당育嬰堂(유아원)에 갔는데, 남녀 아이 2백여 명을 기르고 있었다. 사람들이 자리에 앉자 한 나이 든 여자가 아이들을 일어나게 하여 함께 노래를 부르게 했는데, 성조聲調(선율)는 훌륭했지만 곡문曲文(가사)이 비참하여 "부모님이 안 계셔서 세상에서 고아라고 부르고, 형제자매들이 성이 다르지만 함께 산다네." 등등의 내용이었다. 미각(13~15시)에 큰비가 한바탕 내렸다. 비가 그치기를 기다렸다가 서이덕의 집으로 돌아와 저녁을 먹었다. 유초(17시)에 남녀 2백여 명이 와서 가무를 벌이다가 해정(22시)이 되어서야 흩어졌다.

8월 6일 목요일

6월 18일 을축. 맑음. 사정(10시)에 지 흠헌과 손 흠헌을 따라 마차 36대를 타고 10여 리를 가서 농기農器(농기계)를 구경했다.[330] 차車처럼 생긴 할곡기割穀器(수확기)가 있었는데 말 두 마리가 끌고 왼쪽에 한 사람이 앉아서 채찍을 들고 있었다. 말이 가면서 바퀴가 구르면 관건關鍵(스위치)이 스스로 오른쪽의 치렴齒鎌(톱니 모양 절단기)을 움직이게 하여 왔다갔다 하며 잘랐다. 차가 뒤따라가면서 잘라낸 것을 자연自然(자동)으로 묶음으로 만들어 땅에 두었다. 또 큰 상자 모양의 타맥기打麥器(탈곡기)[331]도 보았는데, 안에는 치륜齒輪(기어)과 피대皮帶(가죽벨트)가 있고 앞에서 말 여섯 마리가 맷돌을 돌리고

---

330 뉴욕 트리뷴 기사에 따르면 이들이 방문한 곳은 오번 시 서쪽 1마일 거리에 있는 헨리 사일러스 더닝(Henry Silas Dunning, 1816~1871)의 농장이었다.

331 맥(麥)은 소맥(小麥) 즉 밀을 가리킨다.

오른쪽에서 한 사람이 다발을 보내고 왼쪽에서 한 사람이 낟알을 거두고 있었다. 맷돌이 움직이면 피대가 치륜을 따라 돌면서 자연으로 낟알이 왼쪽으로 나와 창고에 들어가는 것이었다. 다발이 깨끗하게 벗겨지고 겨가 날아오르며 각기 제자리에서 움직이는데 지극히 정교했다.

구경을 마치고 숙소에 돌아와서 잠시 쉬었다가 다시 차를 타고 9리쯤 가서 서이덕의 친구 마체음馬締蔭(Enos Thompson Throop Martin)[332]의 집에 가서 차를 마셨다. 마체음이 청하여 그가 경작하는 밭에 가보았는데, 집을 둘러싸고 끝없이 펼쳐져 있어서 흰 구름만 보일 정도였다. 바람이 불어 밀밭이 출렁이고 비가 내리자 밀 내음이 풍겨왔다. 비록 농부라 하지만 밭을 소유하고 스스로 즐거우니 남면南面하는 임금[333]과도 바꾸고 싶지 않았다. 밭둑을 건너 걸어가서 구와鷗瓦 호(Owasco Lake)에 도착했는데 두세 사람씩 작은 배들을 몰고 있었다. 모두 20여 척이었는데 스스로 상앗대를 놀리면서 물살을 따라 동쪽으로 가면서 함께 노래를 부르며 떠나갔다. 이때 물에 달이 떠오르고 수면에는 맑은 바람이 불고 사방은 푸른 산이 펼쳐져 있으며 동쪽으로는 시야가 끝없이 펼쳐졌다. 십몇 리를 가서 호숫가에 올라 걸어서 마체음의 집으로 돌아오니 그의 자녀들이 밥을 차려주었다. 식사를 마치고 원園에 들어가 산보散步(산책)했는데, 복숭아, 버드나무, 느릅나무, 홰나무, 소철, 자목련, 강서국江西菊,[334] 양목서洋木犀,[335] 개양귀비 등이 모두 가지와 잎사귀가 잘 뻗어있고 붉고 푸른 꽃들의 그윽한 향기가 가득하고 나무의 성긴 그림자가 창에 드리웠다. 얼마간을 돌아다니다가 나와서 하늘을 바라보니 달이 서쪽으로 기울고 이웃에서 첫닭이 울었다.

---

332 에노스 톰슨 스룹 마틴(1808~1883)은 뉴욕 주지사를 지낸 에노스 톰슨 Throop)의 조카이다. 그의 집은 오번 남쪽의 윌로 브룩(Willow Brook)에 있었다.

333 임금은 남쪽을 향해 앉는다.

334 강서(江西) 무원(婺源) 지방에서 자라는 황국(皇菊)이다.

335 목서(木犀)는 물푸레나무 종류이다.

8월 7일 금요일

6월 19일 병인. 맑음. 인초(03시)에 오진과 함께 경차輕車를 타고 교외에 놀러 나갔다. 30여 리를 갔는데 이따금 훈풍이 불어오고 먼동이 희미하게 터올 때 곡식이 풍성하게 자라는 모습이 보이고 새가 지저귀는데 하늘의 맑은 기운이 정신을 상쾌하게 했다. 밥을 먹은 뒤에 시대액이 청하여 그 부친의 집에 가서 잠시 있었다. 집의 앞뒤는 화원으로 감싸고 있어서 살아 있는 나무가 정자가 되고 꽃들이 난간이 되었다. 뒤쪽에는 난교暖窖(온실)라고 부르는 파리玻璃(유리)로 된 커다란 집이 있었는데 그 안에는 포도 넝쿨 시렁이 몇 개 있었다.

오정(12시)에 지 흠헌과 손 흠헌을 따라 서이덕의 친구 막이근莫爾根(Christopher Morgan)[336]의 집에 가서 오작午酌(오찬)을 하고 다시 차를 타고 10여 리를 가서 수기水機(상수도 공급 장치)를 구경했다. 각각의 집에서 쓰는 물이 모두 이것을 통해 공급되었다. 이것은 수력으로 쇠바퀴를 치는데 그 소리가 무척 컸고 물은 저절로 관管을 거쳐 각 골목으로 흘러가 끝없이 충분

[그림 122] 뉴욕 센트럴 철도의 기관차(1870년대)

---

336 크리스토퍼 모건(1808~1877)은 오번 출신의 변호사이자 정치가이다. 연방 하원의원을 지냈다.

하게 쓸 수 있어서 방식이 편리했다. 유각(17~19시)에 서이덕의 집으로 돌아와 만찬을 했다. 이날 저녁, 서이덕, 시대액, 오대부, 배낙의 네 집에서 돈을 내어 함께 우리를 초청하고 친척과 친구 백 명도 초청했다. 산해진미의 음식과 부드러운 술을 갖추고 노복들이 왕래했고, 술을 권하는 사람들이 연이어 다가와서 손님과 주인들이 모두 즐겁게 노닐다가 밤이 되어서야 흩어졌다.

8월 8일 토요일

6월 20일 정묘. 큰비가 내렸다. 진정(08시)에 오분에서 출발하여 윤차를 타고 서쪽으로 465리를 가서 신정(16시)에 나알랍那戞拉(Niagara) 촌[337]에 도착했다.

[나알랍 촌으로] 가는 길 내내 소나무와 상수리나무가 빽빽하게 자라 있어서 짙은 그늘이 수십 리 이어졌다. 어제 저녁 신문지에서 흠헌의 정월旌鉞[338]이 지나간 곳과 언제 어디에 이르렀다는 소식이 상세하게 실려 각 방에 알려진 까닭에, 각 촌진村鎮의 남녀가 많이 모여있다가 차가 도착하면 노인과 아이들 할 것 없이 모두 포 흠사의 이름을 크게 외치면서 역譯(통역)을 시켜 흠헌에게 자신들의 존경의 마음을 표시했다. 차가 떠날 때에는 모두 모자를 벗고 손수건을 흔들며 일제히 "하래賀來(Hooray)!"라고 외치며 경하했다. 도중에 작은 호수 두 개를 지났는데 하나는 개우알開尤嘎(Cayuga Lake)이라고 했고 하나는 적니와翟呢瓦(Geneva Lake)[339]라고 했다. 못이 깊어 그 바닥을 알 수 없어서 엄동에도 얼음이 얼지 않는다고 했다. 그 다음에 뉴

---

337 미국 나이아가라 폴스(Niagara Falls) 시를 말한다. 나이아가라 폭포와 나아이가라 강을 경계로 캐나다 나이아가라 폴스 시와 국경을 마주하고 있다.

338 본래 깃발과 도끼라는 뜻이다. 여기에서는 깃발 등으로 사절단임을 나타낸 것을 뜻한다.

339 실제 이름은 세네카 호(Seneca Lake)이다. 호수의 북안에 소도시 제네바(Geneva)가 있다. 장덕이가 도시와 호수의 이름을 혼동하였다.

약 방의 큰 군郡[340]인 나시사득이羅柴斯得爾(Rochester) 성[341]에 도착했다. 서쪽으로 이어진 시골길이 백비루柏費婁(Buffalo) 성[342]으로 통했는데 그곳에 남녀 구경꾼 천여 명이 나와서 외치는 소리가 앞의 마을보다도 더욱 컸다. 그 다음에는 노극박勞克博(Lockport)[343]이라는 곳에 도착했는데 이곳은 운하의 하류로 다섯 개의 석쇄石鎖(lock)가 물길을 공제控制(제어)하고 있었다. 이곳을 지나자 운하는 구불구불하게 계속 이어졌고 운하 양쪽에는 백련白蓮과 창포菖蒲가 심어져 있었는데 꽃과 잎사귀가 모두 작았다. 또 양안의 부용꽃, 원추리꽃, 해바라기 등도 모두 가지와 잎사귀가 상당하고 자줏빛이 화려함을 다투었다.

[그림 123] 록포트를 지나는 이리 운하의 계단식 갑문

340 여기에서는 도시의 뜻이다.

341 로체스터는 뉴욕 주 먼로(Monroe) 카운티의 행정 소재지로, 뉴욕 주에서 세 번째로 큰 도시이다. 수운과 철도의 요충지로 제조업이 발전한 도시이다.

342 버펄로는 뉴욕 주 이리(Erie) 카운티의 행정 소재지로, 뉴욕 주에서 두 번째로 큰 도시이다. 이리 호와 허드슨 강을 잇는 이리 운하의 종점으로 수운과 철도가 발달하여 여러 종류의 공업이 발달하였다.

343 록포트는 버펄로의 북쪽에 있는 도시로 뉴욕 주 나이아가라 카운티의 행정 소재지이다. 도시의 중심부에 1825년에 개통된 이리 운하(Erie Canal)에 설치된 다섯 개의 계단식 갑문(lock)인 '플라이트 오브 파이브(Flight of Five)' 갑문이 있다.

[나알랍 촌에 도착하여] 3리쯤 가서 음특나신나랍音特那愼那拉 점 (International Hotel)[344]에 들었는데 자못 넓고 음식도 정결했다.

[그림 124] 인터내셔널 호텔

　때는 한여름인데 겨울 같은 한기가 서렸고 귀에는 강둑이 터진 것 같은 물 쏟아지는 소리가 들려 몸이 떨릴 정도였다. 이곳에 있는 엄청나게 큰 폭포 때문일 것인데, 폭포의 이름은 마을 이름과 같고 너비는 약 4~5리이고 길이는 108~9리로, 남쪽으로 익리益利 호(Lake Erie)—원명은 이이리伊爾厘 호—에 이어지고 북쪽으로는 안추安秋 호(Lake Ontario)—원명은 안척의리아安剔衣厘阿 호—로 통하여 바다에 들어간다. 물은 남쪽에서 북쪽으로 흘러가는데 이곳에서 아래로 19장 8척 떨어져 폭포를 이룬다. 배는 상류 10리 밖에서 더이상 오가지 못한다. 하류 20여 리는 흰 포말이 눈처럼 날려 곧장 하늘에 닿을 정도이고 소리는 우레보다 커서 백 리 밖까지도 진동시킨다. 근처에서는 사람이 몇 척만 떨어져도 상대방이 하는 말이 들리지 않는다. 양안의 동쪽은 합중국의 뉴약이고 서쪽은 영국의 상 가나타上加拿他 성省(Province of Upper Canada)—가나타는 상하의 구별이 있다—의 납알랍 성[345]이다. 물

344　인터내셔널 호텔은 1853년 나이아가라 폴스의 폴스 가(Falls St.)의 나이아가라 강 쪽 가까운 곳에 세워졌다.

345　영국은 1791년 헌법에 따라 퀘벡 지방을 분할하여 세인트로렌스 강 상류와 하류 쪽을 각각 어퍼 캐나다(Upper Canada)와 로어 캐나다(Lower Canada)로 나누었다. 이후 1841년 캐나다 주(Province of Canada)로 합병되었고, 1931년에서 1951년에 걸쳐 영국으로부터 단계적으로 독립했다. 장덕이가 이곳을 방문했을 때는 이미 상하 캐나다가 합병된 상태였지만 관습적

길은 여기에서 세 갈래로 갈라지는데 중간의 너비 약 8장의 작은 폭포를 격풍동激風洞(Cave of the Winds)이라고 하고, 서쪽에 있는 너비 약 2백 장의 폭포를 마장馬掌(Horseshoe Fall)이라고 하며, 동쪽에 있는 너비 약 50여 장의 폭포를 아미리감阿美利甘(American Fall)이라고 한다. 상류에는 작은 섬이 네 개 있는데, 큰 것은 산양도山羊島(Goat Island)라고 하고 옆에 있는 작은 섬 세 개는 자매도姉妹島(Three Sisters Islands)라고 한다. 자매도는 철교로 이어져 있었다. 산양도의 바깥에는 돌로 지어지고 3장 높이가 넘는 다빈탑多賓塔 (Terrapin Tower)[346]이 있었는데 이곳에 올라가면 일망무제一望無際일 것이다. 해마다 여름이 되면 사방에서 헤아릴 수 없이 많은 사람들이 이곳에 와서 더위를 식히고, 겨울에도 많은 사람들이 찾아오는데 물이 얼어 빙산이 되고 모든 누대의 화목花木이 마치 조각처럼 영롱하여 파리玻璃(유리) 세계라고 부를 만하니 이런 까닭에 천하제일의 가경佳景인 것이다.

이날 백비루에서 45명이 왔는데 가슴에 각자 길이 반 척 너비 2촌의 흰 비단 띠를 차고 있었다. 띠 위에는 남색으로 "백비루 상고회商賈會(상인회)가 중국 흠차를 환영합니다"라고 적혀있었다. 그 두목은 이름이 합치哈蚩(Israel Thompson Hatch)[347]라고 했는데 포 흠차와 화호和好의 뜻을 주고받았고 나머지는 모자를 벗어 인사를 하고 물러갔다. 술각(19~21시)에 옆의 여저旅邸(호텔)에 가서 무도회를 구경했는데, 남녀 5백여 명이 모두 다른 방邦에서 온 사람들이었다. 자초(23시)에 숙소에 돌아왔다.

으로는 여전히 어퍼 캐나다라고 불리고 있었다. 여기의 나알랍 성은 캐나다 나이아가라 폴스 시를 말한다.

346 고트 섬의 미국 영토에 방문객들을 위해 1833년에 세워진 폭포 전망대이다. 1872년에 철거되었다.

347 이스라엘 톰슨 해치(1808~1875)는 뉴욕 주 출신의 변호사, 정치가, 사업가이다. 뉴욕 주 하원 의원을 지냈고, 은행 및 곡물 운송 사업을 이끌기도 했다.

[그림 125] 나이아가라 폭포의 아메리칸 폭포(왼쪽)와 호스슈 폭포. 두 폭포의 중간에 있는 땅이 고트 섬이고, 호스슈 폭포 쪽 수로가 미국과 캐나다의 경계

[그림 126] 테라핀 타워

[그림 127] 이스라엘 해치

8월 9일 일요일

6월 21일 무진. 맑음. 오초(11시)에 지 흠헌과 손 흠헌을 따라 폭포를 구경하러 갔다. 길이 20장, 너비 15장이 되는 철교를 건너 먼저 산양도에 갔다. 이 섬은 격풍동과 마장 사이에 있는데 길이가 약 3리, 너비가 2리이고 꽃과 나무가 자못 많았다. 격풍동 왼쪽에 작은 집이 하나 있었는데 안으로 들어가 외국 기름옷으로 갈아입고 기름먹인 모자를 쓰고 계단을 돌아 내려가니 땅은 온통 돌멩이들이 널려 있는 것이 마치 이리 이빨이 숲을 이루어 서 있는 듯했다. 위를 바라보니 깎아지른 절벽이 천 길 높이로 걸려 있고 하늘에서 급류가 쏟아져 내려와 흩날린 물보라가 얼굴을 때렸다. 격풍동의 뒤쪽으로 돌아가니 작은 나무다리가 있는데 아주 좁아서 한 사람이 겨우 지나갈 정도였다. 다리를 건너 목판을 지탱하고 돌밭을 걸어 몇 군데를 돌아보았는데 마치 장강이 거꾸로 쏟아지는 것처럼 온 하늘이 거대한 물에 잠겼다. 그 소리가 울리고 어지러워 귀와 눈도 멍해질 정도였다. 구경을 마치고 처음의 집으로 올라와 옷을 갈아입고 표를 한 장씩 받았는데 표에는 "누가 언제 격풍동에 와 보았다" 등의 말이 적혀있어서 두려워하지 않고 용감하게 다녀왔음을 자랑할 수 있게 했다. 이곳에서 나와 탑에 올라가 바라보았는데 경치는 다 보였지만 막기 힘든 거센 비바람이 몰려왔다. 그 뒤에 자매도 등에 갔는데 숲이 무성하고 꽃과 새들이 아름답고 물보라가 눈처럼 흩날리니 예전에 보아왔던 경치가 아니었다.

옛길을 따라 북쪽으로 6~7리를 가서 강 위를 가로지르는 소본손蘇本遜교(Suspension Bridge)[348]를 건너 서쪽으로 갔는데 온통 철로 만들어지고 기둥이 하나도 없었다. 길은 두 층으로 나누어졌는데 위층은 윤차가 다니고 아

---

348 현수교를 음역한 말이다. 여기에서는 나이아가라 폭포 현수교(Niagara Falls Suspension Bridge)를 가리킨다. 이 다리는 1855년 건설되었고 1897년 철거되었다. 이후 같은 자리에 월풀 래피즈 다리(Whirlpool Rapids Bridge)가 새로 지어져 지금까지 통행이 이루어지고 있다.

래충은 인마人馬가 다니게 되어 있었다. 길이는 82장이고 너비는 15장이고 높이는 13장이고 수면에서 20장 떨어져 있었는데 극히 견고하였다. 몇 년 전에 노탁안勞卓安(John Augustus Roebling)이 지은 것으로 비용은 양은 50만 원이 들었다고 한다.[349] 다리를 건너 가나타에 들어가 3리쯤 가서 망루에 올라 바라보니 말발굽 모양으로 생긴 영국 쪽 폭포[350]가 보였는데 과연 이름 그대로였다. 그곳 상인이 나와 몇 명을 폭포를 등지고 서게 하더니 조화照畵(사진촬영)해주고 갔다. 그 뒤 산을 돌아 내려가서 강가에 이르러 작은 배를 타고 급류를 가로질러 건너갔다. 맞은편에 도착하니 부두가 없고 강안江岸의 높이가 18~9장이나 되었는데, 수기水機 자행차自行車[351]가 있어서 그것을 타

[그림 128] 나이아가라 폭포 현수교

---

349 존 아우구스투스 로블링(1806~1869)은 독일 태생의 미국 토목 기사로, 1854년에 나이아가라 폭포 현수교를 기획하여 이듬해 완성했고, 1883년에는 맨해튼과 브루클린을 잇는 브루클린 교(Brooklyn Bridge)를 기획하여 아들이 이어받아 완성했다.

350 지금의 캐나다 쪽 폭포이다. 캐나다는 18세기 중엽 영국의 식민지가 되었다가 1867년에 캐나다 자치령 즉 캐나다 연방이 설립되면서 실질적인 독립 국가가 되었으나 장덕이가 방문했을 때에도 여전히 영국 식민지의 분위기가 남아있었을 것이다.

351 수력으로 움직이는 자동 이동장치(리프트)를 말한다.

고 위로 올라갈 수 있었다. 강안에서 배에 오를 때에도 이것을 타야 했다. 293층계의 나무 계단도 강안에 붙어 비스듬하게 서 있었는데 걸어가기를 좋아하는 사람은 이 계단으로 올라갈 수 있었다. 이곳에 이르니 다시 빗줄기가 쏟아지고 우레 소리가 멀리에서 들렸는데 그곳이 아미리감 폭포의 오른쪽이라서 폭포에서 멀지 않기 때문이었다. 신초(15시)에 숙소에 돌아왔다.

[그림 129] 건설 중인 나이아가라 클리프턴 교

8월 10일 월요일

6월 22일 기사. 맑음. 소본손 교가 폭포에서 조금 멀기 때문에 뉴약과 가나타 두 성은 소본손 남쪽 6리 되는 곳에 함께 다리를 세워 거마의 통행을 편리하게 만들고자 했다.[352] 길이는 186장 4척, 너비는 2장 5척, 높이는 15장, 수면으로부터의 거리는 23장으로, 장인을 모으고 자재를 갖추었으나 아직 완성되지 않았다. 하지만 양안에는 이미 높이 16장의 철가鐵架가 세워졌고 한아름 두께의 쇠사슬이 연결되어 있었다. 위쪽에는 둘레가 약 1장 정도 되는 쇠 바구니가 걸려 있는데 여기에는 4명이 탈 수 있었다. 양안에서 각각 말 여섯 마리가 줄을 매달아 바구니를 끌어당겼다. 동안에서 서안 쪽으로는 서안의 말이 끌고, 서안에서 동안 쪽으로는 동안의 말이 끌어주니, 장인들이 왕래하며 일하기에 편리했다.

이날 오초(11시)에 지 흠헌을 따라 차를 타고 가서 줄을 매단 의자에 앉

---

352 나이아가라 클리프턴 교(The Niagara Clifton Bridge)를 말한다. 퍼스트 폴스 뷰 현수교(The First Falls View Suspension Bridge)라고도 불렸다. 1868년 착공되어 1869년 1월에 개통하였고 1888년 6월에 확장되었으나 이듬해 1월에 폭풍우로 인해 무너졌다.

아 철가로 올라갔다. 지 흠헌과 백 협리는 창주廠主(책임자)와 함께 바구니를 타고 한 차례 왕래했고, 그 뒤에 내가 덕 협리, 두리문과 함께 역시 바구니를 타고 가서 가운데에서 잠깐 멈추었는데 어떤 사람이 조상照像(사진촬영)하고 갔다. 위아래가 모두 하늘빛인데 사람 모습이 거꾸로 비치니 아득한 곳에 있는 것이 아닌가 했다. 돌아올 때는 마력馬力이 서로 달라 바구니가 흔들려서 자못 위험하게 느껴졌다. 바구니에서 나오니 사람들이 종이를 찢어 심장 모양으로 만들어 물에 던졌다. 이어 모자를 벗고 손수건을 흔들어 경하의 뜻을 전해주었다. 그 뒤에 철가에서 의자에 타지 않고 경사가 심한 계단 423층을 걸어 내려왔다. 미각(13~15시)에 숙소에 돌아왔다. 유정(18시)에 숙소 안에서 음악이 울려 퍼지며 남녀 2백여 명이 춤을 추기 시작했는데 축초(01시)에야 흩어졌다.

8월 11일 화요일

6월 23일 경오. 맑음. 날마다 복도에서 24명이 음악을 연주하는데 아마 식사 분위기를 돕는 것 같았다. 오정(12시)에 걸어서 옆의 여저旅邸에 갔다. 그곳의 뒤쪽 창은 강 가까이에 있는데 위로 올라가서 폭포를 바라보는 경치가 다빈탑에서 보는 것과 같았다. 다만 물살 소리가 조금 덜 들려서 귀와 눈이 울리고 어지러운 정도는 아니었다. 밤이 되자 숙소 안에서는 다시 어제보다 더 많은 사람들이 춤을 추면서 밤새 그치지 않았다.

8월 12일 수요일

6월 24일 신미. 흐리고 쌀쌀함. 아침에 예순쯤 되어 보이는 노파가 아들 곽등문郭騰文을 데리고 첩지를 넣어 나를 만나서 이렇게 말했다. "오늘 손자가 태어났는데 유명乳名을 지어 주십시오." 내가 바로 '복아福兒' 두 글자를 써서 그에게 주었다. 여자가 무슨 뜻인지 물어 양자洋字로 적어주었는

[그림 130] 나이아가라 폭포 앞의 웨일즈 공 일행(1860)

데 그것을 옮기면 '합벽백애哈辟柏艾(happy boy)'가 된다. 모자가 고맙다고 말하고 돌아갔다. 미각(13~15시)에 이슬비가 내려 소리 없이 세상을 적셨다. 유정(18시)에 지 흠헌과 손 흠헌을 따라 옆 여저에 가서 무도회를 구경했다. 남녀가 극히 많았는데, 그 가운데에는 화성돈의 삼국三菊, 도화陶華, 낭복란, 뉴약의 양앙, 등근 등도 있어서 반갑게 만났다. 듣자니 2년 전에 영국 세자 위리사衛理思(Prince of Wales)[353]가 폭포를 보러 왔을 때 어떤 이가 급류 위에 줄을 걸쳐놓고 그것을 건너갔는데 그 기예가 대단했다고 한다. 다만 진짜 그런 일이 있었는지는 알지 못하겠다. 해정(22시)에 숙소에 돌아왔다.

8월 13일 목요일

6월 25일 임신. 맑음. 오후에 거리에 나가서 구경했다. 상포商鋪에서 파는 것은 대개 석옥石玉이 많았는데, 이를테면 한백옥, 묵옥, 마노, 운모 등을 깎아서 잔, 병, 접시, 그릇이나 남녀의 패물을 만들었다. 그 모양은 꽃, 풀, 곤충, 깃털 등으로 다양했다. 토인의 말로는 "모두 땅속에서 캐내거나 깊은 골짜기에서 찾아낸 것"들이라고 했다. 어떤 자황紫黃 색의 석피石皮는 극히 거칠지만 무늬는 섬세했는데 나무가 변한 것이었다. 얇은 조각으

---

353 여기에서의 웨일즈 공은 앨버트 에드워드 웨틴(Albert Edward Wettin, 1841~1910)이다. 1841년에 웨일즈 공(Prince of Wales)이 되었고 1901년에 즉위하여 에드워드 7세로 불렸다. 웨일즈 공은 중세 이후 다음 왕위를 승계받을 왕세자를 뜻한다. 그가 나이아가라 폭포를 방문한 것은 1860년이다.

로 잘라 광택이 나는 것이 아름다웠다. 그것으로 군자의 패물을 만들면 경구瓊玖(예물)로 쓸 만했다. 나무집 몇 채가 강가에 있었는데 물어보니 욕당浴堂(목욕탕)이라고 했다. 서인들은 찬물에 씻기를 좋아하는 듯한데, 화인은 그렇게 하는 데 익숙하지 않다.

8월 14일 금요일

6월 26일 계유. 맑음. 몇 년 전에 격풍동 옆에 절벽이 있었는데 윗쪽은 아주 평탄하여 차 네 대를 댈 수 있었다고 한다. 전년前年에 한 유객遊客이 차를 타고 구경한 뒤에 차를 돌려 나가다가 절벽이 갑자기 무너졌는데 다행히 마력이 커서 차는 안전하게 돌아갔다고 한다. 아마 수력이 사나워서 점차 침식한 것일 텐데, 혹자는 말하기를 백 년 뒤에는 천 길 절벽이 사라지고 그렇게 되면 폭포도 없어질 것이라고 말했다. 또 낙미살洛美薩이라는 여자가 오빠 낙격洛格과 함께 이곳에 놀러 와서 여자가 강변에서 꽃을 줍다가 갑자기 실족하여 떨어져서 급류에 휩쓸려 떠내려갔는데 오빠는 구조할 방법이 없자 결국 물에 뛰어들어 죽었다고 했다. 뒤에 누가 시를 써서 강안江岸의 암석에 새겨 후세에 전했는데, 시는 이랬다.

> 미살은 이제 겨우 열여섯 살,
> 매화처럼 출중하고 마음은 더욱 고왔다네.
> 험한 길 생각 않고 꽃을 줍다가,
> 실족하여 오빠와 함께 폭포에 떨어졌네.

8월 15일 토요일

6월 27일 갑술. 흐림. 사초(09시)에 지 흠헌과 손 흠헌을 따라 화륜차를 타고 서남쪽으로 69리를 가서 사정(10시)에 백비루에 도착했다.[354] 역리驛吏가 차를 준비하여 환영을 나왔고 남녀가 길을 메우고 앞을 다투어 구경하면서 즐거워했다. 성의 둘레는 약 30리이고 주민은 12만 명이다. 성의 옆은 익리 호인데 상인들이 운집해 있었다. 호수는 운하로 통하고 운하 변에는 높이 15장, 둘레 80장의 적곡창積穀倉(곡물창고)[355]이 지어져 있었는데, 앞에 통筒 두 개가 마치 코끼리의 코처럼 뻗어 나와 있었다. 그 안에는 연두連斗[356]를 만들어 쌀더미 안에 꽂아 윤기가 움직이면 연두가 일제히 돌아서 쌀을 위로 운반하여 누방 꼭대기에 있는 곡斛(용기) 안에 들이부었다. 곡에는 저울이 달려있어서 한 사람이 숫자를 적기만 하면 되었다. 저울이 넘치면 쌀이 각 오廒(작은 저장고)로 흘러 들어가고 낱알은 모두 궁부宮府(중앙 저장고)로 돌아가서 도둑질을 당할 걱정이 전혀 없고 조금도 어긋나지 않게 계산하여 침탄侵呑(착복)의 폐혜를 거의 없게 했다. 창고에서 나올 때에도 이 방법을 써서 단번에 쌀 1만 6천 섬을 운반할 수 있었다. 창고의 누방은 오로지 철로만 지어졌는데, 위아래의 철사다리가 6백 개나 되었다. 강을 따라 알니선挖泥船(준설선)이 있었는데 역시 윤기 연두를 사용하여 쌀을 운반하는 방법과 대동소이했다.

---

354 이브닝 쿠리어 앤 리퍼블릭(Evening Courier & Republic) 1868년 8월 17일자에 사절단 일행의 버펄로 방문에 대한 상세한 기사가 실려 있다.

355 증기 동력을 이용하여 버킷 엘리베이터(bucket elevator)나 컨베이어(conveyor)로 곡물을 퍼 올려 저장하는 시설인 곡물 엘리베이터(Grain Elevator)를 말한다. 1842년 조지프 다트(Jeseph Dart)가 발명하여 버펄로에 최초의 곡물 엘리베이터를 세워 곡물 운송 및 보관의 혁신을 가져왔다. 일행이 방문한 곳은 토머스 클라크(Thomas Clark)가 1864년에 커머셜 가(Commercial St.) 남단에 지어 운영한 베넷(Bennett) 엘리베이터이다.

356 버킷 컨베이어(bucket conveyor)이다. 체인에 여러 개의 바가지(bucket)를 부착한 것이다.

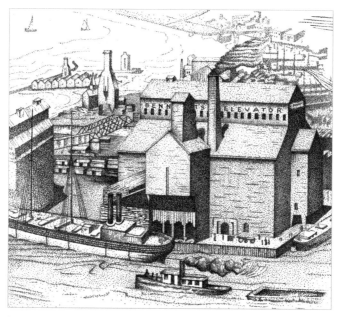

[그림 131] 베넷 곡물 엘리베이터

4리를 가서 철기국鐵器局[357]을 구경했다. 윤선을 만드는 데 필요한 것을 만드는 곳이었다. 장인 수백 명이 큰불을 일으켜 생철生鐵을 불리는데, 불의 여력으로 윤기를 돌리고 다시 윤기로 바람을 일으켜 보낸다. 바람이 화력을 돋우니 불은 바람의 힘을 빌어 활활 타올라 그 열기를 당할 수가 없고, 가끔 윤기의 문이 열려 공기가 나오면 그 소리가 굉장한 것이 마치 커다란 짐승이 포효하는 듯했다.

다시 차를 타고 성을 돌아 20여 리를 구경하고 합치의 집에 가서 잠시 앉아있다가 전임前任 일본국 주차駐箚(주재) 영사관 비사費士(George S. Fisher)[358]의 집에 가서 술을 마셨다. 그 뒤 대가大街(Main St.)에 나갔다. 관청

---

357 유니언 롤링 밀즈(Union Rolling Mills)와 블라스트 퍼니스(Blast Furnace, 용광로)를 말한다.
358 조지 피셔(1823~1910)는 뉴욕 출신의 변호사이자 정치가이며 은행가이기도 했다. 1861년부

옆에 법통선法通線 패牌[359]가 있었는데, 그 안에 있는 구화국救火局(소방국), 기기국機器局과 통했다. 그때 지 흠헌이 손가락으로 패를 누르니 안에서 종을 치는 소리가 들렸고 조금 뒤에 갑자기 인마人馬가 달려오더니 누방 꼭대기까지 긴 사다리를 세우고 몇 사람이 사다리를 타고 위로 올라갔는데 그 빠르기가 바람 같았다. 아래에서는 화기火機가 물을 쏘아 몇 장 높이로 뿜어져 나왔다. 구경을 마치고 백성회관柏城會館(The Buffalo Club)[360]에 가서 오작午酌을 했다.

[그림 132] 버펄로 클럽(1867년경)

그 뒤 하안河岸으로 가서 10여 장 길이의 작은 윤선 귀객례貴客禮 호[361]를 탔다. 이날 거리에는 화기가 많이 꽂혀 있었고 배에는 대청 용기가 높이

티 1867년까지 일본에서 영시로 근무했디.

359 법통선은 전선(電線)을 뜻한다. 장덕이는 『항해술기』에서 "전보(電報)를 일명 법통선(法通線)이라고 하고 전기선(電氣線)이라고도 한다."라고 하였는데, 영어 'cable'이 전보와 전선을 모두 뜻하기 때문에 뒤섞어 쓴듯하다. 위에서 법통선 패는 전선 스위치라는 뜻으로 쓰였다. 이하는 화재 경보 및 대응 훈련 시범을 관람한 내용이다.

360 버펄로 클럽은 1867년에 전임 대통령 밀러드 필모어(Millard Fillmore)를 비롯한 90여 명의 유력 인사들이 설립한 사교 클럽이다. 델라웨어 가(Delaware Ave.) 210호의 건물을 임차하여 모임 장소로 삼았고, 몇 차례의 이사를 거쳐 지금은 델라웨어 가 388호에 있다.

361 사절단 일행이 탄 배는 와바시(Wabash) 호이다. 장덕이가 귀객례 호로 적은 것은 착오이다.

세워져 있었으며 음악이 연주되어 천상에 있는 듯했다. 남녀 4백여 명이 앞뒤에서 둘러싸고 뜸(외륜덮개)에 올라타거나 키에 기대어 있는 이까지 있어서 거의 발 디딜 틈이 없었다. 배가 출발하자 크고 작은 배들이 모두 경적을 울리며 축하했다. 익리 호에 들어가서 포대를 지날 때에는 대포 21발이 연이어 울렸다. 이때는 바람이 거세고 물살이 출렁거렸는데 배는 아주 빠르게 달렸다. 나알랍 하(Niagara River)를 따라 30여 리를 가다가 중간에 정박했다. 배에서 내려 뭍에 오를 때 나무판자를 걸쳐놓았는데 오랫동안 비바람에 부식되어 손 흠헌이 판자를 건너다가 실족하여 물에 빠지셨다. 다행히 물살이 빠르지 않아 나무기둥을 붙잡고 계시다가 배의 수수水手(선원) 주삼부周三富(George Boyce)가 물에 뛰어들어 흠헌을 업고 올라와서 한참 뒤에 깨어나셨다.[362] 신초(15시)에 창차敞車[363]를 타고 3리쯤 가서 화륜차를 타고 22리를 가서 나알랍 촌에 도착하여 숙소로 돌아왔다.

8월 16일 일요일

6월 28일 을해. 흐리고 비가 내렸다. 조금 쌀쌀함. 아침에 백비루의 합치, 여의黎義 등 6명이 찾아와 안부를 물었다. 손 흠헌은 예를 갖추어 깊이 사의를 표하시고 수수에게 후사하여 그 공로에 보답했다. 같은 숙소에 있던 나위羅魏라는 사람—뉴약 방 은상銀商(은행가)의 부인으로 나이는 쉰 정도 되어 보였다—은 두 딸 나지용羅脂茸, 나주예羅朱蕊를 데리고 이곳에 놀러 왔는데, 이날 함께 숙소 안에서 음악을 듣다가 조카 위목魏穆이 중토에 갈 것이라고 하면서 도움이 될 추천서 한 통을 내게 부탁했다. 내가 그 부탁을 들어주니 모녀가 정중하게 사의를 표시했다.

---

362 일행은 와바시 호를 타고 버펄로 항 연안을 돌아본 뒤에 나이아가라로 돌아가기 위해 버펄로 북쪽의 토나완다(Tonawanda)에서 하선하던 중에 손가곡이 물에 빠졌다가 구조되었다.
363 지붕이 없는 마차이다.

8월 17일 월요일

6월 29일 병자. 맑음. 지 흠헌과 손 흠헌을 따라 다빈탑 아래로 가서 철 난간에서 조화照畵했다. 오후에 지 흠헌과 손 흠헌, 덕 협리와 백 협리, 그리고 같은 숙소의 남녀 몇 명과 함께 차를 타고 대교를 건너 가나타에 가서 구경했다. 10여 리를 가서 강가의 작은 집에서 화정火井[364]을 구경했다. 정井 안의 기氣가 등불처럼 타올랐지만, 불이 옮겨붙지는 않았고, 물은 마실 수 있지만 유황 때문인지 맛이 특이했다. 그 뒤에 사체도斯逹島(Cedar Island)[365]에 갔는데 온갖 꽃과 나무가 가득하고 갖은 이끼들이 퍼져있고 맑은 샘물이 흘러나왔다. 따라가는 사람들이 앞에서는 노래를 부르고 뒤에서는 손뼉을 쳤고, 뭇새들이 지저귀니 현악이나 관악이 없어도 비록 이역 땅이지만 마치 세상 밖의 도원桃原에 있는 듯했다. 돌아올 때 마장 폭포 뒤에 흰 방탑方塔[366]이 구름에 닿을 정도로 높이 솟아있는 것이 보였는데, 가나타 사람들이 영국 세자를 위해 만든 것이다. 그 꼭대기에 올라가니 세 폭포를 다 볼 수 있었다.

---

364 천연가스가 솟아나는 우물이다.

365 시더 섬은 호스슈폭포 바로 위쪽 상류의 남쪽에 있던 섬이다. 1905년에 캐나다 나이아가라 전력회사(Canadian Niagara Power Company)가 건설되면서 매립되었다. 지금의 나이아가라 발전소 기념관(Niagara Park Power Station) 근처이다.

366 스트리츠 파고다(Street's Pagoda)를 말한다. 1860년 영국 왕세자의 방문을 위해 토머스 클라크 스트리트(Thomas Clark Steet)가 자신의 땅에 지었다.

[그림 133] 스트리츠 파고다

　이어서 집고원集古院(박물관)[367]에 갔다. 각종 조수鳥獸와 곤충의 피골皮骨을 모아놓은 곳이었다. 애급埃及(Egypt)의 시尸(미라)가 네 구 있는데, 흰 베로 감싸서 관 안에 넣었는데 관 뚜껑은 없었다. 모두 천백 년 전의 것으로 해에 오랫동안 노출되어 있어도 썩지 않았다고 하니 기이한 일이다. 그 옆의 화원에는 정자, 못, 금어金魚, 공작, 청우靑牛(흑우), 그리고 붉은 색과 하얀 색의 앵무새가 있었다. 그곳에서 삼편三鞭(champagne)을 마시고 딸기를 먹고 몇 각刻을 돌아다니다가 돌아왔다. 밤이 되어 흐려졌다.

---

367 나이아가라 폭포 박물관(Niagar Falls Museum)이다. 1827년에 토머스 바네트(Thomas Barnett)가 설립했다. 이집트 유물을 소장한 것으로 유명했고, 1890년 그가 세상을 떠난 뒤 소장품은 셔먼(Sherman) 가문이 소유했다가 1999년에 윌리엄 제이미슨(William Jamieson)에게 팔렸다. 제이미슨은 이집트 유물을 에모리대학 박물관에 팔았는데 그중 하나가 파라오 람세스 1세(Pharaoh Ramesses I)의 미라인 것으로 판명되었다.

8월 18일 화요일

7월 1일 정축. 흐리고 비가 왔다. 약간 쌀쌀했다.

기記: 나알랍 촌은 크지 않다. 주민은 2천여 명으로 모두 유서 깊은 부자들이다. 집들이 넓고 화수花樹가 가득하여 무척 아취雅趣가 있다.

들자니 어제 아침에 윤차에 사람이 다치는 일이 있었다고 한다. 한 여자가 애인과 몰래 도피하려고 윤차에 타려고 할 때 그 모친이 왼쪽 문으로 쫓아 들어오니 여자가 오른쪽 문으로 나갔고, 모친이 따라 나가서 쫓아가 막 붙잡으려고 할 때 윤차가 출발하여 모녀가 다쳤는데, 모친이 더 중상을 입었다고 한다. 신초(15시)에 비가 그쳤다.

유정일각(18시 15분)에 숙소에서 나와 화륜차를 타고 밤새 달렸다. 매우 추웠다.

8월 19일 수요일

7월 2일 무인. 438리를 가서 묘정(06시)에 아이파니에 도착했다. 이날은 맑고 더웠다. 이전의 숙소에 들어가서 조찬을 했다. 사초(09시)에 다시 윤차를 탔다. 이 차는 보통 윤차와 다르게 각 차량이 여러 칸으로 나누어져 있었고, 사면이 모두 6~7척 길이의 파리玻璃(유리) 창으로 된 객반청客飯廳(식당차)이 있으며, 탁자, 장렴帳簾(커튼), 이불이 극히 화려했다. 469리를 가서 술초(19시)에 오사달이烏斯達爾(Worcester) 촌[368]에 정차했는데, 포 흠사의 친구 다섯 명이 포사돈包斯頓(Boston)에서 마차를 타고 와서 영접했다. 병사들이 두 쪽으로 늘어서고 줄을 쳐서 담을 대신하여 관계없는 사람들이 넘어오지 못하게 했다. 윤차를 내려 마차를 타고 2리쯤 가서 북사득北斯得 점

---

368 우스터는 메사추세츠 주 우스터 카운티의 행정 소재지로, 메사추세츠 주에서 두 번째로 큰 도시이다. 보스턴에서 서쪽으로 약 60여 km 떨어져 있다.

⟨Bay State House⟩[369]에 묵었다. 한밤에도 심히 더웠다. 듣자니 이 마을은 둘레가 약 12리이고 주민은 3만여 명이라고 한다.

[그림 134] 베이 스테이트 하우스

---

369 베이 스테이트 하우스는 1856년에 개점하였다. 우스터의 메인 가(Main St.)와 익스체인지 가 (Exchange St.)가 만나는 곳에 있었다. 1931년 화재 이후 메이페어 호텔(Mayfair Hotel)로 재 개업하여 1950년까지 운영되었다.

보스턴

8월 20일 목요일

7월 3일 기묘. 흐리다가 이슬비가 내렸다. 진초(07시)에 길을 떠나 화륜차를 타고 동쪽으로 132리를 가서 오각(11~13시)에 포사돈에 도착했다. 윤차가 멈춘 뒤에 대포 15발이 이어 울렸고 본지의 관官에서 차를 가지고 영접을 나왔다. 화륜차를 내려 쌍마차 16대를 타고 즉시 출발했다. 마병 4백 명이 음악 연주 속에 칼을 들어 올리고 양쪽으로 나누어 서서 호위해 주었다. 먼저 포사돈 성 내외 60여 리를 돌아보았는데 가는 길 내내 화기가 꽂혀 있고, 그 사이에 중국 황기黃旗가 세워져 있었다. 남녀가 창을 열고 바라보면서 모자를 벗고 손수건을 흔들고 손뼉을 치고 꽃을 던지며 "하래賀來(Hooray)!"라고 외쳤다. 중국 우산을 든 이, 중토의 꽃무늬 주단을 흔드는 이, 창 아래에 붉은 이불을 펼치고 연구煙具(담뱃대)와 자기 접시를 늘어놓은 이, 중토의 가을 모자를 쓴 이 등이 있었다. 그러니까 중화의 물건이 있으면 빠짐없이 내어놓은 것이었다. 길가에도 사람들이 많아서 담장 위에 앉은 이, 나무와 사다리에 올라간 이도 있었다.

신초(15시)에 유람을 마치고 차에서 내려 관신官紳(관원)의 인도를 받아 박극이博克爾 점(Parker House Hotel)[370]에 들어갔다.

---

370 파커 하우스 호텔은 스쿨 가(School St.)와 트레몬트 가(Tremont St.)가 만나는 곳에 1855년 개점하였고, 1927년에 개축되었다. 1983년에 옴니 파커 하우스(Omni Parker House)로 개명되었다.

[그림 135] 보스턴 항(1850)

[그림 136] 파커 하우스 호텔(1866)

기記: 포사돈은 마사돈摩士敦이라고도 한다. 둘레는 22리이고 주민은 22만 명이며 마사주색사麻沙朱色士 방에 속한다. 동쪽은 대해이고 서쪽에는 작은 강이 있다. 합중국의 대회성大會城(대도시)이다. 여항閭巷(거리)은 거미줄처럼 촘촘하여 수많은 집들이 구름처럼 이어져 있고 온갖 물건이 가득하며 시전市廛과 원유園囿의 번성함이 뉴약과 견줄 만하다. 바다에는 오가는 번박番舶(외국선박)들이 부지기수이다. 합중국의 포두埠頭(부두)는 뉴약이 제일이고 포사돈이 그다음이다. 또 이곳은 포 흠사의 고향이어서 친척과 친구들이 아침저녁으로 끊임없이 찾아와 안부 인사를 전했다. 오사달이에서 이곳까지의 여비는 모두 이 성의 상인들이 부담했고, 사나구司那歐(S. T. Snow), 피격릉皮格凌(Henry W. Pickering), 대나익戴那益(George P. Denny), 아립안阿立安(Charles H. Allen) 등 4명이 그 일을 총괄했고 포사돈 성의 정지휘正指揮(City Messenger)인 사백이司柏爾(Oliver H. Spurr)가 이들을 도왔다.

8월 21일 금요일

7월 4일 경진. 맑음. 사정(10시)에 지 흠헌과 손 흠헌을 따라 차를 타고 2리를 가서 범의당范儀堂(Faneuil Hall)[371]에 갔다. 당堂도 역시 넓어서 6천여 명을 수용할 수 있다. 범의(Peter Faneuil)가 기부하여 세워 읍인邑人들과 공사를 의논하는 곳이라서 그렇게 부른다.

[그림 137] 오늘날의 패뉼 홀

---

371 패뉼 홀은 보스턴 시내 중심부에 있는 시장이자 집회 장소로, '자유의 요람(Cradle of Liberty)'이라는 별명이 있다. 노예 상인 피터 패뉼(Peter Faneuil, 1700~1743)이 기부한 자금으로 1742년에 개장했다. 새뮤얼 애덤스(Samuel Adams) 등이 독립을 위한 연설을 했던 곳으로도 유명하다.

이날 온 성의 상인과 공장工匠들이 당에 들어와 중국 흠차를 알현했다. 흠헌은 정면의 대 위에 섰는데, 대의 왼쪽에는 오르는 계단이 있고 오른쪽에는 내려가는 계단이 있었다. 먼저 온 사람은 반班 총독(주지사)과 위衛 총독인데, 한 사람은 목수 출신이고 한 사람은 백정 출신이었다.[372] 사각(09~11시)에서 미각(13~15시)까지 대에 올라와 알현한 사람이 5천여 명이었는데 대 아래에 서서 기다린 사람들이 여전히 줄지 않았다. 또 위층에서 난간에 기대어 구경하는 부녀들이 구름처럼 많아서 3천 명이나 되었으니 몇 번이나 성이 기울어질지 모르는 지경이었다. 이 성의 인민은 관원이나 부자들을 빼고도 20여 만이나 되니 어찌 하루에 다 만날 수 있겠는가? 악공들이 연주하는 노래는 비록 토음土音이었지만 자못 부드러워 들을 만했다.

[그림 138] 너대니얼 뱅크스　　[그림 139] 헨리 가드너

유정(18시)에 진공眞公 점(St. James Hotel)에 가서 모임을 했다.[373] 꽃들

---

372 반 총독은 너대니얼 프렌티스 뱅크스(Nathaniel Prentice Banks, 1816~1894), 위 총독은 헨리 조지프 가드너(Henry Joseph Gardner, 1819~1892)를 말한다. 두 사람 모두 당시에는 전임 메사추세츠 주지사였다. 뱅크스는 어려서 섬유공장에서 일한 적이 있고, 가드너는 대학 졸업 후 의류 유통 사업을 했다. 두 사람의 출신에 대한 장덕이의 진술은 정확하지 않다.

373 세인트 제임스 호텔은 1868년에 이스트 뉴턴 가(E. Newton St.)에서 개업했다. 1923년에 지금의 프랭클린 스퀘어 하우스 아파트(Franklin Square House Apartment)로 바뀌었다. 이날의 연회에 대해서는 Reception and Entertainment of the Chinese Embassy by the City of Boston, Boston: Alfred Mudge & Son, City Printers, 1868에 자세히 기록되어 있다.

이 걸리고 등불이 휘황한 곳에서 성대한 연회가 마련되어 술잔을 들고 기쁘게 마셨다. 관신官紳과 사상士商 250여 명이 참석했는데, 총독 포락극布洛克(Alexander Hamilton Bullock), 반극사班克思, 고신固愼(Caleb Cushing), 읍장邑長(시장) 사래복舍來福(Nathaniel Bradstreet Shurtleff) 등이 있었다.[374] 연회가 끝나자 사람들이 모두 기립하여 축송했다. 자정(24시)에 숙소로 돌아왔다.

[그림 140] 세인트 제임스 호텔

[그림 141] 알렉산더 불록   [그림 142] 너대니얼 셔틀레프

374 알렉산더 해밀턴 불록(1816~1882)은 당시 메사추세츠 주지사였고, 반극사는 앞의 너대니얼 뱅크스 전임 주지사를 가리키며, 앞서 나온 케일럽 쿠싱은 메사추세츠 주를 대표하는 연방 하원의원을 지낸 적이 있었다. 너대니얼 브래드스트리트 셔틀레프(1810~1874)는 당시 보스턴 시장이었다.

8월 22일 토요일

7월 5일 신사. 맑음. 사초(09시)에 지 흠헌과 손 흠헌을 따라 관륜선官輪船을 탔다. 이 배는 길이가 11장, 너비 2장으로 이름은 마극락馬克樂(McCulloch) 호이다. 동쪽으로 10여 리를 가서 군기창軍器廠을 지나갔는데 대포 13발을 연이어 쏘아 예를 표시했다. 배에서 악공 몇 명이 중국 노래를 한 곡 연주하니 갑자기 고향 생각이 났다. 포대 두 군데를 지나 다시 12리를 가서 와란臥蘭 포대(Fort Warren)[375]에 도착하여 정박하니 여기에서도 대포 13발을 쏘았다.[376] 배에서 내려 악공의 인도를 따라 걸어갔다. 이 포대는 높이가 4장, 둘레가 35무이고 안에는 돌담이 세워져 있고 밖에는 흙으로 언덕을 둘러싸서 마치 높은 지붕에서 물이 쏟아지는 것 같은 대단한 기세가 있으니 참으로 웅진雄鎭이었다. 연포병演炮兵이 동쪽을 향해 철포 한 대를 쏘았는데 길이가 1장 2척, 둘레가 6척, 무게는 5만 근이고, 포자炮子(포탄)

[그림 143] 워렌 요새

---

375 워렌 요새는 보스턴 항 입구에 있는 조지스 섬(Georges Island)에 구축되었던 요새이다. 독립전쟁의 영웅 조셉 워렌(Joseph Warren)의 이름을 땄다. 1861년 완성되어 보스턴 항을 방어했고 1950년대에 해체되었다.

376 『초사태서기』에서는 6일에 방문했다고 했으나 착오인 듯하다.

는 360근으로 2백 리까지 날아갈 수 있었다. 관포관管炮官이 말하기를 "이 포대는 천하제일입니다. 아국俄國에 있는 것이 비슷하지만 따라오지 못합니다." 이어 화약고에 들어갔는데 보관되어 있는 동모銅帽(헬멧), 약료藥料(화약), 화탄火彈(탄약) 등이 모두 훌륭했다.

[그림 144] 디어 섬

[그림 145] 디어 섬의 빈민 구호소

포대를 떠나 동쪽으로 20리를 가서 미록도麋鹿島(Deer Island)[377]에 도착했다. 이곳에는 양제원養濟院(고아원)이 있었는데 남자아이 4백 명과 여자아이 26명을 키우고 있었다. 모두 고아들이었다. 양육과 교육을 함께 하니 인정仁政이 펼쳐짐을 알 수 있었다. 걸어서 예배청에 들어가 잠시 앉아있는데 아이들이 와서 인사했다. 금을 치는 아이도 있고 노래를 부르는 아이도 있었는데, 일어서서 다가왔다 물러났다 하며 절도가 있는 것이 아마 호령에 따라 움직이는 것 같았다.

동승한 사람 중에 일본 사람이 네 명 있었는데 모두 서양 옷을 입고 있었다. 물어보니 이곳에 와서 학업을 한다고 했다. 듣기로 광동 사람 왕아수王阿秀라는 자는 이곳에서 찻집을 열어 크게 돈을 벌어 외국 여자를 처로 삼아 6년 만에 2남 1녀를 낳았다고 했다. 신초(15시)에 숙소에 돌아왔다. 밤이

---

377 디어 섬은 보스턴 항 앞에 있는 땅으로, 원래는 섬이었으나 1938년 허리케인이 지나가면서 북쪽의 반도와 연결되었다. 18세기에 보스턴 입항을 위한 검역 시설이 세워졌고 1852년에는 빈민 구호소와 교정 시설이 지어졌다. 육지와 연결된 뒤에는 요새와 하수처리시설 등이 지어졌다.

되자 흐리고 약간 추웠다.

8월 23일 일요일

7월 6일 임오. 맑음. 미초(13시)에 피격룽, 아립안 두 사람과 차를 타고 시골에 놀러 갔다. 가는 길 내내 산수가 맑고 화목이 무성했다. 몇 리 밖에 영성塋城(묘지)이 있었는데 면적은 150무이고 돌담이 둘러쳐져 있었다. 안은 마치 정전井田처럼 종횡으로 경계를 그어 장지葬地를 만들었다. 본읍本邑의 주민들은 각기 한 구역을 사 두고 있었다. 큰 것도 1무를 넘지 않았는데 값이 극히 높았다. 매장하는 방법은 몇 개의 관이 서로 붙어있고 조손祖孫, 부자, 형제가 모두 묘혈이 같아서 소목昭穆의 설說[378]은 없었다. 빈 땅에는 못을 파서 물을 가두고 길을 만들어 차를 오갈 수 있게 만들어 두었다. 묘지 사이는 서로 멀지 않아 길 하나로 나누어지고 몇 호로 표시했다. 제사 때가 되면 길과 번호를 어자御者(관리자)에게 알려주고 차를 타고 들어가니 번거롭게 물을 필요가 없다. 옛날 분들이 길지吉地(묘지)를 가성佳城이라고 말씀하셨는데,[379] 이 방의 묘지가 정말 성城을 이루고 있을 줄은 몰랐다. 구경을 마치고 돌아왔다.

유초(17시)에 강[380]을 건너 북쪽으로 가서 포 흠사의 외부外父(장인) 이온미李溫美(Issac Livermore)의 집에 잠시 머물렀다. 외부와 외모外母(장모)가 우리를 아주 잘 대접해주었다. 안내를 받아 서실書室에 들어갔는데 중화의 진완珍玩들이 여러 개 있었다. 한 화축畫軸은 경도京都(북경)의 관혼冠婚과 장례의 의장儀仗에 쓰이는 물건들을 세밀하게 그린 것이었다. 술초(19시)에 숙소에 돌아왔다.

---

378 시조를 중앙에 두고 자손을 왼쪽과 오른쪽에 배치하는 방식을 말한다. 왼쪽에 두는 것을 소(昭), 오른쪽에 두는 것을 목(穆)이라고 한다.

379 한(漢) 유흠(劉歆)의 『서경잡기(西京雜記)』 권4에 나온다.

380 찰스 강(Charles River)이다.

술정(20시)에 지 흠헌과 손 흠헌을 따라 차를 타고 2리를 가서 대금당大
琴堂³⁸¹에 도착했다. 당은 아주 높아서 삼면의 누대에 4천 명이 앉을 수 있었
다. 정면에는 커다란 풍금風琴(파이프 오르간) 한 대가 있었는데 높이가 4장, 너
비가 2장 5척이고 배꽃 무늬가 새겨진 나무로 만들었다. 그 위에는 동통銅筒
(구리 파이프) 46개가 세워져 있었는데, 높이가 1장 5척, 둘레가 3척이고, 그
안에는 작은 통이 수백 개 들어있었다. 풍금 앞에 한 사람이 앉아서 두 손과
두 발로 연주를 하니 기기가 움직이고 바람이 생겨 소리가 울려 나왔다. 그
소리는 클 때에는 마치 우레가 치고 사자가 포효하듯 하고 작을 때에는 마치
봉황이 울고 용이 우는 듯했다. 토인의 말로는 이 풍금은 천하에 둘도 없는
것이고 오직 나마羅馬(Rome)에 있는 것이 비슷한 정도라고 했다. 이 당은 높
이가 8장이 넘고 너비가 12칸인데 풍금 소리가 계단의 판자를 울릴 정도이니
이로 보아 풍금이 얼마나 큰지 알 수 있었다. 해정(22시)에 숙소에 돌아왔다.

[그림 146] 보스턴 음악당의 파이프 오르간

381 보스턴 음악당(Boston Music Hall)을 말한다. 이곳은 윈터 가(Winter St.)에 1852년 지어졌
고, 1881년에는 그해 창립된 보스턴 심포니 오케스트라의 본거지가 되었다. 1900년에 코미디
를 주로 공연하는 오르페움 극장(Orpheum Theatre)으로 바뀌었다.

8월 24일 월요일

7월 7일 계미. 맑음. 진정(08시)에 지 흠헌과 손 흠헌을 따라 마차 35대를 타고 10리 길이의 다리를 건너 [사리査理 촌(Charlestown)과] 감포립지堪布立支(Cambridge)에 갔다.[382] [사리 촌은] 마 방의 또 다른 읍으로 성은 크지 않고 주민은 10만이며 포사돈 성과 강 하나를 사이에 두고 있는데, 이 강의 이름은 읍의 이름과 같다. 이날 읍장이 마병馬兵(기마병) 2백 명을 이끌고 와서 영접했다. 다리를 건너자 앞에 마대馬隊(기마대) 2백 명이 단단하게 무장하고 예리한 무기를 들고 서 있었고, 그 뒤에 향신鄕紳 백 명이 훌륭한 옷차림으로 준마를 타고 있었다. 그 뒤에는 복립미손福立美遜(Freemason) 당 140명이 모두 당의黨衣를 입고 책, 화기花旗, 동척銅尺, 보검 등의 당구黨具를 들고 있었고, 그 뒤에는 구화인救火人(소방대) 백 명이 붉은 옷에 검은 모자 차림으로 허리에 가죽 띠를 두르고 손에 선화鮮花를 들고 있고 그 뒤에 화기火機와 각종 기구들이 있었다. 큰 차 15대가 있고 차의 좌우에 각각 붉은 옷을 입은 호위護衛(호위병)가 흰말을 타고 긴 창을 들고 있었고, 뒤쪽의 호위도 마대 2백 명이 있었다. 이들이 모두 무리를 이루어 가면서 음악 연주와 함께 성안에 들어갔다. 거리는 물로 먼지를 치우고 집집마다 꽃들을 걸고 크게 '귀객貴客을 삼가 환영합니다'라고 쓴 이도 있고 '경하慶賀합니다!'라고 쓴 이도 있었다. 남녀노소들이 새 옷을 입고 있었다. 차가 지나갈 때 남자는 모자를 벗고 여자는 손수건을 흔들면서 군중이 "경하!"를 외쳤다. 차 안으로 꽃을 던지는 여자들도 있었는데 거기에는 '경하중화慶賀中華!'라는 네 글자가 적혀있었다. 천천히 몇십 리를 가서 회당會堂에 도착하니 당 앞

---

382 찰스타운은 보스턴 인근 일대에서 가장 일찍 이주민이 정착한 곳으로, 캠브리지의 동쪽에 있다. 캠브리지는 찰스 강 건너에 있는 도시로, 하버드 대학과 메사추세츠 공과대학이 있다. 장덕이는 찰스타운을 먼저 방문하고 이어 캠브리지로 갔는데 두 곳을 구분하지 않아 혼동의 소지가 있는 까닭에 지명을 보충하였다.

에 대청 용기龍旗가 걸려 있고 '위망경하慰望慶賀'³⁸³라고 쓴 현액이 높이 걸려 있었다. 겹문을 지나 대에 올라가 잠시 앉아있었는데, 포 흠사와 읍장(시장) 하인何仁(Liverus Hull)³⁸⁴이 몇 마디를 주고받으며 서로 존경과 감사의 뜻을 표시했다. 회당 안의 여러 사람들이 인사를 마치자, 차를 타고 문을 나와 앞뒤 호병護兵(호위병)들을 물리치고 떠났다.

몇 리를 가서 [감포립지의] 대학원大學院³⁸⁵에 이르렀는데, 서루書樓(도서관) 안에는 고금의 서적 2만 6천 책이 보관되어 있었다.³⁸⁶ 사면은 옥우屋宇로 둘러싸였는데 학업을 익히는 이가 물러나 쉬는 곳이었다. 서루 뒤에는 집기루集奇樓(박물관)가 있어서 각종 조수鳥獸와 어충魚蟲의 뼈를 모아놓았는데 다른 나라에 있는 것과 같았다. 다음으로는 관상대觀象臺에 갔는데 위에는 시진표時辰表처럼 생긴 평의枰儀(수준측량기)가 걸려 있고 아래에는 고리처럼 생긴 종이띠가 붙어있었으며,³⁸⁷ 바늘 끝에는 남색 물감이 묻어 있고 아래로 전선電線과 연결되었다. 별도로 길이가 1장쯤 되는 규천경窺天鏡(천체망원경)이 있었는데 별을 보는 이가 밤을 보내면서 그것을 지키고 있었다. 천상天象에 조금 변동이 생기면 급히 손으로 전선을 누른다. 그러면 바늘이 가리키는 시각의 분초가 저절로 남색 점이 찍혀 사핵查核(조사)과 추험推驗(검증)하기 편리했다. 구경을 마치고 회당에서 만찬을 했다. 늦은 밤에 숙소에 돌아왔다.

---

383 '위로하고 경앙(敬仰)하며 경하한다'는 뜻이다.

384 리베러스 헐(1822~1894)은 메사추세츠 출신의 사업가이자 정치가이다. 찰스타운의 9대 시장을 지냈다.

385 하버드 대학을 말한다.

386 당시 하버드 대학 도서관은 고어 홀(Gore Hall)에 있었는데, 이 건물은 1836년에 건축되었고 1913년에 철거되었다. 지금의 윈스럽 하우스(Winthrop House) 자리이다.

387 『초사태서기』에서는 8일에 방문했다고 했으나 착오인 듯하다.

[그림 147] 하버드대 도서관이 있었던 고어 홀

8월 25일 화요일

7월 8일 갑신. 맑음. 사정(10시)에 지 흠헌과 손 흠헌을 따라 화륜차를 타고 67리를 가서 낙란사洛瀾泗(Lawrence) 장莊(마을)에 도착했다.[388] 누가 말하기를 20년 전에는 이 마을이 없었는데 지금은 2만여 명이 넘는 사람들이 모여 산다고 했다. 긴 강[389]이 흐르고 융전국絨氈局이 4곳[390] 있는데 각 국마다 남녀 공인工人이 3천 6백 명씩 있었다. 강물이 상류에서 흘러와서 이곳에 이르면 철 갑문에 부딪혀 솟구치는데 그 힘이 무척 커서 수기水機를 이용하여 거칠거나 섬세한 융전과 객라喀喇(kala), 필기嗶嘰(beige)[391] 등을 짠다.

---

388 로렌스는 보스턴 북쪽에 있는 도시로, 19세기 후반부터 섬유 산업의 중심지로 떠올랐다.『초사태서기』에서는 9일에 방문했다고 했으나 착오인 듯하다.

389 매리맥 강(Marrimack River)이다.

390 4곳 중 워싱턴 울른 밀즈(Washington Woollen Mills)와 퍼시픽 코튼 밀즈(Pacific Cotton Mills)를 방문했다.

391 객라는 객라니(喀喇呢)의 약칭으로 합라(哈喇) 또는 합라니(哈喇呢)라고도 쓰며 표면이 반짝이는 러시아산 고급 모직물을 가리킨다. 객라니(喀喇呢)의 니(呢)는 양모를 뜻하는 프랑스어 laine의 음역어이다. 객라니의 정확한 어원은 불분명하지만 каламя́нка(영어로는

색깔과 꽃무늬가 천백 종류나 되었다. 미초(13시)에 숙소에 돌아왔다.

8월 26일 수요일

7월 9일 을유. 맑음. 오각(11~13시)에 지 흠헌과 손 흠헌을 따라 총독 포락극을 방문했다. 저녁에는 서양 상인 위상성衛祥性(Percival Lowell Everett)이 사리舍利 호(Point Shirley) 옆에서 어조찬魚鳥饌을 마련했다.[392] 게, 새우, 제비, 참새 등을 모두 중화의 지지고 삶는 법처럼 익혔는데 맛이 자못 훌륭했다. 연회가 끝나고 돌아왔다. 밤이 되니 약간 추웠다.

8월 27일 목요일

7월 10일 병오. 맑음. 오후에 사나구와 함께 차를 타고 교외로 나가면서 포사돈과 붙어 있는 사리查理 촌을 지나갔다. 이 마을은 크지 않지만 누방이 아취가 있었다. 마을에서 멀지 않은 곳에 원유園圃가 몇 개 이어져 있는데 모두 백 무이고 사방이 철 난간으로 둘러쳐져 있었다. 벌과 나비들이 날아다니고 화목이 무성하여 언덕과 계곡이 천연의 것인 듯 수려했다. 어떤 이의 말을 듣자니 사람들이 많이 모여 있는 곳에는 원유를 많이 짓고 물길을 크게 내어 지기地氣가 통하게 해야 하고, 또 수목을 많이 심어 단비를 부르

---

calamanco)와 연관되었을 수 있다. 또 필기는 프랑스어 베이지(beige)의 음역어로, 영어로는 서지(serge)라고 한다. 필기단(嗶嘰緞), 소니(小呢) 등으로도 부르고, 가볍고 표면이 촘촘한 소모사(梳毛絲) 소재의 값싼 모직물을 가리킨다. Pyun, Wong eds., *Fashion, Identity, and Power in Modern Asia*, p.235.

392 보스턴 데일리 이브닝 트랜스크립트(Boston Daily Evening Transcript) 1868년 8월 27일자에 따르면 사절단 일행은 이날 주지사를 방문한 뒤 오후 2시에 보스턴 항에 있던 밀수 감시선 한니발 햄린(Hannibal Hamlin) 호를 방문했고, 이어 디어 섬 북쪽에 있는 지역인 포인트 셜리로 가서 저녁 식사를 했다. 당시 포인트 셜리에 있었던 태프츠 호텔(Taft's Hotel)의 레스토랑이 유명했는데, 일행은 이곳에서 만찬을 한 듯하다. 이곳은 동서 양쪽으로 모두 바다가 펼쳐지는데 장덕이는 이를 호수로 오해한 것이다. 만찬의 초청자 퍼시벌 로웰 에버렛(1833~1908)은 1853년부터 1860년까지 홍콩과 복주에서 미국계 회사 오거스틴 허드 앤 컴퍼니(Augustine Heard & Co.) 소속으로 근무했고, 귀국 후에는 금융과 무역 방면에서 활동하여 보스턴 경제계의 거물이 되었다.

기 쉽고 사람이 병에 걸려 일찍 죽는 걱정이 없게 해야 한다고 했다.

8월 28일 금요일

7월 11일 정해. 맑음. 미초(13시)에 지 흠헌과 손 흠헌을 따라 차를 타고 강변에 가서 배에 올랐다. 배에는 어린아이 70여 명이 상앗대와 키를 맡고 있었는데 닻줄을 올리고 돛을 펼치자 경쾌하게 나아가니 따를 자가 거의 없었다. 아마 성에서 제멋대로 다니는 자들로 공부를 좋아하지 않아 이것을 하게 된 듯하다.

8월 29일 토요일

7월 12일 무자. 맑음. 오정(12시)에 피격릉, 아립안이 청하여 함께 차를 타고 사리 촌을 구경하러 갔다. 9리쯤 가서 격릉의 집에 잠시 앉아있다가 떠났다. 촌을 두루 돌아 십몇 리를 다니다가 신정(16시)에 숙소로 돌아왔다.

유초(17시)에 연춘경, 장송여와 함께 거리에 나가 걸어서 함와훔臥 가(Hanover St.)에 갔다가 다시 입척만立尺滿 가(Richmond St.)까지 갔다. 가는 길 내내 기등氣燈(가스등)이 휘황하여 대낮처럼 밝았고 우리를 둘러싸고 구경하는 토인들이 아주 많았다. 붉은 얼굴에 곱슬머리를 한 사람이 "조조嘲嘲!"라고 큰 소리로 급히 외쳤는데, 물어보니 술 취한 자이고 그 말은 밥을 먹으라는 뜻의 광동 토어라고 했는데 맞는지는 알지 못하겠다.

8월 30일 일요일

7월 13일 기축. 맑음. 신정(16시)에 사백이司柏耳가 청하여 그의 집에 가서 그의 처를 만났다. 그가 둘째 딸 사민려司敏麗에게 금琴(건반악기)을 한 곡 치라고 했는데 그 소리가 부드럽고 여운이 오래도록 가시지 않아서 천상인지 인간 세상인지 알지 못할 정도였다. 그 뒤에 함께 진공 점에 가서 음악을 들었다. 위로 올라가 멀리 바라보니 영인伶人(배우)이 숲속에서 노래를 부르고 있었고 때때로 금빛 북이 연주되는데 그 소리가 돌을 찢고 파도를 놀래키는 듯했다. 때로 적관笛管이 부드럽게 연주되니 그 뜻이 고산유수高山流水에 있는 듯했다.[393] 연주가 끝나자 듣던 사람들이 손뼉을 쳤고 여러 사람이 "복랍오구卜拉五歐(Bravo)!"라고 외치며 치하했다. 복랍오구는 훌륭하다는 뜻이다. 술정일각(20시 15분)에 사백이가 나를 숙소까지 데려다주었다.

8월 31일 월요일

7월 14일 경인. 맑음. 오후에 지 흠헌과 손 흠헌을 따라 배를 타고 수군水軍(해군) 양병소養病所(요양소)에 가 보았다.[394] 목조 가옥 수십 채에 아침저녁으로 의생이 살피면서 치료와 요양을 지극히 잘 보살펴주었다. 여기에 온 김에 조선창造船廠(조선소)에도 가 보았는데,[395] 공장工匠이 천 명이고 만

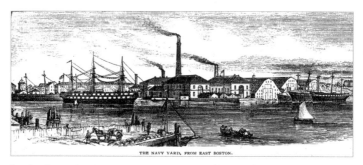

THE NAVY YARD, FROM EAST BOSTON.

[그림 148] 보스턴에서 바라본 찰스타운 해군 조선소(1870년경)

---

393 춘추시대 초나라의 백아(伯牙)가 금을 잘 탔는데, 그가 고산(高山)을 주제로 연주하는지 유수(流水)를 주제로 연주하는지 종자기(鍾子期)가 바로 알아들었다고 한다. 여기에서는 적관의 연주 소리가 훌륭했음을 가리킨다.

394 1836년 설립된 첼시 해군병원(Chelsea Naval Hospital)을 말한다. 뒤에 보스턴 해군병원(Naval Hospital Boston)으로 바뀌었고 1973년에 폐쇄되었다.

395 찰스타운 해군 조선소(Charlestown Navy Yard)를 말한다. 지금은 보스턴 해군 조선소(Boston Navy Yard)라고 부른다.

드는 기구는 다른 나라와 같았으나 다만 닻줄이 특히 견고했다.

배에서 내려 붕극繃克 산산(Bunker Hill)에 올라갔는데 꼭대기에 와란臥蘭 (Joseph Warren)의 비석이 있었다.[396] 와란은 합중국의 대수大帥로, 영웅다운 재능과 위대한 전략으로 명장의 기풍이 있었고 영국과 여러 차례 싸우다가 세상을 떠났다. 국인國人들이 그를 애도하여 그의 평생 행적을 정리하여 비에 새겨 영구히 남겼으니, 양호羊祜의 타루비墮淚碑[397]를 잇는 것이라 하겠다. 비석의 높이는 20장이고 너비는 5장이어서 무척 장관이었다. 신초(15시)에 숙소에 돌아왔다.

[그림 149] 조지프 워렌

[그림 150] 벙커힐 기념비

9월 1일 화요일

7월 15일 신묘. 맑음. 미정(14시)에 지 흠헌과 손 흠헌을 따라 차를 타고 8리를 가서 늑빈勒彬(Royal Elisha Robbins)의 종표국鐘表局(Tracy Baker &

---

396 조지프 워렌(1741~1775)은 의사이자 군인으로, 미국 건국의 아버지 중 한 명이다. 독립전쟁 이전에는 보스턴의 독립운동을 이끌었으며 전쟁이 시작되자 메사추세츠 혁명 정부 지도자임에도 벙커힐 전투에 사병으로 참전했다가 전사했다. 1794년에 그를 기념하기 위한 목비(木碑)가 찰스타운의 모뉴먼트 스퀘어(Monument Sq.)에 있는 벙커힐에 세워졌고, 1827년에 약 67m 높이의 벙커힐 기념비(Bunker Hill Monument)가 제작되기 시작하여 1843년에 완성되었다. 장덕이가 본 것은 벙커힐 기념비이다.

397 타루비는 눈물을 흘리는 비라는 뜻이다. 진(晉)나라 군사 총독 양호(羊祜)가 덕이 높았는데, 그가 죽은 뒤에 부하들이 그를 사모하여 그의 비석을 볼 때마다 눈물을 흘렸다고 한다.

Company)을 구경했다.[398] 남녀 장인 백여 명이 만든 자명종과 시진표가 모두 아주 정교했다. 종류도 많아서, 스스로 상현上弦[399]하는 것, 손잡이로 상현하는 것, 손잡이를 밀면 시각을 말해주는 것, 달 모양이 있어서 그믐과 보름을 알려주는 것, 작은 접시들이 무수히 있어서 연월일과 예비의 날짜를 알려주는 것, 콩알만큼 작아서 겨자씨에 수미산을 넣은 것이나 마찬가지인 것 등이 있었다. 구경을 마치고 숙소로 돌아왔다.

저녁에 걸어서 맞은 편의 향인鄕人 의사청議事廳[400]에 갔는데 누방이 드넓고 꾸밈새가 깨끗하고 수려했다.

[그림 151] 애런 데니손   [그림 152] 로열 로빈스

---

398 트레이시 베이커 앤 컴퍼니는 본래 1850년 애런 러프킨 데니손(Aaron Lufkin Dennison, 1812~1895)이 메사추세츠 주 록스베리(Roxbury)에 세운 시계회사의 후신이다. 데니손은 2년 뒤인 1852년에 회사를 월섬(Waltham)으로 이전하고 회사명을 보스턴 시계회사(Boston Watch Company)라고 정했다. 그후 1857년에 경영난으로 인해 회사 자산이 분리되었고, 시계 수입업자이던 로열 로빈스가 회사의 공장 설비 부분을 인수하여 트레이시 베이커 앤 컴퍼니(Tracy Baker & Company)로 이름을 바꾸었다. 그후 1885년에 다시 미국 월섬 시계회사(American Waltham Watch Company)로 사명을 바꾸어 지금에 이르고 있다.

399 태엽이 감기는 것이다.

400 보스턴 시 의회가 있었던 옛 시 청사를 말한다. 1969년에 지금의 위치인 시청 광장으로 옮겼지만, 옛 건물은 지금도 스쿨 가(School St.) 45호에 있다.

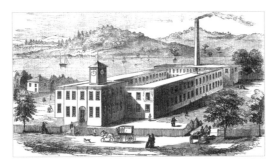

[그림 153] 트레이시 베이커 앤 컴퍼니(1858)

[그림 154] 보스턴시 청사(1865)

뉴욕에서 런던까지

9월 2일 수요일

7월 16일 임진. 맑음. 사초(09시)에 객점을 출발하여 마차를 타고 몇 리를 가서 객청에 잠시 앉아있다가 화륜차를 타고 서남쪽으로 572리를 가서 유정일각(18시 15분)에 뉴약에 도착하여 이전의 숙소에 들어갔다.

기記: 지난번 뉴약에 있었을 때는 한여름이어서 얇은 깁으로 만든 큰 적삼을 입고 시내를 돌아다녔는데, 토인들이 잠옷을 입고 돌아다닌다고 하면서 비웃었다. 아마 서인들의 습속으로는 밤에 긴 옷을 입고 낮에 짧은 옷을 입기 때문이었을 것이다.

9월 3일 목요일

7월 17일 계사. 맑음. 아침에 위렬의 편지 한 통을 받았는데 이렇게 적혀있었다. "어제 아들이 태어났는데 이마가 가파르니 사람들이 복이 있는 상이라고 합니다. 족하足下의 '덕德' 자를 이름으로 삼아 기념하고자 하오니 혜량해 주시기를 바랍니다."

9월 4일 금요일

7월 18일 갑오. 흐림. 이슬비가 계속 내렸다. 걸어서 장서각藏書閣(도서관)에 갔다. 누방을 여러 번 들어가니 책 만 권이 진열되어 있었는데 『중화풍토기中華風土記』 두 책을 찾아 읽어보았다. 그림이 정교하고 세밀하며 주해가 상세하여 부처에게 절하고 독경하는 것, 혼삿날 잔치, 농사짓고 나무하며 노래하는 것, 그리고 아이들의 장난감에 이르기까지 쓰지 않은 것이 없었다. 또 공성孔聖(공자)의 도학서道學書와 『강희자전康熙字典』을 번역한 한영합벽자회漢英合璧字匯도 있었다.[401] 또 외국의 산해경山海經[402]도 있었는데 중화와 크게 다르고 모두 세 권으로 두께가 각각 2촌쯤 되었다. 각종 조수鳥獸, 수족水族, 곤충 등이 도형이 깨끗하여 책을 펴서 읽으니 생생하게 살아있는 듯했다.

9월 5일 토요일
7월 19일 을미. 흐리고 비가 내림.

기記: 합중국 각 방의 남녀는 손님을 맞는 일을 좋아하여 온화하고 공손하고 화목하며 남을 자기처럼 여기고 질투하는 마음이 없다. 국인들은 각 교敎(종교)가 모두 있다. 다만 야소교는 두 종류로 나누어져서 하나는 궤객이사潰客爾司(Quakers)[403]로 남자는 챙이 넓은 모자를 쓰고 여자는 커다란 흰 두건을 두르고 옛 예법을 행하고 옛 말씀을 논한다. 다른 하나는 쇄객이사曬客爾司(Shakers)[404]로 남녀가 예배볼 때 경전을 읽지 않고 무릎 꿇지 않고 앉

---

401 여기에서의 '한영합벽자회'는 개신교 선교사 로버트 모리슨(Robert Morrison, 1782~1834)이 『강희자전』을 바탕으로 하여 1823년에 편찬을 완료한 최초의 중국어-영어 사전인 *A Dictionary of the Chinese Language*(중국어 명칭은 『화영자전華英字典』)를 말하는 듯하다.

402 『산해경』은 각 지역에 사는 사람, 짐승, 식물 등을 적은 옛 책인데, 기이하고 신비한 이야기가 가득하여 고대 중국인들이 외부를 어떻게 상상했는지를 알려준다. 여기에서는 지리 또는 지지(地誌) 서적의 의미로 쓰이고 있다.

403 17세기에 영국의 조지 폭스(George Fox)가 창시한 기독교 교파이다. 정식 이름은 종교친우회(Religious Society of Friends)이다. 퀘이커라는 별칭은 하느님 앞에서 몸을 떤다는 말에서 유래했다. 영국에서 인정받지 못한 신도들이 미국 동부로 이주했는데, 특히 펜실베이니어 주의 설립에 크게 기여했다.

404 18세기에 영국에서 창시된 기독교 교파이다. 정식 이름은 그리스도 재림 신자 연합회(United Society of Believers in Chirist's Second Appearing)이다. 세이커라는 별칭은 예배 중에 몸을 흔들기 때문에 생겨났다. 1774년에 미국에 정착했으나 20세기 초에 약화되었다.

지 않는다. 남녀는 양쪽에 줄지어 서서 각기 두 어깨를 날 듯이 펼치고 화성
和聲으로 노래한다.

9월 6일 일요일

7월 20일 병신. 계속 비가 오고 추움. 듣자니 북방이 이긴 뒤에 남방
사람들이 때로 원한을 품고 사람들을 모아 당을 만들어 분존비당分尊卑黨
(Discriminatory)이라고 부르고 여전히 흑인을 노예로 보되 다만 함부로 하지
는 못한다고 했다. 모든 대소 관료들은 여전히 평행당平行黨(Levellers)과 분존
비당의 두 당에 속하는데, 각기 사사로운 마음을 갖고 서로 화목하지 않는
다고 했다.[405] 현임 백리새천덕(President)이 앞으로 4년이 차면 각 방의 인민
들이 공거公擧(선거)에 응하여 당중堂中의 두 대관大官을 정통령과 부통령으로
삼을 것인데, 두 당이 불화하기 때문에 평행당에서는 과란달戈蘭達(Ulysses S.
Grant)과 구법사寇法斯(Schuyler Colfax) 두 사람을 뽑고자 하고 분존비당에서는
희묵希墨(Horatio Seymour)과 포뢰布蕾(Francis Preston Blair Jr.) 두 사람을 뽑으

[그림 155] 호레이쇼 세이모어   [그림 156] 프란시스 블레어 주니어

405 분존비당과 평행당은 각각 민주당과 공화당을 가리킨다. 민주당과 공화당이 각각 흑인 차별
　　과 차별 반대 입장을 가졌기 때문에 이와 같은 별명이 생겼다.

려고 한다.[406] 두 당이 이렇게 다투면 후환을 면하기 어려울 것이다.

9월 7일 월요일
7월 21일 정유. 큰비.

기기: 합중국은 동쪽에는 대서양大西洋이 있고 서쪽에는 태평양太平洋이 있고 남쪽은 묵서가와 통하고 북쪽은 영속英屬(영국 속령) 가나타—감나대龕那大라고도 한다—와 접한다. 동서로 약 만 리, 남북으로 6천여 리이다. 동쪽에는 아알니阿嘎呢 산(Appalachian Mts.)이 있고 서쪽에 나기羅機 령嶺(Rocky Mts.)이 있는데 길이가 모두 만여 리이다. 밭이 비옥하고 토산土産이 풍성하다. 영국에 반란을 일으켜 자립한 뒤에는 오로지 인정仁政으로 백성을 대했다. 구라파 각국의 유민遊民들이 간절한 기대를 가지고 건너와서 판도版圖를 늘여 마침내 벌판을 개간하고 토번土番(아메리카 원주민)을 쫓아내어, 4만 명이 넘으면 마을을 세우고 방邦(주)을 이루어 지금은 모두 36개 방이 되었다. 천시天時(기후)는 화하華夏와 비슷하여 남쪽은 절강浙江과 같고 북쪽은 연진燕晉(하북, 산서)과 같다. 생산되는 오곡과 과일, 채소도 중국과 다르지 않다. 각 방에는 모두 공거로 뽑힌 정부正副 수령首領,[407] 순찰巡察(경찰), 찬의贊議(입법기관), 형관刑官(사법기관), 지휘指揮(행정기관) 등의 관리가 있고, 만약 정사政事에 치우침이나 사사로움이 있게 되면 군의群議(사람들의 논의)로써 해직시킨다. 나라 전체의 병사는 만 명밖에 되지 않고 각 포대와 관애關隘(요충지)에 분포分布(배치)된다. 사민四民 중에 사士 이외에 농, 공, 상이 젊고 힘이 있으면 모두 군적軍籍에 예속되어 일이 없으면 각자 본업에

---

406 호레이쇼 세이모어(1810~1886)는 하원 의장과 뉴욕 주지사 등을 지낸 정치인으로, 1868년 대통령 선거의 민주당 후보였으나 공화당의 율리시스 그랜트 후보에게 패배했다. 프란시스 블레어 주니어(1821~1875)는 연방 하원 의원과 상원 의원 등을 지낸 정치인으로, 1868년 대통령 선거에서 호레이쇼 세이모어의 러닝 메이트로 부통령 후보였으나 세이모어의 패배로 동반 낙선했다. 그랜트와 콜팩스는 앞 참고.

407 주지사와 부지사이다.

힘쓰고 일이 생기면 관군으로 징집된다. 합중국은 처음에는 영국의 속령이었기 때문에 언어와 문자가 영국과 같고 중시하는 바도 천문, 지리, 산학算學(수학), 격물格物(물리)의 여러 학문이다. 백 년 동안 영국, 아국과 맞서면서 제 방邦이 수비하며 서로 돕고 변방을 엄하게 지키니 그 옆의 나라들이 영원히 침범하지 못하고 여러 대국들도 또한 감히 다투지 못했다. 병융兵戎(군사)이 아닌 옥백玉帛(외교)으로 힘쓴다면 중국衆國을 합한 것[408]은 칭찬하기에 충분하다.

9월 8일 화요일

7월 22일 무술. 흐림. 배를 예약하고 짐을 싸고 각처에 작별을 고했다. 저녁에 옆방의 양앙 등이 전별해 주었는데, 오랫동안 좌담하다가 해정(22시)에야 돌아갔다.

9월 9일 수요일

7월 23일 기해. 맑음. 사정(10시)에 길을 나서서 작은 배를 타고 15리를 가서 16하구河口(제16부두)[409]에 도착하여 큰 윤선에 올랐다. 배의 이름은 찰와扎瓦(Java) 호로, 길이가 30장, 너비는 3장 남짓 되는 영국의 암륜선이었다.[410] 이날 이온미, 두리문 두 집안의 가족들이 송별해 주었다. 윤4월 1일에 신부新埠에 도착한 이래 화랍和拉 신문국(New York Herald)의 위탁으로 향도向導(안내자)가 된 개안開安이라는 사람이 각처를 돌아다니는 데 도움을 주

---

408 미국이 연방 체제를 이룬 것을 말한다.

409 브루클린 교 남쪽에 있는 맨해튼의 부두이다.

410 자바 호는 1865년 영국 글래스고에서 건조된 화물여객선으로 큐나드 라인(Cunard Line) 소속으로 출발하였고, 1877년에 워렌 라인(Warren Line)과 이듬해 레드스타 라인(Red Star Line)에 팔렸다. 이후 1889년과 1892년에 각각 프랑스와 영국 소유자들에게 여러 차례 팔렸고, 1895년에 샌프란시스코에서 뉴욕으로 운항하던 도중에 실종되었다.

었을 뿐아니라 신문新聞(새소식)을 널리 전해주기까지 했는데 이곳에 와서 송별을 마치고서야 돌아갔다. 오정(12시)에 배가 출발하여 해구를 나와 동쪽으로 갔다. 옆바람이 약간 쌀쌀했다. 신정(16시)에 흐려졌다.

[그림 157] 제16부두와 브루클린교(1900년경)

[그림 158] 자바 호

9월 10일 목요일

7월 24일 경자. 맑고 추움. 옆바람이 불었다. 배가 조금 흔들렸다. 물색은 푸르렀다. 오후에 먹구름이 가득 끼었다.

9월 11일 금요일

7월 25일 신축. 맑음. 조금 평온해짐.

기記: 합중국에는 글자를 피하는 것으로 내기를 하는 것이 있다. 갑이 한 글자를 말하고 을에게 금지하면 을이 한 글자를 말하고 갑에게 금지하여 어긴 사람이 벌을 받는 것으로 남녀를 가리지 않고 모두 할 수 있다.

9월 12일 토요일

7월 26일 임인. 맑고 평온함. 물색은 깊은 남색이었다. 신초일각(15시 15분)에 흐려졌다. 밤이 되어 큰비가 쏟아붓고 아주 추웠다.

9월 13일 일요일

7월 27일 계묘. 흐림. 물은 잔잔해지고 색깔은 까맸다. 유정(18시)에 짙은 안개가 끼어 아득해지고 하늘과 바다가 자욱하여 분간이 되지 않았다.

9월 14일 월요일

7월 28일 갑진. 흐림. 맞바람이 불었다. 배가 심하게 흔들렸다. 저녁에 큰 고래를 한 마리 보았는데 길이가 2장이 넘었다.

9월 15일 화요일

7월 29일 을사. 흐리고 추움. 바람이 멎고 물이 잔잔해졌다. 색깔은 까맸다. 길이가 14~5장이 되는 단단한 얼음이 물길을 따라 와서 뱃머리에 거의 부딪힐 뻔했다. 동승한 영국 사람 화애달花愛達이 말하기로는 그 얼음이 북극의 북빙양北冰洋에서 온다고 했다. 밤이 되어 날이 개고 약간 따뜻해졌다.

9월 16일 수요일

8월 1일 병오. 맑음. 오후에 바람이 불고 파도가 쳐서 배가 바로 흔들렸다. 동승한 사람들이 취한 것처럼 어지러워했다. 구토하지 않는 사람은 포 흠사의 처와 한 노파, 그리고 그의 하녀 마리馬莉와 하인 구이歐爾 뿐이었다.

9월 17일 목요일

8월 2일 정미. 맑음. 풍랑이 어제보다 더욱 거세졌다. 물에서 큰 소리가 나면서 배에 부딪혔는데 창을 열어 보고 크게 놀라 두려워졌다. 산만한 파도가 일어나니 그 위험이 태평양과 같은 듯했다.

9월 18일 금요일

8월 3일 무신. 맑음. 물은 녹색이었다. 아침에 북쪽에 긴 산이 이어진 모습이 보였는데 영국 애이란愛爾蘭(Ireland)의 서남쪽 경계였다. 신각(15~17시)에 곤사昆斯(Queenstown)[411] 해구에 도착했는데 안쪽 입구로 들어가지는 않았다. 배를 멈춘 후에 작은 윤주輪舟가 와서 맞이했다. 이곳은 배가 많지 않고 누방도 적었고, 좌우에는 포대와 등루燈樓(등대)가 있었다. 유초(17시)에 다시 출발하여 계속 동쪽으로 갔다. 밤이 되어 북쪽으로 방향을 바꾸어 갔는데 맞바람이 아주 차가웠다.

---

411 아일랜드 남부의 해안 도시 코브(Cobh)를 말한다. 퀸스타운은 1849년부터 1920년까지 불린 명칭이다.

영국

9월 19일 토요일

8월 4일 기유. 맑음. 아침에 동쪽으로 산이 많이 보였는데 운무에 숨어 있었다. 영국의 서남쪽 성省 위랍사衛拉斯(Wales)의 서쪽 경계였다. 사각(09~11시)에 동쪽으로 돌아 미정(14시)에 영갈란英葛蘭(England) 서쪽 경계에 있는 영국의 통상通商 대구大口(대항구) 입온포立溫浦(Liverpool) 지방에 도착했다. 배에서 내려 마차를 타고 2리를 가서 화성돈華盛頓 점(Washington Hotel)[412]—이곳은 합중국 사람이 열어서 이름을 화성돈이라고 지었다—에

[그림 159] 리버풀 항(1898)

---

412 라임 가(Lime St.)의 세인트 조지 홀(St. George's Hall) 옆에 있었다. 1954년에 철거되었다.

들어가서 조찬을 했다. 이곳은 주민이 50만 명이고 둘레가 약 30여 리이며, 배들이 즐비하고 누방이 높고 화려하며 거리가 번화하고 사람들이 빽빽했다.

합중국 뉴약에서 영국 입온포까지의 물길은 9,144리이다.

[그림 160] 워싱턴 호텔(1865)

유초(17시)에 길을 떠나 화륜차를 타고 동남쪽으로 666리를 가서 해각(21~23시)에 영국의 경도 윤돈倫敦(London)에 도착했다. [413]

[그림 161] 런던의 옥스퍼드 가(19세기 말)

―――――――

413 리버풀에서 출발한 일행은 런던의 유스턴(Euston) 역에 도착했다.

마차로 갈아타고 10여 리를 가서 갈라무나이葛羅武那爾 점(Grosvenor Hotel)[414]에 들어갔는데 아주 넓었다. 누방은 12층이고 무척 넓으며 자행옥自行屋(엘리베이터)이 있어서 높은 층으로 오르내리기에 전혀 힘이 들지 않는다. 양식 저장, 얼음 보관, 매탄煤炭 적재 등을 위한 방 수십 칸도 모두 넓고 깨끗했다. 이 점은 영국 경도의 제일의 여사旅舍로, 앞에는 점 이름과 같은 큰길이 있고 뒤쪽은 위극도리아威克都里亞(Victoria) 화륜차 객청客廳[415]으로 밤낮으로 차가 오가는 소리가 들리고 기초機哨(기적)가 울렸다.

[그림 162] 그로스베너 호텔

[그림 163] 빅토리아역(20세기 초)

9월 20일 일요일

8월 5일 기유.[416] 흐리다가 신각(15~17시)에 이슬비가 내렸다. 들리기로는 영국 군주[417]가 6월 17일에 서사국瑞士國(Switzerland)으로 요양을 떠났다가 7월 21일에 서사에서 법국法國 경도京都를 거쳐 윤돈으로 돌아와서 문자文炎 궁宮(Windsor Castle)[418]에서 사흘 동안 머무르고 25일에 세자, 세자비 등

---

414 빅토리아역의 서북쪽에 붙어있는 그로스베너 호텔은 1861년에 개점했다.
415 빅토리아역은 1860년에 운영을 시작하였다. 런던 웨스트민스터 시 빅토리아에 있다.
416 전날의 일진(日辰)이 반복되었다. 올바르게 수정된 것이다.
417 당시의 군주는 빅토리아 여왕(Queen Victoria, 1837~1901 재위)이었다.
418 윈저 성은 런던 동쪽의 윈저에 있는 성으로, 11세기에 처음 지어졌고 몇 차례 다시 지어졌다.

과 함께 소갈란蘇葛蘭(Scotland)으로 미행微行(비공식여행)할 것이라고 했다. 근래 민풍民風이 사나워져서 여러 차례 싸우고 죽이는 난리가 있었기 때문에 그곳에 가서 동정을 살피고자 한다는 것이었다. 들리는 말로는 한 달 뒤에야 경도로 돌아온다고 했다. 지금은 의사청議事廳의 휴목休沐(휴회) 기간이고 9월 중순에야 국사를 논의할 예정으로, 대소大小 관료들 중에 관서官署에 있지 않은 사람들이 많았다.

[그림 164] 빅토리아 여왕(1887)

월 21일 월요일

8월 6일 경술. 아침에 짙은 안개가 끼었다가 오후에 조금 개었다. 저녁에 거정居停 사미사司米士 부처夫妻가 차를 마시자고 청하여 그 권속과 친구 6~7명을 만나 아주 즐겁게 이야기했다. 차를 마시고 나서 그가 조카딸 안의安懿에게 금琴을 치게 했는데 소리가 유연悠然하여 정신이 나갈 정도였다.

―――――――――

오랫동안 영국 군주의 공식적인 거주지 중 하나였고 엘리자베스 2세도 이곳에 거주하는 때가 많았다.

9월 22일 화요일

8월 7일 신해. 조금 흐림. 한자漢字 신문지 한 묶음을 받았는데 제호가
「비룡보飛龍報」[419]였다. 거기에는 새로 나온 기교하고 유용한 물건들에 대한
이야기가 실려 있었고 중간중간에 지도와 경치, 국사國事와 인정人情에 대
한 글도 있었다. 매월 한 차례 윤돈에서 인쇄되고 한 해 가격은 7전 2푼이
었다. 누판鏤板(조판)이 세밀하고 인쇄가 정교했지만 글은 별로 뛰어나지 않
았다. 아마 필묵筆墨을 대강 익힌 사람이 쓴 것인 듯했다.

[그림 165] 월간 비룡보편 제9호 1866년 9월 14일자 1면

9월 23일 수요일

8월 8일 임자. 맑음. 주방 안에 장에 조린 순무처럼 생긴 검정 채소가
있었는데 맛은 낡은 소가죽 같았다. 물에 데쳐서 통에 넣어놓은 것이었다.
값은 아주 비싸서 닷냥 무게의 작은 병 하나에 은 1냥 2전이나 했다. 국인
들이 미식으로 여겨 귀빈을 대접할 때 준비하는 것이었다. 포정庖丁(주방장)

---

419 영국 런던에서 1866년 1월에 창간된 유럽 최초의 중국어 월간 신문이다. 전체 제호는 「비룡
보편(飛龍報篇)」이고 영문 제호는 'The Flying Dragon Reporter'이다.

의 말에 따르면 그 채소는 뿌리도 없고 싹도 없고 가지와 잎사귀도 없는 것이고, 거친 들판에서 자라는 것으로 이름은 토복라土伏羅(truffle)[420]라고 했다. 이 채소를 구하기 위해 모두 작은 개를 기르는데 그 이름은 토복견土伏犬(truffle hound)이라고 했다. 개가 코로 냄새를 맡아 그것을 찾으면 사람이 즉시 그 냄새가 나는 곳을 파는데, 얻지 못하는 일이 드물다고 했다. 그것을 먹으면 도움이 되는 바가 있는지를 물었더니 그가 말했다. "토복라는 효력이 무척 커서 그것을 먹으면 몸과 마음을 모두 강하게 할 수 있습니다."

9월 24일 목요일

8월 9일 계축. 아침 내내 이슬비가 내렸다. 매일 사초(09시)에 1척 남짓 높이의 검은 가죽 모자를 쓰고 붉은 옷과 검은 바지를 입은 병사 120명이 고취鼓吹(군악)를 하며 지나가는데, 물어보니 군주의 어림군御林軍(King's Guard)이라고 했다. 매일 아침 순번이 돌아온 자들이 이곳을 지나가는데 하루에 한 번 바뀌고, 떠날 때는 율진栗榛 가(Regent St.)를 거쳐서 돌아간다고 했다. 이 병사들은 매년 뽑는데 크고 건장한 자들이 선발되고 키가 6척이 안 되는 자는 군영으로 간다고 했다.

[그림 166] 근위대의 행진

---

420 트러플은 서양 송로버섯이다. 고가의 고급 식재료이다.

9월 25일 금요일

8월 10일 갑인. 맑음. 유정(18시)에 포 흠차의 두 아들이 일이만日耳롱 (Germany)에서 왔다. 한 명은 애오愛梧(Edward Burlingame)로 21살이고, 한 명은 무특武特(Walter Burlingame)으로 19살인데, 모두 일이만에서 언어 문자를 공부한다고 했다. 일찍이 북경에서 2년 동안 공부하다가 일이 생겨 귀국한 적이 있다고도 했다. 술정(20시)에 흐려졌다.

9월 26일 토요일

8월 11일 을묘. 흐리다가 비가 내렸다. 점 안에서는 매일 밤 순역巡役이 오가며 순찰하는데, 절도를 막고 노복들의 음주와 도박을 조사하기 위함이다. 또 각 층의 계단 옆에는 흰 종이에 이렇게 씌어있다. "누방 내 손님들의 편안한 잠자리를 위해 이곳을 지나는 분들은 천천히 걸어 놀라지 않게 해주십시오."

9월 27일 일요일

8월 12일 병진. 흐리다가 비가 내렸다. 저녁에 위층으로 걸어 올라가다가 아자啞子(언어장애인) 두 명을 만났는데 자기네 방을 손으로 가리키며 끌고 들어갔다. 방 안에는 푸른 눈에 곱슬 수염의 한 남자가 있었는데 내가 들어오는 것을 보더니 손을 붙잡고 앉으라고 하며 입으로 무엇인가를 말하려고 하면서 손으로 그림을 그리는데 힘들어 보였다. 이 사람도 아자였던 듯하다. 다행히 내가 서양 수담手談을 배운 적이 있어서 손가락으로 글자를 대신하여 말을 잘 통할 수 있었다. 방 안에 있는 사람은 성이 만滿, 이름이 사斯이고 영국 도법都法 해구(Port of Dover) 사람이었고, 바깥에서 만난 사람은 형제로 이름은 각각 필옥畢鈺과 필의畢義였다.

9월 28일 월요일

8월 13일 정사. 흐림. 숙소 안에서 일흔 살쯤 되어 보이는 노파를 만났는데 영국 세습 공작 희막이希莫耳(Edward Adolphus Seymour)의 처로, 나를 보더니 장읍長揖을 하고 들어왔다.[421] 그가 말하기를, 자신의 부모가 백년 전에 광동과 향항香港(Hong Kong) 등지에 갔었고, 집안에는 중화 골동품이 약간 있으며, 아들 희미액希米額(Edward Adolphus Ferdinand Seymour)은 인도에 간 지 3년이 되었는데 아직 돌아오지 않고 있어서 걱정이 많으니 만약 인도에 가게 된다면 뜻을 전해주면 정말 고맙겠다고 했다.

[그림 167] 에드워드 세이모어, 서머셋 공작

---

421 에드워드 아돌푸스 세이모어(1804~1885)는 제12대 서머셋 공작(Duke of Somerset)이다. 그의 아내의 이름은 제인 조지아나 세이모어(Jane Georgiana Seymour)이다. 그는 1839년에 스코틀랜드 노스 에어셔(North Ayrshire)에서 열린 중세 마상(馬上) 시합 재현 행사인 에그린턴 토너먼트(Eglinton Tournament)에서 '미의 여왕(Queen of Beauty)'으로 선발되기도 했다.

[그림 168] 에그린턴 토너먼트에서 '미의 여왕'으로 뽑힌 제인 세이모어(중앙)

9월 29일 화요일

8월 14일 무오. 약간 갬. 저녁에 한 양인洋人이 내게 위층에 화인華人과 외국 남녀 몇 명이 모여 신나게 술을 마시고 있다고 말해주었다. 나는 그중에 우리 수역隨役(수행원)이 있을 것이라고 생각해서 급히 문을 두드리니 외국 남녀 아홉—모두 이 숙소의 노복이었다—과 중토 사람 네 명—지 흠헌의 노복 장국안張國安과 유지劉智, 수발장修髮匠(이발사) 원장영袁長英, 우 협리의 노복 후지신侯志信—이 있었다. 사람들은 내가 급히 들어오는 것을 보더니 바로 흩어졌다. 내가 말했다. "노는 것은 좋은데 순역이 오는 것은 잘 방비하게." 사람들이 알았다고 대답하며 물러가고 나서 내려와 취침했다. 몽롱할 때 급히 문을 두드리는 소리가 나서 일어나 살펴보니 지 흠헌이었다. 흠헌께서도 그 소식을 들었는데 잘못 전해듣고 내게 와서 물으신 것이었다.

9월 30일 수요일

8월 15일 기미. 흐림. 지 흠헌의 방에 가서 그 일에 대해 노복들을 위해 부드럽게 말씀드려 비로소 남녀가 모여서 술을 마신 죄를 용서받을 수 있었다. 뒤에 원장영이 와서 사죄하여 내가 말했다. "자네가 양친이 계시는 고향을 만 리나 떠나 물길과 뭍길로 달려온 것은 파리 대가리만한 벌이를 구해서였네. 만약 절검을 하여 얼마간을 모아 부모를 봉양한다면 이 역시 자네의 효도라고 하겠거니와, 하물며 타향에서 지내고 있으니 주색을 으뜸으로 삼가야 할 것이니 조심하고 또 조심하게." 장영이 엎드려 사죄하고 돌아갔다.

저녁에 달이 떠오르자 창에 기대어 바로 앉았다. 이날은 중추 가절이라 집집마다 노래와 피리 소리가 울려퍼지니 친척들이 모여 즐거움이 넘친다. 하지만 나는 멀리 해국海國에 와서 홀로이 이날을 맞았으니 어찌 눈물이 흐르지 않겠는가. 이에 네 구절을 읊게 되었다.

> 고향을 만 리나 떠나오니 엄친이 그리워,
> 홀로 어두운 창가에 앉아 손수건을 눈물로 적시네.
> 가절佳節을 맞을 때마다 마음은 두 배나 간절해져서,
> 문에 기대어 아직 안 돌아오는 나를 생각하시리라.[422]

10월 1일 목요일

8월 16일 경신. 흐렸다 개었다 함. 신각(15~17시)에 지 흠헌과 손 흠헌을 따라 영국 총리아문에 가서 총리대신이자 세습 남작인 사단력司丹力(Edward Smith-Stanley)[423]을 만나 한 시진 쯤 이야기를 나누고 돌아왔다. 아

---

422 "離家萬里念嚴親, 獨坐幽窓淚滿巾. 佳節每逢情倍切, 倚門應念未歸人."

423 에드워드 스미스-스탠리(1799~1869)는 제14대 더비 백작(Earl of Derby)이다. 세 차례에 걸

서衙署는 순전히 화석花石만으로 지어져 극히 견고하고 또 드넓었다.

저녁에는 이곳 의생 114명이 숙소에서 연회를 열었는데, 길다란 탁자를 늘어놓고 좋은 음식을 내놓아 술잔과 접시가 오가며 특별하게 즐겼다. 연회가 끝나자 한 사람씩 일어나 각자 몇 마디를 하는데 내과와 외과 모두 성심을 다해 장수를 기원하는 뜻을 나타냈다. 자초(23시)에 흩어졌다.

[그림 169] 에드워드 스미스-스탠리, 더비 백작

10월 2일 금요일

8월 17일 신유. 약간 갬. 진각(07~09시)에 같은 숙소의 적분삼狄芬三이라는 이가 여씨黎氏와 혼인하기로 했는데 이날이 혼삿날이었다. 사초(09시)에 양가의 친척과 친구 남녀 28명이 와서 축하했는데, 남자는 모두 청색 옷에 긴 모자를 쓰고 여자는 붉은 테두리가 쳐진 흰 치마를 입고 각기 꽃 한 다발씩을 들었다. 오정(12시)이 되자 쌍쌍이 층을 내려가서 차 16대에 나누

쳐 총리를 지냈고 1868년 2월에 사임하여 장덕이를 만났을 때는 전직 총리의 신분이었다.

어 탔는데, 나는 먼저 예배당으로 가서 새 부부가 예식을 올리는 것을 보았다. 신랑은 예배당 가운데에서 기다리고 있었고, 조금 뒤에 신부가 도착했는데 백삼白衫을 입고 손에는 백화白花를 들고 머리에는 백사白紗를 썼다. 태서는 흰색을 좋아하여 신부가 이렇게 입은 것 같았다. 하나는 길함을 취하고 하나는 깨끗함을 취한 것이었다. 일찍이 빈斌 공公[424]이 써서 『해국승유초海國勝遊草』에 실은 시가 생각났다.

[그림 170] 빈춘(1866)

> 흰색 화관花冠에 흰 치마,
> 흰옷은 눈과 같고 신발은 서리 같네.
> 옆에서 보면서 탁문군卓文君이라고 오해하지 말지니,
> 이 사람은 막 혼인한 아가씨라네.[425]

미초(13시)에 예식을 마치고 숙소로 돌아와 연회를 베풀었다. 신부가 맨 앞에 앉아서 가병嫁餠(웨딩케익)을 고루 나누어주었다. 가병은 백면白麵과 당과糖果로 만든 것으로, 값은 십여 금이나 되었다. 연회가 끝나고 신부는 옷을 갈아입고 친척과 친구들이 돌아가기를 기다렸다가 남편과 함께 짐을 꾸려 각국을 돌아보러 떠났는데, 듣자니 1년 뒤에나 돌아올 것이라고 했다.

---

424 빈춘(斌椿, 1804~1871)을 가리킨다. 청 말엽의 관리로, 해관(海關)에서 근무하다가 동치 5년(1866)에 장덕이 등을 이끌고 유럽의 15개 나라와 지역을 약 4개월 동안 여행하고 여행기 『승사필기(乘槎筆記)』와 시집 『해국승유초』, 『천외귀범초(天外歸帆草)』를 남겼다.
425 "白色花冠素色裳, 縞衣如雪履如霜. 旁觀莫誤文君寡, 此是人家新嫁娘."

[그림 171] 프랑스의 한 살롱에서 담소하는 빈춘 일행. 르 몽
드 일뤼스트레(Le Monde Illustre) 1866년 5월 19일자

10월 3일 토요일

8월 18일 임술. 아침 내내 큰비가 내렸다. 태서에는 정률定律(법)이 있
는데 신함信函(편지)을 보내거나 돈 등의 물건을 행사行使할 때 다른 사람의
성명을 쓴 자가 발각되면 좌감坐監(징역) 10년에 처해진다고 한다. 화인이 근
거로 삼는 것은 화압花押이나 도기圖記[426]인데, 양인이 중시하는 것은 성명
의 필적인 듯하다.

10월 4일 일요일

8월 19일 계해. 절반 정도 갬. 유정(18시)에 덕 협리의 부친 덕사앙德士
昻이 법경法京(파리)에서 찾아왔다. 술초(19시)에 백 협리가 애이란(Ireland)에
성친省親하러 갔다. 태서 사람들은 화인의 손톱이 너무 길어 움직이기에 불
편하다며 항상 비웃는데, 이곳 여자들은 손톱이 4~5푼이나 되고 남자도
3~4푼이나 되는 데다가 세 산봉우리처럼 뾰족하게 깎는데 무슨 뜻인지는
모르겠다. 또 이곳 장인들은 손이나 어깨에 꽃이나 글자를 새기고 남색으로
칠한 사람이 많다. 밤이 되자 다시 흐리고 추워졌다.

---

426 화압은 문서 끝에 초서로 하는 서명이나 부호이고, 도기는 여기에서는 인장의 뜻이다.

10월 5일 월요일

8월 20일 갑자. 아침에 짙은 안개가 끼고 오후에 약간 개었다. 문을 나가서 몇 무武 못 가서 한 거지 아이를 보았다. 손에 양취화洋取火(성냥)를 들고 행인에게 돈을 구걸했다. 행인들은 번거로움을 견디지 못하고 큰 소리로 외쳤다. "지저분한 놈아, 마귀나 만나거라!" 거지가 대답했다. "마귀는 이미 보았어요." 행인이 그 말을 이상하게 여겨 보았다는 마귀가 어떤 모습이더냐고 따져 물으니, 거지가 말했다. "그 옷이며 모습은 공公과 같았지요." 행인이 이를 듣고 아무 말도 안 하고는 도리어 동전 한 닢을 주고 갔다. 아마 윤돈(런던)의 토속에 사람을 마귀에 빗대어 욕하는 것이 가장 심한 욕인 듯했다. 영국 도성에는 양제원養濟院(고아원)이 있고 남녀가 거리에서 구걸하는 것을 금지하는데, 만약 양제원에 들어가기를 싫어하며 돈을 구걸하려는 자는 반드시 필요한 물건을 가지고 그것을 파는 모습으로 위장해야 한다고 했다. 밤이 되자 비가 내렸다.

10월 6일 화요일

8월 21일 을축. 이슬비가 내렸다. 영국은 바다 가운데 있어서 합중국의 형세에 비교하면 작다. 이런 까닭에 합중국 사람들은 이렇게 비웃는다. "영길리에 놀러가면 절대로 밤에 외출하지 말아야 한다." 잘못 가다가 바다에 빠질까 두려워서라는 것이다.

10월 7일 수요일

8월 22일 병인. 맑음. 미각(13~15시)에 지 흠헌과 손 흠헌을 따라 차를 타고 5리를 가서 해대海岱 유囿(Hyde Park)에 도착하여 몇 리를 돌아보았다. 강물이 맑아서 물고기를 셀 수 있을 정도였고, 꽃과 나무가 시들고 나비는 한 마리도 없었다. 나무가 추위를 견디기가 어려워 모두 전초甎草[427]로 싸맸다.
신초(15시)에 전임前任 영국 공사 포령包令(Sir John Bowring)[428]을 방문했다.

[그림 172] 하이드 파크

[그림 173] 존 보링 경

---

427 보온을 위해 풀을 엮어 만든 싸개이다.

428 존 보링 경(1792~1872)은 영국의 정치경제학자, 외교관, 작가이자 제4대 홍콩 총독
(1854~1859 재위)이다.

10월 8일 목요일

8월 23일 정묘. 맑음. 오각(11~13시)에 현임 북경 주재 영국 부공사 위타마威妥瑪(Sir Thomas Francis Wade)[429]라는 이가 찾아왔다. 위타마는 중화에 무척 오래 있으면서 백린창白麟昌(자는 운교雲橋)라는 이를 수어사受語師(언어교사)로 모셨고, 『자이집自邇集』이라는 책도 내어 이미 서국에 이름이 알려졌다고 한다.

[그림 174] 토머스 웨이드 경

10월 9일 금요일

8월 24일 무진. 맑음. 오후에 지 흠헌과 손 흠헌을 따라 만생원萬牲園(동물원)에 갔는데 관원관管園官 파극이巴克爾라는 이가 여러 곳을 보여주었다. 조수鳥獸가 전년에 비해 두 배가 되었다는데, 처음 보는 것들로는 흑표범, 검은늑대, 쌍코뿔소, 직랍호直臘狐(여우), 연비양軟鼻羊(양), 흰소, 범무

---

429 토머스 웨이드 경(1818~1895)은 외교관이자 중국학자이다. 1838년에 보병 장교로 입대하여 아편전쟁에 참전했다. 1842년에 홍콩에 처음 도착했고, 1852년에는 상해 주재 부영사가 된 뒤 계속 40여 년을 중국 주재 영국대사관에 근무했다. 1883년 귀국하였고, 1888년 케임브리지대학 중국어 담당 교수가 되었다. 웨이드-자일스(Wade-Giles) 표기법이라는 중국어 로마자 표기법을 고안한 사람이다.

늑대, 표범무늬늑대, 꽃사슴, 방울뱀, 물개, 황저黃猪, 사이저四耳猪(눈이 두 귀 사이에 있다: 원저자 주)가 있었다. 물고기 중에는 거북이나 게처럼 생기고 딱지가 납작하고 꼬리가 긴 것이 있었다. 소나 말 같은 몸에 코에 수염이 나고 나귀 같은 소리를 내는 것도 있었다.

10월 10일 토요일

8월 25일 기사. 흐림. 오초(11시)에 포령이 찾아왔다. 저녁에 합중국 시인 장우長友(Henry Wadsworth Longfellow)[430]를 만났다. 나이는 예순이 좀 안 되었는데 저작이 훌륭하여 태서에서 자못 유명했다. 술초(19시)에 극을 보았다. 넓은 연못에 달이 밝게 떠 있고 별은 드문데, 차와 배가 모여 있는 곳에 범과 표범이 바람 속에 나타나는 기괴하고 변화무쌍한 것이었다. 자초(23시)에 숙소에 돌아왔다.

[그림 175] 헨리 롱펠로

---

430 헨리 워즈워스 롱펠로(1807~1882)는 미국 메인 주 출신의 저명한 시인이자 하버드대의 프랑스어 및 스페인어 담당 교수이다. 1820~30년대에 유럽을 두 차례 여행했는데, 장덕이의 글을 통해 1868년에도 영국에 있었음을 알 수 있다.

10월 11일 일요일

8월 26일 경오. 아침에 검은 안개가 자욱하여 지척도 보이지 않았다. 굽은 길이나 교차로나 위험한 곳에는 모두 순병巡兵들이 거마車馬를 막고 행인들을 호송하여 다치는 일을 막았다. 사정(10시)에 개었다.

10월 12일 월요일

8월 27일 신미. 맑음. 유각(17~19시)에 포 흠사 부부와 자녀를 화찬華饌 (중식)으로 된 만찬에 초대했다. 도차刀叉를 전혀 쓰지 않았고, 가족이 아주 즐겁게 식사했다.

기記: 어제 고점포糕點鋪(cake shop)에서 여러 가지를 파는 것을 보았는데 중화와 비슷한 것들이 많았다. 계단고鷄蛋糕(egg cake), 핵도소核桃酥 (walnut pastry), 부용고芙蓉糕(hibiscus cake), 유고油糕(shortcake), 내권奶卷 (cream roll) 등은 모두 내유奶油(cream), 달걀, 과인果仁(nuts)으로 만들었다. 탁주병涿州餠[431]처럼 생긴 것이 있었는데 긴 네모꼴로 길이는 2촌, 너비는 1촌이고, 안에는 말린 앵두가 들어있어서 맛이 시었다.

10월 13일 화요일

8월 28일 임신. 흐리고 추움. 오후에 지 흠헌과 손 흠헌을 따라 차를 타고 태목사泰穆思(Thames) 강으로 가서 그 아래의 돌길[432]을 구경했다. 강안江岸에서 굽은 계단을 타고 내려가서 좌우 2개가 있는 동굴에 들어갔다. 흰 돌을 쌓아 만들었는데 길이는 70여 길이고 너비는 2장이었다. 1장마다 동굴

---

431 중국 탁주의 특산 식품이다.

432 템스 터널(Thames Tunnel)을 말한다. 템스 강 아래를 지나가는 4백 m 길이의 터널로, 1825년에서 1843년에 걸쳐 로더하이더(Rotherhithe)와 와핑(Wapping) 사이에 건설되었다. 원래 마차를 위해 설계되었지만 주로 보행자가 사용했고, 1865년에는 철도 회사에서 매입하여 철로를 부설하였고, 확장을 거쳐 지금도 철로 구간으로 쓰이고 있다.

위에 활 모양의 돌 대들보가 두 개 걸쳐져 있고 돌기둥 세 개가 그것을 떠받치고 있었다. 가운데 기둥이 이어진 중간에 어린 여자아이가 작은 장난감을 팔고 있었다. 강을 건너가기 싫은 이는 이 동굴로 지나가면서 한 사람 당 1시령施令(shilling)을 내는데, 매일 약 2백여 금이 걷힌다고 했다. 듣자니 동서 계단 안에 자행옥을 만들고 왼쪽 동굴에는 윤차 철도를 놓아 빨리 갈 수 있게 하려고 했는데 지금은 비용이 많이 들어 흥수興修(건설)을 잠시 늦추고 있다고 한다. 동굴을 만드는 데에만 해도 이미 5백여 금이 들었다고 했다.

[그림 176] 템스 터널의 출입구

10월 14일 수요일

8월 29일 계유. 흐림. 짙은 안개가 끼어 하늘이 어두웠다. 누각에서는 초를 밝히고 거마는 운행이 어려웠다. 사초(09시)에 개었다. 이날 묘정(06시)에 포 흡사의 두 아들이 일이만의 해특박海特泊 대학원(Heidelberg University)

에서의 학업을 위해 돌아갔다.

10월 15일 목요일

8월 30일 갑술. 맑음.

기記: 윤돈 성에는 철도가 3층으로 지어져 있는데, 하나는 지면에 있어서 각각 큰길로 이어지고, 하나는 지하에 있어서 성내를 두루 다니고, 하나는 집 위에 있어서 성 둘레를 요행繞行(순환)한다. 땅이 비좁은 탓이다. 듣자니 영경英京에서 땅 1야牙(yard)——중국의 3척——를 사려면 양은洋銀 몇 원이 필요하다고 한다.

10월 16일 금요일

9월 1일 을해. 맑음. 오정(12시)에 손 흠헌을 따라 차를 타고 10여 리를 가서 복립지卜立地 집신원集新院(British Museum)[433]을 구경했다. 새로 들어온 것으로 『대청률大淸律』 1부, 옛 동기銅器 2점, 선학화자모통仙鶴花瓷帽筒[434] 1

[그림 177] 대영박물관

---

433 대영박물관은 1753년에 조지 2세의 왕명에 따라 런던 블룸즈베리(Bloomsbury) 지역에 설립되어 1759년에 개방되었고, 19세기 이후 전세계의 유물들을 수집 전시하며 크게 성장하여 영국을 대표하는 박물관이 되었다.
434 학과 꽃무늬가 그려진 자기로 모자를 보관하는 통이다.

쌍, 곤리坤履(여성용 신발) 1켤레가 있었다. 또 옛 맥서麥西(Egypt)[435]의 사시死屍(미라) 12구, 인도 패엽경貝葉經 3권이 있었고, 나머지는 모두 대수롭지 않은 것들로 자세히 적을 틈이 없었다.

10월 17일 토요일

9월 2일 병자. 조금 맑아지고 추움. 토인 마근馬勤이라는 이가 금병金瓶 한 쌍을 주었는데, 높이는 1척 남짓이고 귀가 두 개 있고 꽃무늬가 극히 세밀하게 아로새겨져 있고 주보珠寶와 전석銓石으로 상감한 것으로, 값은 1만 2천 금이었다.

10월 18일 일요일

9월 3일 정축. 맑고 무척 추움. 아침에 같은 숙소의 희希 부인이 만생원 표 2장을 주었는데 이것이 있으면 돈을 내지 않는다. 이날은 예배일이어서 구경 온 사람이 평일보다 배가 많았는데 사환仕宦(관료)의 집 사람들이 많았다. 오정(12시)에 봉기구를 불러 함께 갔다. 새로 들어온 아주 큰 범을 보았는데 서리 같은 어금니가 날카롭고 금빛 눈동자가 형형하며 색깔이 화려한데 사람들을 노려보았다. 생고기를 주니 쇠줄 같은 수염이 난 입을 벌리고 큰 꼬리를 말아올리고 우레 같은 소리를 내지르며 위아래로 뛰어다니니 쇠난간이 몇 번이나 부러질 듯하여 구경하는데 아주 무서웠다. 신초(15시)에 숙소에 돌아왔다.

10월 19일 월요일

9월 4일 무인. 맑고 추움. 신각(15~17시)에 흐려졌다. 저녁에 영국 대주정大主政(총리) 적달례狄達禮(Benjamin Disraeli)의 처 모씨某氏가 와서 한 시진

---

435 이집트를 히브리어로 미즈라임(Mizraim)이라고 부른다.

쯤 이야기를 나누고 돌아갔다.[436]

[그림 178] 디즈레일리 부부(1839), 벤저민 디즈레일리(1870년경)

기記: 전에 입온포 해구에 있을 때 모 병선兵船에 병자病者가 두 명 있었는데 수사水師(해군)의 파총把總(선장)이 그들을 데리고 등안登岸(상륙)하여 의생을 만났다. 의생이 말하기를, "두 사람은 병이 깊어 고치기가 어려우니 속히 하늘에 올라 죄를 용서받기 바랍니다."라고 했다. 나이가 어린 병자가 일어나서 큰 소리로 말했다. "병이 들어 죽는 한이 있어도 하늘에 올라가지는 않을 것입니다." 의생을 향해 나쁜 말을 쏟아내고 달려나갔다. 나이가 든 병자는 의생의 말을 듣고 손을 들어 가슴을 치며 통곡하면서 벌을 받지 않게 해달라고 애원했다. 의생은 커다란 침으로 그의 심장을 찔러 사망하게 했다. 어린 사람은 도망쳐 나와 한 달이 지난 뒤에 병이 나았다.

10월 20일 화요일

9월 5일 기묘. 아침에 흐리고 오정(12시)에 개었다. 비국比國(벨기에) 공사 금덕金德(Aldephonse Alexandre Félix du Jardin)[437]이 찾아왔다. 객점의 오

---

436 벤저민 디즈레일리(1804~1881)는 영국의 정치가이자 작가로, 1868년에 처음 총리가 되었고 1874년부터 1880년까지 두 번째 총리로 재임했다. 보호무역 정책을 추진했고 영국의 국제적 영향력 확대에도 기여했다. 그의 아내의 이름은 메리 앤 디즈레일리(Mary Anne Disraeli)이다.

437 알데퐁스 뒤 자르댕(1796~1870)은 벨기에 외교관으로, 1867년부터 1869년까지 영국 주재

른쪽에 있는 완물玩物鋪(장난감가게)에서 여러 가지 물건을 파는데 모두 기묘했다. 3척 길이의 목마가 있는데 발에는 쇠바퀴를 달았고 귀에는 전축轉軸(회전손잡이)이 달려있어서 아이가 그것을 타고 손으로 귀를 돌리면 기관이 저절로 움직이면서 멈추지 않고 달려 나간다. 완급을 뜻대로 할 수 있으니, 이것도 교우巧偶(정교한 인형)와 같은 부류이다.

10월 21일 수요일

9월 6일 경진. 흐림. 미각(13~15시)에 지 흠헌과 손 흠헌을 따라 차를 타고 율진栗榛 가(Regent St.)에 가서 법국法國 덕자德慈 부인(Madame Tussauds)의 납인관蠟人館(밀랍 인형 박물관)을 구경했다.[438] 안에는 각국 고금 명인들의 상이 있었는데, 그 머리와 손은 밀랍을 뭉쳐 만들었고 모자, 신발, 옷은 모두 본인이 입었던 것이었다. 그 상은 그림이나 조상照像(사진)을 본따서 빚었는데 진짜와 꼭 닮았다. 그 중 월독粵督(호광총독湖廣總督) 임 문충공林文忠公(임칙서林則徐)과 그 부인의 상이 계단 앞에 마주 보고 서 있었는데 의표儀表가 마치 살아있는 듯했다.[439] 다른 왕후, 대신, 장수, 명사의 상은 앞뜰에 줄지어 서 있었는데 모두 생기가 넘쳤고, 구경하는 사람이 움직이지 않고 있으면 그것도 납인蠟人인 줄 의심할 정도였으니, 그 정교함이 이와 같았다. 들자니 여름이 되면 매일 밤에 머리와 손을 시원한 곳에 보관하여 녹아내리는 것을 막고 먼지를 피한다고 한다.

특사로 근무했다.

438 마담 투소는 런던을 포함하여 여러 나라 대도시에 있는 밀랍 인형 박물관이다. 1835년에 밀랍 조각가 마리 투소(Marie Tussaud)가 베이커 가(Baker St.)에 자신의 이름을 따서 박물관을 세웠고, 1884년에 그의 손자가 메리본 가(Marylebone Rd.)로 이전하여 지금도 그곳에 있다. 장덕이가 리전트 가(Regent St.)라고 한 것은 착오이다.

439 임칙서(1785~1850)는 청나라 말기의 정치가로, 자는 원무(元撫), 소목(少穆) 등이고, 시호는 문충(文忠)이다. 복건(福建) 후관(侯官) 출신인 그는 양광(兩廣) 총독을 비롯하여 여러 벼슬을 지냈고, 아편 밀수를 강경하게 단속하여 영국과의 아편 전쟁이 일어난 계기를 만들었다. 동향의 관료 가문 출신의 부인 정숙경(鄭淑卿, 1789~1847)과의 사이가 화목하였다.

MADAME TUSSAUD & SON'S EXHIBITION,

[그림 179] 마담 투소 밀랍 인형 박물관

　　가장 뒤쪽의 방에는 할두割頭(단두)의 도구가 있었다. 이 도구는 중토의 찰도鍘刀처럼 생겼는데 다만 둘레가 3장이 넘는 네모난 나무틀이 있고 칼이 그 가운데 걸려 있고 칼 위에는 쇠줄이 이어져 있었다. 칼잡이가 몇 걸음 떨어져 서서 손으로 줄을 잡고 범인의 목을 철판을 가로질러 놓고 있다가 칼이 내려오면 목이 떨어진다. 이것은 태서의 옛 형벌이고 지금은 폐지되었다. 또 돌로 지어진 작은 방이 하나 있었는데 옛 감옥으로 철문으로 잠겨 있었다. 구멍이 뚫린 창으로 들여다보니 한 노인이 낡은 옷을 입고 무릎을 꿇고 성경을 들고 두 눈에는 눈물이 가득한 모습이 도축禱祝(기도)을 하는 듯했다. 여러 죄인과 다친 사람들이 앉고 눕고 쪼그리고 엎드려 있었고 손가락이 떨어지고 피부가 찢기고 피가 흐르고 뼈가 드러나고 질곡桎梏[440]이 몸을 감고 있는 등, 온갖 고통을 당하고 있어서 보기가 처참했다. 목욕하다가 목숨을 잃은 자가 석분錫盆(주석 욕조)에 가로로 누워 있었는데 눈을 감고 손을 늘어뜨리고 얼굴은 파랗고 입술은 하얬다. 바깥에는 사람 머리 10여 급級이 있었는데 핏자국이 흥건했다.

---

440 질(桎)은 발에 차는 차꼬이고, 곡(梏)은 손에 차는 수갑이다.

사방의 벽이 온통 파리玻璃(유리)로 되어 있고 그 안에 옛사람의 옷과 차량을 넣어 두었다. 이 관館의 문 안에는 한 노인이 서 있었는데, 얼굴은 희고 수염은 까맣고 안경을 쓰고 손에 코담배를 들고 발아래에는 기관機關(장치)이 감추어져 있었다. 행인이 그것을 밟으면 손이 움직이고 머리가 들려지면서 모르는 사람이 보면 마치 길을 비켜주는 것처럼 오해할 만했다. 이

[그림 180] 경태람 화병

상의 기기괴괴하고 진짜 같은 가짜들을 한밤에 다시 생각하니 무서워졌다.

관의 오른쪽에는 잡화를 파는 잔방棧房(창고)이 하나 있었는데 집이 크고 화물이 많았다. 또 중화의 물건들, 이를테면 징, 삿갓, 나무그릇, 부들방석, 그리고 경태람景泰藍⁴⁴¹의 병瓶, 노로爐(화로), 합盒, 관罐(통) 및 유명 요窯의 자기瓷器 등이 있었다. 구경을 마치고 숙소로 돌아올 때 비가 조금 내렸다.

10월 22일 목요일

9월 7일 신사. 이슬비가 내림. 묘각(05~07시)에 백 협리가 애이란에서 윤돈으로 돌아왔다. 같은 골목의 약점藥店에서 파리玻璃 젖병을 팔았는데 병은 조롱박 모양으로 생겼고 안에는 작은 대롱이 들어있고 위에는 고구수羔裘樹⁴⁴²의 즙汁(고무)으로 만든 통이 달려있었다. 통의 위쪽은 젖꼭지 모양으로 되어 있고 작은 구멍이 나 있었다. 병 안에 소나 양의 젖을 넣어 마음

441 은이나 구리 위에 법랑을 입힌 칠보 공예품이다. 북경 특산물로 명나라 경태(景泰) 연간(1449~1457)에 크게 유행했고, 남색 제품이 으뜸이었기 때문에 경태람이라고 했다.
442 고구(羔裘)는 본래는 검은 양의 가죽으로 만든 옷을 뜻한다. 그러나 여기에서의 고구수는 고무나무이다.

대로 빨아먹을 수 있다. 외국의 어린아이는 태어난 지 일곱 달 뒤에 젖을 끊고 이것으로 대신하니 아이들의 힘이 세고 기운이 넘치는 듯하다. 또 유식乳食이 부족한 사람도 이것으로 대신하니 또한 자못 도움이 된다.

10월 23일 금요일

9월 8일 임오. 맑음. 오정(12시)에 연춘경과 함께 화륜차를 타고 수정궁水晶宮(Crystal Palace)[443]에 구경을 갔다. 이 궁은 동치 5년(1866) 봄에 축융祝融[444]을 조심하지 않아 절반이 불타 허물어졌다. 이곳에 보관된 각종 기화奇花와 이조異鳥들은 모두 열대熱帶에서 온 것이어서 날이 추워지면 반드시 따뜻하게 하여 모아두어야 하므로, 바닥 아래에 철통을 질러 놓아 매煤(석탄)

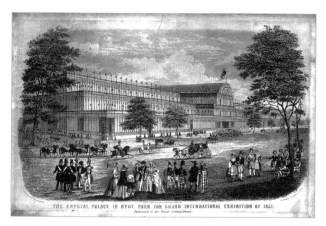

[그림 181] 하이드 파크에 있었던 시기의 크리스탈 팰리스

---

443 크리스털 팰리스는 1851년에 열린 만국박람회를 위해 하이드 파크(Hyde Park)에 지어졌던 전시회장이다. 박람회가 끝난 뒤에 해체되었다가 1854년 지금의 시드넘 힐(Sydenham Hill) 남쪽 크리스탈 팰리스 공원 자리에 재건되었다. 장덕이가 방문한 곳은 크리스탈 팰리스 공원에 있던 전시회장이었다. 이곳도 1936년에 화재로 소실되었고 지금은 기단만 남아있다.

444 불의 신이다.

를 태워 열기를 통하게 했는데, 날이 오래되어 바닥이 말라버린 탓에 불길이 일어난 것이었다. 지금은 새로 지어 기교가 넘치는 진완珍玩들을 무수히 보태어 온통 반짝여 정채로움이 눈을 어지럽히고, 화려하고 귀중한 것들이 찬란하고 볼 만하여 사방에서 발길이 멈추지 않으니 정말이지 장관壯觀이었다. 신초(15시)에 숙소에 돌아왔다.

10월 24일 토요일

9월 9일 계미. 흐리고 비. 아침에 덕 협리가 휴가를 청해 성친하러 귀국했고, 지 흠헌과 손 흠헌은 연춘경을 파리巴里(Paris)로 함께 보내 입학하여 학업을 닦고 그곳의 풍속을 배우게 했다.

기記: 이 골목에서는 화륜차 모양模樣(모형)을 팔고 있는데, 차의 길이는 7촌이고 너비는 3촌이고 높이는 5촌으로, 재질은 황동이고, 연통, 윤기, 수관水管, 매조煤槽(석탄저장통) 등의 각 부분이 모두 있어서 큰 차와 다를 바가 없다. 또 둘레가 1장쯤 되는 목권木圈[445]이 하나 있는데 그 위에는 고리 모양의 쇠바퀴가 놓여있다. 차를 움직이려면 매煤 대신 술(알코올)을 데워 물을 끓어오르게 하면 바퀴가 스스로 목권 위를 굴러갈 수 있다. 이것은 윤차의 첫 번째 화기차火機車(기관차)일 뿐이고, 작은 화륜차도 있는데 길이는 3촌, 너비는 1촌 반이고 재질은 마구철馬口鐵(양철)인데 모습이 진짜와 똑같다. 다만 안에 기기가 없고 나사螺蛳가 감추어져 있다. 그 뒤에 첫째, 둘째, 셋째 등의 작은 차 네 량이 이어져 있고 오채색으로 꾸며져 있다. [윤차가] 현弦(레일) 위에 있는데 평지에 놓여져 있으면 곧장 달린다. 둥근 선을 따라 달리려면 현에 오른 뒤에 첫째 차를 구부리면 저절로 둥그렇게 돌아가게 된다.

또 자행차自行車(자전거)가 있는데 앞뒤에 크고 작은 바퀴가 하나씩 있

---

445 나무로 만든 원형 트랙이다.

다. 큰 바퀴는 2촌, 작은 것은 1촌 반이고, 위에 한 사람이 앉는다. 현현弦 위에서 바퀴가 구르고 발이 움직이고 머리가 흔들리며 손은 스스로 기축機軸 (핸들)을 잡고 앞뒤로 밀고 끌며 좌우를 살피는데 무척 재미있다. 재질은 역시 마구철이다.

10월 25일 일요일

9월 10일 갑신. 아침 내내 흐리고 비가 왔다. 짙은 안개가 자욱하여 골목 맞은편에 있는 사람도 보이지 않을 정도여서 집 안에서 초를 켰다.

기기記: 영국 도성에서는 창가娼家(성매매)를 엄금한다. 이 일을 하는 자가 거리를 왕래하면 길가의 버드나무처럼 아무나 오르고 꺾을 수 있다. 풍월을 좋아하는 자는 주루酒樓에 묵으면서 봄바람을 피우거나 여사旅舍에 들어가 열흘 남짓을 머무른다. 그러나 밖에 나갈 때에는 문을 단단히 잠가서 난봉꾼이 [여자를] 몰래 훔쳐가는 것을 막아야 한다.

10월 26일 월요일

9월 11일 을해.[446] 맑음. 미초(13시)에 거정 사미사司米士가 청하여 숙소에서 10여 리 떨어진 남 감흥탄南坎興坦 집신원(South Kensington Museum)[447]에 함께 놀러 갔다. 누방이 드넓고 각국 고금의 신기한 물건들이 보관되어 있었다. 중국의 취병翠屛(푸른 병풍), 돌탁자, 얼음상자, 서가, 망포蟒袍, 비

---

446 이날은 을유(乙酉)가 맞으나 을해(乙亥)로 잘못 쓰고 이후에도 잘못이 계속 이어진다. 다만 본 역서에서는 원문을 따라 그대로 둔다.

447 사우스 켄싱턴 박물관은 1852년 제조 박물관(Museum of Manufactures)이라는 이름으로 개관한 뒤 1854년 지금의 위치인 크롬웰 가(Cromwell Rd.)로 옮기면서 사우스 켄싱턴 박물관으로 개명하였고, 1899년에 다시 빅토리아 여왕 부부의 이름을 따서 빅토리아 앨버트 박물관(Victoria and Albert Museum)으로 개명하여 지금에 이르고 있다. 영국의 주요 왕립 미술관 중 하나로, 중세에서 근세에 걸친 유럽 미술을 중심으로 하면서 동양 미술 작품도 널리 소장하고 있다.

단 휘장, 구슬꿰미 등의 물건이 있었고, 또 중국 각 성의 토산품인 제비집, 물고기 지느러미, 해삼, 말린 조개살, 목이木耳, 원추리, 산초, 팔각八角, 각종 연초煙草와 각종 연대煙袋, 유등油燈 등 없는 것이 없었다. 어떤 것은 상자에 들어있고 어떤 것은 각閣(진열장)에 놓여 있었는데 모두 파리玻璃(유리)로 덮여 있었다. 나머지 다른 나라의 크고 작은 신기한 기명器皿과 완물玩物들도 수없이 많았다. 또다른 누방에는 본국의 기교한 물건들, 이를테면 화창火槍(총), 작포炸炮(포), 그리고 각종 기기 등 같은 것끼리 모아두었다. 유정(18시)에 숙소에 돌아왔다.

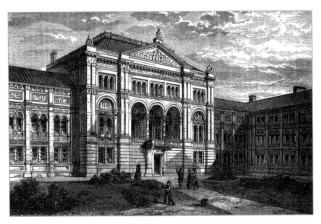

[그림 182] 사우스 켄싱턴 박물관

10월 27일 화요일

9월 12일 병자. 흐렸다 개었다 함. 저녁에 이웃에 있는 오달吳達이라는 이가 청하여 잡희雜戲(서커스)를 보러 갔다. 집에 들어가니 등촉이 환하게 밝혀져 있고 구경하는 사람들이 담장을 두른 것처럼 많았다. 남녀가 연출하는 것은 다른 곳과 같았다. 한 역사力士가 길이가 4척이고 달걀만큼 두꺼운 쇠막대기로 자기의 왼쪽 어깨를 쳤는데 그 힘이 능히 막대기를 휘게 할 정도

였다. 또 목에 각각 백여 근이 나가는 쇠 추 두 개를 매달고 손에 역시 백여
근은 되어 보이는 쇠막대기를 든 사람도 있었다. 막대기의 양쪽 끝과 그 사
람의 머리 위에 모두 다섯 사람이 서 있는 채로 오랫동안 걸어 다녔다. 사람
들이 모두 손뼉을 치며 좋아했다. 이어서 오른쪽 다리를 공중에 매달고 왼
쪽 다리에 차륜車輪(바퀴)을 하나 걸고 왼쪽 어깨에 차륜 두 개를 걸치고 오
른쪽 어깨에 차륜 세 개를 걸고 왼손에 쇠막대기를 들고 거꾸로 매달려 있
는 동안에 오른손으로 수창手槍(권총)을 한 발 쏘았다. 그 힘이 이와 같으니
오확烏獲, 임비任鄙와 겨룰 만했다.[448] 또 한 사람은 개 다섯 마리―백구 두
마리, 황구 두 마리, 흑구 한 마리―를 데리고 나와 대 위에 등나무 의자 다
섯 개를 놓고 개들은 각 의자에 나누어 앉게 한 뒤에 줄과 둥근 테와 종이와
병병餠(케이크) 등의 물건을 꺼내 개들이 가지고 놀게 했는데 신기하기가 이를
데 없었다. 그중 흑구가 가장 영리하여 다른 개들이 하는 묘기를 모두 따라
서 했다.

10월 28일 수요일

9월 13일 정축. 맑음. 저녁에 지 흠헌과 손 흠헌을 따라 수정궁에 가서
연화煙火(불꽃놀이)를 구경했다. 궁을 관리하는 포뢰하사包雷賀斯와 서사단령
瑞司丹靈 등이 여러 곳으로 데려가 주었다. 천만 개나 되는 등불들이 하늘을
밝혔는데, 신기한 물건들이 구름처럼 쌓여있고 유객遊客들이 개미처럼 왕
래했는데 광명 세계가 따로 열리고 금수錦繡의 도성을 황홀하게 다니니 정
말이지 대관大觀이었다. 위층에 올라가 터지는 화포花炮(불꽃놀이)를 멀리 바
라보았는데 전에 보았던 것과 대동소이했지만, 큰 불꽃은 둘레가 2장이 넘
고 빛이 펴지는 것이 폭포보다 빨랐다. 그 소리는 마치 용솟음친 파도가 바
닥에 떨어질 때처럼 귀를 울렸고, 물거품 같은 불꽃의 모습은 가히 불타는

---

448 오확은 고대의 역사(力士)이고, 임비는 진(秦)나라의 역사이다.

연못이라고 칭할 만했다. 또 혜성彗星처럼 생긴 것이 하늘에서 날아 내려왔
는데 꼬리의 길이가 1장이 넘고 빛이 특이했다. 또 두 탑이 마주 보며 물과
불이 엇섞여 퍼지는 듯한 것도 있었다. 등불이 오채색으로 나누어져 충루마
다 첩첩이 퍼졌다. 등불의 기환奇幻이 상상을 뛰어넘었으니 사람들은 모두
손뼉을 치면서 크게 소리를 지르며 좋아했다. 구경을 마치고 차를 타고 숙
소에 돌아왔는데, 시각은 벌써 이하二下(22시)였다.

10월 29일 목요일

9월 14일 무인. 맑음. 예전에 듣기로 윤돈에는 대유大囿(큰 공원)가 17군
데, 소유小囿(작은 공원)가 17군데 있고 유囿 안에는 화초가 많고 맑은 시내가
흐르고 길이 구불구불하고 숲이 우거졌다고 했다. 몇 무武 마다 의자와 등
자凳子가 있는데 토인들은 이것을 춘의春椅(love seat)나 춘등春凳(love bench)
이라고 부른다고 했다. 매일 밤 6점點(시)부터 [새벽] 1점까지 거리에 부녀
들이 돌아다니는데 대부분 정결하지 않고 이들은 유 안에 더욱 많다고 했
다. 남자 중에 심춘尋春하려는 자는 유 안에서 그중 나은 자를 택하여 함께
등의에 가서 임시로 원유鴛帷(장막)를 쳐 놓고 길가에서 전란도봉顚鸞倒鳳하
며 함께 양대陽臺에 들어간다는 것이다.[449] 옛 사람의 말에 동상이몽이라고
했건만 지금은 이상동몽異床同夢인 것이리라. 기등氣燈(가스등)이 밝지만, 밤
이 되어 안개가 자욱하게 깔린다. 음란한 기풍이 유행하니 하늘의 빛이 가
리워져 경계하라는 뜻을 보여주는 것일까? 아니면 땅이 바다에서 가까워
증기蒸氣가 그렇게 만드는 것일까? 알지 못하겠다.

---

449 전란도봉은 난새가 엎어지고 봉새가 뒤집어진다는 뜻으로 남녀의 정사(情事)를 말한다. 양대
는 전국시대 송옥(宋玉)이 지은 「고당부(高唐賦)」에 나오는 누대 이름으로, 남녀가 만나 정사
를 이루는 곳을 이르는 말로 쓰였다.

10월 30일 금요일

9월 15일 기묘. 맑음. 지 흠헌과 손 흠헌의 명을 받들어 영국 교습敎習(교수) 애덕림艾德林에게 가서 학업을 닦게 되었다. 주화駐華 아阿 공사(Sir John Rutherford Alcock)[450]의 청에 따른 것이었다. 나는 즉시 행장을 꾸려 작별 인사를 드리고 차에 올라 12리를 가서 해대海岱 유囿(Hyde Park) 북쪽 백령탄柏靈坦 가[451]에 있는 애 교습의 집에 도착했다. 이분은 나이가 서른이 넘은 듯했고 까만 수염과 흰 머리에 온후하고 화평했다. 그 처 오씨烏氏는 몸이 아팠다. 아들 둘과 딸 하나를 두었는데, 큰 아이는 다섯 살이고 작은 아이는 아직 강보에 싸여 있었다.

[그림 183] 존 러더퍼드 올콕 경

집은 가난하고 설경舌耕(강의)으로 생업을 삼고 있었다. 가르치는 생도는 6명으로 모두 타향에서 공부하러 온 사람들이었다. 이날 저녁에 중외中外의 정세에 대해 좌담했는데 얻은 바가 자못 있었다.

10월 31일 토요일

9월 16일 경진. 맑음. 새벽에 일어나서 관館에 들어가 책을 강독했는데 이해가 잘 되었다. 기거起居와 음식 일체가 다른 생도와 같았다. 유정(18시)에 애 교습과 함께 북쪽으로 15리를 갔다. 여진荔蓁 유囿(Regent's Park)와 괴

---

450 존 러더퍼드 올콕 경(1809~1897)은 영국 외교관으로, 1844년에 복주(福州) 영사로 부임한 뒤 상해, 광주 등에서 근무했다. 1860년대에 일본 공사를 지내다가 다시 중국으로 돌아와서 근무하다가 1871년 퇴직 후 귀국했다. 중국어 이름은 아례국(阿禮國)이다.

451 하이드 파크 북쪽의 옛 패딩턴 구(Borough of Paddington)를 가리키는 듯하다. 패딩턴 구는 고대에는 미들섹스 카운티(Middlesex County)에 속했다가 1889년 런던 카운티(County of London)에 속하게 되었고, 1965년에는 구가 해체되어 지금은 그레이터 런던의 웨스트민스터 시에 속해 있다.

음괴살薩 항開(Queen's Park)[452]을 지나서 그의 친구 살덕락薩德樂의 집에 이르렀다. 살 공 부부가 정성껏 맞이하며 정의情意가 두터웠다. 개를 한 마리 키웠는데 흰 바탕에 누런 무늬가 있고 볼이 넓고 털이 길었다. 처음 집에 들어갈 때 우리를 맞이하며 짖기에 내가 "나는 몽둥이를 들고 물건을 훔치는 사람도 아닌데 어찌 짖습니까?"라고 하니 주인이 말했다. "이 개는 성질이 순량하고 대낮에는 빈객을 알아볼 수 있습니다. 지금은 밤이라서 사나워져서 집을 지키는 데 도움이 됩니다. 지금 당신이 화복華服(중국옷)을 입고 있는데 저놈이 자주 보던 것이 아니니 짖지 않을 수 있겠습니까?" 이곳에 앉아있는 동안 개가 좌우로 돌아다니는 것이 보였는데 감시하듯 쳐다보면서 흰 이빨을 보이고 눈은 별처럼 반짝이는 것이 꼭 화산華産(중국산) 같았다. 주인에게 물어보고 나서야 일본에서 온 개라는 것을 알았다. 이름은 '방邦(Bon)'이라고 했는데 화언華言으로 '좋다', '훌륭하다'라는 뜻이다. 내가 말했다. "옛날 중국에 이씨 집안의 사냥개가 있었는데 이름이 백망白望으로 음이 방과 같습니다.[453] 훌륭한 개는 방이라는 좋은 이름을 가지는 듯합니다. 개 중에 걸출하다는 뜻이지요." 살 공이 말했다. "폐국敝國에는 명견이 정말 많지만 이처럼 귀여운 놈은 아주 드뭅니다. 비단 깔개에 눕고 금방울을 달고 고기만 먹고 종일 문만 지키고 있을 뿐이지요." 시각이 벌써 이하二下(22시)가 되어 바로 작별하고 돌아왔다. 돌아오는 길은 큰 거리에서 조금 멀었지만 도로가 평탄하고 좌우의 기등이 마주보고 있어서 작은 것도 다 보여서 촛불을 켤 필요가 없었다.

---

452 항開은 항巷과 같다. 골목이라는 뜻이다. 다만 여기에서는 패딩턴 구의 하위 행정구역인 퀸즈파크 동(ward)을 뜻한다고 보는 것이 좋을 것이다.

453 한나라 유흠劉歆의 『서경잡기西京雜記』 권4에 무릉茂陵 땅의 이형李亨이라는 젊은 사람이 사냥을 좋아하여 사냥개, 독수리, 매 등을 길렀는데, 그 중에 백망이라는 이름을 붙인 개도 있었다고 한다.

11월 1일 일요일

9월 17일 신사. 맑고 쌀쌀함. 이날은 서력 11월 1일로, 외국의 예배일이라서 애 공이 아침 일찍 시골에 가서 경經(성경)을 강설했다. 애 공은 목사 직분이 있어서 매월 네 차례 시골에 가서 은을 약간 버는 것이다.

기記: 서인西人은 정결함을 좋아하여 욕실이나 정방淨房(화장실)도 날마다 열심히 물로 씻어낸다. 신문지와 서찰 등도 다 읽고 나면 바로 분양糞壤(화장실)에 버려 밑씻개로 써서 글이 적힌 종이를 공경하고 아낄 줄을 모른다. 글은 중외가 다르지만 서국西國에서 글로 일을 적고 말을 싣는 것은 중국의 화자華字와 같다. 또 조빙朝聘(초빙), 회맹會盟(동맹), 정벌征伐 등의 대정大政도 글을 써서 그 전례典禮를 다 모아 적고, 천문, 지리, 격치格致(물리) 등의 명학名學(학문)도 글을 써서 그 정미精微함을 찬술한다. 그런데도 글을 멸시하니 아마 깊게 생각하지 않는 듯하다.

11월 2일 월요일

9월 18일 임오. 맑음.

기記: 이곳은 윤돈의 신성新城—윤돈의 성은 신구新舊의 구별이 있다[454]—의 서남쪽으로, 시전市廛은 적고 사람은 많아서 방우房宇가 가지런하면서 화려하고 집은 벌집 같아 몇천만 채가 되는지 모른다. 거리는 넓고 나무들이 이어져 그늘을 이루고 있어서 비바람이 불어도 습하고 좁으며 어지럽고 시끄러운 일이 전혀 없다.

---

454 구성은 지금의 그레이터 런던 중심부의 시티 오브 런던(City of London)을 말하고, 신성은 1855년 설립된 메트로폴리탄 사업위원회(Metropolitan Board of Works, MBW)에 속한 지역을 가리킬 것이다.

11월 3일 화요일

9월 19일 계미. 맑음. 밤새 바람이 세게 불었고 아침에 일어날 때 아주 추웠다. 신문지와 면포(빵), 채소와 고기 등의 물건을 파는 자가 끊임없이 오가는 소리가 들렸는데 마치 경화京華(북경)와도 같았다. 신각(15~17시)에 살덕락이 밥을 먹자고 불러 애 교습과 함께 갔다. 성찬이 차려지고 고주羔酒[455]가 술잔에 가득하여 주객主客이 한껏 즐기다가 해정(22시)에 작별하고 돌아왔다.

11월 4일 수요일

9월 20일 갑신. 흐림. 원숭이, 개, 곰을 데리고 묘기를 시키는 사람을 보았다. 그 방법은 중토와 비슷하여 여기저기로 다니면서 징을 치고 북을 두드려 시끄럽게 하고, 사람들이 묘기를 시켜보라고 하면 영은英銀(pound) 5~6원圓을 내라고 했다. 오후에 큰비가 왔고, 저녁밥은 서국의 가효佳肴를 먹었는데 이름이 누사비복婁斯比伏(roast beef)이라고 했다. 1척의 쇠고기를 은근한 불로 구워 오미五味로 간을 맞추니 달고 즙이 많아 아주 맛있었다.

11월 5일 목요일

9월 21일 을유. 맑음. 이날은 서력 11월 5일이다. 260년 전에 영국의 천주교와 야소교가 불화하여 천주교가 야소교를 해치려고 몰래 왕궁과 회당會堂(의회당)의 여러 곳에 지뢰를 묻었다. 불극사佛克斯(Guy Fawkes)라는 병사가 명령을 받고 가서 화약을 터뜨리려고 하다가 야소교에게 붙잡혀 그 일이 세상에 알려졌다.[456] 이 일로 풍속이 생겨 매년 11월 5일에 온 나라의 무

---

455 고아(羔兒) 또는 고아주(羔兒酒)라고도 한다. 찹쌀과 양고기를 밀가루와 함께 발효시켜 담근 술이다. 여기에서는 좋은 술을 뜻한다.

456 가이 포크스(1570~1606)는 영국의 가톨릭 신자이다. 당시 국왕이던 제임스 1세를 암살하고 가톨릭 왕을 옹립하고자 상원 의회 지하 석실에 화약을 쌓아 폭파할 계획에 가담했다가 체포

뢰배들이 모두 종이옷을 입고 종이모자를 쓰고 귀신 가면을 쓰고 불극사의 모습을 흉내낸다. 종이로 우인偶人(인형)을 만들어 차 안에 놓고 옛 복장을 본딴 종이옷을 입은 4~5명이 따라가면서 손에 나무 몽둥이를 들고 고악鼓樂과 함께 걸어가면서 노래를 부르기도 한다. 그 가사는 이렇다.

> 그대는 11월 5일을 기억하는가,
> 화약과 지뢰를 땅에 묻었던 날을.
> 어찌하여 이 일이 해마다 전해지는가,
> 모두 사람들이 옛일을 잊지 않기 때문이라네.

또 이런 가사도 있다.

> 불극사가 간정杆頂(교수대)에 매달려,
> 이곳에서 살려달라고 빌었다네.

또 이런 가사도 있다.

> 면포 한 덩어리를 부박捬朴(Pope)에게 먹이네,
> 쓴 술 한 병과 고기 한 접시를.
> 뜨거운 불길, 무정한 불이,
> 부박을 불태우고 그의 뼈를 분쇄하네.

되어 처형되었다. 이후 그가 체포된 11월 5일을 가이 포크스의 밤으로 부르며 불꽃놀이를 하는 전통이 생겨났다. 2006년 가이 포크스 가면을 쓴 주인공 브이(V)의 이야기를 그린 영화 '브이 포 벤데타(V for Vendetta)'가 개봉된 뒤 시위나 집회에서 가이 포크스 가면을 사용하는 일이 많아졌다.

또 이런 가사도 있다.

아이들, 아이들이, 한 목소리로 축하하네!
아이들, 아이들이, 천 년 동안 변하지 않았네!
아이들, 아이들이, 종을 뎅뎅 울리네!
부박을 버려라,
야소께서 왕을 구하시리라!

부박은 화언으로는 천주교의 교황을 뜻한다. 진각(07~09시)부터 오각
(11~13시)까지 거리를 돌아다니며 돈을 구걸한다. 저녁이 되면 옷과 모자와
우인偶人을 가지고 다니며 폭죽과 화약을 터뜨린다. 영인英人 가운데 천주
교를 받드는 자들은 모두 이 일을 좋아하지 않는다.
　저녁에 군주가 소갈란에서 돌아와 문자文炁 궁宮(Windsor Castle)에 머무
른다는 소식을 들었다.

[그림 184] 가이 포크스(1840)　　[그림 185] 가이 포크스 가면

11월 6일 금요일

9월 22일 병술. 맑음. 골목 안에 국화를 파는 사람이 있었다. 비취색 꽃받침에 금빛 꽃잎에서 퍼지는 그윽한 향이 좋아서 화분 두 개를 완상玩賞을 위해 샀다. 늦가을에는 색이 고와지므로 이를 마주하면 적막하지 않을 것이다. 오후에 애 교습이 공무로 나가서 틈이 생겨 걸어서 중가中街(중심가)의 골동품 가게까지 걸어가서 도자기 병과 거울을 하나씩 샀다. 모두 백 년도 더 된 물건들이었다. 숙소로 돌아와서 큰 종이에 '양심재養心齋'라는 세 글자를 써서 북쪽 벽에 붙였다. 저녁에는 고루高樓에 단정히 앉아 사서史書를 내키는 대로 보았다. 화로에 탄을 더하니 연거蓮炬[457]에 불꽃이 맺혔고, 향을 사르고 차를 따라 마시니 고상한 정취가 한껏 일어났다.

11월 7일 토요일

9월 23일 정해. 맑고 추움. 괴뢰傀儡(인형극)를 연출하는 사람이 보였는데, 충신, 의사義士가 나왔다가 우귀牛鬼, 사신蛇神이 나왔다가 하면서, 들어 올려 오가는 모습이나 길게 어우러지는 노래가 북경과 다르지 않았다. 저녁에 애 교습의 친구 필자지畢慈地라는 사람이 찾아와서 외국과 다른 서실의 장식을 보고 이렇게 말했다. "제가 귀국에 가보고자 한 지가 오래되었으나 애석하게도 여가가 없는 데다가 여비도 부족하여 우러러볼 기회를 이루지 못해 지금까지 마음이 무거웠습니다. 오늘 당신의 훌륭한 방의 조화로운 배치를 보니 귀국의 굉려宏麗함과 화귀華貴함을 가히 생각하여 알 수 있겠습니다." 말을 하면서 품속에서 상아로 된 코담배 접시를 꺼내어 보여주었는데 화산華産(중국산)이었다. 3년 전에 나羅 공이라는 친구가 주었다고 했는데, 만듦새가 정교하고 지극히 진귀하나 애석하게도 어떻게 쓰는 것인지를 몰라서 내가 알려주었다. 그는 자기 나라에서는 담배는 작은 갑을 쓰지

---

457 연꽃 모양으로 만든 밀초이다.

이것은 적당하지 않다고 들었다면서 내가 받아주기를 원했다. 나는 백자 연호白磁煙壺[458]로 답례했다.

11월 8일 일요일

9월 24일 무자. 흐리고 추움. 아침에 일어나니 눈이 내려 1촌쯤 쌓인 것이 보였다. 창을 열고 바라보니 거리는 이미 깨끗하게 치워져 있었다. 밥을 먹고 나서 차를 타고 객점으로 돌아와 지 흠헌과 손 흠헌을 뵙고 문안을 올렸다. 유정(18시)에 덕 협리가 법경에서 돌아왔다.

기記: 서인은 깨끗한 것을 좋아하여, 집 안에는 전담氈毯(펠트나 카페트)이 가득 깔려있고 집 밖에는 따로 포단蒲團(매트)을 깔아둔다. 집에 들어가는 사람은 먼저 포단에서 신발의 흙먼지를 떨어내는데 지담地毯(카페트)을 더럽히지 않기 위함이다. 지담은 양털이나 잠사蠶絲로 만든 것으로, 오채색이 선명하고 무늬가 엇섞여 있다. 한 필疋 당 1백 장이 넘고 너비는 약 3척이며 두께는 모두 3~4푼이다. 무늬로 짜여진 화훼나 조수는 그 모양이 지극히 많다. 작은 것 몇 개를 모아 만든 것도 있는데, 꽃무늬가 연결되어 온전한 한 폭 같아서 천의무봉이라고 할 만하다. 술초(19시)에 차를 타고 관에 돌아왔다.

11월 9일 월요일

9월 25일 기축. 맑고 추움. 일구日晷[459]가 점점 짧아진다. 이날은 서력 11월 9일로, 영국 세자 위랍사衛拉斯(Prince of Wales)[460]의 탄신일이다. 저녁이 되자 성 안에 등화燈火가 이어지고 노랫소리가 밤새 들렸다. 유각(17~19

---

458 연호는 비연호(鼻煙壺)를 말한다. 코담배를 넣어두는 병이다.

459 본래 해 그림자를 뜻하여 여름에 짧아지고 겨울에 길어지지만, 여기에서는 낮시간이라는 뜻으로 보아야 할 것이다.

460 앞에서는 위리사(衛理思)라고 적었다. 웨일즈 공은 1901년에 즉위한 후 에드워드 7세로 불렸다.

[그림 186] 웨일즈 공 시절(1862)과 즉위 후의 에드워드 7세(1901)

[그림 187] 런던 지하철 시험 운행. 일러스트레이티드 런던 뉴스
(Illustrated London News) 1862년 9월 13일자

시)에 애 교습 부녀와 함께 지도화륜차地道火輪車(지하철)을 타고 20리를 가서 그의 친구 복립길卜立吉의 집에 도착하여 연화煙火를 구경했다. 화약이 그리는 선이 신통하고 형상이 변화무쌍하여 구경하는 사람들이 감탄했다. 해초(21시)에 숙소에 돌아왔다. 이날 저녁에 주방에 있던 쇠고기, 닭, 생선 등의 물건이 약간 없어졌다.

11월 10일 화요일

9월 26일 경인. 맑음. 아침에 순병이 와서 절도 사건을 조사했다. 이때부터 매일 밤에는 순병이 끊임없이 왕래했다.

기記 : 양취화洋取火(성냥)는 신기한 것이 두 가지 있다. 하나는 식式(스타일)은 다른 것과 같으나 갑 옆을 문질러 치면 불이 붙으니 휴대가 쉽고 불의의 일을 막을 수 있다. 하나는 약두藥頭가 검은 콩알만 한 것으로, 바람을 맞으며 그으면 불이 붙고 불꽃은 없으며 향이 좋은데, 이러한 종류는 바람이 불어도 괜찮으니 아주 훌륭하다.

11월 11일 수요일

9월 27일 신묘. 흐리고 안개. 오후에 조금 개었다.

기記 : 외국 여자들의 의관衣冠은 시관時款(유행)을 좋아하는 사람이 많아 7일에 한 번 화장을 바꾸거나 보름에 한 번 식式을 바꾸는데 각국에서는 모두 법경을 표준으로 삼는다. 듣자니 10여 년 전에 여자들은 모두 반향盤香[461]처럼 생긴 강권鋼圈[462]을 입었는데 치마 끝이 흐트러져 있어서 흔들면 바람을 일으켰다고 한다. 2년 전에는 마미권馬尾圈[463]으로 바뀌어 여전히 넓

---

461 코일처럼 생긴 향이다.
462 강철로 된 후프가 끼워진 치마이다.
463 말총으로 된 후프가 끼워진 치마이다.

고 컸지만, 강권보다는 조금 덜 억세었다고 한다. 지금은 권圈(후프)을 빼 버리고 입는 사람이 많다. 예배일(일요일)마다 커다란 신보新報가 나와 의관의 신식을 그림으로 실어 자세히 해설하고 색깔을 입힌 것도 있어서 사람들이 선택하여 쓰는 데 편리하게 한다. 또 둘레가 2척이 넘는 작은 화보도 있는데 나이가 많고 적은 부녀가 앉거나 서 있는 모습이 그려져 있다. 역시 신복新服과 신식新式을 그린 것이다. 머리 모양, 신발, 말襪(양말)도 모두 옛것에 화려함을 더하지 않은 것이 없다. 비록 이역이지만 여기에서도 세태를 살펴볼 수 있는 것이다.

11월 12일 목요일

9월 28일 임진. 맑음. 의만義萬 (Wardle Eastland Evans)이라는 사람이 새 악기를 만들었는데 이름이 오이시사특립나敖爾柴斯特立那(orchestrina)[464] 라고 했다. 모양은 양금洋琴(피아노)이나 풍금風琴(오르간)처럼 생겼는데 크기는 작지만, 소리가 커서 두 금의 묘를 갖추었다. 이날 유각(17~19시)에 격완格宛(Covent Garden)[465]에 있는 당堂 안에서 습연習演했는데 첩帖(초청장)을 갖추어 빈객을 초청하여 상음지사賞音之

[그림 188] 오케스트리나 디 카메라

---

464 정식 명칭은 오르케스트리나 디 카메라(orchestrina di camera)이다. 하모니움(harmonium)과 연결된 건반악기이다. 하모니움 등 건반악기 제작업자인 워들 이스트랜드 에반스 (1810~1884)가 1862년에 만들어 특허를 출원했다.

465 코벤트 가든은 런던 중심부에 있는 지역이다. 본래 수도원에 채소를 공급하기 위한 농지였다가 17세기 이후 영국 최대의 시장이 되었다. 트라팔가 광장의 북쪽에 있다.

土로 맞이했다. 애 교습이 나와 함께 갔는데, 크지 않은 옥우屋宇에 남녀가 구름처럼 모여 있었다. 금의 소리가 맑게 퍼지는데 곡조가 아름답고 여음이 그치지 않아 사흘이나 대들보에 맴돌았다. 해정(22시)이 되어서야 흩어졌다. 밤이 되자 흐리고 추워졌다.

[그림 189] 웨스트본 홀

11월 13일 금요일

9월 29일 계사. 흐리고 안개. 술각(19~21시)에 애 교습과 함께 걸어서 위계반衛溪班 당堂(Westbourne Hall)[466]에 가서 설서說書(스토리텔링)를 들었다. 설서인의 성은 견見, 이름은 류榴로, 본래 야소교의 제자(신도)였으나 지금은 천주교를 받든다고 했다. 설서의 내용은 모두 명인名人의 시사詩詞와 소설이었는데, 목소리가 크고 낭랑하며 구절이 똑똑하여 남녀의 말소리를 잘 흉내내고 일체의 희로喜怒와 가읍歌泣의 마음을 곡진하게 풀어내어 윤돈의 묘수라는 칭송을 받았다. 매일 저녁 12각刻(3시간)에 걸쳐 여덟 대목을 설서하고 양은 36냥을 벌었다. 이날은 남녀가 자못 많아서 각자 영원英圓 2개開[467] 씩을 내니 은 2전 8푼이 되었다. 해정(22시)에 숙소로 돌아왔다.

---

466 웨스트본 홀은 1861년에 베이즈워터(Bayswater Athenaeum)의 부속 건물로 지어진 건물에 공연에 필요한 시설을 갖추어 세워졌다. 지금의 웨스트본 그로브(Westbourne Grove) 26호 자리이다.

467 개(開)는 통화에 대한 단위사로 '영원 2개'는 2달러를 뜻한다.

11월 14일 토요일

10월 1일 갑진. 맑고 따뜻함. 들자니 영국 회당 안에 부녀를 들여보내자는 논의가 있는데, 좋다는 쪽은 부녀가 마음이 섬세하고 견해가 높음이 남자보다 낫다고 하고, 좋지 않다는 쪽은 부녀가 자녀를 낳으므로 여러 번잡한 일이 생겨 입청入廳하지 못하면 도리어 일을 그르친다고 한다. 또 어떤 사람은 시집가지 않은 여자가 재산이 있으면 모두 천거지권薦舉之權(선거권)이 있어야 한다고 말한다. 여러 가지 의견이 다툼이 있어서 아직 정해지지 않고 있다.

11월 15일 일요일

10월 2일 을사. 맑음. 영국 공장工匠(기술자)을 보았는데 손, 어깨, 가슴, 목에 글자를 새기고 커다란 꽃을 그려 남색과 흑색으로 칠한 사람들이 많았다. 저녁에 애 교습의 장녀 아련阿蓮을 데리고 놀았다. 아련은 이제 여섯 살로 총명하여 글을 읽을 줄 알았다. 과실 몇 매를 사서 아련과 함께 집으로 돌아왔다. 나중에 애 교습이 아련에게 화례華禮(중국식 예절)를 가르쳐주어 아련이 무릎을 굽히고 감사 표시를 하니 사람들이 모두 크게 웃었다. 노래와 춤도 가르쳐 주려고 했지만 좋아하지 않아서 억지로 가르쳤다. 노래는 궁상宮商(음정)과 박자가 맞았고 춤은 나풀거리는 모습이 아주 고와서 신선 같았다.

11월 16일 월요일

10월 3일 병오. 흐리고 추움. 영국 사람들은 새것을 좋아하는 사람과 옛것을 따르는 사람의 두 부류로 나누어진다. 새것을 좋아하는 사람들은 색다른 것을 보면 생각이 변하여, 이를테면 윤차, 윤선, 종표鐘表(시계), 기구氣球 등과 같은 정교하고 화려한 것들을 귀하게 생각하고 소박한 것은 좋아하지 않는다. 옛것을 따르는 사람들은 대체로 구장舊章[468]을 따르니, 이를 테면 조정朝政의 큰일이나 사소한 일에 있어서 모두 선민先民을 본받고 바꾸 거나 어지럽히는 일을 좋아하지 않는다. 하지만 옛것을 따르는 사람은 적고 새것을 좋아하는 사람이 많은 까닭에 상고上古의 기구器具들 중에 남아있는 것은 10분의 1~2에 불과할 따름이다.

11월 17일 화요일

10월 4일 정미. 맑음. 서반유西班囿(Westbourne Park)[469]에 있는 예배당 앞에 높은 목붕木棚(천막)을 엮고 밖에 "회당會堂(의회)의 관신官紳(의원)을 공거 公擧(선거)함"이라고 적힌 보단報單(공고문)을 붙여놓은 모습을 보았다. 보단 아래에는 뽑는 인원수를 새겼는데, 전례前例에 따른 것이다. 그날 구경하는 사람들이 벌떼처럼 몰려들어 의론이 떠들썩했고, 한밤중이 되어서야 흩어 졌다.

11월 18일 수요일

10월 5일 무신. 맑고 추움. 아침에 신문지를 보니 이렇게 씌어있었다. 어젯밤에 뽑힌 사람들은 천독薦牘(찬성표)이 3~4천이 되는 사람도 있었지만 1천에 못 미치는 사람도 있었는데, 결국 평소의 유지維持에 따라 사람을 얻 거나 사람을 얻지 못하는 것이다.[470] 지금 영국에서는 포저苞苴(뇌물)가 공 공연히 행해져서, 천거를 받는 사람은 모두 요행으로 되기를 바라는 마음 이 있으니, 마침내 첩지를 갖추어 사람들에게 천거를 확보하기 위해 약간의 은을 주기로 약정하여 그 노고에 보답하기도 한다. 이는 대공무아大公無我

---

468 옛 제도와 문물을 말한다.
469 웨스트본 파크는 패딩턴 구(Borough of Paddington)에 있는 웨스트본 지역의 옛 이름이다.
470 평소 어떻게 관리했는지에 따라 표를 얻고 얻지 못한다는 뜻이다.

의 권(권리)이 가공제사假公濟私의 거(선거)로 변한 것이다.[471] 심지어 공거公擧가 있기 몇 달 전에 백성을 우롱할 방법을 생각하는 사람도 있으니, 이를테면 가난한 사람을 구제하고 곤경에 처한 사람을 도와주는 인정仁政을 일일이 거행하여 인심을 붙잡아두면 공거 때 자연히 사람들이 도처에서 칭송하게 되는 것이다. 이 향거리선鄕擧里選[472]의 정치는 명예를 탐내는 사사로움의 바탕이 되는 것이다.

11월 19일 목요일

10월 6일 기유. 맑음. 애 교습의 부인이 병이 나아 절간折柬(초청장)으로 사람들을 저녁 차 모임에 초대하여 집안을 청소하고 과식果食을 잘 준비했다. 유각(17~19시)에 남녀 17명과 봉기구, 계동경이 왔다. 훌륭한 친구들이 자리에 가득하고 웃음소리가 가득했다. 차를 마시고 나서 금을 치고 노래를 부르니 소리가 영롱했다.

11월 20일 금요일

10월 7일 경술. 아침에 흑무黑霧(스모그)가 끼더니 사초(09시)에 맑아졌다. 미각(13~15시)에 지 흠헌과 손 흠헌이 포 흠사, 백 협리, 덕 협리와 함께 화륜차를 타고 문자文怎 궁실에 가서 영국 군주를 알현했다. 외부대신外部大臣 사단력司丹力(Edward Henry Stanley)[473]의 인도를 받아 국궁鞠躬의 예를 행한 것은 지난번[474]과 같았다. 서서 5분 동안 말을 나누었고 주과酒果를 성대

---

471 대공무아는 공심(公心)만 있고 사심(私心)은 없음을 말하는 것이고, 가공제사는 공심을 빙자하여 사심을 채운다는 뜻이다.

472 본래 중국 한나라 때 시행된 추천식 관리임용 제도를 말하지만 여기에서는 선거의 뜻으로 썼다.

473 에드워드 헨리 스탠리(1826~1893)는 제15대 더비 백작으로, 앞에 나온 제14대 백작 에드워드 스미스-스탠리의 아들이다. 1866년부터 1868년까지, 1874년부터 1878년까지 두 차례에 걸쳐 외무 장관을 지냈다.

474 1866년에 있었던 장덕이의 첫 번째 영국 방문을 가리킨다.

하게 차려 가빈에게 연회를 베푸니 훌륭한 예식이었다.[475] 유초(17시)에 숙소에 돌아왔다.

[그림 190] 윈저 성

[그림 191] 에드워드 헨리 스탠리, 더비 백작

Yesterday week her Majesty, accompanied by Prince Leopold and Princess Beatrice, walked and drove in the vicinity of the Royal demesne. The Duke of Buckingham arrived at the castle and had an audience of the Queen. The Bishop of Peterborough also arrived, and was introduced to her Majesty's presence by the Duke of Buckingham, to do homage. The Hon. and Rev. E. S. Keppel, Deputy Clerk of the Closet, was in attendance. Lord Stanley had an audience of the Queen. Mr. Burlingame, Envoy Extraordinary and Minister Plenipotentiary for the Emperor of China, and his suite arrived at the castle. Her Majesty, accompanied by Princess Louisa, Prince Leopold, and Princess Beatrice, and attended by the Countess of Caledon, Vicount Hawarden, and Lord Frederick Kerr, entered the White Drawing-room at three o'clock. Mr. Burlingame was introduced to the Queen by Lord Stanley to present his credentials as Envoy Extraordinary and Minister Plenipotentiary. The members of the Embassy, two of whom were attired in Chinese costume, were also introduced to her Majesty. The Crown Prince and Crown Princess of Prussia went to London and visited the South Kensington Museum. In the evening their Royal Highnesses honoured the performance of the Sacred Harmonic Society at Exeter Hall with their presence. The Crown Prince and Crown Princess afterwards returned to the castle. Prince Arthur, attended by Lieutenant-Colonel Elphinstone, arrived at the castle from Greenwich Park. Colonel H. and the Hon. Mrs. Ponsonby had the honour of dining with her Majesty.

[그림 192] 사절단의 영국 여왕 예방 기사. 일러스트레이티드 런던 뉴스 1868년 11월 28일자

11월 21일 토요일

10월 8일 신해. 맑음. 오후에 흐리고 추워짐. 영국 여자들은 개를 키우는 사람이 많은데 크기를 가리지 않는다. 어떤 사람들은 이 여자들을 복견

---

475 이날 장덕이는 동행하지 않았다. 『초사태서기』에 따르면 지강은 이날 영국 측에 서한을 전달하였다.

장군伏犬將軍이라고도 부른다. 또 이들은 개를 굴복시킬 줄 알 뿐 아니라 남편도 잘 굴복시킨다는 말도 있다.

전에 아이들의 완물 중에 자기로 약 2촌 높이의 여자아이를 만든 것을 보았다. 수모睡帽(수면모자)를 씌우고 한삼汗衫(셔츠)을 입혔는데, 하나는 정분淨盆(요강)에 앉고 하나는 몸을 굽혀 무릎을 굽히는 모습을 하고 두 인형이 나무판자 위에서 마주 보며 손을 맞잡고 있었다. 나무판자 두 겹은 양가죽으로 둘러싸고 그 가운데에 기통氣筒을 집어넣었는데, 손가락으로 누르면 앵앵 소리가 계속 들려서 아주 재미있었다.

11월 22일 일요일

10월 9일 임자. 아침 내내 큰비가 내렸다. 들자니 윤돈에 태아泰兒라는 여자 설서인이 매일 저녁 12각(3시간)에 걸쳐 설서를 하는데 은 15~6냥을 번다고 했다. 또 영국의 고시考試는 공령功令(규정)이 매우 엄하여 응시자는 서적을 휴대할 수 없어서 그 대응하는 바(답안)를 소매나 두건에 써서 교묘히 법망을 빠져나가는 자도 있다고 하니 그 생각이 참으로 기발하다고 하겠다.

11월 23일 월요일

10월 10일 계축. 맑음. 자희황태후慈禧皇太后 만수경신萬壽慶辰의 날이다.[476] 묘정(06시)에 관관에서 숙소로 가서 지 흠헌과 손 흠헌을 따라 북궐北闕을 향해 향안香案을 진설하고 삼궤구고의 예를 행했다. 예를 마치고 관으로 돌아왔다.

---

476 자희황태후(1835~1908)는 서태후(西太后)라는 이름으로도 유명하다. 동치제의 생모이자 광서제의 이모로써, 50년 가까이 섭정을 지내면서 조정의 실권을 장악했다. 브리태니커 온라인 등 대부분의 자료에서 그의 양력 생일을 11월 29일로 쓰고 있으나 음력 10월 10일에 해당하는 양력 날짜는 11월 23일이다.

[그림 193] 자희태후

11월 24일 화요일

10월 11일 갑인. 맑음. 듣자니 윤돈에 자기가 부인夫人(Madame)이라고 말하는 내축萊丑(Rachel)이라는 노파가 있는데,[477] 성 안에 지분점脂粉店(화장품가게)을 열어 여자를 노인에서 젊은이로 만들어주는 기묘한 방법이 있다고 한다. 쉰 살이 넘은 포루苞婁라는 과부가 그 가게의 문을 두드려 그 기술을 펼쳐주기를 부탁했다. 내축은 그가 부자인 것을 보고 그를 세습 공작 모 씨의 부인으로 개가하게 만들어 주겠다고 꼬드겼다. 포루는 고개를 끄덕이고

---

477 마담 레이첼(1814경~1880)은 본명이 사라 레이첼 러셀(Sarah Rachel Russell)이다. 미용실을 운영하며 젊음을 유지하게 해준다는 물건들을 팔면서 사기 행각을 벌였고, 매춘, 사기, 협박 등의 범죄를 저질렀다. 투옥과 석방을 반복하다가 1880년에 감옥에서 사망했다.

날마다 약수藥水로 목욕을 했다. 내축이 모 공작에게 접촉하니 공작이 기뻐
했다. 어느 날 공작이 가게에 왔는데 마침 포루가 목욕하고 있던 참이라 공
작이 열쇠 구멍으로 그를 엿보았는데, 포루의 하체가 늙은 것을 보고 혼사
를 물렸다. 하지만 내축은 여전히 계속 포루를 속여 재물을 뜯어냈다. 몇
달 뒤 포루는 파산했고 마침내 내축에게 약간의 양은을 빚졌다. 내축은 여
러 차례 독촉했지만 받지 못하자 관서에 고발하여 포루는 감옥에 갇혔다.
포루는 그가 간교하다는 것을 깨닫고 마침내 반격하여 내축을 감옥에 갇히
게 했고, 이 사건은 아직도 끝나지 않았다. 이 때문에 윤돈에는 새로운 속
담이 생겨났다. "못생긴 것을 싫어하면 내축을 찾아가라. 노인을 아이로 되
돌려주니 예로부터 드문 일이다."

[그림 194] 마담 레이첼을 풍자한 만화

11월 25일 수요일

10월 12일 을묘. 흐렸다 개었다 함. 태서인은 옛날에는 풍감風鑑(관상),
복상卜相(점술), 금기 등의 일을 말하지 않았는데, 지금은 영국과 법국 등 각
국에서도 점차 이러한 일이 많아지고 있다. 그들의 상법相法(관상)은 이렇
다. "이마가 높고 머리가 크면 재주가 많고 민첩하다. 손이 크고 눈썹이 두
꺼우면 몸이 튼튼하고 마음이 정교하다." 그들의 금기는 이렇다. "절대로
창문 너머로 초승달을 바라보지 말라. 바라보면 길하지 않다. 예배육禮拜六

(토요일)에는 일을 시작하지 말라. 이를 어기면 장수하지 못한다. 13명이 함께 식사하지 말라. 만약 함께 식사하면 먼저 앉고 먼저 일어나는 사람이 3년 안에 반드시 죽을 것이다. 밤에 화로에 잔불을 남겨두면 반드시 신선(요정)이 찾아온다."

11월 26일 목요일

10월 13일 병진. 종일 흐리고 비. 오정(12시)에 애 교습의 처제 오적묵烏狄墨이 조찬을 청했다. 동석한 남녀가 12명이었는데 아주 즐겁게 이야기를 나누었다. 술각(19~21시)에 애 교습과 함께 북쪽으로 5리쯤 가서 설서관說書館(낭송회장)에 들어갔다. 관은 크지 않아서 3~40명만 들어갈 수 있었다. 설서하는 사람은 자제子弟(아마추어)가 많아서 내키는 대로 시간을 채우며 돈을 요구하지 않았다. 끝에 애 교습도 책을 들고 한 대목을 유창하게 읽었는데 사람들이 모두 손뼉을 치며 훌륭하다고 칭송했다. 관에 들어온 사람들은 각자 1각씩을 내어 은 3전 5푼을 만들어 관리인에게 주었다. 아마도 이 관은 작은 예배당인 듯했다.

11월 27일 금요일

10월 14일 정사. 흐림. 사정(10시)에 이슬비가 한바탕 내렸다.

기記: 영국은 국왕부터 서민에 이르기까지 동성同姓 간의 혼인과 과부가 된 형수를 아내로 맞이하는 일을 모두 금지하지 않는다. 금지하는 것은 동포同胞의 형제자매 사이의 결혼인데, 이 또한 간혹 몰래 하는 경우가 있다. 지금의 군주와 그 남편은 성이 같다. 군주는 장중하고 인자하며 신민臣民은 군주를 사랑하고 추앙한다. 군주는 남편과 사별한 뒤로는 공사公事가 아니면 외출하지 않고 몸소 검약하게 지내면서 깊은 궁중에서 홀로 지낸다. 군국軍國의 대사와 서정庶政의 세무細務는 모두 의사청議事廳(의회)의 회의로 정한다. 군주가 윤허하지 않으면 입당入堂하여 재의再議하는데 많으면 세 차례까지 한다. 비록 군주의 뜻과 합치하지 않아도 반드시 청한 바 대로 따른다. 어떤 이는 세자가 재주가 없어서 군주는 백년 후에 합중국처럼 백리 새천덕을 세우게 될까 걱정한다고 말한다.

11월 28일 토요일

10월 15일 무오. 흐림. 영국의 가게에서는 손님을 부드럽게 맞이하여 남녀 모두 봄바람이 얼굴에 가득하듯 웃는 모습이 뚜렷하다. 듣자니 이곳의 부녀가 신발가게에 가서 신발을 살 때에는 가게의 모든 남자들이 손님의 발을 받쳐들고 신어보게 한다고 한다. 공손하되 무례한 것인지 아니면 너무 지나친 것인지 모르겠다.

11월 29일 일요일

10월 16일 기미. 아침에 짙은 안개가 끼었다. 오정(12시)에 갠 뒤에 지 흠헌과 손 흠헌을 따라 쌍마차를 타고 40리를 가서 한포탄漢浦坦 궁(Hampton Court Palace)[478]에 가서 구경했다. 이 궁의 이름은 지명을 딴 것인데, 윤돈에서 35리 떨어진 태목사 강 북안에 있다. 땅이 지극히 넓고 탁 트여서 장관을 이룬 곳에 궁전이 우뚝 솟아 있고 산초 향기[479]가 짙게 퍼지니, 그 사치와 화려함이 진나라 때의 아방궁에 비할 만했다. 누방의 높이는 백 척으로 별도 딸 수 있을 것 같았다. 누방 바깥은 사방이 화원으로 강물이 맑

---

478 햄프턴 코트 궁은 그레이터 런던의 리치먼드 어펀 템스(Richmond Upon Thames) 구에 있는 옛 궁전이다. 11세기부터 있었던 것으로 생각되며 수백년 동안 구호기사단(Knight Hospitaller)이 소유하다가 1514년에 토머스 울지(Thomas Wolsey) 추기경이 신축을 시작하여 이듬해 그에게 장기 임대되었다. 그 뒤 여러 해에 걸쳐 화려하게 완성된 궁전은 1531년에 헨리 8세에게 헌납되었다.

479 산초나무는 열매가 많고 향기가 짙어 자손을 번성시키고 질투를 막는다고 하여 후비의 방 벽에 발랐다고 한다.

고 화목이 푸르렀다. 약 12장 길이의 포도 넝쿨도 있었다. 토인의 말로는
해마다 포도 2천 5백여 퇴堆(무더기)를 얻는다고 한다. 동쪽에는 부채꼴의 미
인리迷人籬(미로)가 있는데 작은 나무들을 심어놓았고 길이 구불구불하여 들
어갈 때는 쉽지만 나오기는 어려워 반드시 토인이 이끌어주어야 했다.

[그림 195] 햄프턴 코트 궁

이 궁은 서력으로 1515년에 지어졌는데, 영국 국왕 한려韓黎 제팔第八
(Henry VIII)[480] 때 국왕의 목사 오석吳錫(Thomas Wolsey)[481]이라는 이가 있었는

---

480 헨리 8세(1491~1547)는 헨리 7세의 둘째 아들로, 잉글랜드 국왕이자 아일랜드 영주이다. 로
마 교황청과 갈등을 겪다가 결별을 선언하고 1534년 잉글랜드 교회를 로마 가톨릭교회로부
터 분리시켜 성공회를 설립하였고, 공신들을 처형하고 왕실 비판을 금지하는 등의 조치를 통
해 절대왕정을 확립했다.

481 토머스 울지(1475~1530)는 로마 가톨릭 교회의 추기경이자 정치가, 외교관이다. 1509년 헨
리 8세 즉위와 함께 권력을 장악하여 총리, 대법관을 지냈고 '제2의 군주(alter rex)'라는 별
명까지 있었다. 헨리 8세에게 두터운 신임을 받았으나 마지막에는 반역죄로 몰렸다가 병사했
다. 그는 1498년 마를보로(Marlborough)에서 목사가 되었고, 1500년부터 1509년까지 리밍
턴(Limington)의 세인트 메리 교회(St. Mary's Church)에서 교구 목사(rector)로 있었으며,
1502년에 헨리 7세로부터 황실 목사(royal chaplain)으로 지명되었고, 1514년에 추기경이
되고 이듬해 총리 겸 대법관이 되었다.

데 총애를 얻고 권력을 차지하여 미오郿塢의 영營[482]을 지어 만년을 즐기고
자 이 궁을 지어 수만 금을 썼다. 궁이 완성되었지만 권세가 기울자 급히 국
왕에게 바치면서 국왕을 위해 만들었다고 거짓으로 고했다. 왕이 기뻐하며
상으로 입지만立池滿(Richmond) 지방에 있는 한려 제칠(Henry VII)의 고궁故宮
을 주었는데 이곳 또한 아주 넓었다. 듣자니 오석은 백정의 아들로 14살에
입반入泮[483]하여 소년 수재로 칭해졌다고 한다. 몇 년 뒤에 한림학사翰林學
士에서 목사로 발탁되어 총애를 받았다. 20여 년 재직하는 동안 재부財富가
왕실보다 많아지니 이때 총애를 잃고 3년 뒤에 죄를 얻어 폄적되어 중도에
죽었다고 한다. 이 궁은 1515년부터 1731년까지 역대 국왕 군주가 연악宴
樂과 휴게의 장소로 삼았다. 군주 알루뢰嘎婁賴(Caroline)[484]가 죽은 뒤로 후
세의 국왕들은 이 궁에서 거주하는 일이 드물게 되었다. 하지만 여전히 문
을 열고 청소하며 사람들이 노닐 수 있게 하고 있다. 예배를 드릴 때마다 남
녀가 더욱 많아져 들어가는 사람은 각자 문비門費(입장료)를 조금 내고 나라
에서 그 이익을 얻는다. 유초(17시)에 숙소에 돌아왔는데 자못 추웠다.

---

482 미오는 후한의 동탁(董卓)이 미현에 지은 성이다. 장안성에 비길 만큼 높았고 성 안에는 각종
   보물과 많은 곡물을 저장했다. 뒤에 간사한 자가 재물을 숨겨두고 향락하거나 노년을 보내는
   장소를 뜻하는 말로 쓰였다.

483 반궁(泮宮) 즉 제후가 세운 태학(太學)에 들어가서 생원이 되었다는 뜻이다. 여기에서는 옥스
   퍼드 대학 등의 여러 학교에 입학한 것을 가리킨다.

484 마지막으로 햄프턴 코트 궁에 거주했던 왕은 조지 2세(George II, 1683~1760)와 왕후 캐롤라
   인 오브 앤스바흐(Caroline of Ansbach, 1683~1737)이다. 장덕이는 조지 2세 대신 왕후의
   이름을 적었다.

[그림 197] 토머스 울지

[그림 196] 헨리 8세

[그림 198] 캐롤라인 왕후

[그림 199] 조지 2세

11월 30일 월요일

10월 17일 경신. 흐림. 작은 철차鐵車를 보았는데 이름을 파서의巴西椅 (Bath chair)[485]라고 했다. 길이는 약 5척, 너비는 2척쯤 되었다. 네 바퀴는 크지 않고 위에는 파리玻璃 덮개가 있으며 사방으로 유포油布가 둘러쳐져 있고 앞에는 예첨曳櫓(끌기 위한 손잡이)이 있고 뒤에는 추병推柄(밀기 위한 손잡이)이 있었다. 그것을 탈 때는 반은 앉고 반은 눕고, 어자御者(운전자)는 [예첨을] 밀거나 당기거나 한다. 4각(1시간)을 타는 데에 영원英圓 2개開를 낸다.

[그림 200] 바스 체어

12월 1일 화요일

10월 18일 신유. 이슬비가 내리다가 오후에 개었다. 애 교습의 친구 고탁顧鐸이라는 사람이 자기의 처와 처형 체이사遞爾姒와 함께 국화를 보자고 청했다. 남쪽으로 10여 리를 가서 관흥탄寬興坦(Kensington)의 화포花圃(화원)

---

485 바스 체어는 접는 후드가 달린 자가 운전 방식의 휠체어이다. 영국의 서남부인 서머셋의 바스 (Bath) 지방에서 유래되었다고 한다.

에 이르렀다. 파리玻璃(유리)로 된 집 몇 칸이 층층이 줄지어 있고 수백 종류의 꽃들이 아름답게 피어있었다. 이들 중 어떤 것은 중화와 일본 등에서 왔는데, 이곳에 와서 다시 기르고 물을 부지런히 주어 중화의 것보다 더 아름답게 되었다고 했다. 마당에 사과나무 한 그루가 가로로 자라 있는데 가지들은 모두 위를 향하여 길이가 2장이 넘었다. 이 나무의 나이는 벌써 70년이 넘었다고 했다. 바깥에는 선인장, 패왕추霸王錘 등이 있었다. 또 청백색의 돌멩이 같은 것, 청홍색의 반 척짜리 대합조개 같은 것, 가시 돋친 흰서리 색깔의 방망이 같은 것 등이 있었는데 모양이 기이하고 이름은 알 수 없었다. 나머지 와송瓦松,[486] 이끼, 부평초 등은 모두 푸른색이 가득했다. 누가 말하기를 이것들은 아비리가와 인도 등에서 왔는데, 그곳이 적도에 가까우므로 화목이 잘 자란다고 했다. 구경을 마치고 고탁이 자기 집에서 식사를 청했는데 술과 음식이 풍성하고 맛있었다. 모두 8명이 함께 먹었다. 식사를 마치고 금을 치며 노래를 불렀는데 이쪽에서 노래하고 저쪽에서 화창하며 아주 즐겁게 보냈다.

12월 2일 수요일

10월 19일 임술.[487] 흐림. 유정(18시)에 애 교습과 그의 친구 나다羅多와 함께 걸어서 5~6리를 가서 감흥탄甘興坦 유囿(Kensington Gardens)를 구경했다. 둘레가 10여 리이고 고목이 수천 그루 자라 있고 길은 평탄하고 누각이 정연했다. 감흥탄 궁(Kensington Palace)이 있는데 군주 위극도리아威克都里雅(Queen Victoria)가 태어난 곳이었다.[488] 강과 하늘을 바라보니 위아래가 모

---

486 솔잎 모양의 여러해살이풀이다.

487 이날 지강은 12월 9일자로 취임하게 될 신임 외무장관 조지 빌리어즈(George Villiers, 4th Earl of Clarendon)를 예방하였다.

488 켄싱턴 궁은 하이드 파크의 서쪽 끝의 켄싱턴 가든에 있는 궁전으로, 17세기 이후 현재까지 왕족들이 거주하고 있다.

두 파랗고 낙엽이 날아 떨어지니 완연한 늦가을인데 풀밭은 푸르러 초봄 같기도 했다. 지금은 중력中曆(음력)으로 초겨울이고 서력으로는 12월 2일인데 강에는 얼음이 얼지 않고 이슬비가 내리니 날씨가 따뜻함을 알겠다. 영국의 위도는 북경보다 조금 북쪽이지만 여름에 심하게 덥지 않고 겨울에 심하게 춥지 않은 것은 섬나라로 사면이 바다에 가깝기 때문이다. 바다의 날씨는 네 계절 모두 같아서, 여름에는 날씨가 덥지만 바닷바람이 시원하고 겨울에는 날씨가 춥지만 바닷바람이 따뜻하니, 영국의 기후는 북경과 같지만 바닷바람이 그 형세를 바꾸어주는 것이다.

[그림 201] 켄싱턴 궁

12월 3일 목요일

10월 20일 계해. 아침에 누런 안개가 자욱하여 지척에 있는 사람도 보이지 않았다. 집집마다 모두 매탄을 때워 이처럼 어두웠다. 윤돈의 안개가 가장 심하여 겨울에는 며칠 동안 개지 않아 거마車馬들의 충돌을 막기 위해 통행이 정지된다고 한다.

토인의 수수께끼가 있는데, 고양이 수수께끼는 다음과 같다. "다리가 네 개이고 온몸에 털이 나 있고, 귀는 쫑긋하고 수염이 조금 있고 높이 뛴다네. 당신이 내게 이름을 묻는다면 먹을 것을 줄 때 스스로 오오敖敖(야옹)하고 말하리다." 또 팔음합八音盒(오르골) 수수께끼는 다음과 같다. "몸뚱이는 크지 않고 피리도 없고 퉁소도 없다네. 한 사람이 내 어깨를 비틀면 종이 저절로 울리고 방울이 저절로 흔들린다네."

[그림 202] 19세기 런던의 스모그

12월 4일 금요일

10월 21일 갑자. 흐림. 저녁에 큰비가 퍼붓듯이 쏟아졌다.

기記: 윤돈에는 오니파사司敖呢波司(omnibus)[489]라는 차가 있는데 모양은 평대平臺 같고 차문이 뒤에 있다. 파리玻璃로 된 활창活窓이 15개가 있고 철 기둥과 철륜鐵輪에 첨檐(손잡이)이 하나이고 말 두 마리가 끈다. 차 안에 12명이 탈 수 있고 차의 천장 위에 14명이 탈 수 있다. 철사다리로 오르내릴 수 있다. 어자는 천장 위에 앉고 차비를 받는 사람은 문 옆에 서 있다. 20여 리를 가면 동원銅圓 4개開를 내고, 가까우면 3개, 2개 등으로 다르다. 각 거리의 차들은 오색으로 구별하고, 남녀, 빈부 차이 없이 모두 탈 수 있으니 아주 편리하다.

---

489 옴니버스는 승합마차이다. 런던에서는 1829년부터 운행되기 시작했다.

[그림 203] 런던의 승합마차

12월 5일 토요일

10월 22일 을축. 종일 흐리고 비. 듣자니 윤돈에 도둑질을 배우는 집이 있는데, 남녀 아이들 중에 이 일을 하고 싶어하는 자들이 듣는다고 한다. 교습은 자잘한 물건을 주머니 안에 넣어 벽에 걸어놓고 몰래 방울을 하나 달아놓는다. 물건을 훔쳐내고도 방울을 울리지 않는 학생은 바로 거리에 가서 그 기술을 선보이게 한다. 아! 이것을 배울 수 있다면 무엇인들 배우지 못하겠는가?

12월 6일 일요일

10월 23일 병인. 흐리고 비. 숙소에 가서 지 흠헌과 손 흠헌을 뵙고 안부를 여쭈었다. 덕 협리는 입온포로 신부를 맞으러 가서 아직 돌아오지 않았다. 듣자니 영국 도성에는 매일 저녁 여자들이 거리를 다니고 남자가 그를 끌어안고 입 맞추는 놀이를 하는데 무례하다고 여기지 않으니 정말 기이한 일이다. 또 외국 면화 중에 열매 맺은 것을 이용하여 실을 뽑고 베를 짜고, 나머지 자잘하고 힘없는 것들을 모두 펼쳐 큰 조각으로 만들고 교수膠水(접착제)를 바른다. 각 필匹의 두께는 4푼, 너비는 3척으로, 한 척마다 양은洋銀 반 시령施令(shilling) 곧 은銀 7푼이 된다.

12월 7일 월요일

10월 24일 정묘. 흐리고 비. 아침에 애 교습이 공무로 외출하고 그의 처 오씨가 대신 생도들을 관리했다. 화륙포和陸布라는 이가 말을 잘못해서 오씨가 화를 냈다. 오씨는 그에게 등루登樓하여 낮잠을 자게 하고 음식을 금지시켰다. 또 맥눌이麥訥爾라는 이가 규칙을 어겨 오씨가 그를 면벽하고 서 있게 하여 반일 만에 풀어주었다. 약은 자가 주방의 면포麵包(빵)와 주육酒肉을 몰래 훔쳐 누상樓上으로 운반하여 서로 다투어 먹었는데 잔과 그릇이 기울어 넘어져 크게 웃었지만 오씨는 처음에는 알지 못했다. 오씨가 병을 오래 앓다가 막 나았기 때문에 방을 나와서 검사하지 못했기 때문이다.

[그림 204] 페니 가프 극장(1872)

12월 8일 화요일

10월 25일 무진. 흐리고 비. 저녁에 애 교습과 함께 관위당款位堂 곡관曲館에 가서 곡을 들었는데 이름하여 일문회一文會(penny gaff)[490]라고 했다. 곡을 듣는 사람들의 등급이 상중하 셋으로 나누어졌는데 그중 하등의 사람이 1문文만 냈기 때문이다. 이날의 곡과 가사는 훌륭하지는 않았다. 술초(19시)에 비가 그쳤다.

12월 9일 수요일

10월 26일 기사. 아침에 짙은 안개가 끼었고 사정(10시)에 안개가 걷혔

---

490 페니 가프는 19세기 영국에서 나타난 하층민을 위한 싸구려 공연이다. 가프는 집이라는 뜻의 속어이다.

지만 여전히 흐림. 듣자니 서양 여자들의 꾸밈새가 새로워져서 의생에게 가서 새끼발가락 옆의 뼈를 2~3푼 잘라내어 작은 것을 추구하는 이가 있는가 하면, 얼굴은 새하얗고 입 옆과 눈 아래에 검은 점을 그려서 아름답게 하는 자도 있다고 했다. 하나는 비틀어 조작하는 것이요, 하나는 깨끗한 것을 더럽히는 것이니, 정말 괴이한 지분脂粉 배양의 도道이다. 근래에는 또 난두亂頭(난발)를 아름답다고 여기고 모자를 옆으로 쓰는 것을 멋있다고 칭송하기도 한다. 눈썹과 얼굴에는 온통 분을 발라 정인情人(애인)이 쳐다보아 주기를 바라니, 나 같은 사람은 혼이 달아나지 않을 수 있겠는가.

12월 10일 목요일

10월 27일 경오. 흐리고 추움. 저녁에 애 교습과 함께 차를 타고 18리를 가서 율진栗榛 가(Regent St.)의 애덕당愛德堂에서 곡을 들었다. 이날은 수정궁水晶宮(Crystal Palace)의 창곡唱曲 자제(배우)들이 습연했다. 남녀 2백여 명이 차례대로 자리에 앉아서 각기 곡문曲文(가사) 한 편씩을 들고 곡사曲師(지휘자)를 향했다. 곡사는 대臺 위에 서서 곡문을 먼저 노래하며 손과 발을 움직여 춤을 추니 그 모습이 극히 아름다웠다. 사람들이 모두 소리에 맞추어 화창和唱했는데 절주가 가끔 맞지 않으면 즉시 고쳤다. 모두 14곡을 불렀는데 곡문을 알아듣기는 어려웠지만 소리는 들을 만했다. 한밤에 돌아왔다.

12월 11일 금요일

10월 28일 신미. 흐림. 외국 남녀의 혼인은 오로지 정애情愛를 위주로 이루어진다. 근래에 젊고 고운 여자가 늙고 병든 사람에게 시집가는 일이 있었는데, 이는 정애가 없이 재산을 탐한 것일 따름이다. 이러한 예는 여자가 반드시 가난하고 남자가 반드시 부유하다. 몇 년 뒤 남편이 죽으면 재산이 자기 것이 되고 다시 마음이 잘 맞는 사람을 찾아 시집가서 날마다 즐겁게 웃고 밤마다 뒤얽혀서 천수를 누리며 숙원을 이루는 것일 뿐이다.

12월 12일 토요일

10월 29일 임신. 흐리고 비. 영국에는 『백화어百花語』라는 작은 책이 있는데 온갖 꽃들로 아어啞語(꽃말)를 만드는 것이다. 이를테면 붉은 장미는 사랑, 노란 장미는 질투, 흰 국화는 믿음, 노란 국화는 기쁨, 하얀 목련은 맑음, 노란 목련은 거짓, 무화과는 나태, 마麻는 근면, 금지란金枝蘭은 보호, 자라란紫蘿蘭은 혐오 등을 뜻한다. 남녀가 사귀면서 말로 전달하지 못할 때 꽃을 보내어 알려준다는 것이다.

12월 13일 일요일

10월 30일 계유. 흐리고 비. 오초(11시)에 숙소에 돌아왔다. 덕 협리가 신부 파석巴席 씨를 데리고 와서 팔래八來 점(Palace Hotel)[491]에 묵었다. 신부의 전 시부모 파극이巴克爾 부부가 신부를 데리고 왔는데 정의情意가 두텁다고 하겠다.

기記: 각국의 도성의 역서曆書(달력)는 종이 한 장만으로 되어 있다. 종이에는 1년 열두 달이 적혀 있고, 매월은 29일, 30일, 31일로 다르며, 7일이 1예배禮拜(주)이고, 어느 날은 어느 신의 성탄이라는 것이 적혀 있다. 향리에서 쓰는 것은 책으로 묶여 있는데 역시 '위험을 없애고 불길함을 막고, 노란 것은 길하고 검은 것은 흉하다'라는 따위의 문구가 쓰여 있어서 아주 신기하다. 유정(18시)에 관館으로 돌아왔다.

---

491 웨스트민스터 팰리스 호텔을 가리킨다. 1860년에 빅토리아 가의 웨스트민스터 궁 가까운 곳에 개장하였고 1974년 철거되었다.

[그림 205] 웨스트민스터 팰리스 호텔

12월 14일 월요일

11월 1일 갑술. 흐림. 윤돈은 매년 섣달에 육축회六畜會가 있다. 향촌에서 기르는 여섯 종류의 큰 가축들을 경성에 보내어 한곳에 모아 사람들이 살펴보게 한다. 듣자니 올해에는 6백 근짜리 돼지, 1천 2백 근짜리 소가 있다고 하는데 이는 아주 드문 일이다.[492]

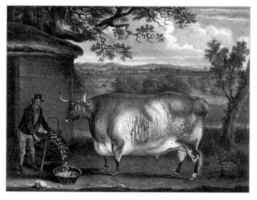

[그림 206] 가축 전시회에 나갈 소에게 여물을 주는 농부

---

492 런던의 가축 전시회는 스미스필드 쇼(Smithfield Show)를 말한다. 이 전시회는 1799년 런던의 스미스필드에서 처음 시작되었고 이후 몇 차례 장소가 바뀌어 장덕이가 방문했을 때는 런던 이슬링턴(Islington)의 농업 전시장에서 열렸다. 살을 가득 찌운 가축을 출품하여 경쟁했다.

12월 15일 화요일

11월 2일 을해. 흐리다가 밤에 비바람이 거세졌다. 윤돈의 주민은 3백만 명이 안 되는데 날마다 들어가는 비용이 아주 많다. 가난한 사람도 매일 7~8 은전을 써야 생계를 꾸릴 수 있다. 그런데 매일 3~4만 명이 일이 없이 놀고 있으니 어떻게 밥을 먹는지 알 수가 없다. 하지만 거리에는 거지가 없고 들에는 강도가 없으며, 맨발에 맨머리로 다니는 자는 더더욱 하나도 없다.

12월 16일 수요일

11월 3일 병자. 흐리다가 신정(16시)에 이슬비가 내림. 영국 도성의 신문지는 20여 종이 있는데, 모두 실제 사건들을 싣지만 가짜 사건을 싣는 때도 있다. 오늘 작은 신문지의 한 대목에 "내년에 대해大海가 범람하여 영국이 물속에 잠길 것이다" 따위의 제목이 있었는데 아주 신기했다. 신문지의 이름은 모른다. 나라 전체의 신문지 중에서는 태목사太木斯(The Times)[493]가 상등이다. 태목사는 화언華言으로 '시時'라는 뜻이다.

[그림 207] 더 타임즈 1843년 1월 20일자

12월 17일 목요일

11월 4일 정축. 흐리고 비가 내리다가 유초(17시)에 개었다. 애 교습과 함께 걸어서 19리를 가서 서민덕西敏德 대학원大學院(University of Westminster)[494]에서 극을 보았다. 이 극은 매년 겨울에 이곳에서 사흘 밤 동

---

493 더 타임스는 1785년에 창간되었다. 최초의 일간 신문이다.
494 웨스트민스터 대학교는 1838년에 개교하였다. 메인 캠퍼스는 리전트 가에 있다.

안 연창演唱되는 것으로, 극의 문장은 옛 납정국拉丁國(Latin) 말로 되어 있었다. 이 대학원의 생도들이 납정 문자를 배워 1년 만에 마치는데 극을 공연함으로써 그 재능을 과시하는 것이다. 극을 보는 사람들은 청간請柬(초청장)이 없으면 마음대로 들어갈 수 없다. 이날

[그림 208] 웨스트민스터 대학교

은 남녀 백여 명이 왔는데 모두 관원 집안 사람들로 복식이 화려하여 아주 빛났다. 납정은 오늘날 나마羅馬(Rome) 국의 옛 이름이고, 나마는 의대리意大里(Italy) 국의 고성孤城이다. 천주교 교황이 거주한다. 지금 각국에서는 모두 납정 문자를 별도의 고어로 중용하고 있다. 자정(24시)에 관에 돌아왔다.

12월 18일 금요일

11월 5일 무인. 흐리고 비가 내리고 추웠다. 유초(17시)에 애 교습의 친구 살덕락이 만찬을 청해 교습과 함께 갔다. 그 부부가 아주 정성껏 대해 주면서 여러 가지 음식을 내놓았다. 만주滿洲 양고기라고 부른 것이 있었는데 시고 비린 맛이었다. 살덕락이 말했다. "제가 법방法邦(프랑스)에 오래 살았는데 이 고기를 먹어보니 아주 맛있었습니다. 중화의 것을 본따서 만들었다고 했습니다. 지금 이것을 차려드렸으니 당신이 필시 좋아할 것입니다." 내가 말했다. "이것은 모양은 같지만 맛은 좀 떨어지는 듯합니다. 우리나라에서 양고기를 익힐 때에는 생강과 계피를 더하고 향유香油로 지져서 맛이 달고 바삭하며 살집이 많습니다. 지금 이것은 설탕물에 담그고 쇠기름으로 지졌지만 역시 중화의 맛이 납니다. 제가 먹어보니 역시 고향 음식 생각나는 것을 조금은 위로해 줍니다." 살덕락이 말했다. "아쉽게도 저의 인연이 닿

지 않아 중토를 돌아보지 못했습니다. 만약 언젠가 기회를 얻게 되어 멀리 중화로 가는 배를 탈 수 있다면 이목耳目의 견문을 넓힐뿐더러 널리 식품을 모아서 메마른 뱃속을 한껏 적셔보고자 합니다." 말을 마치고 손뼉을 치며 크게 웃었다.

12월 19일 토요일

11월 6일 기묘. 맑음. 듣자니 2~3년 전 영국에 비루한 풍속이 하나 있었는데, 신표信票(우표)를 얻으면 벽에 붙이는데 많이 붙일수록 귀하였고 이것을 서로 따라 하여 풍조를 이루었다는 것이다. 여자 중에는 신표를 많이 얻지 못해 시집을 가지 못한 사람도 있었다고 한다. 애 교습의 말로는 오뭇씨라는 가난한 여자가 은 120냥을 빚졌는데 그 빚을 갚으려면 옛 신표 백만 장이 필요했던 까닭에 여러 사람이 만여 장을 모아 그에게 보내주었다고 한다.

12월 20일 일요일

11월 7일 경진. 흐림. 사정(10시)에 숙소에 돌아와 지 흠헌과 손 흠헌을 뵙고 안부를 여쭈었다. 덕 협리는 혼례를 올리러 법경으로 돌아갔고 백 협리는 공무로 애이란에 갔다. 듣자니 태서에서도 아내를 맞을 때나 생일을 맞을 때 예물을 준다고 하는데, 모두 팔찌, 부채, 당과糖菓 따위의 물건들이라고 한다.

12월 21일 월요일

11월 8일 신사. 흐리고 비. 애 교습의 친구 사제이司悌爾가 지난 6일에 상처喪妻했는데 이날 장례를 치렀다. 염殮하는 방식은 남녀 모두 생전의 옷을 입히지 않고 몸을 흰색 잠옷으로 덮고 손에 선화 한 다발을 들렸다. 관은 병처럼 생겨서 위는 넓고 아래는 좁았다. 염한 뒤에 회융回絨[495]으로 감싸고 구리 못을 박는데 극히 정결했다. 뚜껑 위에는 정방형의 동판을 끼워 넣고 고인의 이름과 태어나고 죽은 날짜를 새겼다. 친척과 친구들은 줄을 붙잡고 참여하는데 푸른색 옷을 입고 머리에는 오사烏紗를 덮었다. 통곡하며 무릎 꿇고 제사를 올리는 따위의 일은 없었다. 발인의 날에는 관을 먼저 예배당에 옮겨놓고 목사가 탈모하고 단정히 앉아있다가 흰 새털옷을 입고 경經(성경)을 한 차례 읽었다. 그 뒤에 검은색 차에 관을 싣고 의지義地(묘지)에 가서 목사가 다시 축송祝頌을 한 번 했다. 영구가 묘혈에 들어가자 흙을 덮지 않고 큰 돌로 덮고 밖에 비석을 세웠다. 묘혈 주위에는 벽돌을 쌓고 가운데에는 쇠막대 두 개를 가로질러 놓았다. 부부 중에 먼저 죽은 사람이 막대 아래에 안장되고 나중에 죽은 사람이 막대 위에 안장된다. 아마도 땅이 비싸서 그렇게 된 듯하다.

12월 22일 화요일

11월 9일 임오. 흐림. 오후에 백 협리의 편지를 받아 숙소로 돌아왔다. 유초(17시)에 지 흠헌을 따라 쌍마차를 타고 영국 제독 화포和蒲(Sir James Hope)[496]의 집에 가서 만찬을 했다. 화포는 예전에 중화에 살았던 적이 있어서 그곳에서 보고 들은 이야기를 펼쳐 주객主客이 기쁘고 흡족했다. 자정(24시)에야 돌아

[그림 209] 제임스 호프 경

---

495 이슬람 지방에서 만든 펠트 종류인 듯하다.

496 제임스 호프 경(1808~1881)은 영국 해군 제독으로, 1859년 영국과 프랑스 공사를 호송하고 조약에 참석하려다 대고구(大沽口)에서 중국 군대와 싸우다가 중상을 입었고, 이듬해 다시 영국 군함을 이끌고 북상했다. 1861년에 상해에서 청나라 군사가 태평천국 군사들을 진압하는 일을 돕기도 했다.

왔는데 이슬비가 부슬부슬 내려 꽤 추웠다.

12월 23일 수요일

11월 10일 계미. 흐림. 오후에 관에 돌아왔다. 탑목암, 연춘경이 함께 백령탄 가에 와서 애 교습을 만났다. 탑목암과 연춘경은 그와 한 시진쯤 서서 이야기를 나누고 돌아갔다.

기記: 윤돈에서는 여섯 가축[497] 중 말과 개만 기른다. 말은 행정行程(이동), 도새賭賽(경마), 연무演武(훈련)를 위해 필요하고, 개는 집을 지키기 위한 것이 아니라 오로지 데리고 놀기 위한 것일 뿐이다. 나머지 닭, 소 따위는 시골 사람들이 기른다. 개와 말은 인명이나 지명으로 이름을 붙여주는 일이 많고, 범, 표범, 곰, 삵쾡이 같은 이름을 지어주기도 한다. 새를 기르는 사람은 철사로 만든 새장에 유포油布를 덮어씌운다. 새장은 누각이나 정자 모양으로 꾸미고 오채색을 칠하여 화려하고 정교하다.

12월 24일 목요일

11월 11일 갑신. 맑음. 이날은 야소가 탄신하기 하루 전날로, 천주교와 야소교의 예배당에서 모두 등불을 밝히고 줄지어 앉아 한밤에 음악을 연주하며 경을 읽으니 그 소리가 수십 리에 울려 퍼진다. 거리의 가게들은 문을 닫고 남녀가 새옷을 입고 밤낮으로 거리를 돌아다닌다. 집에 어린아이가 있으면 모두 소나무 한 그루를 사서 그 위에 각종 장난감, 지인紙人(종이인형), 하포荷包, 알록달록한 작은 초 따위를 걸어둔다. 저녁이 되면 초를 밝히고 초가 다 타면 물건들을 사람마다 하나씩 나누어주었다. 술초(19시)에 큰눈이 내렸다.

---

497 말, 소, 양, 닭, 개, 돼지이다.

12월 25일 금요일

11월 12일 을유. 흐림. 이날은 서력 12월 25일로 야소의 탄신일이다. 가게는 사흘 동안 문을 닫고 집집마다 쇠고기와 이자병李子餅(자두 푸딩)을 먹는다. 남녀가 만나면 서로 '환희성탄歡喜聖誕(Merry Christmas)!'이라고 말해준다. 화력和力(holly)이라는 나무[498]—화언華言으로 '성聖(Holy)'이라는 뜻이다—가 있는데, 잎사귀는 짙은 녹색이고 가지는 굵고 가시가 나 있으며 석죽石竹처럼 붉은 콩이 달린다. 예배당, 인가, 가게에는 모두 문 위에 큰 가지를 걸어놓는다. 또 미색두迷色頭(mistletoe)[499]라는 나무—무슨 뜻인지는 모른다—도 있는데, 잎사귀는 푸르고 가지는 구불구불하며 앵두만한 크기의 흰콩—안에는 하얀색 즙이 들어있다—이 달린다. 인가와 가게에서 모두 중당中堂에 그것을 걸어놓고 그 아래를 지나가는 여자가 있으면 남녀가 반드시 압포狎抱(포옹)하고 입을 맞추며 기뻐한다. 12일이 지난 뒤에 그것을 치운다.

이날은 쉬는 날이어서 숙소에서 잤다. 저녁에 포 흠헌의 어린 딸 격체格蒂(Gertrude Burlingame)가 뿌리에 팔음합이 숨겨진 커다란 나무 옆에서 팔음합의 손잡이를 돌리면서 연주하니 나무가 저절로 돌았다. 가지마다 장난감과 초가 걸려 있었다. 초가 다 타자 물건들을 나누어주었는데, 나는 양필洋筆 한 자루와 약 3촌 크기의 흑융黑絨 강아지 한 마리—글씨를 닦는데 쓰는 것이다—를 얻었다. 그밖에 붉은 가죽으로 둘러싼 작은 책 한 권도 받았는데 천주天主의 일을 강론할 때 쓰는 것이다.

12월 26일 토요일

11월 13일 병술. 흐림. 사정(10시)에 지 흠헌과 손 흠헌을 따라 지도

---

498 호랑가시나무이다.
499 겨우살이류 기생 식물이다.

화륜차(지하철)를 타고 구성舊城에 들어가서 현보록賢保祿 예배당(St. Paul's Cathedral)[500]을 둘러보았다. 하얀 석재만으로 지어진 이 당은 아주 넓고, 아래부터 꼭대기까지 빙빙 돌아 올라가는 9백여 개의 계단이 있었다. 창을 열고 밖을 바라보니 누대와 성곽이 눈에 들어오고 안계眼界(시야)가 크게 넓어졌다. 그 안에는 동종銅鐘이 있었는데, 때마다 저절로 울려 소리가 사방으로 4~50리나 퍼져나갔다. 예배당 안에는 석관石棺, 석갈石碣, 우상偶像, 궤상几床 등이 나열되어 있었는데 모두 옛날 명신들의 자취였다. 미정(14시)에 숙소에 돌아왔다.

기記: 이날은 양인들이 박극사대博克司代(Boxing day)라고 부르는 날로, 화언으로 상자일箱子日이라는 말인데 자세한 뜻은 모르겠다.[501] 밤이 되자 비가 조금 내렸다.

[그림 210] 세인트 폴 대성당

---

500 세인트 폴 대성당은 604년에 지어진 성당을 원형으로 하여 1710년에 새로 지어진 성공회 성당이다. 시티 오브 런던의 중심부인 러드게이트 힐(Rudgate Hill)에 자리하고 있는 런던 주교좌 성당이다.

501 박싱 데이는 크리스마스 다음날이다. 전통적으로는 가난한 사람들에게 선물과 기부를 하는 날이었다. 오늘날은 상품을 대폭 할인하여 판매하여 물건을 사기에 좋은 날로 변해 있다. 영주나 상인들이 하인에게 주는 선물 상자나 보너스 상자에서 유래했다는 설과 크리스마스에 헌금함을 열어서 가난한 사람들에게 나누어주는 전통에서 유래했다는 설 등이 있다.

[그림 211] 세인트 폴 대성당의 나선형 계단과 종

12월 27일 일요일

11월 14일 정해. 흐림. 듣자니 근래 며칠 동안 친척과 친구들이 자기 이름은 적지 않고 그저 '환희성탄!'이라고만 적힌 편지를 서로 보낸다고 한다. 또 집에서 병을 앓다가 세상을 떠난 사람이 있으면 친척과 친구들에게 부고를 보내는데, 친척과 친구들은 그 집에 가서 장례에 참석하거나 자신의 집에 원하는 날짜만큼 장막을 드리우고 창문을 닫아서 애경愛敬의 뜻을 표시한다고 한다.

12월 28일 월요일

11월 15일 흐림. 사초(09시)에 비가 오다가 신정(15시)에 그쳤지만 계속 흐리고 추웠다. 윤돈의 거리에 밤이 되자 수십 무武 마다 길이가 8~9장이나 되고 아래에 바퀴가 두 개 달린 긴 사다리를 놓아둔 모습을 보았다. 만약 불이 났다는 소리가 들리면 급히 사다리를 끌고 가서 누방에 올라가 산 사람을 구조하기 위한 것이었다.

12월 29일 화요일

11월 16일 기축. 흐림. 영국의 옛 풍속에 부모가 죽고 난 뒤에 남겨진 관직과 재산은 모두 맏아들이 이어받는다고 한다. 지금 세습 자작 박납벽博納璧이라는 사람이 엄청나게 재산이 많은 갑부인데 그 동생은 용서傭書[502]로 입에 풀칠한다고 한다.

12월 30일 수요일

11월 17일 경인. 흐리고 비. 사정(10시)에 복립지卜立地 서원書院(British Museum Library)의 덕격락德格樂(Sir Robert Kennaway Douglas)[503]이라는 사람이 화어華語를 할 줄 알아서 나를 불러 문자에 대해 토론했다. 그곳에 갔더니 화서華書를 보여주어 그에게 구법句法과 자의字義를 이야기해주니 그가 자못 알아들었다. 그 후에 여러 곳으로 이끌고 다녔는데 가운데 대당大堂은 높이가 수 장이고 사방의 벽에는 수많은 책들이 있었다. 중화와 일본의 서적이 특히 많았고, 바깥에는 발역髮逆(태평천국 군)의 위군사僞軍師(가짜 사령관)의 고시告示가 한 장 있었다. 당 뒤에는 작은 집들이 즐비했는데 제생諸生이 학업을 하는 곳이었다. 구경을 마치고 작별하고 돌아왔다.

---

502 삯을 받고 대신 글을 써주는 대서(代書)의 일을 말한다.

503 로버트 더글라스 경(1838~1913)은 영국의 외교관이자 중국학 연구자이다. 영국 남서부 탈라톤(Talaton)에서 태어나 1857년에 킹스 칼리지에 입학했고 이듬해인 1858년에 홍콩에 학생 통역원으로 파견되었다. 이듬해 광주로 갔다가 1861년에 북경의 공사관으로 옮겼고 이듬해 다시 천진과 대고(大沽)의 공사관으로 옮겨 1864년까지 근무한 뒤에 귀국했다. 이듬해에 대영박물관 내 도서관의 중국어 장서 관리 담당자로 지명되었고, 1873년에는 제임스 서머스(James Summers)의 뒤를 이어 킹스 칼리지의 중국 담당 교수가 되었다. 1892년에 대영박물관의 동양 서적 관리책임자가 되어 1907년까지 근무한 뒤 은퇴했고, 1913년에 액톤 터빌(Acton Turville)에서 세상을 떠났다. Yu-Ying Brown, "Sir Robert Kennaway Douglas and his contemporaries", *British Library Journal*, Vol. 8, 1998 참고.

[그림 212] 로버트 더글러스 경(오른쪽 첫 번째)(1885년경)

12월 31일 목요일

11월 18일 신묘. 흐림. 황명을 받들어 일을 마치고 20일에 길을 떠나 법국으로 가기로 정했다. 나는 관으로 돌아와 행장을 꾸리고 각처에 가서 작별을 고했다. 고탁의 집에 가서 잠시 이야기를 나누었는데, 그의 처제로 나이는 열여섯이 채 안 되었으나 풍채가 아주 뛰어난 여려麗麗라는 이가 손으로 종이를 한 장 꺼내어 말했다. "저는 갯버들의 바탕을 갖고[504] 이방에서 태어나고 자랐는데 오랫동안 중화를 흠모하여 자주 떠나는 꿈을 꾸었습니다. 뜻하지 않게 사군使君께서 하늘에서 내려오셔서 멀리 떨어져 있는 사람이 운의雲儀(실쩍)를 바라볼 수 있게 해주시니 얼마나 다행이었는지 모릅니다. 만난 지 오래지 않아 다시 여가驪歌(작별의 노래)를 부르게 되니 어찌 이 슬픔을 가누겠습니까. 이제 화한華翰[505] 한 통을 간청하오니, 중토 초목의 맑고 기이한 모습을 한 폭 대강 그려주시면 감명感銘을 잊지 못할 것입니

504 겉늙었다는 뜻의 겸사이다. 갯버들은 가을이 되면 바로 낙엽이 지는데, 이 때문에 나이에 비해 겉늙거나 비천하다는 뜻이 생겼다.
505 본래 남의 편지를 높여 부르는 말이나, 여기에서는 남의 글씨를 높여 부르는 말로 썼다.

다." 나는 거절하지 못하고 하얀 연꽃 가지 하나를 그려서 주고 "진흙탕에서 나왔으나 더럽혀지지 않고, 맑은 물에 씻겨졌지만 요염하지 않다네."[506]라는 구절을 써 주었다. 그가 뜻을 묻기에 내가 영어로 풀이해주니 크게 기뻐했다. 그가 말했다. "이 말씀을 높이 받듭니다. 사람이 이 꽃처럼 가운데는 뚫려있고 겉은 곧은 모양[507]과 같을 수 있다면 어찌 훌륭하지 않겠습니까!" 그가 사리舍利(sherry) 한 병을 보답으로 주었고, 밥을 먹으며 즐겁게 있다가 파했다. 신초(15시)에 숙소에 돌아왔다. 유정일각(18시 15분)에 바람이 조금 불고 맑아졌다.

1869년 1월 1일 금요일

11월 19일 임진.[508] 맑음. 이날은 태서 각국의 1869년 1월 1일이다. 가게들이 문을 닫고 거리가 한산하며 남녀노소가 모두 새 옷을 입고 서로 만나 손을 잡고 입을 맞추며 "합비우의이哈譬牛宜爾(Happy New Year)!"라고 새해 인사를 나눈다. 화언華言으로 '환희신년歡喜新年'이라는 뜻이다.

---

506 "出淤泥而不染, 濯淸漣而不妖."
507 연(蓮)의 모습을 묘사한 것이다. 주돈이(周敦頤)의 「애련설(愛蓮說)」에 나오는 내용이다.
508 이날 지강은 영국 외무부 장관으로부터 중국의 자주권에 대해 간섭하지 않겠다는 내용이 담긴 서한을 받고 답신을 써서 보냈다.

프랑스

1월 2일 토요일

11월 20일 계사. 맑음. 진초(07시)에 출발하여 화륜차를 타고 동쪽으로 360리를 가서 도법都法(Dover) 해구에 도착했다. 사정(10시)에 배에 올랐다. 배는 크지 않고 명륜선이었는데 이름은 모른다.[509] 잠시 정박하며 물때를 기다렸다. 밀물이 되자 바로 출발하여 해구를 나가 영강英江(영국 해협)을 통과했다. 풍랑이 아주 커서 선객 과반이 일시에 멀미를 하며 쓰러졌다. 동쪽으로 240여 리를 가서 미초(13시)에 법국 북쪽 경계인 알리嘎里(Calais) 해구의 여사旅舍에 도착하여 아침을 먹었다. 미정(14시)에 화륜차에 올라 7백여 리를 가서 술각(19~21시)에 법경法京 파리巴里에 도착했다.[510]

[그림 213] 파리 북역(1900년경)

---

509 당시 도버-칼레 노선에는 여왕(The Queen) 호와 황후(Empress) 호가 운항하고 있었다.
510 칼레에서 출발한 일행은 파리 북역(Gare du Nord)에 도착했다.

다시 마차에 올라 10여 리를 가서 개가로凱歌路(Avenue des Champs-Élysées)[511]의 좌파랍左巴拉 항巷(Rue du Bel-respiro)에 도착했다. 공해公廨(공관 公館)를 빌렸는데 높이가 6층이고 옥우屋宇가 깨끗하고 화려하며 진열한 것 들이 반짝반짝했다.[512]

기記: 법인法人들은 개가로를 아위녀阿衛女 상새력새商塞力賽라고 부 른다.

[그림 214] 파리 개선문, 샹젤리제 거리(오른쪽 위 대각선 방향으로 길게 뻗은 길)와 사절단 숙소(왼 쪽에서 세 번째 구역의 두 번째 건물)

---

511 샹젤리제는 본래 그리스 신화에 나오는 사후(死後) 낙원인 엘리시온 평원(Elysian Fields)을 뜻하는 프랑스어인데, 이 길의 서쪽 끝에 파리 개선문이 있는 까닭에 중국어 명칭을 개가로라 고 한 듯하다. 뒤에서 음역 명칭을 아위녀 상새력새라고 했는데 오늘날 중국어로는 통상 향사 려사(샹셰리서) 대도(香榭麗舍大道)로 표기한다.

512 르 몽드 일뤼스트레(Le Monde Illustré) 1869년 1월 9일자 기사에 따르면 사절단은 공식 인 원 이외에도 중국인과 미국인 '하인' 30여 명이 있었다고 하였고 그중에는 중국인 요리사 3명 이 포함된 것으로 적었다. 그리고 이들의 방문 목적은 상설 외교 공관 설립을 준비하기 위한 것이었다고 하였다. 또 같은 신문 1869년 1월 16일자 기사에 따르면 사절단은 벨 레스피로 가 (1897년에 Rue Arsène-Houssaye로 개명됨) 1번지에 있던 호텔에 자리를 잡았다.

[그림 215] 사절단 일행의 숙소 만찬. 르 몽드 일뤼스트레 1869년 1월 16일자

1월 3일 일요일

11월 21일 갑오. 맑음. 미각(13~15시)에 비가 내렸다. 파리의 거리는 윤돈보다 3~4배가 넓었고, 가지런하고 정결하기가 태서 여러 나라 중의 으뜸이었다. 거리가 번화하고 누대가 높고 아름다우며 기세와 모습이 활달했다. 밤낮으로 차 소리가 끊이지 않고 행인들이 개미처럼 줄을 이었는데, 옷차림새가 깨끗하고 단정하였고 시끄럽게 떠들지 않아 술 취한 사람도 노래를 부르는 이가 드물었다.

1월 4일 월요일

11월 22일 을미. 맑음. 바퀴 두 개가 있는 자행차自行車를 탄 사람을 보았다. 자행차의 서양 이름은 위루희북달威婁希北達(velocipede)[513]로, 강철로

---

513 벨로시페드는 독일 출신 발명가 카를 폰 드라이스(Karl von Drais, 1785~1851)가 1817년 자신이 만든 초기 자전거 형식의 제품에 '빠른 발'이라는 뜻으로 붙인 이름으로 여겨진다. 19세기 중엽에 많이 쓰였으나 지금 영어권에서는 이륜차라는 뜻의 '바이시클'이 주로 쓰이고 있다.

[그림 216] 벨로시페드

만들고 앞바퀴는 크고 뒷바퀴는 작으며 위로 들보가 하나 가로 놓여있었다. 큰 바퀴 위에 횡타橫舵(핸들)를 놓고 축軸에 관건關鍵(브레이크)을 연결하고 사람이 들보 위에 앉아 두 손으로 횡타를 잡고 발로 축단軸端(페달)을 밟으면 기계가 움직여 앞으로 나아가니 말이 달리는 것보다 빨랐다. 들보의 끝에는 작은 상자를 놓아두었는데 그 안에 짐을 집어넣을 수 있었다. 이 차를 빌리면 1점종點鐘(시간)에 법방法方(franc)―복랑福郞이라고도 한다―(1방方은 은 1전 2푼이다)을 얼마간 낸다. 또 별도로 철방鐵房(철제 건물)이 있었는데 차를 타는 것을 연습하는 곳이었다.

1월 5일 화요일

11월 23일 병신. 가랑비. 오후에 아문俄文 교습 곽복만郭福滿이라는 사람이 왔다. 그는 전에 영경英京(런던)에서 탑목암과 계동경의 스승이었다고 했다. 그는 영강을 건널 때 갑자기 폭풍을 만나 윤도輪渡(페리)가 나아가질 못해 사흘 만에 겨우 법계法界(프랑스 땅)에 도착했다고 한다. 또 사흘 전에 법국 포륜布倫(Boulogne-sur-Mer) 해구 밖에서 폭풍이 윤도 한 척을 부서뜨려 정객征客(여객)들이 물에 빠졌지만 모두 구조되었고 한 사람만 죽었다고 했다.

1월 6일 수요일

11월 24일 정유. 맑음. 개가로를 걸었다. 개가로는 천당로天堂路라고도 부르고[514] 길이는 약 6리, 너비는 10여 장이었다. 용도甬道[515]는 쇄석碎石을 깔아 만들어 거마車馬만 다닐 수 있었고, 좌우에는 칠도漆道(아스콘 도로)가 하나씩 나 있었으며, 칠도 바깥쪽에는 다시 석로石路가 하나씩 나 있었다. 길가에는 나무들이 숲을 이루었고 철 등자凳子와 철 의자들이 나무 두 그루마다 놓여져 있어서 행인들이 쉬기에 편했다. 등자는 관官에서 놓은 것이고 의자는 돈을 내고 앉는 것인데 그 값은 한 사람당 동원銅圓 2개이고 돈을 내면 노파가 길이 1촌, 너비 8푼이고 날짜와 사람 이름이 찍힌 표를 한 장 주어 하루 내내 앉아있을 수 있었다. 바깥쪽에는 목옥木屋(목제 키오스크) 몇 채가 있어서 노파가 아이들 장난감과 물, 술, 과식 등을 팔았다. 길을 따라 있는 화목花木이 자란 누대와 못이 있는 정관亭館에서는 사람들을 쉴새 없이 맞이했다. 남쪽에는 커다란 석패루石牌樓가 세워져 있었는데 그 위에는 사람들과 전장戰場의 모습이 새겨져 있었다.[516] 옛날 전쟁에서 이긴 유적遺迹(기념물)이었다. 주위에는 석주石柱들이 둘러싸고 이들을 쇠사슬로 연결했다. 북쪽에는 애급埃及(Egypt)의 고문古文(고대문자)이 새겨진 5~6장 높이의 대석주大石柱(오벨리스크)가 세워져 있었고, 아래에는 철난간이 세워져 있었는데 애급국에서 준 것이었다.[517] 좌우에는 돌로 만든 1장 높이의 꽃바구니 모양이 하나씩 있고, 그 아래에는 야수野獸[518] 10여 마리가 서 있는데 물

---

514 프랑스인들이 부르는 별명은 '세계에서 가장 아름다운 거리(la plus belle avenue du monde)'이다.

515 양쪽에 격벽이나 가드레일 등을 설치한 도로이다.

516 석패루는 샹젤리제 거리 서북쪽 끝에 있는 파리 개선문(Arc de triomphe de l'Ètoile)을 말한다. 장덕이는 여기에서는 방위를 혼동하여 개선문과 콩코르드 광장의 위치를 뒤바꾸어 적고 있다.

517 콩코르드 광장(Place de la Concorde)에 있는 룩소르의 오벨리스크(Obélisque de Louxor)를 말한다. 본래는 이집트 제14왕조의 람세스 2세 재위(기원전 1290~1224) 때 이집트 남부 룩소르의 신전 앞에 세워진 것인데, 1830년 오스만 제국의 이집트 총독 무함마드 알리가 양국의 우호 증진을 위해 프랑스 샤를 10세에게 선물하여 1836년 콩코르드 광장에 세워졌다.

518 여기에서는 강의 신과 바다의 신들을 말한다.

을 뿜어 짐승들을 쫓아내는 형상이었다. 꽃바구니 위에서는 물이 힘차게 뿜어져 나왔다. 또 네 모퉁이에는 각각 석대石臺를 세워 두었는데 그 위에는 실제 사람보다 큰 여자가 한 명씩 앉아있었다.[519] 모두 옛날의 명인名人들인 듯했다. 석대 바깥쪽의 주위에는 돌난간과 철기둥이 세워져 있고 그 위에는 매기등煤氣燈(가스등)이 걸려 있었다. 또 대석주와 석대의 북쪽에도 1장 남짓 높이의 석주 두 개가 세워져 있었고 달려가는 모습의 말이 한 마리씩 서 있었는데 모두 진짜 같았다. 길 북쪽 끝의 좌우에는 괴뢰傀儡(인형극), 그네 등의 각종 놀이가 펼쳐지고 있었는데, 오후에 각 가정의 유모들이 어린아이를 안고 이곳에 와서 놀았다.

[그림 217] 샹젤리제 거리(1860)

---

519 실제로는 각 모퉁이마다 2명씩 모두 8명이 있고, 이들은 모두 프랑스의 여덟 도시를 대표하고 있다.

[그림 218] 파리 개선문(1860년대)

[그림 219] 콩코르드 광장에 있는 룩소르의 오벨리스크

[그림 220] 콩코르드 광장의 분수

1월 7일 목요일

11월 25일 무술. 흐리다가 밤에 이슬비가 내렸다. 서양 습속에 국왕은 모두 황후 한 명만 두고 첩은 두지 않고 그 뒤에도 사사로이 취하는 일은 드물다. 지금 국왕 나파륜拿破倫 제삼第三(Napoleon III)은 일찍이 조정의 대신이었을 때 서반아西班牙의 여인 어운산漁雲山(Eugénie de Montijo)이 아름답다는 것을 알고 그를 찾아갔다. 여인이 말했다. "저를 아내로 맞지 않을 것이라면 동침하지 않겠습니다." 왕이 그의 청을 받아들여 등위登位한 뒤에 바로 그를 황후로 맞아들였다.[520]

[그림 221] 나폴레옹 3세와 외제니 드 몽티조

---

520 나폴레옹 3세(1808~1873)는 프랑스의 초대 대통령(1848~1852 재위)이자 제2제국의 유일한 황제(1852~1870 재위)이다. 나폴레옹 1세의 조카이다. 외제니 드 몽티조(1826~1920)는 스페인계 귀족으로 1848년에 엘리제 궁에서 나폴레옹 3세를 처음 만났지만 순결을 지킨 것으로 유명하며, 1853년에 그와 결혼하여 황후가 되었다.

1월 8일 금요일

11월 26일 기해. 맑고 따뜻함. 오후에 걸어서 마달란馬達蘭 방坊(Place de la Madeleine)에 갔다. 새해를 맞아 용도 좌우에 나무 천막을 더 세웠는데 온갖 재화가 구름처럼 모여 있어서 자못 경화京華(도성)의 모습이 있었다. 밤이 되자 흐려지더니 약간 비가 왔다.

1월 9일 토요일

11월 27일 경자. 짙은 안개. 술각(19~21시)에 지흠헌과 손 흠헌을 따라 쌍마차를 타고 불보사佛普斯(John Murray Forbes)[521]의 집에 가서 차를 마셨다. 그는 합중국의 부옹富翁으로 가족을 데리고 놀러 왔는데 1남 3녀가 모두 준수했다. 이날 저녁은 금을 치고 노래를 부르며 아주 즐겁게 보냈다. 자초(23시)에 숙소에 돌아왔다.

[그림 222] 존 포브스

1월 10일 일요일

11월 28일 신축. 흐림. 이날은 외국의 예배일이다. 오후에 개가로에는 사람들이 구름처럼 모여 있었고, 양羊 네 마리가 끄는 수레가 있었는데 어린아이 4~5명이 그 안에 앉고 푸른 눈과 황발黃髮(금발)의 아이가 수레를 몰았다. 붉은색 가죽으로 된 기구氣球(풍선)를 파는 사람이 있었는데, 큰 것은 박만 하고 작은 것은 복숭아만 했다. 아래에는 긴 줄이 달려있고 저절로 위로 올라가는데 바람이 불어 줄이 끊어지면 구름 속까지 날아 올라가 행방을

---

521 존 머레이 포브스(1813~1898)는 미국의 철도 부호이자 상인이다. 1838년 중국에 도착하여 광주(廣州) 이화행(怡和行)의 거부 오병감(伍秉鑒)을 만나기도 했다. 그는 2남 4녀를 두었지만 프랑스에는 일부 자녀만을 데리고 왔던 것 같다.

모르게 되는 일도 있었다.

1월 11일 월요일

11월 29일 임인. 맑음.

기記: 법경의 욕당浴堂(목욕탕)은 세 등급으로 나누어진다. 욕분浴盆(욕조)
은 주석으로 만들고 말구유 모양이나 원보元寶 모양이 있고 둘레는 각기 1
장 남짓 되고 높이는 약 3척이다. 각 옥屋(방)에는 욕분을 하나 또는 두 개를
둔다. 1등급은 옥 안에 탁자, 염장簾帳(커튼), 거울, 빗, 구둣주걱, 솔 등의
일체가 모두 갖추어진 곳이다. 욕분에 커다란 포布를 덮어두었고 옆에는 꼭
지가 두 개 있어서 하나는 더운물, 하나는 찬물이 나오니 사용할 때 손잡이
를 돌려서 물이 많이 또는 적게 나오게 할 수 있어서 편리하다. 2등급은 그
다음이고, 3등급은 옥 안에 갖추어진 것이 적고 욕분에 커다란 포가 없는
곳이다. 목욕할 사람은 문에 들어가 표를 사는데, 값은 10방方(franc)에서 1
방까지 제각각이다. 주인이 표를 주고 방울을 당겨 복僕(종업원)을 불러 어느
옥이라고 알려주면 복은 표를 받고 등급에 따라 난포暖布와 향이香胰(비누)
등을 주고, 물을 채운 뒤에 손님을 데리고 들어가서 바깥에서 문을 잠근다.
목욕을 마치면 방울을 잡아당겨 복을 부르면 문이 열린다. 또 각 욕분의 바
닥에는 구멍이 있어서 마개를 뽑으면 물이 저절로 빠져나가니 목욕하는 사
람은 찬물과 더운물을 마음대로 여러 번 갈아 쓸 수 있다. 또한 복을 시켜
대신 때를 밀게 할 수도 있는데 값도 높지 않다. 때를 밀어주는 여자도 있는
데 값은 모른다. 남녀가 모두 목욕하는데, 부부는 함께 방을 쓸 수 있고 욕
분을 함께 쓰는 사람들도 있다. 욕당에 오지 않고 목욕하려는 사람은, 복이
더운물과 욕분, 수건, 비누 등의 물건들을 차에 실어 그의 숙소에 보내고,
목욕을 마치면 다시 가져오는데 값은 2방, 즉 은 2전 4푼밖에 되지 않는다.

1월 12일 화요일

11월 30일 계묘. 맑음. 토인들은 금표金表라는 물건이 있는데 표면에 작은 원반 네 개가 있고, 일, 월, 시, 각, 분, 초로 나누어진다. 또 7일 예배 중의 날(요일)도 나누어진다. 월을 나타내는 원반에는 작은 달과 구름이 있어서 그믐날과 보름날마다 상현上弦과 하현下弦으로 달이 차고 이지러지는 것과 똑같다. 값은 1만 3천 방으로, 은 1천 5백여 냥에 해당한다. 뚜껑과 상현(태엽)이 있는 것은 승마 때 쓰는 것으로, 뚜껑을 열 때마다 상현이 저절로 감겨 항상 열쇠가 필요 없고 침현針弦이 1각도 멈추지 않는다. 팔음八音이 있는 것이나 종鐘이 달려 시時마다 스스로 울리는 것도 있다. 또 둘레가 1척이 조금 안 되는 작은 꽃무늬 상자가 있는데 상현의 뒤에서 비취색 참새가 나와서 날개를 펼치고 울고 부리를 벌리고 고개를 돌리니 정말 볼 만하다.

1월 13일 수요일

12월 1일 갑진. 맑음. 지분脂粉(화장품) 가게에서 가면을 파는 것을 보았는데, 여러 색깔의 양주洋綢(서양 비단)로 만들었고 복숭아 모양으로 두 눈과 코만 가리는 것이었다. 예배육禮拜六(토요일)마다 어느 대희원大戲園에서 모임(파티)을 하는데, 자정(24시)에 문을 열고 묘각(05~07시)에 흩어진다. 이곳에 놀러 온 남녀는 모두 가면을 쓰는데, 남자는 동물 머리에 새 깃털을 꽂고 괴상한 복식을 한 사람이 있고, 여자는 짧은 치마에 어깨를 드러내고 신발을 신지 않은 사람이 있는데, 가면을 쓰면 남들이 알아보지 못하여 편리하다. 이들이 입는 괴상한 복장은 모두 빌려주는 가게가 있다. 문 안에서는 음악이 울려 퍼지고 남녀가 춤을 추고 웃으며 가까이하면서 이르지 않는 곳이 없고, 어떤 즐거운 일도 받아주지만 화를 내고 욕을 하는 일은 엄금한다. 하늘이 밝을 때까지 춤을 추다가, 아는 사람을 만나면 남녀가 함께 술집에 들어

가서 술을 마신다. 관환官宦(관리)과 승니僧尼(신부와 수녀)들도 음악을 들으러 간다. 이 모임은 가면회假面會(Bal masqué)라고 부르고 매달 네 차례 열린다.

[그림 223] 파리의 카니발, 오페라 가면 무도회(Le carnaval à Paris, bal masqué à l'Opéra) (1862). 유럽 지중해 문명 박물관 소장

1월 14일 목요일

12월 2일 을사. 흐림. 이곳에는 가짜 산호를 파는 사람이 있었다. 4년 전에 법방의 남쪽 성邰에서 백석白石이 났는데 품질은 좋지 않았다고 한다. 상인이 붉은색으로 물들이고 다듬어서 선명해지고 윤이 나서 색깔이나 무게가 진짜 산호와 다를 바가 없게 되었다고 한다. 또 가짜 호박, 밀랍, 금강석, 공작석孔雀石, 묘안猫眼, 진주, 청금석靑金石, 홍보석紅寶石, 마노, 비취 등도 있는데 역시 진짜와 똑같고 값은 아주 쌌다.

1월 15일 금요일

12월 3일 병오. 흐림. 저녁에 지 흠헌과 손 흠헌을 따라 걸어서 전현오나뢰前賢敖那蕾 가(Rue Saint Honoré)를 구경했다. 등불이 휘황하고 행인들이 끊이지 않았다. 갑자기 어떤 토인이 말했다. "오! 중국의 남녀가 함께 걸어가네. 남자가 앞에 가고 여자가 뒤에 가니 우리나라와 다르구나." 서양 습속에는 남녀가 함께 걸어가면 손을 잡고 어깨를 대고 가는 일이 많기 때문이리라. 그때 두 분 흠헌만 수염이 났고 나머지는 모두 젊은이들이라서 토인들이 여자라고 잘못 생각했을 것이다.

1월 16일 토요일

12월 4일 정미.[522] 조금 갬. 왕궁 앞의 호위 병정을 보았는데 용맹함이 뛰어나 보였다. 모두 토이기土耳其(Türkiye)의 복색服色을 본따서 머리에 검은 술을 단 붉은 모자를 쓰고 둘레는 백포白布로 감싸고 몸에 붙는 작은 윗옷과 가죽신과 붉은색 바지를 입고 양창洋槍(총)을 들고 가볍고 빠르게 걸어다녔다.

1월 17일 일요일

12월 5일 무신. 이슬비. 듣자니 법왕은 날이 맑으면 왕후와 함께 차를 타고 원유園囿에 가서 노니는데 왕이 직접 채찍을 잡는다고 한다.

기기記: 법경에는 기관妓館(유곽)이 곳곳마다 별처럼 들어서 있다. 기녀들이 사람들을 이끌기를 날마다 꽃이 벌과 나비를 끌어들이듯 한다. 듣자니 전체 도성에 4만 수천 명을 헤아린다고 한다. 기녀들은 관官을 받들어[523] 매년 7백 방—은 90여 냥—을 세금으로 내고 빙거憑據(영수증)를 받는다. 기녀

---

522 이날 벌링게임은 사절단 도착을 프랑스 외교부에 알리고 국서 전달 일정을 협의하였다.
523 불법이 아니라는 뜻이다.

들은 매일 저녁에 거리를 다니면서 심춘尋春하는 손님들을 기다렸다가 벌떼처럼 둘러싼다. 남녀상열男女相悅의 일은 여사旅舍에 투숙하거나 손을 잡고 집에 가서 벌인다. 어떤 사람은 차를 고용하여 어디에서 어디까지 가달라고 부탁하는데, 차가 번개와 바람처럼 달려가서 멈추면 운우지사雲雨之事(정사)가 끝난다고 한다. 예배일마다 관서에 들어가서 의관醫官(공공의사)의 검사를 받아 병이 있는 사람은 그곳에서 머무르며 치료받고 병이 없는 사람은 즉시 풀려나서 돌아간다. 또 사기私妓도 있는데, 이들은 관병에 붙잡혀 처벌받을 것이 두려워 공공연히 거리를 다니지 못한다. 각 기녀들이 밤에 돌아다니는 곳은 모두 관서에서 정해준다. 반면에 이 사기는 도성 전체를 돌아다닌다.

유정(18시)에 비가 그쳤다.

1월 18일 월요일

12월 6일 기유. 맑음. 이날은 서력 1월 18일로, 법국 회당會堂(의회)이 개인開印(개회)하는 날이다. 궁중에 관료들이 모여들고 고취 연주 속에 줄지어 선다. 진정(08시)에 왕이 왕후와 함께 공당公堂에 올라 자리에 앉은 뒤에 연설을 한 차례 하는데 백관들이 충심으로 보국報國하기를 바란다는 등의 말이다. 연설을 마치면 바로 돌아간다. 그의 연설을 좌상사座上詞(Discours du Trône, 개원 연설)라고 부른다.

1월 19일 화요일

12월 7일 병술. 맑음. 오후에 마차를 타고 타랑쇄它朗曬 항巷(Rue Tronchet) 제6호의 화화포華貨鋪(중국물건 가게)에 가서 영파寧波 상인 왕승영王承榮—자는 자현子顯이다—이라는 사람을 찾아가서 반갑게 만났다.[524] 가게

---

524 왕승영은 절강 영파 출신으로 자는 자현이다. 1850년대 후반부터 1870년대 후반까지 약 20년 이상의 기간을 파리에 거주하면서 '천순호(天順號)'라는 이름의 상점을 운영하며 사업을

에는 중화, 일본의 각종 기명器皿들이 아주 많이 나열되어 있었는데, 근년의 이득이 지난날보다 두 배는 많아졌다고 했다. 신초(15시)에 숙소에 돌아왔다.

1월 20일 수요일

12월 8일 신해. 흐리고 안개. 오후에 지 흠헌과 손 흠헌을 따라 쌍마차를 타고 몇 리를 가서 사안思安 하河(La Seine)를 지나 법국의 총리각국사무아문에 도착하여 총리대신 납발拉發(Charles-Jean-Marie-Félix, marquis de La Valette)[525]을 만났다. 한 시진쯤 이야기를 나누고 작별한 뒤에 성내 30여 리를 돌아보았다. 신초(15시)에 숙소에 돌아왔다.

기記: 법국 남자들은 집을 나설 때 지팡이를 가져가는 일이 많다. 지팡이의 길이는 2~3척으로 다양하고 등나무, 대나무, 생선뼈, 녹각鹿角 등으로 T자 모양을 만들어 위에는 산호, 상아, 보석, 금은 등을 박아넣고 아래는 쇠로 머리를 만든다. 값은 2~3방부터 수십 방까지 여러 가지이다. 두 마디로 접히는 것이 있는데 그 안에 강철 칼날이 숨겨져 있어서, 싸움이 벌어져 한 사람이 지팡이를 빼앗으면 칼날이 저절로 나온다. 이 지팡이는 사용이 금지되어 있어서 이것을 파는 사람은 거리의 병사들에게 보이지 못한다. 만약 발각되면 벌은罰銀(벌금) 약간 방을 내야 한다. 만약 행인이 지팡이

일구었고 현지에서 아내를 얻고 자녀를 낳아 가족을 이루며 살았다. 장덕이는 빈춘을 수행한 첫 번째 유럽 여행 때인 1866년에 처음 왕승영을 만났고 이후 1869년, 1871년 각각 두 번째와 세 번째 파리 방문 때에도 왕승영을 만나 여러 차례 교류하며 가깝게 지냈다. 장덕이 외에도 1878년에 곽숭도(郭嵩燾)와 1879년에 증기택(曾紀澤)이 파리를 방문했을 때에도 이들과 만날 정도로 파리에서 터전을 잡은 중국인이었다. 각 방문자들의 일기에서 모두 왕승영과 만난 기록을 찾아볼 수 있다. 李明歡, 「淸末訪歐使臣筆記中的旅歐中國人: 兼論中國歷史文獻硏讀與歐洲華僑史硏究」, 香港中文大學與美國俄亥俄大學圖書館合辦 第二屆海外華人硏究與文獻收藏機構國際合作會議 論文, 2003年3月13~15日 참고.

525 샤를 장 마리 펠릭스, 라 발레트 후작(1806~1881)은 프랑스 정치인이다. 나폴레옹 1세 때 내무부 장관을 지냈고, 1866년과 1868~9년 두 차례에 걸쳐 외무부 장관을 지냈으며, 이후 영국 주재 대사를 지내기도 했다.

[그림 224] 샤를 펠릭스, 라 발레트 후작

를 두고 우산을 가지고 다니면 영국 사람으로 여겨져 웃음거리가 된다. 영국은 바다가 가까워 비가 많이 오므로 우산을 지팡이 대신 가지고 다니는 사람이 많아서 그럴 것이다. 또 집에서는 개를 기르는데 밖에 나올 때는 반드시 그 입을 막아 사람들이 다치는 것을 방비한다. 그렇지 않으면 병사들에게 붙잡혀 그 주인이 벌은 약간 방을 내야 한다. 만약 개의 주인을 찾지 못하면 삶아서 나누어 먹는다.

1월 21일 목요일

12월 9일 임자. 맑음. 오각(11~13시)에 왕자현과 함께 걸어서 규화루叫貨樓(경매소)에 갔다. 누방은 5층이고 옥우는 1백 칸이며 전체가 30여 곳으로 나누어져 있었다. 언제 어디에서 어느 나라의 무슨 물건을 파는지가 정해져 있고, 날짜별로 오정(12시)에 문이 열린다. 각종 물건을 팔고자 하는 사람들이 모두 이곳에 와서 물건 위에 호표號票(번호표)를 붙이고 조용히 가격을 알아본 다음, 문이 열리면 물건을 들고 대臺 위에 서서 목청껏 값을 외친다. 구경하던 사람들이 대 앞에 모여들면 주인이 그들 속으로 들어가서 서로 흥정을 한다. 주인이 옆에서 값을 높여 사려는 사람들이 높일 수 있게 돕고 마지막에 가장 높은 값을 고른 사람에게 판다. 팔리지 않으면 물건을 거두어 돌아가며 규화루의 주인에게 큰 것은 2방, 작은 것은 1방 등 물건별로 약간 방씩을 준다. 이날은 화화華貨(중국 물건)를 파는 날이었는데, 약 1척 높이의 녹색 자병磁瓶으로 상등급은 아니었다. 물건을 들어 1백 방을 불렀는데, 사려는 사람들은 20방부터 80방—은 10냥 4전—까지 올린 뒤에 팔렸다. 미정일각(14시 15분)에 숙소에 돌아왔다. 밤이 되자 구름이 가득해지고 약간 추워졌다.

1월 22일 금요일
12월 10일 계축. 맑고 추움.

기記: 법경의 마차는 크고 작은 것들을 합쳐서 5~6만 대를 헤아린다. 한 필이 끄는 것은 두 명이 앉을 수 있고, 두 필이 끄는 것은 네 명이 앉을 수 있다. 차를 빌리면 길이 3촌, 너비 1촌 반 크기의 표를 한 장 받는데 표의 양면에는 '어느 거리 몇 호 차잔車棧(정류소)의 몇 호차'라는 표시가 적혀 있다. 값은 성내 어디로 가든지 같다. 날짜는, 차가 다니는 기준으로 할 때, 4월부터 9월까지는 인정(04시)부터 자정까지가 1일이고, 10월부터 3월까지는 묘초(05시)부터 해정(22시)까지가 1일이다. 차가 1소시小時(시간)를 가면 관인官人은 2방을 내고 평인平人은 2방 1각角—4각이 1방이다—을 낸다. 차가 가서 돌아오지 않는 것은 관인은 1방 반을 내고, 평인은 1방 14소素(sous)—24소가 1방이다—를 낸다. 차가 갔다가 돌아오는 것은 관인과 평인 모두 갈 때 3방, 돌아올 때 2방 75상지무桑地畝(centime)—48상지무가 1소이다—를 낸다. 만약 갔다가 돌아오지 않고 빈 차로 돌아오게 하면 1방을 더 낸다. 이것은 말 한 필이 끄는 차의 가격이다. 만약 쌍마차라면 4분의 1일을 더한다. 가지고 가는 상자와 짐은 차부車夫가 차의 꼭대기에 얹어주는데, 별도로 술값(팁)을 조금 보태준다. 그 밖에 보따리, 우산, 몽둥이, 자잘한 물건들은 모두 차 안에 놓는다. 입성세入城稅는 1근에 5소를 내고 2근에 반 방을 낸다. 2근이 넘으면 3근으로 쳐서 15소를 낸다. 차 안에는 다음과 같은 알림글이 붙어 있다. "차에 오르는 모든 사람은 잃어버리는 물건을 다시 찾을 수 있도록 반드시 차부에게 표를 받아야 합니다." 표에는 몇월 몇 일에 차에 누가 타고 무슨 물건을 두었고 몇 시에 어디에서 출발하고 몇 시에 어디에 도착하는지를 써 주는데, 차비와 술값 약간을 준다. 또한 야간 차는 네 가지 색깔의 등불로 구분하는데, 북쪽으로 가는 것은 남색, 남쪽으로 가는 것은 홍색, 서쪽으로 가는 것은 황색, 동쪽으로 가는 것은 녹색 등불을 내건다.

1월 23일 토요일

12월 11일 갑인. 맑고 추움. 물에 얼음이 얼고 삭풍이 차가워서 행인들이 모두 두 손을 옷 주머니에 집어넣고 한기를 피했다.

기기: 외국 여자들은 절의節義(순결)를 지키는 사람이 적지 않지만 부정不貞한 사람도 적지 않다. 정정定情의 저녁(신혼 초야)에 절의의 진위를 바로 알지 못한다. 예를 들어 영길리 왕 한리韓利 제팔第八(Henri VIII)은 여섯 명을 연달아 맞이했다. 다섯 번째 아내였던 학아郝阿(Catherine Howard)라는 사람은 세습 후작 눌불訥弗(Duke of Norfolk)의 조카딸로, 아주 예뻤는데 혼인 후 몇 달 만에 비로소 전에 이미 파과破瓜[526]한 적이 있었음을 알게 되었다.[527]

---

526 순결을 잃음을 뜻한다.

527 헨리 8세는 1509년 아라곤의 캐서린(Catherine of Aragon)과 결혼한 후 아들을 낳지 못해 1531년 별거했고, 1533년 캐서린의 시녀 앤 볼린(Anne Boleyn)과 결혼했다. 그후 앤 볼린을 근친상간과 반역 혐의로 처형하고 1536년에 앤 볼린의 시녀였던 제인 시모어(Jane Seymour)와 결혼하지만 이듬해 사별하고 1540년에 클레페의 앤(Anne of Cleves)과 결혼하나 같은 해에 그를 왕궁에서 쫓아내고, 같은 해에 앤 왕비의 시녀 캐서린 하워드(Kathryn Howard)와 결혼한다. 그러나 1542년에 캐서린 하워드를 간통죄로 처형하고 1543년에 캐서린 파(Catherine Parr)와 결혼하였다. 헨리 8세의 제4계비인 캐서린 하워드(1523~1542)는 2대 노포크 공작 토마스 하워드(Thomas Howard)의 아들인 에드먼드 하워드 경(Lord Edmund Howard)의 딸로, 3대 노포크 공작 토마스 하워드(Thomas Howard)의 조카딸이자 제1계비 앤 불린의 외사촌이다. 그는 헨리 8세와 결혼하기 전에 음악 교사 헨리 매녹스(Henry Mannox)를 비롯하여 여러 남자들과 사귀었는데, 헨리 8세는 처음에는 그 사실을 알지 못했는데, 결혼 후에 밀고를 받고 그를 고문 끝에 처형하였다.

[그림 225] 캐서린 하워드

1월 24일 일요일

12월 12일 을묘. 맑음. 오정(12시)에 지 흠헌, 손 흠헌, 그리고 포 흠헌이 백 협리와 덕 협리를 데리고 총리대신 납발, 전임 주화공사駐華公使 가사

기哥士奇(Gustave Duchesne, Prince de Bellecourt)[528] 와 함께 공해公廨에서 네 마리 말이 끄는 금차金車(국왕의 갑마차甲馬車)를 타고 궁宮에 갔다.[529] 홍의병紅衣兵들이 줄지어 서서 고취鼓吹하며 환영했다. 문을 여러 번 들어가서 국왕을 알현하고 서서 몇 마디를 나누었는데 두 나라의 수화修和(수

[그림 226] 귀스타프 뒤셴느, 벨쿠르 공

교)와 우의 증진 등등의 말이었다. 좌우의 호종 10여 명이 자못 엄숙했다. 누각은 널찍하고 전우殿宇는 화려하며 종려나무 좌석이 높고 향나무 향이

---

528 귀스타프 뒤셴느, 벨쿠르 공(1817~1881)은 프랑스 외교관으로, 1857년 중국에 파견되었다. 1859년부터 1864년까지는 일본 주재 영사를 지냈다.

529 지강 일행은 이날 튀일리 궁(Palais des Tuileries)에 가서 나폴레옹 3세를 알현하고 국서를 전달하였다. 튀일리 궁은 16세기 중엽에 지금의 루브르 박물관 옆에 있는 튀일리 정원(Jardin des Tuileries)의 서쪽에 세워진 궁전으로, 많은 군주와 황제가 거주하였고 공화국 시기에는 정부 청사로도 쓰였다. 1871년 5월 정부군이 파리 코뮌을 붕괴시키기 위해 시민들이 모여있던 튀일리 궁을 공격했을 때 시민들의 방화로 파괴되었다.

가득했다. 영국의 왕궁은 이곳의 웅장하고 화려함에 크게 못 미쳤다. 다시 황후의 궁에 들어가 서서 온후하게 몇 마디를 나누고 다시 금차를 타고 돌아왔다.

[그림 227] 튀일리 궁에서 나폴레옹 3세를 만나는 사절단. 르 몽드 일뤼스트레 1869년 1월 30일자

1월 25일 월요일

12월 13일 병진. 맑음. 오후에 차를 타고 화유花囿(화원)에 구경을 갔다. 난교暖窖(온실)에서 기르는 기이한 화초는 예쁜 것이 아주 많았다. 누자말리樓子茉莉(Rosemary)라는 것이 있었는데 잎사귀가 아주 두껍고 마디는 게 다리 같았으며 잎사귀 모퉁이에서 붉은색과 자주색 꽃이 피어 충충이 서로 이어졌다. 또 잎사귀가 해당과 비슷한데 좀더 두껍고 작고, 자주색 꽃이 가늘고 길게 피고, 줄기가 마치 춘각椿角 5개가 한곳에 모여 만들어지는 작은 충盅(잔) 같은 모양인 것도 있었다. 또 잎사귀가 부추 같고 노란 꽃이 장미 같은 것도 있었다. 그 밖에도 기기괴괴한 것들이 무척 많아서 이루 다 적기가 어렵다. 그중에 아는 것은 동백, 정향丁香, 수국, 수선화, 도라지, 월하

향月下香, 오색의 추국秋菊, 자목련, 능소화 뿐이었다. 신초(15시)에 숙소에 돌아왔다.

1월 26일 화요일

12월 14일 정사. 맑음. 사정(10시)에 법국 외과外科 의생 달마알達麻戛이 추추범鄒秋帆과 정보신廷輔臣 제 공諸公을 청해 함께 의원醫院에 가서 구경했다. 한 여자가 나체로 침상에 누워있었는데, 마약麻藥(마취제)을 쐬어 혼절해 있었고 배가 화분처럼 불룩 솟아 있었다. 의생이 작은 칼로 그의 배를 가르고 겸钳(겸자)으로 의포衣包[530]를 드러나게 한 다음, 협夾(집게)으로 탯줄을 집어 가위로 태의胎衣를 잘라내고, 이어 다리미로 잘라낸 끝을 지지고, 섭鑷(집게)으로 뱃가죽 혈관 열두 개를 들어 올려 해융海絨(거즈)으로 혈흔을 깨끗이 닦아낸 다음, 자장子腸(작은 창자)을 제자리에 정돈하고 배를 바늘과 실로 꿰매고 나서 약을 주입하니 여자가 깨어났다. 듣자니 여자는 시집 간 사람이 아니라 니승尼僧(수녀)라고 했다.

1월 27일 수요일

12월 15일 무오. 흐림. 사정(10시)에 지 흠헌과 손 흠헌을 따라 차를 타고 백로왕柏路旺 원園(Bois de Boulogne)[531]에 구경을 갔다. 때는 한겨울이지만 푸르른 풀들이 가득하여 마치 부드러운 깔개가 가득 펼쳐진 것처럼 보였다. 10여 리를 가서 전에 보았던 가산假山에 갔다. 돌이 허공에서 기이하게 휘감긴 모양을 하고 아래로 몇 장丈이나 드리워져 있었다. 비록 사람이

---

530 의포와 뒤의 태의(胎衣)는 모두 태막과 태반을 통틀어 이르는 말이다.

531 불로뉴 숲 공원은 파리 서쪽 끝에 있는 삼림공원이다. 13세기부터 사냥터로 쓰였고, 14세기에는 많은 수도원이 세워졌으며, 16세기에는 산책로로 쓰이다가 18세기에 대저택들이 많이 지어졌으나 프랑스 혁명 때 대부분 파괴되었다. 1852년에 영국의 하이드 파크를 모델로 삼아 공원으로 지정되었다.

만들었지만 실로 하늘이 만들고 땅이 만들어낸 모습이었다. 산허리에서는
맑은 샘물이 위로 솟구쳤다가 아래로 흘러 폭포를 이루었다. 옆에는 동굴
이 있는데 안으로 들어가서 폭포의 뒤쪽으로 돌아갈 수 있었다. 맞은 편에
는 거석이 사람들을 맞이하면서 절벽에 매달려 있었는데 마치 노한 용이 물
을 마시는 듯했다. 돌 등자凳子를 따라 구불구불 올라가서 사방을 조망하니
끝이 없었다. 멀리 나무들이 무더기로 자란 모습과 끝없는 짙푸른 색의 호
수가 출렁이고 있었는데 바닥이 보일 정도로 맑았다. 구경을 마치고 찻집에
들러 약간 마셨다. 유정일각(18시 15분)에 숙소에 돌아왔는데 매우 추웠다.
밤에 비가 내렸다.

[그림 228] 불로뉴 숲 공원(1858)

1월 28일 목요일

12월 16일 기미. 아침에 비가 주룩주룩 내리더니 신정(15시)에 약간 개
었다. 해초일각(21시 15분)에 지 흠헌과 손 흠헌을 따라 마차를 타고 7리쯤
가서 왕궁 맞은편의 위의랍威儀拉 점(Hôtel de Ville de Paris)⁵³²에 도착했다. 이

---

532 지금의 파리시 청사이다. 1848년부터 1870년까지는 파리시 정부가 부재하여 장덕이가 방문
했을 때는 센느 주지사의 집무실이 있었다.

곳은 파리 부府 부윤이사府尹理事[533]의 공해公廨였다. 이날 부윤 후사만侯泗滿(Georges-Eugène Haussmann)[534]이 청하여 도무회跳舞會(무도회)에 간 것이다. 문밖에는 창을 든 병사 20여 명이 두 줄로 엄숙하게 서 있었다. 계단을 42개 올라가서 위쪽에 도착했다. 청당廳堂은 아주 넓고 등불이 휘황하게 밝혀져 있고 탁자에는 채색 주단이 덮여 있었고 바닥에는 꽃무늬 모전毛氈이 깔려 있었다. 좌우에는 다화茶花(동백꽃)와 정향이 심어져 있어서 벽을 이루었다. 몇 칸마다 고악鼓樂이 울려 퍼졌다. 각 칸에는 선화가 화려하게 진열되어 있었다. 구불구불한 곳을 두루 둘러보았는데 몇 천만 칸이나 되는지를 모를 정도였다. 이날은 남녀 7천여 명이 이곳에 모여 성대하게 춤을 추었다. 비록 겨울이지만 옥내는 한여름처럼 더웠으니 사람들의 기운이 모여 그렇게 된 것이었다. 남자들은 단전單氈(얇은 모직 옷)을 입었고 여자들은 모두 어깨를 드러내었다. 축초(01시)에 숙소에 돌아왔다.

[그림 229] 파리시 청사(1870년대)

[그림 230] 조르주-외젠 오스만

1월 29일 금요일

12월 17일 경신. 맑음. 오후에 화륜차를 타고 30여 리를 가서 서식로와

---

533 여기에서 부(府)는 주(prefect)를 말하고 부윤이사는 주지사를 뜻한다.

534 조르주-외젠 오스만(1809~1891)은 프랑스의 행정가로, 1853년부터 1870년까지 파리와 근교를 포함한 센느(Seine) 주(1968년에 4개로 분할됨)의 주지사를 지내면서 파리를 현대 도시로 탈바꿈시키는 데 크게 기여했다.

舒息路瓦(Choisy-le-roi) 장莊(마을)에 있는 여학관女學館(여학교)[535]에 가서 월해관粤海關 세무사稅務司 포농매包壟梅(Edward Charles Macintosh Bowra)[536]의 손위 누이 포아나包婀娜(Ann Bowra)를 찾아갔다. 그곳의 여사女師 포오包烏 씨는 예순이 넘었는데 영어를 할 줄 알고 가르치는 여제자가 60여 명이었다. 아나가 나의 뜻을 전하니 그가 무척 기뻐하면서 정성을 다해 접대하여 나를 청해 함께 1리쯤을 걸었다. 길은 평탄하고 정결하였고, 누樓와 원園은 많지 않고 사람은 적었다. 신초(15시)에 작별하고 돌아왔다. 밤이 되자 큰비가 내렸다.

[그림 231] 에드워드 보우라

---

535 슈아지르루아는 파리 남쪽에 있는 소도시로, 이곳에서 창립된 여학교로는 레옹 구르도 가(Ave. Léon Gourdault)에 있는 생탕드레(Saint-André) 학교가 있다. 이 학교는 1828년 생탕드레 수녀회에 의해 설립되었고 여학생들을 대상으로 언어 및 종교를 가르쳤다. 1970년에 남학생 입학이 시작되었고, 지금은 초등학교에서 고등학교 과정까지 1천여 명을 대상으로 하여 교육이 이루어지고 있다. 장덕이가 방문한 곳이 이 학교일 가능성이 있다.

536 에드워드 보우라(1841~1874)는 1863년 중국에 도착하여 각지 해관에서 사망 직전까지 중국에서 오랫동안 근무했다. 포랍(包臘)이라는 중국어 이름이 유명하고, 농매는 그의 자이다.

1월 30일 토요일

12월 18일 신유. 흐림. 미초(13시)에 지 흠헌과 손 흠헌을 따라 차를 타고 만생원萬牲園(동물원)에 가서 구경했다. 파리玻璃(유리) 덮개가 나열되어 있는 누가 있었는데 그 안에는 새의 둥지와 알 수천 종류가 놓여져 있었다. 또 파리玻璃 난교暖窖(온실)에는 물과 뭍에서 자라는 수목의 꽃들이 새로 더해져 있었는데 지극히 풍성했다. 그밖의 누대의 조수들은 전에 본 것과 다르지 않았다. 유초일각(18시 15분)에 숙소에 돌아왔다. 왕자현이 자기 아들을 데리고 찾아왔다는 소식을 들었다.

저녁에 신문지를 보았는데 지금 영국에서 철갑 병선 2척을 만든다는 것이었다. 한 척은 길이가 82장 5척,[537] 너비가 4장 5척이고, 높이가 1장 9척 5촌인데 그중 입수入水 부분이 1장 5척 9촌, 출수出水 부분이 3척 6촌이라고 했다. 철갑은 두께가 8촌이고 안쪽에 덧댄 갑목甲木의 두께는 1척 2촌이며 바닥에 박아넣은 철추鐵鎚의 길이는 2장 5척이다. 면面(갑판)에는 선공旋攻(반격) 포대炮臺 3개가 줄지어 있는데 각 포대의 포는 무게가 1만 6천 근이고 포자炮子(포탄)는 한 개가 4백 근이며 화약은 62근이 들어간다. 선체는 모두 50개의 절節(구역)으로 나누어지고 각 절은 철갑과 같은 두께의 철판으로 막아 배의 어느 부분이 적의 포에 맞아 부서져도 큰 탈이 없다. 다른 한 척은 길이가 25장, 너비가 5장 2척이고, 면에 선공 포대가 있다. 포대 방어 철벽의 두께는 모두 1척 2촌이고, 포는 3만 6천 근이다. 선미에는 암륜 두 개가 있어서 속도가 빨라 한 시간에 72리를 간다. 두 배 모두 마력은 7백 필이고 배의 이름은 모른다.

1월 31일 일요일

12월 19일 임술. 맑음. 중국의 중춘 날씨처럼 따뜻했다. 따스한 바람

---

537 28장 5척의 잘못이 아닐까 한다.

이 불어오고 강의 얼음이 모두 녹았다. 술각(19~21시)에 법왕法王의 당자堂姉
(사촌여동생) 마체달馬蒂達(Mathilde Bonaparte)이라는 사람이 청하여 그의 집에
갔다. 그 사람의 나이는 마흔 정도로, 아국俄國 군왕郡王(왕자) 도익득道益得
(Anatoly Nikolaievich Demidov)의 비妃였다.[538] 금슬이 좋지 않아 분노하여 본
국에 돌아온 지 십몇 년이 되었다고 했다. 그의 당형堂兄(사촌오빠) 나팔륜이
왕위에 오르기 전에 중매인을 보내어 말을 꺼냈지만 마체달이 받아들이지
않았다고 한다. 지금 법왕이 이렇게 부귀해질 것을 알았다면 크게 욕심이

[그림 232] 마틸드 보나파트르(1861)

---

538 마틸드 보나파트르(1820~1904)는 보나파르트 가의 공주로 마틸드 공주라는 이름으로 유명하
다. 그는 1835년 훗날 나폴레옹 3세가 되는 나폴레옹 보나파트르와 약혼했지만, 금전 문제 등
으로 파혼했다. 그후 1840년에 러시아 귀족 아나톨리 니콜라예비치 데미토프와 결혼하였다.

났을 것이지만 후회해도 이미 늦은 것이다. 법에 따르면 남편이 살아있으면 부인은 개가하지 못하므로 이곳에서 독거하고 있는 것이었다. 마체달은 그림을 잘 그리고 시와 책을 좋아하여 그가 교류하는 사람은 대부분 문학文學을 하는 사람들이었다. 이날 저녁에는 남녀 30여 명이 있었고 서로 무척 즐겁게 이야기를 나누었다. 자초(23시)에 숙소에 돌아왔다.

2월 1일 월요일

12월 20일 계해. 맑음. 해정(22시)에 지 흠헌과 손 흠헌을 따라 의달렴意達廉 대가大街(Boulevard des Italiens)에 있는 여사旅舍에서 열린 도무회에 갔다. 남녀 3천여 명이 모두 화려하게 꾸미고 춤을 추는 모습이 볼만했다. 주인(주최자)은 여러 세습 귀족의 부인들이었다. 자정(24시)에 숙소에 돌아왔다.

[그림 233] 19세기 파리의 무도회. 일러스트레이티드 런던 뉴스 1854년 4월

기記: 서국에는 팽이 놀이라는 것이 있는데, 그 방법은 네 가지이다. 첫 번째는 '투주鬪走(넘어뜨리기)'—'교전交戰'이라고도 부른다—인데, 각자가

채찍으로 팽이를 쳐서 돌려 부딪혀서 힘이 세어 마지막에 쓰러지는 것이 이긴다. 채찍 자루를 물고기가죽으로 싸고 팽이는 쇠를 써서 무게로 인해 잘 안 넘어진다. 두 번째는 '틈위闖圍(포위뚫기)'라고 하는데, 땅바닥에 둘레가 9척 정도 되는 원을 그리고 각자 가죽 채찍을 들고 채찍 끝에 매듭을 묶거나 단추를 달아 팽이를 감고 매듭이나 단추를 무명지와 새끼손가락 사이에 끼고 손을 들어 머리를 지나 몸을 굽혀 팽이를 던지고 팽이가 땅에 떨어진 뒤에 채찍으로 친다. 이렇게 차례로 던진다. 원 안에 들어가서 움직이지 않는 것은 원 안에 두고, 던진 뒤에 움직여서 원 밖으로 나오면 주인이 집어들어 원 안에 있는 것을 친다. 만약 던졌는데 원 안에 들어가지 않거나 떨어져서 거두어들이거나 던졌을 때 채찍 끝을 감는 것을 잊거나 던졌는데 움직이지 않는 것을 모두 '죽었다'라고 부르고 원 안에 두어 다른 사람이 치기를 기다린다. 다른 사람의 것을 격파하는 사람과 힘을 다해 원 밖으로 쳐내는 사람이 이긴다. 서로 던질 때 이와 같은 예가 없지만 원 밖으로 나가는 일이 적으므로 원 밖으로 나갔다가 원 안에 머물러 있던 것을 되쳐서 내보내는 쪽이 이긴다. 어떤 때는 6~7매가 한 사람에게 맞아 원 밖으로 나가기도 한다. 팽이는 모두 끝이 길어야지 비탈길로 나오기가 쉽다. 그러므로 무겁고 끝이 짧은 것이 원 안에 머물러 있는 일이 많다. 또 '소연통掃煙筒(연통 청소)'이라는 종류도 있는데, 머리를 들어 공중을 향해 던져 손으로 잡은 뒤에 다시 땅에 던지는 것이다. 세 번째는 '간석趕石'이라고 한다. 땅에 4~50마碼(미터)—중국의 14~5장이다— 길이의 선을 하나 긋고 선 끝에 표준標準(기준점)을 세운다. 각자 중간에 작은 돌멩이를 하나씩 놓고 가죽 채찍으로 팽이를 쳐서 돌리는데, 팽이를 숟가락 모양의 나무판자에 놓거나 숟가락 대신 손바닥에다 놓은 뒤에 팽이를 땅에 던져 돌멩이를 쫓아가게 하여 빙빙 돌면서 먼저 표준에 도달하는 쪽이 이긴다. 만약 중도에 막히면 멈춘 곳에 그 돌멩이를 놓고 다른 사람이 다시 쫓아가는 것을 기다린다. 이렇게 하여 계속 표준에 도착하면 앞뒤의 승수가 달라진다. 어떤 때는 단추를 돌멩이 대신 쓴다. 네 번째는 '앵앵타라嚶嚶陀羅(앵앵거리는 팽이)'라고 하는 것으로 중국의 공종空鐘(공죽空竹)과 같고 노는 법도 경사京師와 같다.

또 이날 사각(09~11시)에 사천四川 사람 곽회인郭懷仁이 찾아왔다. 그는 이곳에서 붓으로 살아가고 있었다.[539] 오랫동안 앉아 이야기를 나누고 돌아 갔다. 그가 여기에 온 지는 이미 몇 해가 되었다고 한다.

2월 2일 화요일

12월 21일 갑자. 맑음. 오후에 영파 사람 왕승영王承榮, 사천 사람 곽 회인과 함께 거리를 산보했다. 돌아오다가 아국 사람 곽복만郭福滿과 계동 경을 만났는데 그들이 함께 앉아있자고 하여 찻집에 앉아 담소했다. 왕은 법어(프랑스어)를 알고 곽은 납정어(라틴어)를 알고 동경은 아어(러시아어)를 알 고 복만은 영어를 알았다. 중화와 서양의 다섯 개 언어로 서로 번역하며 이 야기를 나누니 무척 재미있었다. 신초(15시)에 숙소에 돌아와서 사과와 배를 먹었는데 모두 꿀맛 같았다. 밥을 먹은 뒤에 탑목암, 봉기구와 걸어서 마달 란馬達蘭 방坊(Place de la Madeleine)의 꽃시장에 가서 겨우살이풀 화분 두 개 와 흰 국화 화분 한 개를 사서 탁자에 가져다 놓으니 모두 하얗고 깨끗하며 맑은 향이 좋았다.

2월 3일 수요일

12월 22일 을축. 흐리고 비. 해정(22시)에 지 흠헌과 손 흠헌, 그리고 포 흠헌과 백 협리, 덕 협리가 모두 공복公服으로 갈아입고 왕궁에 가서 도무회 에 참석했다.[540] 이 모임은 예배삼禮拜三(수요일)마다 열리는 데 참석하는 남

---

539 작가라는 뜻이다.
540 『초사태서기』에서는 21일에 참석했다고 했으나 착오인 듯하다.

녀가 수천 명을 헤아린다. 남자는 모두 모자를 벗고 여자는 모두 어깨를 드러내고 몇 명씩 모여 춤을 추고 음악이 울려퍼졌다. 자정(24시)에 숙소에 돌아왔다. 축초일각(01시 15분)에 비가 그치고 날이 개니 조금 따뜻해졌다.

2월 4일 목요일

12월 23일 병인. 맑음. 법국의 처녀는 혼자 밖으로 나가지 못한다고 한다. 놀러 나갈 때는 반드시 가족이나 유모가 함께 있어야 하고 외인外人(외부인)과 이야기를 나눌 수도 없다. 다른 사람이 처녀의 나이를 물어보면 안 되고, 머리나 외모를 단장한 것을 외인은 직언하면 안 되고 그저 그의 얼굴빛이 고와서 절세무쌍이라고 칭송할 수만 있는데, 높이 올려줄수록 기뻐한다. 또 하얀 모습을 두드러지게 보이기 위해 일부러 눈썹 아래나 입 옆에 검은 점을 그리기도 한다. 또 남녀가 만나면 남자가 먼저 모자를 벗고 예를 갖춘다. 여자가 먼저 손을 들지 않으면 남자는 그의 손을 끌면서 안부를 물을 수 없다. 남녀 사이가 가까운 사이라면 서너 번 흔든 뒤에 그치고, 그렇지 않다면 서로 한 번 손을 잡고 그친다.

오후에 왕자현이 놀러 나가자고 했지만 사양하고 가지 않았다.

[그림 234] 소방용 네 바퀴 자전거. 사이언티픽 어메리컨(Scientific American) 1896년 4월 25일자

2월 5일 금요일

12월 24일 정묘. 정오. 거리에서 철로 만든 사륜 자행차를 보았는데 방식은 앞에서 쓴 양륜, 삼륜 자행차와 같았다. 손님 네 명이 앉아 각자 손잡이를 하나씩 잡고 움직이는 대로 가는데 오가는 것이 무척 빨랐다.

법인 화비용花比茸의 말에 따르면, 백 년 전 이 나라의 토속土俗에 신혼 첫날에는 반드시 신부를 그곳을 관리하는 세습 관원에게 보내어 먼저 고험 考驗하게 한 뒤에 남편에게 보냈다고 한다. 여러 세대 동안 이렇게 해 오다 가 인민들이 따르지 않고 뒤에 난리가 일어나 비로소 다른 나라와 같아졌 다는 것이다. 남녀가 초혼이라고 해도 그가 처녀인지는 알 수 없다. 유각 (17~19시)에 흐리고 비가 내렸다.

2월 6일 토요일

12월 25일 무진. 흐림. 어떤 법인이 생숙生熟의 약재 6백여 병을 중토 에서 가져와 의관醫官에게 맛을 보게 하여 성질을 판별하게 한다고 했다. 본국과 같은 것을 제외하고, 맛에 따라 상세하게 적어놓고 국인國人들을 치 료한다고 했다.

2월 7일 일요일

12월 26일 기사. 맑음. 이날은 서력으로 2월 7일이고 외국의 예배일로 야소가 40일의 대난大難을 당한 첫날이다.[541] 천주교를 믿는 사람들은 이날 부터 무혈無血의 소재素齋(채식)를 40일 동안 행한다. 나라의 연회와 춤 등의 일은 모두 정지된다. 또 7일부터 9일까지 사흘 동안은 남녀 아이들이 모두 이복異服을 입고 가면을 쓰고 우각牛角과 동나팔을 불며 밤낮으로 거리를 돌아다니며 갖가지 놀이를 하며 떠들썩한데, 금오金吾(경찰)는 이를 막지 않 는다.

또 매년 정월 하순이나 이월 초순에는 봄놀이를 하는데 날짜는 관에서 정한다. 회수會首(모임 대표)는 6~7명이고, 백정이 소 1~4마리를 사서 화려

---

541 예수의 40일 대난은 부활절을 앞두고 약 40일간 몸과 마음을 정결하고 경건하게 지내는 기독 교 절기인 사순절(四旬節, Lent)을 말한다.

한 수레에 싣고 성을 두루 돌아다닌다. 악병樂兵(군악대) 백여 명이 호송하여 각 공서 및 왕궁에 가서 취타하며 돈을 요구하여 3~4백 방方(franc)을 얻는다. 이것도 사흘 동안 열린다.

7일이 첫날로, 마대馬隊(기마병) 80명이 모두 화려한 옷을 입고 화기를 들고, 보대步隊(보병) 80명이 은 투구를 쓰고 번쩍이는 창을 들고, 악병 백여 명이 화려한 옛 복식을 입는다. 마대와 보대는 양익으로 펼쳐져 걸어간다. 금빛 바퀴의 화려한 차가 4대로, 첫 번째 차에는 무게 2천5백 근에 값이 2만 4천 방―은 2,880여 냥―이 나가는 소 한 마리를 싣는다. 차에는 좌우에 단복短服을 입고 낭아봉狼牙棒을 든 역사力士 4명이 서 있다. 두 번째 차에는 푸른 옷을 입은 악병 60여 명이 각기 긴 가짜 코를 차고 있다. 세 번째 차에는 어깨를 드러내고 머리에 금테를 쓴 선녀仙女라는 사람들 20여 명이 타고 있다. 마지막 차에는 키가 무척 큰 남자 한 명이 서 있는데 맨발에 어깨를 드러내고 머리를 풀어 헤치고 곱슬수염이 나 있으며, 머리에는 금 모자를 쓰고 허리에는 짧은 치마를 두르고 남선男仙이라고 부른다. 양쪽 옆에 여자아이 두 명이 있는데 복식은 남자와 같다. 이들이 각 공서에 갈 때마다 악병들이 마당에서 고취하고 남선이 여자아이들을 차에서 내리게 하여 관서 직원에게 인사를 하고 술을 한 잔 마시고 상품을 받고 사의를 표하고 떠난다. 이들이 얻은 돈으로 소값을 치르고 남은 돈은 모두 나누어 술을 마신다. 네 번째 날이 되면 소를 잡아 처음으로 자른 고기는 왕궁에 보내고 나머지는 모두가 나누어 가진다. 어떤 사람은 지난 해가 올해보다 더욱 떠들썩했는데, 누거樓車[542]에 소 7마리를 싣고 행진하고, 악병, 마대, 보대, 남녀 신선 등을 모두 합해 1천 명을 헤아렸기 때문일 것이라고 했다. 이날 사정(10시)에 이 모임이 개가로를 지날 때 우리가 묵고 있던 공해에 와서 음악을 연주하며 돈을 요구했는데, 포 흠사가 술과 상품을 조금씩 하사하시자 고맙

---

542 가축을 실을 수 있는 우리가 있는 마차이다.

다고 절하고 물러갔다.

영국 애덕림의 친구 사방내沙邦鼐라는 사람이 법경의 부호인데, 이날 편지를 보내와 나를 만찬에 불렀다. 오후에 그가 단마單馬로 와서 나를 만나 함께 화륜차 객청으로 가서 차를 타고 70여 리를 가서 그의 집에 도착했다. 마을의 이름은 사구泗鷗(Sceaux)[543]로, 지극히 유아幽雅하고 누방이 반듯하고 깨끗하며 꽃과 나무가 풍성하고 강물이 맑은 곳이었다. 안에 들어가 그의 모친, 처, 자녀를 만났다. 앉아서 한참 동안 이야기를 나누다가 한 식탁에서 저녁을 먹었다. 그의 친구 몇 명이 있었는데 그중에 성이 목穆, 이름이 아雅라는 사람이 있었고 나머지는 이름을 모른다. 재식齋食(채식)에 대해 이야기가 흘러가자, 사람들은 모두 자신은 천주天主를 믿지만 이 속규를 지킨 적은 없다고 했다. 파리에 사는 사람들 중 재식을 지키는 사람은 열에 두셋 정도 뿐이라는 것이다. 목아가 말하기를, 자기 부모는 천주를 믿지만 평생 교당에 간 적이 없다고 했다. 또 말하기를, 천주교의 신부 중에는 행선行善을 내걸고 성심으로 향화向化(수도)하는 사람도 적지 않지만 남의 부녀를 간음하고 남의 재산을 속여 빼앗는 자도 적지 않다고 했다. 예쁘고 부유한 어린 여자를 보면 반드시 그를 유혹해 집을 나오게 해서 교당에 들어온 뒤에 여자는 그의 사유私有가 되고 재산은 그가 다 써버리지만, 그가 한 말은 모두 사적인 말이고 문서를 찾으면 하나도 근거가 될 만한 것이 없어서, 피해를 당한 사람이 손가락으로 다 꼽을 수 없을 정도라고 했다. 나라에서는 이들이 외방外邦에서 전교傳敎(선교)하면서 재물을 벌어들이고 시비를 일으키는 것도 그대로 방치한다고 했다. 구라파는 옛날부터 전쟁을 해 왔는데 대체로 이런 자들이 일으킨 것이라고 했다. 그는 중토의 유교는 어떠한지 물었고, 나는 수제평치修齊平治[544]의 도를 말해주었다. 사람들은 모두 "아,

---

543 소는 파리 남쪽에 있는 소도시로, 지금은 오드센(Hauts-de-Seine) 주에 속한다.
544 수신, 제가, 치국, 평천하의 가르침을 뜻한다.

아!"라고 하며 찬탄했다. 나는 또 말했다. "중국 공성孔聖(공자)의 도가 해외에 전해졌는데 그것이 그릇되었다고 논박하는 사람이 드뭅니다. 양문洋文으로 번역된 것을 보면 비록 상세하게 하지는 못했지만, 그 줄기는 일찍부터 먼 곳의 사람들에게 존경을 받았습니다. 우리는 감히 갑자기 유교를 말하지는 못하지만, 그것이 따르는 바가 부합하는 것이 많습니다. 천주의 진경眞經의 말씀이 공자의 말씀과 부합하는 것이 많기 때문입니다. 만약 나라가 그같은 자들이 도라고 여기는 것을 도라고 말하지 못하게 하고, 천주의 진도眞道가 아닌 것을 천하에 퍼지지 않게 한다면, 중외中外가 어찌 화목하고 안정되지 않겠습니까?" 식사를 마치고 잠시 앉아있다가 목아가 나를 전송해주어 돌아왔다.

[그림 235] 19세기 파리 카페의 마술 공연

2월 8일 월요일

12월 27일 경오. 맑음. 유각(17~19시)에 지 흠헌과 손 흠헌을 따라 쌍마차를 타고 의대렴意大廉 가(Boulevard des Italiens)의 민인원敏人園[545]에 가서 변희법變戲法(마술)이라는 것을 구경했다. 원園은 크지 않았지만 항상 좌객座客이 가득 찼다. 그 변화는 가볍고 빠르며 기묘한 것이 많아 일일이 다 적을 수가 없다. 해초(22시)에 숙소에 돌아왔다. 밤에

---

545 로베르-우댕 극장(Théâtre Robert-Houdin)인 듯하다. 이 극장은 1845년 팔레 루아얄(Palais-Royal) 내에 자리를 잡고 개장하여 마술 공연으로 유명해졌고 1852년에 이탈리앙 대로의 극장들이 모인 지역으로 이전한 뒤에 더욱 흥행했으며, 1924년 폐관했다.

큰바람이 불었다.

2월 9일 화요일

12월 28일 신미. 맑음. 종일 거센 바람이 불었지만 거리에 나온 사람들은 여전히 구름처럼 **빽빽했다**. 미초(13시)에 파류락아巴類洛雅(Palais-Royal)[546] —화언華言으로 어원御園이라는 뜻이다—라는 원園에 갔다. 마당 안에는 술집이 있고 철 등자가 줄지어 있어서 놀러 나온 사람들이 쉬기에 좋았다. 사방으로 주랑走廊이 약 6~7리에 걸쳐 뻗어 있고 낭하에는 점포가 이어져 있어서 신기한 옛날 보물들, 이를테면 금강석, 공작석, 산호, 수정, 경각鯨角,[547] 상아 같은 것들을 팔았다. 하지만 진위를 구별하기가 어려웠는데 집

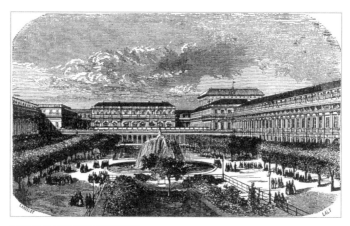

[그림 236] 팔레 루아얄(1860년대)

---

546 팔레 루아얄은 본래 루이 13세 시대의 실권자였던 아르망 장 뒤 플레시 드 리슐리외 드 프롱사크 추기공작(Armand Jean du Plessis, cardinal-duc de Richelieu et de Fronsac, 1585~1642) 즉 리슐리외 추기경의 저택이었다가 루이 13세에게 기증된 건물로, 루이 14세가 이곳에 거주한 뒤에 왕궁이라고 불리게 되었다. 그 뒤 필리프 도를레앙(Philippe d'Orléans, 1640~1701)이 건물을 증축하여 상인들에게 임대했고, 왕궁이라는 이유로 경찰 출입이 금지되었으므로 집회와 혁명의 중심지가 되기도 했다. 이후에도 상점, 카페들이 많이 입주했다.

547 외뿔고래의 뿔이다.

을 가득 채우고 있었고 값도 자못 높았다. 작은 표表(시계)를 하나 보았는데, 전체를 수정으로 만들었고 크기는 살구나 오얏 크기만 했다. 그것은 30년에 걸쳐 만들어졌고 값은 6천 방, 은으로는 780냥이라고 했다. 유시(17~19시)에 숙소에 돌아왔다.

2월 10일 수요일

12월 29일 임신. 맑고 추움. 법국 병부兵部(Ministère de la guerre)의 서리 書吏인 서대락舒大樂이라는 사람이 말하기를 그 표형表兄—이름은 잊었다— 이 시골의 교사인데 달마다 한 번씩 파리에 와서 밤에 옷을 갈아입고 표제表 弟와 함께 거리에 나가 가비관加非館(café)에 가서 기녀를 찾다가 교사의 이 름을 더럽혔다고 했다.

또 법경에서는 매년 봄에 민간의 장정 6백 명을 뽑아 병부에 보내 선용 選用하게 한다고 했다. 이 중 젊고 강한 사람 2백 명을 뽑아 병적兵籍에 올 리고 나머지는 모두 돌려보낸다는 것이다. 뽑힌 사람들은 약 7년 만에 귀가 가 허용된다고 했다. 영방營房(부대) 안에는 서원書院(학교)이 있어서 훈련하 고 남는 시간에 공부도 함께 하여 용맹과 지혜를 겸비했으니 절제된 병사들 이라고 부를 만하다.

2월 11일 목요일

동치 8년 기사년 1월 1일 계유. 맑음. 진각(07~09시)에 향안香案을 놓고 지 흠헌과 손 흠헌을 따라 대궐을 향해 성패聖牌에 절을 올리고 삼궤구고의 예를 행했다. 예를 마치고 나니 왕승영, 곽회인 등이 의관을 갖추고 찾아와 서 인사했다. 술각(19~21시)에 두 분 흠헌께서 나를 비롯하여 12명을 데리고 한 식탁에서 식사하며 원단元브의 영신令辰(길일)을 경하하다가 자정이 되어 서야 흩어졌다. 나는 칠절七絶을 읊었다.

돛 달고 하늘 밖 먼 땅에서 좋은 날을 맞이하니,

새로운 경물에 놀라움을 금할 길이 없구나.

오늘 삼만 리를 떠나왔는데,

언제쯤 부모님께 술 한 잔 올리며 즐거워할까.[548]

2월 12일 금요일

1월 2일 갑술. 맑음. 사초(09~11시)에 남南 합중국 사람 광달련光達連이라는 이가 찾아왔다. 그는 사해를 주유周遊하여 천하를 몇 번이나 돌았는데 중화에 머무른 기간이 특히 길었다고 했다. 그가 말했다. "옛날 귀방貴邦에 머물렀을 때 화인들이 원단 때마다 술을 마시며 즐거워하고 음악에 노래를 하며 원야元夜(정월대보름)에는 폭죽을 터뜨리고 화등花燈을 줄지어 내걸었는데 천상이며 인간 세상이 정말이지 승평昇平의 모습이었습니다. 지금 공 등께서 멀리 해외를 돌아다니며 이 가절佳節을 맞이했으니 어찌 적막함이 없겠습니까?" 내가 말했다. "명을 받들어 태서를 다니면서 산 넘고 물 건너 이른 곳에서 안계眼界가 크게 트이니 이는 인생의 즐거운 일입니다. 하물며 배에 함께 탄 좋은 벗과 이국의 훌륭한 벗들과 더불어 아침저녁으로 즐겁게 이야기를 나누니 몸과 마음이 절로 펼쳐집니다. 다만 가절을 만날 때마다 문득 고향 생각이 나는데, 그러면 어찌 슬프지 않겠습니까."

또 법국 토속에 신년에는 각 점포에서 모두 주 고객의 집에 찾아가 방방邦邦(bonbon)이라고 부르는 탕과를 선물로 주는데 대개 흰 사탕沙糖(설탕)으로 만들고 안에 호두알, 밤, 땅콩, 배, 오얏 등을 넣은 것이 많다고 한다.

2월 13일 토요일

1월 3일 을해. 맑고 바람이 거셈.

---

548 "掛帆天外值良辰, 不禁驚心景物新. 此日計程三萬里, 何時杯酒樂天倫."

기記: 법경에는 육영당育嬰堂이 한 군데 있는데 누방이 백 칸이고 모두 정결하다. 문 가까이에 있는 벽에 돌아가는 통桶이 하나 있는데 둘레가 약 1장 남짓이고 깊이가 2척이다. 성 안의 어린 아이들 중에 부모가 기르지 못하거나 기르기를 원하지 않는 아이를 잘 감싸서 통 안에 넣고 생일과 이름을 종이에 적어 통을 돌리면 통 바닥에 달린 방울이 울려 안에 전달되고 사람이 와서 데려가서 길렀다고 한다. 지금은 달라져서 통은 사라지고 사람이 직접 전달한다. 6년 뒤에 아이를 데려가기를 원하는 부모는 햇수를 따져 의식衣食 비용을 낸다. 데려가기를 원하지 않으면 나이가 찬 뒤에 남자는 군대에 보내고 여자는 무역貿易(장사)하게 하고, 그 벌어들인 은銀은 관에 귀속시킨다. 이 양육의 제도는 자애慈愛의 명분을 얻을 뿐 아니라 이를 통해 이익을 얻기도 하는 것이다.

2월 14일 일요일

1월 4일 병자. 맑음. 태서 사람 중에 기륜차氣輪車[549]를 창조創造(발명)한 이가 있다는 말을 들었다. 그 모양은 화륜차와 같지만 다만 매탄을 태워 물을 끓이는 것이 아니라 천기天氣(공기)가 부딪혀 밀어내는 힘만 쓴다고 한다. 차도車道에서 시험한 적이 있는데 만듦새가 정교하지 못해 어자御者(운전자)가 잘 몰기 어려워 정차해야 할 곳에 이르러 지나가기도 하고 못 미치기도 하여 제대로 쓸 수 없다고 한다.

오후에 왕자현과 함께 단포丹布 대가大街(Boulevard du Temple)까지 걸어갔다. 그곳에서 밀전蜜餞,[550] 비파枇杷, 용안龍眼, 복숭아, 살구 등의 과실을 파는 가게를 보았는데 모두 중토에서 온 것이라고 했다. 값이 꽤 높았다.

---

549 증기가 아닌 가스를 이용하여 가는 새로운 방식의 기관차를 말한다.
550 꿀이나 설탕에 잰 과일이다.

2월 15일 월요일

1월 5일 정축. 맑고 추움. 유각(17~19시)에 지 흠헌과 손 흠헌께서 덕 협리의 부모와 자매, 법인法人 구건歐建(Judith Gautier)의 모친과 여동생, 그리고 산서 사람 정돈령丁敦齡이라는 이를 청해 숙소에서 만찬을 하고 무척 즐겁게 담소한 뒤에 축초(01시)에야 흩어졌다.[551] 소문으로는 정돈령은 품행이 단정하지 못해 4년 전에 모 영사領事의 어린 딸과 사통했다고 한다. 영사가 분노하여 그를 충군充軍(입대)시켜 영국의 고도孤島로 보냈는데 2년 뒤에 영사가 죽자 정돈령은 다시 법경으로 돌아왔다고 한다. 그 뒤 다시 봉장縫匠(재단사)의 처를 꾀어갔는데 봉장이 고발하여 2년 좌감坐監(징역)의 벌을 받았다고 한다. 지금은 구건의 기실記室(서기)로 일하고 있는데, 외인外人의 말로는 그가 막중지빈幕中之賓이 되지 않을까 우려했다고 한다.[552] 또 신문지에

---

551 주디스 고티에(1845~1917)는 프랑스 작가 테오필 고티에(Pierre Jules Théophile Gautier, 1811~1872)의 큰딸이고, 그의 모친은 에르네스타 그리시(Ernesta Grisi, 1816~1895)이며 여동생은 에스텔 고티에(Estelle Gautier)이다. 또 정돈령(1831~1886)은 산서 평양(平陽) 태생으로 프랑스에 가서 교사 및 통번역가로 활동한 사람이다. 그는 18세에 수재(秀才)가 되었으나 부친의 사망과 흉년으로 고향을 떠나 태평천국 군에 잠시 합류했다가 선교사를 만나 세례를 받고 마카오로 갔다. 마카오에서 결혼을 하고 두 자녀를 기르며 10여 년을 살다가 이탈리아 출신의 선교사이며 중국 주재 프랑스 영사관의 통역관이기도 했던 조세프 마리 칼레리(Joseph Marie Callery)의 중국어 담당 비서로 고용되어 1861년에 프랑스에 갔다. 이듬해 칼레리가 병사하자 잠시 저명한 중국학자 스타니슬라스 줄리앙(Stanislas Julien)을 도왔다가 다시 테오필 고티에를 알게 되어 그의 두 딸의 중국어 교사가 되어 중국어와 중국문화를 가르치며 가족처럼 지냈다. 특히 큰딸 주디스 고티에는 정돈령에게서 중국 시를 배워 한시 71수를 프랑스어로 번역하여 1867년에 『백옥시서(白玉詩書, La Livre de Jade)』라는 제목의 번역시집을 출간하기도 했다. 정돈령은 1872년 1월에 교사 출신인 캐롤린 줄리 리에지와(Caroline-Julie Liégeois)와 결혼했으나 이듬해 7월에 리에지와에 의해 중혼(重婚) 혐의로 고소되어 70일 가까이 구금되어 있다가 결국 무죄로 석방되었고, 이후 파리에서 지내다가 1886년 11월에 세상을 떠났다. 최근의 연구에서는 장덕이가 정돈령에 대해 부정적으로 쓴 것은 전언을 바탕으로 한 것이어서 정확하지 않은 점이 많다고 보는 견해가 많다. 劉志俠,「丁敦齡的法國歲月」,『書城』2013년 9월호, 謝靜珍,「丁敦齡: 一個'小人物'對中法文化交流的貢獻」,『澳門理工學報』2022년 제4기(期), Olivier Jacquot, "Paul Jean Baptiste Marie Tin-Tun-Ling(Ding Dunling 丁敦齡), lecteur chinois de la Bibliothèque impériale", 2024년 4월 30일 검색 <https://bnf.hypotheses.org/32382> 등 참고.

552 막중지빈은 가까운 관계에 있는 사람을 말한다. 구건과 불미스러운 일을 저지를까 걱정된다는 뜻을 에둘러 말한 것이다.

실린 바에 따르면 정 모가 거인擧人이라고 자칭한다는데, 어느 과에 합격했으며 동년同年[553]은 또 누가 있는지도 모르겠다.

[그림 237] 정돈령(1869)　　　[그림 238] 주디스 고티에

2월 16일 화요일

1월 6일 무인. 맑음. 오후에 거리에 나갔다. 강에 물결이 조금 일고 산언덕은 푸릇푸릇하고 복사꽃이 붉고 버들가지가 푸르며 꾀꼬리 제비가 갓날기 시작하는 모습을 보니 완연히 강남의 2월 같았다.

기記 : 이전 며칠 동안은 날이 무척 추웠는데, 백로왕 원 폭포 옆에 4무 넓이의 땅에 약 2척 깊이로 물을 대어 얼음을 얼리고 목책으로 난간을 두른 곳이 있다. 정면의 고루高樓에서는 차, 술, 가비를 팔고 빙혜冰鞋(스케이트)를 빌려준다. 신발은 강철로 만들었는데 '요凹'자 모양으로 되어 있고 그 위에 가죽 덮개를 덧댄 것, 신발 목을 덧댄 것, 가죽 신을 덧댄 것 등이 있다. 빙지冰池의 한가운데에는 음악이 연주되는 정자가 있다. 밤낮으로 남녀가 무리를 이루어 오가며 얼음놀이를 즐긴다. 원園의 주인은 모두 돈을 받으려 하여 구경하러 들어간 사람도 돈을 내야 한다. 또 사열私悅(연애)하는 남녀는

---

553 같은 해 합격자를 말한다.

얼음 위에서 손을 잡고 달리면서 함께 즐길 수 있다. 또 빙지의 네 모퉁이에는 작은 석탑을 하나씩 세워놓았는데, 그 가운데 한 사람이 새를 풀어놓으면 얼음을 지치는 이들 중에 그것을 따라가서 수창手槍(권총)으로 쏘아 죽이면 이긴다. 아쉽게도 요즘은 날이 따뜻해서 얼음이 단단하지 않아 구경하지 못했다. 유초일각(17시 15분)에 흐리고 비가 왔다.

[그림 239] 불로뉴 숲 공원에서 스케이트를 타는 사람들(오귀스트 르느와르, 1868)

2월 17일 수요일

1월 7일 기묘. 흐리고 추움. 거리를 걷다가 법왕과 왕후가 사마차四馬車를 타고 대화원大花園에서 궁으로 돌아가는 모습을 보았다. 앞뒤로 별다른 의장대가 없이 다만 인마引馬 두 필과 뒤따르는 차 두 대가 있을 뿐이었다. 각 차에는 4명씩 탔는데 이들은 모두 왕후의 친구였다. 어자는 모두 금빛 테두리를 두른 짧은 옷을 입고 오이 모양의 작은 니모呢帽(모직毛織 모자)를 썼다. 길가에 있던 사람들 중에 모자를 벗어 인사를 하는 사람이 있으면

왕과 왕후가 고개를 끄덕이며 모자를 벗어 인사했다.

2월 18일 목요일

1월 8일 경진. 흐리고 진초(07시)에 이슬비가 오다가 미정일각(13시 15분)에 개었다. 해정(22시)에 지 흠헌과 손 흠헌을 따라 옆집의 합중국 상인 패백이貝柏爾의 집에 가서 도무회를 구경했다. 남녀 백 명이 노래를 부르고 춤을 추면서 무척 즐겁게 놀았다. 자정(24시)에 숙소에 돌아왔다.

2월 19일 금요일

1월 9일 신사. 맑고 추움. 소문에 외국인 중에는 자녀를 낳아 힘들어지는 것을 두려워하는 이들이 있어서 일종의 가죽 덮개나 비단 덮개를 사서 양구陽具(음경) 위에 씌워 도봉전란倒鳳顚鸞을 다해도 새끼 한 마리도 배지 않게 한다고 한다.[554] 그 방법이 실로 묘하다고 하겠으나 "세 가지 불효 중에 후손이 없는 것이 가장 크다."라는 맹자의 말씀을 이 사람들은 들어보지 못한 듯하다. 이 방법을 만들어 사람들의 후사를 끊어버리게 한 사람의 죄도 주살誅殺로 부족할 것이다. "먼저 용俑을 만든 사람은 후손이 없어질 것이다."[555]라고 하지 않았는가.

저녁에 사방내沙邦鼐가 와서 오랫동안 앉아 이야기를 나누다가 돌아갔다.

2월 20일 토요일

1월 10일 임오. 아침에 안개가 끼었다가 사초(09~11시)에 개었다. 영국

---

554 임신이 되지 않는다는 말을 비유적으로 표현했다.

555 『맹자』「양혜왕상」에 나오는 공자의 말씀이다. 용(인형)을 만들어 순장하는 나쁜 풍습을 시작한 사람은 후손이 끊어지는 벌을 받았을 것이라고 비난한 말이다.

애덕림 교습의 편지를 받고 그의 처가 12월 19일에 병으로 작고했다는 것을 알았다. 부고는 길이가 약 2촌, 너비가 1촌 5푼이고 검은색 테두리가 쳐진 백지에 가로로 여섯 줄로 씌어있었다. "애문艾門 오씨烏氏 내살萊薩 부인, 38세, 1869년 1월 31일에 작고. 관색림寬色林 의지義地(Kensal Green Cemetry)에 묻힘."

2월 21일 일요일

1월 11일 계미. 아침에 여전히 안개가 끼어있다가 오초(11시)에 개었다.

기記: 법경 동남쪽에 술몽원述夢園이 있다. 원에서 가까운 일대는 골목이 좁고 방옥房屋이 비루하고, 바람이 불면 먼지가 날려 눈을 가리고 비가 내리면 진흙탕이 되어 다니기가 어렵다. 주민들은 대부분 가난하여 죄수 같은 머리에 떠돌이 같은 얼굴을 하고 남녀가 종일 시끄럽게 싸우고 아이들은 울고 웃고 다닌다. 개가로나 마달란 등과 비교하면 너무나도 다른 것이다.[556]

밤이 되자 마치 중추中秋처럼 추워졌다.

2월 22일 월요일

1월 12일 갑신. 맑고 어제보다 조금 따뜻함.

기記: 왕궁 앞에는 총림叢林이 두 군데 있어서 수많은 새들이 날며 지저 귄다. 날마다 이름을 모르는 한 노인이 면포(빵)를 가져와서 새들에게 주는데, 노인이 손을 들면 새들이 머리 위와 손바닥 위에 모여든다. 흰 비둘기 두 마리를 노인이 부르면 바로 내려와 면포를 먹은 뒤에 하나씩 날아가는데, 이는 자애심에 감복했음을 표시하는 것일 것이다. 저 왕손과 공자들은

---

556 파리의 빈민가는 기적의 정원(Cour des miracles)이라는 이름으로 불렸고, 10여 개의 구역이 있었다. 장덕이는 이 중 한 곳을 말한 듯하다. 기적의 정원 중에는 빅토르 위고(1802~1885)의 『파리의 노트르담』(1831)에 묘사된 빈민가가 유명한데, 이는 팔레 루아얄에서 동북쪽으로 약 4km 떨어진 곳에 있던 '기적의 대정원(Grande cour des Miracles)'을 모델로 한 것이다.

왼쪽에 탄彈을 끼고 오른쪽에 환丸을 끼고 좋은 곡식을 가지고 새들을 부르는데, 새들이 비록 오랫동안 굶주렸다지만 선뜻 내려오려고 하겠는가?

2월 23일 화요일

1월 13일 을유. 맑음. 오각(11~13시)에 거리에 나갔다가 영국 의생 학부郝富라는 이를 만났다. 나이는 쉰쯤 되었고 거복居福 항巷에서 자기 집으로 데려가서는 처 계씨計氏를 만나게 해주었다. 계씨는 법인으로, 파래巴萊와 목려木麗라는 두 딸을 낳았는데 모두 열다섯이 안 되었다. 중화의 백학차白鶴茶와 영국의 황려주黃鸝酒를 가져왔다. 그 사람은 구치과口齒科(구강 및 치과)를 전문으로 하여 충아蟲牙(충치), 화아火牙(치주염), 탈락脫落(빠진 이) 등의 증상을 치료하는데 상한 이를 빼고 새로 끼워 넣는 일에 비술祕術을 자못 얻었다고 했다. 아래층의 파리거玻璃柜(유리진열대) 안에는 가짜 치아가 나열되어 있었는데 상아로 만든 것이 많았다. 치아 한 개짜리도 있고 여러 개가 이어진 것도 있었다. 아래에 가짜 잇몸도 붙어 있는데 크기가 진짜와 흡사했다.

2월 24일 수요일

1월 14일 병술. 흐림. 밤에 큰비가 내렸다. 법국 사람들은 화인이 차를 좋아하는 것만큼 가비를 좋아한다. 가비라는 것은 일종의 검정 콩으로, 아비리가阿非利加(Africa), 아랍비阿拉比(Arab)의 열지熱地(열대)에서 난다. 불에 구워 성질을 보존한 뒤 가루로 만들어 끓인 물로 우려낸다. 호壺(주전자) 안에 누소漏勺(필터)를 가로놓고 오랫동안 끓이면 즙이 저절로 아래로 흘러 내린다. 마실 때는 백당白糖(설탕), 우내牛奶(우유)를 넣는다. 가비의 성질은 뜨겁고 맛은 쓰다. 법경에는 가비관이 수천 집 이상이 있어서 내지內地(중국)의 찻집만큼 많다. 문 앞에는 크게 '가비加非(Café)'라는 글자가 적혀 있고, 차, 술과 안주, 면포麵包(빵), 연권煙卷(담배) 등을 함께 팔고, 남녀가 모두 들어갈 수 있다. 가비 한 그릇과 백당 네 덩이의 값은 4소素(sous), 곧 은 2푼이다.

2월 25일 목요일

1월 15일 정해. 맑음. 이날 저녁에 밝은 달이 하늘에 뜨고 밝은 별들이 멀리 보이며 곳곳에 별들이 찬란하고 불꽃들이 휘황하여 마치 불야不夜의 날이 열린 듯 황홀하게 장춘長春의 나라를 노닐었다. 차 소리가 덜컹거리고 음악 소리가 하늘에 울리고 남녀가 무리를 이루었는데, 밤에 노니는 자들이 초를 들 필요가 없었다. 술정일각(19시 15분)에 지 흠헌과 손 흠헌이 백 협리와 왕자현 부부 및 부자와 아문 교습 곽복만 등을 저녁에 불러 숙소에서 차를 마셨다.

2월 26일 금요일

1월 16일 무자. 흐림. 사정(10시)에 지 흠헌과 손 흠헌을 따라 마차를 타고 10여 리를 가서 법국 관상대觀象臺[557]를 구경했다. 누樓의 높이는 수 장이고 꼭대기는 절구截球(반구半球)의 모습이며 스스

[그림 240] 파리 천문대

로 돌 수 있었다. 좌우에 문이 있고 상하로 기계를 움직였다. 가운데 길이가 2장인 대大 천리경千里鏡(망원경)이 3대 있는데 쇠틀로 받쳐져 있고 안에

---

557 파리 천문대(Observatoire de Paris)를 말한다. 파리 남부의 몽파르나스(Montparnasse) 지역에 있다.

기관이 있어 상하와 사면으로 움직일 수 있었다. 나머지 종표鐘表와 기명 器皿도 모두 지극히 정교하여 이루 다 적을 수가 없다. 이곳에 쉰 살 정도 된 이위열李威烈(Urbain Jean Joseph Le Verrier)[558]이라는 사람이 있었는데 법방法邦 제일의 천문생天文生(천문학자)이었다. 이 천문대는 영국 임위지林圍址(Greenwich) 지방의 관상대와 어깨를 겨루는데, 보름씩 서로 돌아가며 밤낮을 관찰하고 있었다. 미초(13시)에 숙소에 돌아왔다.

[그림 241] 위르뱅 르 베리에

2월 27일 토요일

1월 17일 기축. 맑음. 오후에 포아나包婀娜가 영국인 친구 정형씨鄭衡氏와 그 남편 정격이鄭格爾를 데리고 찾아와서 한 시진쯤 앉아있다가 돌아갔다. 저녁에는 화포로花布路라는 법인法人이 찾아와서 새로 나온 구화수포救火水炮(소화용 물대포)인 제화보기制火寶機라는 것에 대해 이야기했다. 이것은 길이가 2척 남짓, 둘레가 2척 5촌으로, 가운데 두 가지 약을 채우는 것이었다. 사람이 등지고 서서 손으로 꼭지를 돌려 그 기氣가 안에서 터져 불길을 잡고 즉시 불을 끄니 정말이지 구화救火(소화)의 뛰어난 기기였다. 내 생각에 물과 불과 도적은 사람들에게 커다란 해를 입히는 것들이다. 그러나 도적은 모든 사람들을 죽이지 못하고 또 담장이라는 방책이 있고, 물난리는 바로 일어날 수 없고 또 제방이라는 방법이 있다. 하지만 화재만은 바로 일어나고 모든 사람들을 죽여 경각에 재로 변하게 만들어 목숨이 축융祝融에 달려있으니 화禍가 지극히 심하고 환患이 가장 비참한 것이다. 하지만 거마

558 위르뱅 장 조셉 르 베리에(1811~1877)는 천체역학에 큰 업적을 남긴 수학자로, 해왕성 발견에 중요한 역할을 하였다.

가 몰려다니는 곳에서나 성시城市(도시)의 부자들이 불을 조심하지 않는 일이 궁벽한 시골보다 많다. 물극필반物極必反[559]이라는 이치는 당연하므로 먼저 예방에 힘써서 환난에 대비해야 한다. 중국에는 예로부터 격통激桶[560]이 있었으니 생각을 잘한 것이다. 하지만 불길이 높게 일어나면 물을 뿜어도 위쪽까지 이르지 못하고 길이 멀면 물을 옮기는 것도 편리하지 않다. 늘 물이 부족한 까닭에 불길이 더 거세지게 되니, 불을 끄지도 못할뿐더러 그 성질을 돌려 위력을 키워주게 된다. 근래에 서국에서 수룡水龍(소방 호스)을 만들었는데 격통보다는 좋지만, 곳곳에 모두 두거나 사람마다 모두 사놓을 수도 없고, 그것을 갖추어놓아 높이 쏘아 멀리 이를 수 있고 이쪽에서 저쪽으로 물을 옮겨 쏟는 일도 잘할 수 있지만 인력이 조금이라도 부족하면 그 기관機關(장치)도 쓸모없게 된다. 인력을 더하여 도와 신속하게 불을 끌 수 있지만 불에 타버리는 전우殿宇는 이미 열에 대여섯이 되고, 수룡의 물을 맞아서 망가지는 물건도 열에 대여섯이 된다. 서인은 이러한 폐단을 통견洞見(간파)하고 물리物理(이치)를 궁구하고 결구結構(구조)를 궁리했으니, 이와 같은 제화보기는 사람들을 구조하고 화재를 영구히 없앨 수 있다. 그것은 아주 작아서 가지고 다니기에도 무척 편리하고, 값도 아주 싸서 시골에서도 살 수 있으며, 힘도 아주 맹렬하여 거센 불길도 잡을 수 있고, 아주 오래 쓸 수 있어서 백 년이 지나도 망가지지 않을 것이니, 그 유익함이 어찌 적겠는가! 이 수포를 만들기 위해서는 화학火學도 쌓고 화학化學도 깊이 알아야 한다. 불이 타오르게 하는 이치를 살펴보면 천공天空(공중)의 양명지기陽明之氣가 맹렬한 연소를 돕는다. 또 산질酸質의 음렬지기陰烈之氣를 살펴보면 그것의 단단하고 무거운 성질이 상기常氣(보통 공기)보다 몇 배가 되어 양명지기를

---

559 본래는 만물은 극에 도달하면 반드시 되돌아온다는 뜻이지만, 여기에서는 사태가 극에 달하면 사건이 일어난다는 뜻으로 썼다.

560 송나라 때 만들어진 목제 소방 파이프이다.

잘 끌 수 있다.[561] 그런 까닭에 보기寶機 안에 넣은 약은 음렬지기를 품고 있어서 이것을 사용하면 그 힘이 세차게 나와서 즉각 양명지기를 빼앗으니 화염이 바로 죽는 것이다. 이로써 보건대 물을 쓰는 것은 그 흐름을 막는 것이고, 기를 쓰는 것은 그 원천을 깨끗이 없애는 것이라고 하겠다.

신각(15~17시)에 흐려지고 밤이 되어 큰비가 내렸다.

2월 28일 일요일

1월 18일 경인. 흐림. 미초(13시)에 폭우가 한바탕 내리고 번개가 쳐서 크고 작은 것들을 모두 비추었다.

기記: 법경의 관학官學과 의학義學(사립학교)의 아이들은 새벽과 저녁에 왕래할 때 모두 큰 차에 태워 보내는데, 한 차에 16명을 태울 수 있다.

3월 1일 월요일

1월 19일 신묘. 흐리고 비. 저녁에 낭벽엽郎碧葉[562]이 차를 마시자고 했다. 그 가족들이 둘러앉아 낭벽엽의 아들을 놀려주었는데 자못 옳지 못하다고 할 만했다. 차를 마신 뒤에 가비加非로 만든 가짜 연권煙卷(담배)을 피웠는데 맛이 달았다.

3월 2일 화요일

1월 20일 임진. 큰비. 미각(13~15시)에 다시 우박이 내렸는데 그 모양이 네모났고 땅에 떨어지자마자 녹아버렸다. 유정(18시)에 비가 그쳤다. 해초(21시)에 계동경과 함께 곽격霍格의 집에 가서 도무회에 참석했다. 곽격

---

561 양명지기와 음렬지기는 각각 산소와 이산화탄소를 가리킬 것이다. 장덕이는 음렬지기를 산성(酸性)이라고 생각했다.

562 뒤에서 프랑스 총서(외교부)의 위원으로 소개하고 있으나 프랑스어 이름은 확인되지 않는다.

은 파리의 부옹으로 나이는 예순에 가까웠다. 그의 처는 오지리아敖地里亞
(Austria) 사람으로 3녀 1남을 낳았는데 모두 준수하고 몇 나라 말을 할 줄 알
았다. 이날 저녁에 남녀 2백여 명이 모두 복색을 갈아입었다. 남자는 구라
파, 아세아, 토이기, 애급, 섬라暹羅(Siam) 등 나라의 고금의 문무 의관을
입었는데 기괴한 모습이어서 마치 괴뢰가 등장한 듯했다. 여자는 시골의 할
곡割穀(탈곡)하는 여자로 분장한 이도 있고 우내牛奶(우유)를 운반하는 여자로
분장한 이도 있었다. 또 중화의 여자로 분장한 이도 있었는데, 머리를 묶어
쪽을 두 개로 만들고 몸에는 비단 적삼을 입고 손에 종이부채를 쥐고 발에
운리雲履[563]를 신고 하늘거리며 걸으니 선녀 못지않았다. 이들이 무리를 지
어 춤을 추고 음악 소리가 하늘을 울리다가 축초(01시)에야 흩어졌다.

3월 3일 수요일

1월 21일 계사. 맑음. 법국 총리아문에서 서신을 보내와 지 흠헌과 손
흠헌을 만찬에 청했다.

기記: 파리의 빈민 중에는 빨래를 업으로 하는 이가 있다. 누추한 집 몇
칸에 사방에 목분木盆(나무 대야)을 나열하고 가운데에는 목안木案(나무 탁자)을
가로질러 놓고 나서 커다란 화분火盆(화로)에 불을 피우는데 그 안에는 크고
작은 낙철烙鐵(인두) 여러 개를 놓는다. 옷이며 버선을 다 빨면 어떤 것은 햇
볕에 말리고 어떤 것은 불에 말려 다 마르면 본에 따라 평평하게 다리고 잘
싸서 작은 수레로 운반한다. 빨고자 하는 옷은 색실을 꿰매어 표식으로 삼
고 빨래하는 사람들도 각자 옷깃이나 말襪(양말) 목에 표식을 하기도 한다.
빨래 값은 한삼汗衫과 설의褻衣[564]는 한 벌에 4소素이고, 말襪은 한 켤레에 2
소이며, 수건과 수투手套(장갑) 등은 1소씩 낸다. 성 전체에 옷을 스스로 빠

---

563 구름무늬를 수놓은 신발이다.
564 한삼과 설의는 각각 위와 아래에 입는 속옷이다.

는 사람이 적으므로 이 일을 하는 사람이 이익을 얻을 수 있다.

3월 4일 목요일

1월 22일 갑오. 맑음. 이날은 국인國人들이 45일 동안 지내는 재齋(사순절)의 절반으로, 각처에서 빨래하는 남녀들이 쉬는 날이다. 남녀가 옷을 바꾸어입고 성안을 마치 저잣거리처럼 무리 지어 시끄럽게 다닌다. 해정(22시)에 지 흠헌과 손 흠헌을 따라 오지리아 공서에서 열린 도무회에 갔다. 남녀백 명이 모두 가면을 쓰고 있어서 아는 사람일지라도 분간하기가 쉽지 않았다. 축초(01시)에 숙소에 돌아와서 왕자현이 자기 처와 함께 찾아왔음을 알았다.

기記: 외국 아이들의 역학力學(겨루기 놀이)에는 서른 가지 남짓이 있다.

1. 약와躍蛙(개구리뛰기). 뜀뛰기할 사람은 모두 열두 명이다. 먼저 열한명을 한 줄로 늘어서서 모두 허리를 굽히고 머리를 앞사람의 엉덩이에 대어머리와 꼬리가 서로 물리게 한다. 손은 앞사람을 잡거나 자기 무릎을 잡고팔꿈치는 안쪽으로 넣고 머리는 앞을 향해 버티고 턱은 가슴 앞에 숨기고어깨와 다리에 힘을 준다. 그런 뒤에 열두 번째 사람이 뒤에서 달려와서 열한 번째 사람의 등 뒤에 이르러 손으로 그의 어깨를 잡고 머리를 뛰어넘어다시 열 번째 사람의 어깨를 잡는다. 이렇게 연이어 가서 첫 번째 사람까지가는데 빠를수록 잘하는 것이다. 다 뛰어넘고 나면 다른 곳에 서 있는다.다음에는 열한 번째 사람이 열 번째, 아홉 번째 사람을 뛰어넘어 첫 번째 사람에 이른 뒤에 마치고 나면 다른 곳에 서 있는 열두 번째 사람 뒤에 서서두 번째 사람이 된다. 다음에는 열 번째 사람이 아홉 번째, 여덟 번째 사람을 뛰어넘어 첫 번째 사람에게까지 간 뒤에 마치고 나면 앞의 두 사람이 있는 곳에 서서 세 번째 사람이 된다. 이렇게 줄지어 뛰어넘어 첫 번째 사람이열두 번째 사람으로 바뀌면 다시 뛰어넘고 다시 줄을 서서 반복한다. 이 열

두 명은 몸집이 같고 기교와 힘이 모두 비슷해야 한다. 그렇지 않으면 넘어질 우려가 있다. 또 다른 방법도 있는데, 허리를 굽히고 손을 무릎에 올려놓고 머리를 들고 어깨로 등을 대신하여 아주 멀리 뛰어넘을 수 있는 이가 잘하는 것이다. 다만 열두 명이 필요하지는 않다.

2. 비대飛帶(띠뛰어가기). 땅에 줄을 하나 그어 '띠'로 삼는다. 한 사람이 허리를 굽히고 띠의 왼쪽 끝에 가로로 서 있는다. 띠의 오른쪽 끝에는 몇 걸음 되는 폭을 경계로 삼고, 뜀을 뛰는 이가 여기에서 왼쪽 끝까지 달려가서 허리 굽힌 사람을 뛰어넘을 때 큰소리를 외치고 서 있는 사람은 바로 옆으로 한 걸음 옮긴다. 뛰어가는 이가 많을수록 서 있는 사람은 띠에서 더 멀어진다. 뛰어가는 사람이 뛰어넘지 못하거나 뛰어넘기는 하지만 큰 소리로 외치지 못하면 모두 지는 것으로, 벌로 왼쪽 끝에 있는 사람 옆에 서야 한다. 뛰어가는 사람이 모두 뛰어넘으면 서 있는 사람은 계속 본래 서 있던 자리로 물러나서 다시 뛰어오기를 기다린다.

3. 척건擲巾(수건던지기). 한 사람이 허리를 굽히고 서 있고 한 사람이 뒤에서 달려와서 등을 뛰어넘으면서 수건이나 모자 같은 가벼운 물건을 등에 놓는데 떨어뜨리면 진다. 떨어지지 않으면 다시 한 사람이 뒤에서 달려와서 등을 뛰어넘으며 앞 사람이 놓아둔 것을 집으면 이긴다. 또 한 가지 방법은 앞의 방법처럼 뒤에서 뛰어와서 등을 뛰어넘으며 통처럼 말아놓은 수건을 놓고 다른 사람들이 모두 뛰어넘은 뒤에 다시 앞쪽에서 달려 돌아와서 등을 뛰어넘으며 수건을 집는다. 만약 갑이 을의 수건을 잘못 집으면 갑에게 벌을 주고 을이 갑의 수건을 갖는다. 모든 사람이 물건을 가져가고 나면 갑과 을이 먼 곳에서 달려 돌아오는데 먼저 도착한 자가 이긴다. 또 다른 방법은 등을 뛰어넘을 때 오른손을 등에 대고 왼손으로 수건을 놓고 뛰어넘으면서 바로 몸과 다리를 돌려 오른손으로 그 수건을 집으면 이긴다.

4. 도원賭遠(멀리뛰기). 한 사람이 허리를 굽히고 서 있고 한 사람이 달려

가서 그 등을 뛰어넘고 나서 선다. 뛰어가서 설 때까지 수십 걸음인데, 한 쪽 발을 들거나 이마를 땅으로 향하거나 어떤 모양을 만들든지 두 번째 뛰는 사람은 모두 일일이 흉내를 내야 한다. 뛰어넘고 나서 서 있는 곳이 첫 번째 사람보다 멀면 이긴다. 이처럼 서 있는 곳이 멀면 그와 겨루기가 어렵다. 멀리 갈 수 없다고 스스로 인정하면 멈추고 벌을 받는다.

5. 도삭跳索(줄뛰어넘기). 두 사람이 줄을 잡고 돌리고, 나머지는 몇 걸음 밖에서 질주하여 뛰어와서 줄을 넘으면 이기고 걸려 넘어지면 진다. 또 다른 방법은 두 사람이 줄을 잡고 돌리고, 왼쪽에 있는 사람이 오른손으로 줄을 잡고 오른쪽에 있는 사람은 왼손으로 줄을 잡아 모두 줄 안에 있다. 조금 있다가 왼쪽에 있는 사람이 몸을 돌려 밖으로 나가는데 뛰어올라 달아난다.

6. 초구超溝(도랑건너기). 도랑이 4척인데 뛰어넘는 사람이 이긴다.

7. 기구騎駒(망아지타기). 몇 사람이 모여 갑과 을로 사람 수를 같게 나눈다. 을의 첫 번째 사람이 허리를 숙이고 벽을 향해 서서 손으로 지탱한다. 나머지 사람은 '약와'처럼 머리와 꼬리가 서로 물리는 모양을 하고 이것을 '망아지'라고 한다. 갑의 첫 번째 사람이 뒤에서 달려와서 손으로 끝에 있는 사람의 등을 짚고 빠르게 뛰어넘어 첫 번째 사람의 등에 올라타고, 나머지 사람들도 그와 같이 올라탄다. 첫 번째 사람이 "망아지야 꼬리를 흔들어라!"라고 세 번을 외치고 끝에는 다시 "떨어진다, 떨어진다, 떨어져!"라고 외친다. 그러면 망아지는 바로 꼬리를 흔들며 움직인다. 망아지가 무게를 이기지 못하고 넘어지면 갑이 다시 올라탄다. 망아지가 움직여서 위에 탄 사람이 떨어지면 올라탄 사람이 진다. 시간이 오래 지나서 망아지들이 "힘들다!"라고 외치면 올라탄 사람들이 내려와서 다시 처음부터 시작하는데 갑이 망아지가 된다.

8. 탈계奪界(땅빼앗기). 땅에 경계를 그리고 사람들이 양쪽으로 나뉘어 맞붙는데, 모두 손을 엇갈려 잡고 한쪽 발로 뜀박질하여 상대의 땅을 차지

한다. 상대는 땅을 지키고자 하고 만약 적이 들이닥치면 손을 엇갈려 붙잡고 밀어서 막는다. 이들을 들어오지 못하면 상대가 진다. 만약 힘이 약해서 잘 지키지 못하면 땅을 적에게 빼앗기고, 또 상대가 한쪽 발로 오래 서 있을 수 있으면 상대가 이긴다.

9. 간병看餠(떡보기). 몇 명이 허리를 붙잡고 이어서 앉고 이것을 '떡'이라고 한다. 다른 두 사람이 주인과 하인이 되고, 주인이 일이 있으니 하인에게 떡이 타지 않게 잘 지켜보라고 말한다. 주인이 나간 뒤에 하인이 게을러서 다른 사람과 잡담을 하고, 사람들은 떡이 이미 타버린 것처럼 숨을 크게 내쉰다. 얼마 뒤 주인이 돌아와 하인에게 떡을 거두라고 말한다. 하인은 주인의 허리를 안고 꿇어앉아 끝자리에 앉은 사람의 손을 끌어당겨 양쪽이 오랫동안 버틴다. 끝에 앉은 사람의 힘이 다하면 일어나고 다시 다음 자리에 앉은 사람을 잡아끌고, 이렇게 하여 첫 번째 자리에 앉은 사람까지 이른 뒤에 마친다.

10. 획적獲敵(적붙잡기). 담장 아래에 담과 직각을 이루는 3장 6척 길이의 평행선 두 개—선 사이의 거리는 1장 8척—를 그리고 두 줄의 중간에 교차하는 줄을 하나 그어 경계로 삼는다. 양쪽 끝에는 각각 한쪽 편이 서서 평행선에서 20장 떨어진 곳에 네모를 그리고 감옥이라고 하고 평행선 양쪽 끝과 가지런하게 한다. 왼쪽의 감옥은 오른쪽 경계에 속하고 오른쪽 감옥은 왼쪽 경계에 속한다. 양쪽은 서로 경계에 서서 "쫓아라, 쫓아라, 쫓아라!"라고 외치고 나서 곧장 뛰어 들어가 상대방 땅을 차지한다. 경계를 넘는 사람을 붙잡고 상대방에게 빼앗기지 않는 쪽이 이긴다. 이긴 쪽은 바로 붙잡은 사람을 감옥에 넣는다. 상대 쪽에 만약 재빠른 사람이 있으면 직접 달려가서 탈옥시킬 수 있고, 만약 붙잡히면 그 사람도 감옥에 들어간다. 붙잡힌 사람들도 함께 모의하여 감옥을 벗어날 수 있고, 만약 붙잡히면 다시 감옥에 갇힌다. 만약 전체가 모두 감옥에 들어가면 한꺼번에 풀어준다.

11. 대전對戰(말싸움). 종이로 만든 갑옷을 입고 손에 목검과 등패藤牌[565]를 들고 말이 된 한 사람의 어깨 위에 올라타고 채색 줄로 꾸미고 서로 오가면서 싸운다. 말에서 떨어지면 지고 이긴 사람은 흙덩이로 떨어진 사람을 친다.

12. 조왕助王(왕돕기). 분粉(분필)으로 땅에 세 단을 그리는데 가운데는 넓고 양쪽은 좁다. 한 사람을 왕으로 삼아 가운데 서게 한다. 나머지는 뒤쪽에서 한쪽 발로 뛰어 경계에 이르러 경계 밖으로 나가거나 마음대로 나아가고 물러설 수 있다. 만약 두 발이 모두 땅에 닿으면 가운데 단에서 앞쪽 단으로 달려가서 왕에게 붙잡히지 않아야 한다. 만약 붙잡히면 무릎을 꿇고 "제가 왕을 돕겠습니다!"라고 말하면, 왕은 바로 그를 가운데 단으로 들여보내어 다른 사람을 잡는 것을 돕게 한다. 만약 붙잡힌 사람이 절반을 넘으면 왕은 그들을 모두 내보내고 나머지를 붙잡는다. 그중에 힘이 세고 잘 막으며 붙잡히지 않는 사람이 이긴다.

13. 금왕擒王(왕붙잡기). 한 사람이 높은 곳에 서 있고 적들이 벌떼처럼 몰려가서 사방에서 밀어내는데 왕이 오래 버티고 서서 움직이지 않으면 훌륭한 것이다. 만약 에워싸여 끌려가면 왕위는 끌고 간 사람이 차지한다. 왕은 모두 다음과 같이 노래한다. "나는 왕이다. 간사한 도적이 난동을 부리지 못하게 물리쳐라."

14. 위적威敵(적위협하기). 땅에 경계를 긋고 경계 안에 사람들이 두 사람씩 한 쌍을 이루어 짝수로 들어간다. 안쪽 땅에서 각 쌍이 손을 잡고 나와 경계선 가까이 서서 "적에게 경고한다!"라고 외치며 싸울 태세를 한다. 바깥쪽에서는 이들을 뒤쫓아서 붙잡은 손을 떼어놓고 안으로 돌려보낸다. 다시 이쪽 땅에서 손을 잡고 저쪽 땅 사람을 붙잡으면 세 사람이 함께 경계 안으로 돌아간다. 다시 한 사람을 더 붙잡으면 바깥쪽에 있는 사람이 무사하

---

565 등나무 줄기를 얽어서 방패이다.

게 된다. 이렇게 계속하다가 지치면 그만둔다.

15. 학보學步(흉내내어걷기). 한 사람을 우두머리로 삼고 나머지는 모두 한 줄로 늘어선다. 우두머리가 뛰어오르거나 한쪽 발로 뛰거나 머리가 땅을 향하면 나머지가 모두 똑같이 따라 한다. 따라 하는 것이 틀리면 그만둔다. 모두 따라 하기를 마치면 우두머리가 다시 뛰어오른다. 이렇게 몇 차례를 한 뒤에 우두머리가 지치면 다른 사람을 우두머리로 삼는다.

16. 착마捉摩(붙잡기). 한 사람을 술래로 삼고 나머지는 나무나 쇠 위에 선다. 수시로 자리를 바꾸는데 사면에는 경계가 세워져 있다. 만약 자리를 바꿀 때 발이 땅을 밟아서 술래에게 붙잡히면 붙잡힌 사람이 술래가 되는데 자기를 잡은 사람은 잡지 않는다. 다시 자리를 바꾸고 경계 밖에 있는 쇠와 나무에 서 있는 사람이 진다.

17. 포서捕鼠(쥐잡기). 한 사람을 고양이로 삼고 나머지는 쥐가 된다. 고양이와 쥐가 쫓고 쫓기는 사이에 다른 쥐가 중간에서 뚫고 지나가며 손으로 고양이를 만지면 고양이는 그 쥐를 쫓아야 한다. 다시 다른 쥐가 뚫고 지나가면 다시 그 쥐를 쫓고, 반드시 한 사람을 잡은 뒤에 그친다. 붙잡힌 사람이 고양이가 된다.

18. 유착誘捉(꾀어붙잡기). 한 사람이 사냥꾼이 되고 나머지는 모두 그 앞을 지나가면서 사냥꾼이 쫓아오게 한다. 사냥꾼이 질주하면 나머지는 그를 얼음을 밟도록 유인하여 왔다 갔다 달음질친다. 만약 사냥꾼이 한 사람을 쫓아가면 뒤에 있는 사람이 일부러 발을 뻗어 사냥꾼을 유인하고, 사냥꾼이 몸을 돌려 뒤쪽으로 쫓아가면 다시 앞에 있는 사람이 똑같이 유인한다. 사냥꾼이 한 사람을 붙잡으면 그친다.

19. 축마逐馬(말쫓기). 여러 사람이 들판의 여러 곳에서 말이 되고, 한 사람이 달려 나와서 말을 쫓아간다. 만약 한 사람을 잡으면 말을 타고 돌아온다. 다음에 두 사람이 함께 나와 다시 한 사람을 붙잡아서 앞에 붙잡은 말을

타고 돌아가게 한다. 다음에 세 사람이 함께 나와 모두 붙잡으면 멈춘다.

20. 착장捉藏(숨바꼭질). 두 패로 나누어 한쪽은 집에 있고 한쪽은 밖에 숨는다. 모두 숨은 뒤에 끝에 있는 한 명이 "나를 찾아봐라!"라고 외치면서 급히 숨는다. 집 안에 있던 사람들이 뛰어나와 여기저기를 찾아다닌다. 만약 한 사람을 붙잡으면 붙잡힌 사람이 "야호, 나야!"라고 외치고 사람들을 불러 함께 돌아가서 다시 처음부터 한다. 찾아다닐 때 영리한 사람은 몰래 돌아와서 붙잡히는 것을 피할 수 있다. 또 다른 방식은, 여러 사람이 집에 있고 한 사람이 밖에 숨는데 숨을 때 큰소리로 "야호!"라고 외친다. 그러면 사람들이 뛰어나와 찾는데 만약 한 사람이 찾으면 그 사람도 "야호!"라고 외치고 돌아간다. 찾아다닐 때 숨어있던 사람이 몰래 나와서 집 안에 있는 사람을 붙잡으면 숨은 사람을 배신하고 돌아가게 한다.

21. 격물擊物(막대기치기). 몇 걸음 밖에 막대기를 하나 세우고 끝에 한 물건을 묶어둔다. 막대기에서 떨어진 곳에 경계를 하나 그리고 사람이 그 안에 서서 물건으로 막대기를 쳐서 맞히는 사람이 이긴다.

22. 축묘逐猫(고양이쫓기). 한 사람을 고양이로 삼고 나머지는 고양이를 쫓는 사람이 된다. 고양이를 쫓는 사람은 정해진 경계 안에 서서 한 손에 막대기를 들고 한 손에는 공을 놓은 판자를 든다. 막대기로 판자 가장자리를 두드려서 공이 진동하여 떨어지게 하여 고양이를 치는데 맞히지 못하면 그친다. 이어서 다음 사람이 나와서 친다. 만약 맞히면 고양이로부터 떨어진 거리를 재게 한다. 막대기로 잰 숫자를 외친 뒤에 거리를 재어 만약 지나치거나 모자라면 맞힌 사람이 진다.

23. 방묘放猫(고양이풀어주기). 움푹 들어간 곳에 구멍을 네 개 혹은 여섯 개 혹은 여덟 개를 돌아가며 뚫고 각 구멍에 한 사람이 막대기를 들고 서고 다른 사람이 공을 들고 있다. 가운데 서 있는 사람이 고양이를 풀어준 사람이 되어 공을 가까이에 있는 사람에게 던져서 맞히거나 맞히지 못하면 구멍

속에 있는 사람이 서로 바꾼다. 만약 조심하지 않아서 구멍을 고양이를 풀어준 사람이 차지하면 본래 있던 사람이 고양이를 풀어주는 사람이 된다.

24. 유건遺巾(수건돌리기). 사람들이 손을 잡고 둘러서서 원을 만들고 다른 한 사람이 수건을 들고 원 밖을 돌면서 한 사람의 뒤에 수건을 놓으면 그 사람이 바로 원 밖으로 나와서 수건을 놓은 사람을 뒤쫓는다. 나머지는 여전히 손을 잡고 둘러서서 어깨를 월동문月洞門[566] 모양처럼 펴고 수건을 놓은 사람은 구멍으로 출입하며 쫓아오는 사람을 헤매게 한다. 만약 쫓아오는 사람이 잘못 출입하면 그는 원으로 돌아가고 수건을 놓는 사람이 다시 원밖을 돌다가 다른 사람에게 수건을 놓는다. 만약 수건을 놓는 사람이 붙잡히면 원으로 들어가고 쫓아가는 사람이 수건을 놓는 사람으로 바뀐다.

25. 포토捕兎(토끼잡기). 연장자가 건장한 사냥꾼과 파수꾼이 되고 연소자가 민첩한 개와 토끼가 된다. 먼저 토끼가 사방으로 흩어져 멀리 피하면 사냥꾼이 백기를 들고 파수꾼이 홍기를 들고 향주머니를 차고 개를 이끌고 1리쯤 가서 자리를 잡고 기다리면서 향 냄새를 피워 토끼를 유인한다. 하지만 토끼는 향주머니를 몰래 훔치고 사냥꾼이 향주머니를 잃어버린 것을 알고 개를 풀어 찾게 하면 토끼가 일부러 향주머니를 망가뜨린 뒤에 갈림길에 놓아두어 개를 미혹되게 한다. 만약 개가 토끼굴을 찾으면 "야호, 찾았다!"라고 외치고, 그러면 파수꾼이 뿔피리를 불고 벌떼처럼 둘러싸서 토끼를 잡는다. 토끼는 힘을 다해 도망치고 만약 붙잡히면 벌은罰銀(벌금)을 숫자만큼 낸다.

26. 착령捉鈴(방울붙잡기). 땅에 줄을 둘러 경계를 만들고 그 안에 몇 명이 서 있는데 방울을 흔드는 사람과 앞이 안 보이는 사람이 있다. 앞이 안 보이는 사람이 정해진 시간 이내에 소리를 듣고 방울을 흔드는 사람을 붙잡으면 앞이 안 보이는 사람이 이긴다. 만약 붙잡지 못하면 방울을 흔드는 사

---

566 달처럼 둥근 모양의 아치형 통로이다.

람이 이긴다. 어떤 때는 앞이 안 보이는 사람 두 명이 서로 붙잡아 한꺼번에 넘어져서 웃음이 터지기도 한다.

27. 직약直躍(한발로곧장뛰기). 앞으로 가고 뒤로 물러서는 것을 모두 한 쪽 발로 뛰는 것으로, 이 놀이는 소갈란蘇葛蘭(Scotland)에서 시작되었다. 분으로 땅에 길이 9척, 너비 3척의 '규圭' 모양을 그리고 일곱 마디로 자른다. 가운데 마디와 양쪽 끝의 마디는 모두 2척이고 나머지는 모두 1척이다. 두 번째 마디와 여섯 번째 마디에 평분선平分線을 그려 좌우의 두 네모로 나눈다. 가운데 마디는 네 모서리를 따라 십자 모양의 교선交線(교차선)을 그려 네 개의 삼각형으로 나눈다. 첫째 마디에는 '일一'을 그리고 다음 마디는 왼쪽은 '삼三', 오른쪽은 '사四', 셋째 마디는 '오五'를 그리고,[567] 넷째 마디의 아래는 '오', 왼쪽은 '육', 오른쪽은 '칠', 위는 '팔'을 그리고, 다섯째 마디에는 '구', 여섯째 마디에는 왼쪽은 '십', 오른쪽은 '십일'을 그리고, 끝의 마디에는 원을 하나 그려서 이것을 고양이 머리라고 한다. 첫째 마디 바깥에는 국화 모양을 하나 그려서 이것을 활보活步라고 한다. 뜀뛰는 사람이 손에 소라를 들고 한쪽 발로 활보에 서서 소라를 '일'에 던지고 '일'로 뜀뛰기를 하고 서 있는 발로 소라를 차서 활보에 들어가게 한다. 이어서 소라를 '이'에 던지고 '일'로 뛰었다가 '이'로 뛰고, 소라를 차서 '일'로 집어넣고 다시 차서 활보에 집어넣는다. 이어서 소라를 '삼'에 던지고 '일'로 뛰었다가 '이'로 뛰었다가 '삼'으로 뛰고, '이'와 '삼' 위에 두 발로 올라타 서서 '삼' 위의 발로 소라를 차서 '이'로 집어넣고 '일'로 집어넣고 활보에 집어넣는다. 이어 소라를 '사'에 던지고 '사'까지 뛰었을 때 소라를 주워 들어 올린 발에 걸쳐놓고 차 올려서 두 손으로 받아 이어 뛰어 활보로 돌아온다. 돌아올 때는 걸음마다 숫자를 말한다. 이어 소라를 '오'에 던지고 '오'까지 뛰었을 때 소라를 차서 '사'에 집어넣고 주워서 찬 뒤에 활보로 돌아온다. 이어 소라를 '육'에 던

---

567 "다음 마디는 왼쪽은 이, 오른쪽은 사, 셋째 마디는 사를 그린다."라고 해야 옳을 것이다.

지고 '육'까지 뛰었을 때 소라를 차서 '오'와 '사'에 집어넣고 주워서 찬 뒤에 활보로 돌아온다. 이어 소라를 '칠'에 던지고 이어 '칠'까지 뛰었을 때 소라를 차서, '육', '오', '사'에 집어넣고 주워들어 돌아온다. 이어 소라를 '팔'에 던지고 '팔'까지 뛰었을 때 소라를 차서 '칠'부터 '사'까지 이른 다음 주워들어 돌아온다. 이어 소라를 '구'에 던지고 '구'까지 뛰었을 때 바로 소라를 주워들어 돌아온다. '십'에서 소라를 차서 '구'에 집어넣고 '십일'에서도 소라를 차서 '구'에 집어넣고 모두 주워들어 돌아온다. 이어 소라를 고양이 머리에 던지고 고양이 머리까지 뛰었을 때 서 있는 다리로 차올려서 손으로 세 번 받은 뒤에 힘을 다해 옛길을 따라 차서 활보로 돌아온다.

28. 선약旋躍(한발로돌아뛰기). 앞으로 가고 뒤로 물러서는 것을 역시 한 쪽 발로 뛰는 것으로, 이 놀이는 법랑서가 소갈란의 놀이를 흉내내어 만든 것이다. 땅에 나선을 그리는데 안팎이 세 겹이고 스물 세 마디로 나눈다. 뛰는 사람이 소라를 차서 마디마다 집어넣거나 급행으로 차넣고 이어서 중심에서 한걸음에 뛰어 돌아간다. 만약 소라를 차서 내보내면 마디마다 차서 돌아오거나 중심으로부터 급하게 차서 내보낸다.

29. 탈기奪旗(깃발뺏기). 두 패로 나뉘어 각각 장령將領을 둔다. 한 패가 산꼭대기를 차지하여 깃발을 꽂아 표시한다. 깃발은 수건을 장대에 묶어 만든다. 한 패가 산을 포위하고 공격하여 깃발을 빼앗는데 서로 싸우고 막다가 이기면 그친다. 두 패 중에 넘어져서 진지가 무너지면 같은 패 사람들은 그를 맞들고 떠나간다.

30. 비력比力(힘겨루기). 여러 사람이 들판에 서서 3리나 6리 떨어져 있는 숲속에 있는 상대방 집을 향하여 일제히 달려갔다가 달려온다. 먼저 도착한 사람이 이기고, 그다음 사람들에게 순서대로 공公, 후侯, 백伯, 자子, 남男 다섯 등급의 작위를 준다. 왕복하여 달리는 속도는 하나는 힘에 달렸고 하나는 지략에 달렸으니, 밭두렁을 넘어가고 멀고 가까운 길을 계산하는

것이 온통 선택에 달린 것일 따름이다.

31. 예삭曳索(줄다리기). 짝수가 모여 둘로 나뉘어 줄을 잡아당긴다. 줄의 한 가운데에 선을 그어 경계로 삼는다. 양쪽에서 줄을 끌어 경계를 넘어서는 쪽이 이긴다.

3월 5일 금요일

1월 23일 을미. 맑고 추움. 법국은 세과稅課(과세)가 극히 무거워 해마다 조세租稅(전세田稅)가 있고 정세丁稅(인두세人頭稅)가 있고 심지어 구세狗稅도 있다. 집에서 개를 키우면 해마다 한 마리에 관세官稅 10방方을 내어야 하는데 은으로 치면 1냥 3전이다. 또 방세房稅(주택세)가 있는데 한 칸에 얼마씩 낸다. 옥내屋內에 진설한 물건들도 그 많고 적음을 계산하고 그 비싸고 싼 것을 헤아려 세금을 매긴다.

3월 6일 토요일

1월 24일 병오. 흐리고 비가 내리다가 신정(16시)에 그쳤다. 이날 파리의 저명한 화사畵師(화가) 지랍志拉이라는 의대리意大里 사람이 청해 도무회에 갔다. 그의 집은 낙마洛馬 가(Rue de Rome) 북쪽 165호에 있었다. 이날 저녁에는 남녀노소 3백여 명이 있었는데, 남자는 서인도西印度 왕으로 분장하여 몸에 붉은 깃털 옷을 입고 금구슬로 장식한 이도 있고, 인도의 얼굴 붉은 사람처럼 얼굴에 갖가지 색을 칠하고 허리에 장식한 날개를 두르고 머리에 새의 깃을 꽂고 발에 가죽신을 신은 이도 있고, 영국 원수元帥 같은 이, 맥서麥西(Egypt) 흑인 같은 이도 있었다. 여자는 애급 옷을 입은 이도 있고, 일본의 꽃수 놓인 옷을 입은 이도 있고, 광동 노파처럼 분장한 이도 있었다. 나머지 기괴한 의복들은 무엇인지 모를 것이 많았다. 춤을 추는 중간에 갑자기 함성이 밖에서 들려왔는데 팔자八字 수염에 코가 높고 눈이 크며 머리에는 긴 모자를 쓰고 왼쪽 어깨에는 약 5촌 너비에 보석이 열 개 남짓 달린 붉은 어깨띠를 비스듬히 걸친 사람이 그를 호위하는 무관 열 몇 명을 이끌고 나타났는데, 바로 국왕 나파륜拿破倫(나폴레옹 3세)이었다. 그가 문에 들어서니 사람들이 모두 모자를 벗고 절을 했고 악공들은 국악國樂(국가國歌)을 울리며 맞이했다. 사람들이 자세히 보니 이 사람은 법왕法王의 웅장함만 못하여 서로 오랫동안 쟁변爭辨한 끝에 그가 법왕이 아니라 지랍의 친구 윤사창尹士昌이라는 것을 알았는데, 무척 재미있었다. 축정(02시)에 숙소에 돌아왔는데, 학부郝富가 찾아와서 못 만나고 돌아갔다는 것을 알았다.

3월 7일 일요일

1월 25일 정미. 맑음.

기記: 태서의 춤은 파리와 윤돈의 두 성이 으뜸이다. 파리에서는 봄과 겨울 여섯 달 동안 모임이 열려 각국의 사관士官(관료)과 남녀가 많이 온다. 날이 추워 집이 따뜻해야 하여 장작을 때는데 별다른 냄새는 없다. 윤돈에서는 여름과 가을 여섯 달 동안 모임이 열리는데 날은 덥지만 바닥이 시원하고 집에 매탄을 때지 않아서 깨끗하다. 이 모임은 대개 친척이나 친구가 초청하므로 모임이 끝난 뒤에는 반드시 직접 주가主家(주최자)를 찾아가거나 명편名片(명함)을 보내어 사의를 표하고 우의를 맺는다.

밤이 되자 바람이 조금 불고 추워졌다.

3월 8일 월요일

1월 26일 무신. 맑음. 법경에 두려杜廬라는 사내가 있는데, 나이는 스무 살이 넘었고 곱상하게 생겨 손발이 마치 여자처럼 수려하고 늘 여자 옷차림을 하기를 좋아한다. 집은 부유하고 복색은 대부분 새것이어서 그를 따라 하는 여자들이 많다. 그이가 거리에 나서면 그가 남자임을 알아보는 사람이 거의 없으니 남자이면서 여자인 사람이라고 할만하다.

3월 9일 화요일

1월 27일 기유. 아침에 큰눈이 내리다가 미초(13시)에 그쳤다. 법경의 부녀들은 손님을 찾아가거나 만나는 날이 정해져 있다. 그날이 되면 밤낮으로 끊임없이 거마들이 달리는데, 하룻저녁에 10여 곳을 찾아가는 사람도 있고 하룻저녁에 수십 명의 손님이 찾아오는 사람도 있다. 다주茶酒와 과품果品을 한껏 차려 대접한다. 날이 지나면 모든 만남이 끊어진다.

3월 10일 수요일

1월 28일 경술. 맑음. 법경은 집세가 아주 높아서, 진설과 포점鋪墊(침구와 방석), 노조爐竈(난방과 주방)와 기명器皿(기물)이 모두 갖추어진 4~5칸 집은 매달 은 20~30냥이 필요하다. 밤이 되자 바람이 거세어져 자못 추웠다.

3월 11일 목요일

1월 29일 신해. 맑음. 저녁에 본 신문지에 이런 말이 있었다. 영국에서 새로 면약棉藥[568]을 채운 수뢰水雷를 만들었는데 가장 큰 것은 1,500근을 채우고 가장 작은 것은 300근을 채운다고 했다. 또 명인名人의 궁리를 거쳐 새로 만들어 이름을 '어뢰魚雷'라고 바꾸었는데, 적선敵船과의 거리를 헤아리고 전기電氣로 움직여 스스로 물속으로 가서 적선을 타격하는 데 그 힘이 아주 크고 속도가 아주 빠르다고 했다.

3월 12일 금요일

1월 30일 임자. 맑음. 고은高恩이라는 이가 있는데 합중국 포사돈 사람

---

568 솜을 넣어 만든 화약이다.

이다. 법경에서 살면서 딸 셋과 아들 하나를 낳았는데, 큰딸의 이름은 혜려蕙麗, 둘째딸은 이의莉宜, 셋째딸은 번니蕃膩이고, 아들은 탁지卓智이다. 잘생긴 데다가 총명하기도 하고 각자 모두 너댓 나라의 말을 할 줄 알았다. 이날 미각(13~15시)에 고은이 나를 계동경과 함께 자기 집에 데리고 가서 의대리국의 호광胡光, 법국의 부업傳業과 환담하였다. 이에 여러 나라의 말을 모두 그 자녀들에게 대신 전해주게 하니 아주 재미있었다.

3월 13일 토요일

2월 1일 계축. 맑음. 근래에는 식사 때마다 완두, 납작콩, 배추, 시금치 등이 나오는데, 난교暖窖(온실)에서 기른 것이다. 또 버섯은 더 많다. 듣기로 성 밖에 우물 모양의 구덩이를 수십 개 팠다고 한다. 깊이가 모두 10여 척이고 둘레는 20여 척이며 구덩이 입구는 돌을 덮어두었는데, 위아래에 사다리가 있고 그 안에서 버섯을 키운다고 한다.

3월 14일 일요일

2월 2일 갑인. 아침에 큰눈이 내렸다. 사초(09시)에 사방내沙邦鼐가 식사를 청했는데, 쇠고기와 양고기에 채소는 무밖에 없었다. 미초(13시)에 숙소로 돌아올 때 눈이 그쳤다.

3월 15일 월요일

2월 3일 을묘. 흐리고 비. 태서의 여자들은 아이를 낳은 뒤에 먼저 찬물로 몸을 씻는다. 처녀와 아이들도 매일 아침에 찬물로 목욕한다.

3월 16일 화요일

2월 4일 병진. 아침에 눈이 내리다가 오후에 가랑비로 바뀌었다. 법국에는 장갑을 빨아주는 이가 있는데, 색을 물들이고 낡은 것을 새것처럼 고쳐주고 값도 꽤 싸다.

3월 17일 수요일

2월 5일 정사. 종일 흐리고 비. 해초(21시)에 지 흠헌과 손 흠헌을 따라 극락불克洛佛의 집에서 열린 모임에 갔다. 그이는 영국 신문국의 채방사采訪使(특파원)로, 파리에 살면서 신문(뉴스)을 수집하여 예배(일주일)에 한 차례씩 윤돈에 서신을 보냈다. 이날 저녁에는 남녀 백여 명이 모였는데, 가깝게 붙어 있어서 발길이 부딪힐 정도였다. 좌중에 노래를 잘하는 이와 악기를 잘 타는 이가 있어서 서로 창화倡和하면서 지극히 즐겁게 놀았다. 자초(23시)에 숙소에 돌아왔다.

3월 18일 목요일

2월 6일 무오. 맑음. 오정(12시)에 포 흠헌의 친구 고안高安 씨 댁에 가서 잠시 있었다. 좌중에 합중국의 광충鄭忠, 수방水房, 곽격霍格, 왕모王模, 비의費義, 파백이巴柏爾, 불복사佛福斯, 영국의 주안周安, 아립체격阿立蒂格, 법국의 이희李嬉, 이일李一, 학부郝富, 조위祖威, 왜이득倭爾得 등 남녀 10여 명이 모여 서로 즐겁게 담화하며 술을 마셨다. 나는 생각했다. 천하의 오대주에 생민이 억조 명이 있지만 서로 수만 리 떨어져 있고, 그들의 말을 들어보면 너무도 까다롭고 어렵고 그들이 좋아하는 음식은 모두 비린내 나는 이상한 맛이다. 열대와 빙산에서 추위와 더위의 큰 차이를 겪고, 화륜(기선)과 철잔鐵棧(철도)으로 작은 배와 수레로 가기 어려운 곳까지 다 가보았다. 그 차이는 상상을 뛰어넘는다. 이같은 이방異邦은 뜻이 있다고 해서 가볼 수 있는 것이 아니다. 그러나 의복은 서로 다르지만 기쁘면 역시 기뻐하고 걱정스러우면 역시 걱정하니 마음에는 다름이 없는 것 같다. 풍속은 비록 같지 않지만, 좋아하는 것은 모두 좋아하고 미워하는 것은 모두 미워하니 본성은 실로 같은 것이다. 저 하늘에서 내려다본다면 멀고 가까운 나라도 한 몸이요 천하도 한 집안이나 마찬가지이리라. 이번에 명을 받들어 해외를 유력遊歷하면서 못 보았던 것을 보았으니 이미 이번 여행이 헛된 것은 아니다. 하물며 풍속을 살피고 좋은 벗들의 말씀을 듣게 되니 귀와 눈이 모두 일신되고, 한 방에서 만나 이야기를 나누며 어깨를 붙잡고 즐겁게 담화하니 하늘이 내려주신 인연이 아닐 수 없다. 이 즐거움이 지극하다! 이 즐거움이 지극하기만 하구나! 이에 설명하여 적어둔다. 신정(16시)에 숙소에 돌아왔다.

3월 19일 금요일

2월 7일 기미. 맑음. 미각(13~15시)에 큰눈이 내리고 추워졌다. 동네 아이들이 눈을 공 모양으로 뭉쳐 몇 척 떨어진 곳에서 서로 상대방에게 던지는데, 뭉치가 크고 멀리 던지고 땅에 떨어져도 부서지지 않는 것이 좋은 것이었다. 또 눈으로 사람 모양과 여러 가지 짐승 모양을 만들기도 했는데, 오랫동안 햇볕을 받아도 변하지 않는 것이 좋은 것이었다. 유초(17시)에 눈이 그쳤지만 계속 흐렸다.

3월 20일 토요일

2월 8일 경신. 흐리고 비. 어제 오후에 파리 성 북쪽 수분叟賁(Saint Ouen) 지방에 불이 나서 다섯 명이 불에 타서 죽고 37명이 다쳤다는 소식을 들었다.

태서에는 수포水炮(기뢰)라는 것이 있는데, 물속에 숨겨놓고 적선敵船이 그것의 구리줄을 건드리면 만 둔吨(톤)의 철선鐵船도 한번 터지면 가루로 만들어버릴 수 있다. 근래에 법국에서 수작포水炸炮를 새로 만들었는데 힘이 열 배로 커지고 구리줄도 필요 없고 작은 물건과 부딪히기만 해도 바로 터진다. 이날 한 사람이 이 물건을 싣고 운반했는데, 방비를 하지 않고 잠시 땅에 내려놓았다가 한 사람이 실수로 그것을 밟아서 모든 상자가 다 터져서 누방 여러 채가 부서졌다고 한다.

3월 21일 일요일

2월 9일 신유. 이날은 서력 3월 21일로 외국의 예배일이다. 각처에서 나뭇가지를 팔았는데 무슨 나무인지는 알 수 없었다. 잎사귀는 작고 둥글고 가지는 버들 같지만 딱딱했다. 토인들은 예배당에 들어가는 사람에게 주어 병에 꽂기도 하고, 차에 타면 말 머리에 꽂기도 하고, 나귀를 타면 나귀 머리에 꽂기도 했다. 야소가 살아있을 때 영험한 일을 많이 하여 많은 사람들이 그를 존경했다. 그가 이날 나귀를 타고 성에 들어가니 사람들이 파초잎으로 그를 환영했다. 야소교를 믿는 나라에는 모두 이 전례가 남아있다.[569] 파리에는 파초가 나지 않기 때문에 이 나뭇가지로 대신한 것이다.

3월 22일 월요일

2월 10일 임술. 맑음. 사피이司皮耳라는 영국 사람이 청하여 자기 사위 필인두畢印兜의 집에서 만찬을 차렸다. 사피이는 영국 사람이지만 그의 처 포씨布氏는 법국 사람이고, 둘 다 예순 살이었다. 딸 아란阿蘭이 필인두에게 시집갔는데, 필인두는 포도아葡萄牙(포르투갈) 사람으로 성격이 무척 공손하고 부드러웠다. 음식은 닭찜, 생선찜, 우설, 양 오줌보 등이 있었는데 맛이 무척 좋았다. 식사를 마치니 필인두의 친구 예닐곱 명이 와서 한 시진 정도

---

569 예수가 예루살렘 근처에서 나귀를 타고 갈 때 많은 사람들이 겉옷이나 나뭇가지를 길에 펴놓고 예수를 찬미했다는 일화가 성경의 마태복음 21장, 마가복음 11장, 누가복음 19장 등에 나온다.

이야기를 나누다가 해정(22시)에 숙소에 돌아왔다.

3월 23일 화요일

2월 11일 계해. 맑음. 오후에 거리에 나갔다가 아이들이 강가에서 노는 모습을 보았다. 손에 돌멩이, 조개껍질, 벽돌 깨진 것을 들고 수면에 비스듬히 던져서 한 번 튀어 오르면 '오리알', 두 번은 '수오리', 세 번은 '암오리'라고 했다. 마치 잠자리가 수면 위를 스치고 가는 것과 같은데, 힘과 기교가 모두 적당하지 않으면 이렇게 하기 쉽지 않다. 튀어 오르는 횟수가 많은 사람이 이긴다. 또 2~3백 보 밖에서 물에 비스듬하게 창槍(총)을 쏘아 그 창자槍子(총알)가 튀어 오르는 횟수도 오리로 이름을 붙인다. 신각(15~17시)에 숙소에 돌아왔는데 약간 추웠다.

3월 24일 수요일

2월 12일 갑자. 맑음. 근래에 사람들이 모두 재계齋戒를 하고, 각 점심點心(간식거리) 가게에서는 색칠이 된 삶은 달걀을 파는데 설탕으로 달걀 모양을 만든 것도 있다. 비단으로 수박 모양을 만든 것도 있는데, 바깥은 채색 실로 꾸미고 안은 당과糖果와 가위, 칼, 필筆(펜), 종이 등의 물건을 넣고, 위에 새와 짐승이 서 있거나 엎드려 있는 모습을 만들었는데, 모두 지극히 정교했다. 모두 달걀로 이름을 지었다. 이 물건을 사는 사람은 모두 젊은이가 정인情人(애인)에게 쓰라고 주는 것이라고 한다.

3월 25일 목요일

2월 13일 을축. 매우 맑음. 신문지를 보니 이렇게 적혀 있었다. "중국 흠차가 어느 날 만생원萬牲園(동물원)에 가서 각종의 기괴한 짐승들을 구경하고 적잖이 기뻐했다. 아무개 등은 무언가를 훔쳐 가려고 마음먹고 가장 기이한 것을 골라 조금 가지고 귀국하여 기념으로 삼고자 했다. 그런데 가져간 것은 사자 똥 한 병이었다. 이것을 가져가서 약재료로 쓰려고 했다는데 정말로 그랬는지는 모를 일이다." 애석하게도 서인들은 사자 똥으로 소합향蘇合香[570]을 만들 수 있다는 것을 모른다. 왜냐하면 소합향은 중국 박주亳州[571]의 계곡에서 나는데 사람들은 그것이 바로 사자 똥이라고 하기 때문이다. 저녁에 왕자현이 찾아와서 오랫동안 이야기를 나누다가 돌아갔다.

3월 26일 금요일

2월 14일 병인. 맑음. 이날은 서력 3월 26일로, 토인들은 '좋은 예배오 禮拜五(Good Friday)'[572]라고 부른다. 이날은 야소가 십자가에 못 박힌 날로, 각 당에서는 음악을 연주하고 성경을 독송하며 모든 사람들에게 휴가를 주어 놀게 한다. 오후에 흐려졌다.

3월 27일 토요일

2월 15일 정묘. 흐림. 아침에 법국 사람 박비업博庇業이라는 자가 내게 중화中華의 식물食物(음식)을 구했다. 나는 천하에서 먹는 것은 오곡과 육축六畜, 염매鹽梅[573]와 채소 등이 아닌 것이 없지만 오직 중토의 장醬만은 외양外洋에는 적은 것이라고 생각하여 장 한 덩어리를 주었다. 그가 무엇으로 만든 것이냐고 묻길래 콩가루와 소금으로 만든 것이라고 대답해 주었더니 사의를 표시하고 돌아갔다가 오후에 다시 와서 말했다. "이것이 소금과 콩으로 만든 것이라면 소금 '소구랍紹勾臘(chocolate)'일 것인데, 절반을 잘라

---

570 소합향원(蘇合香元)을 말한다. 사향과 주사(朱砂) 따위를 갈아서 빚어 만든 환약으로, 정신을 상쾌하게 하는 데 쓴다.

571 지금의 안휘성 부양현(阜陽縣) 북서쪽이다.

572 지금은 성(聖)금요일이라고 부른다.

573 소금과 매실이다. 각각 짜고 신 맛을 내는 조미료이다.

맹물에 넣어 끓여 마시니 맛이 짜고 썼는데, 무슨 까닭인지 모르겠습니다." 그러면서 자세히 알려달라고 부탁했다. 내가 다시 고기와 채소를 넣어 섞어 끓이니 그 맛이 쓰지 않고 달아서 그는 돌아갔다.

무릇 음식의 도는 익힘과 조미를 알맞게 해야지 입에 맞다. 하물며 불을 약하고 세게 하는 것과 조제調劑를 많이 하고 적게 하는 것은 융통성 없는 이가 능력을 넘어 대신할 수 있는 것이 아니다. 한 가지만을 고집하면서 추구하다가는 반드시 고지식하게 되고 말 것이다.

몇 년 전에 영국에서 찻잎이 귀해져서 새해 명절이나 경축일이 될 때마다 조금밖에 마실 수 없었다고 한다. 어느 해 정월에 애이란 사람이 찻잎 두 냥을 사서 끓는 물에 오랫동안 달인 뒤에 찻물은 땅에 부어버리고 그 잎을 먹었으니 정화를 뱉어버리고 찌꺼기를 먹은 것이라고 하겠다. 소위 '소구랍'은 일종의 콩떡으로, 고구靠勾(cacao) 나무 열매로 만든 것이다. 고구 나무는 서인도와 남아미리가에서 자라고, 먹을 때는 끓는 물에 넣어 삶아서 흰 설탕을 더하는데, 맛이 약간 쓰고 색깔은 주황색을 띤다.

3월 28일 일요일

2월 16일 무진. 맑다가 미각(13~15시)에 흐려짐. 이 날은 외국의 예배일이고 야소가 부소復蘇(부활)한 날로, 거리에 남녀의 왕래가 끊어지지 않고 각 예배당에는 모두 중문을 열고 성경을 독송하고 음악을 연주하니 이 또

[그림 242] 파리 부활절의 거리(1869)

한 그쪽 나라들의 성전盛典 중의 하나이다. 밤이 되자 큰 눈이 내렸다.

3월 29일 월요일

2월 17일 기사. 아침에 큰눈이 흩날려 한 척이나 쌓였고 사초(09시)에 약간 갬. 저녁에 합중국의 기덕립奇德立이라는 사람과 함께 흥이興爾(Isaac Merritt Singer)[574]의 집에서 열린 모임에 갔다. 흥이는 합중국 포사돈 사람인데 일찍이 '철재봉鐵裁縫(재봉틀)'을 개조하여 이름을 떨쳤다. 합중국에서 그 방법을 쓰는 사람은 한 대마다 그에게 양은洋銀 5원圓을 내어 이것으로 부자가 되었다. 슬하에 아들이 없고 딸만 하나 있는데 이름은 운선雲仙이고 나이는 열여덟쯤 되었는데 자못 고왔다.[575] 이날 저녁에 남녀 약 40명이 문 안으로 들어와 잠시 앉아있다가 노복이 네모난 쟁반에 종이 두루마리 수십 개를 놓고 손님들이 하나씩 집었다. 두루마리는 길이가 5촌이고 두께는 손으로 쥘 정도이고 색깔은 여러 가지였다. 두 사람이 힘을 써서 잡아당기면 가운데 있는 딱총이 터진 뒤에 알록달록한 색깔의 종이 두루마리가 하나 남는

[그림 243] 아이작 싱어와 그가 개량한 재봉틀

---

574 아이작 메리트 싱어(1811~1875)는 미국의 발명가이자, 배우, 사업가이다. 1851년에 이전의 재봉틀의 문제점을 크게 개선한 재봉틀 즉 싱어 재봉틀을 발명하여 큰 성공을 거두었다.

575 싱어는 두 번의 결혼과 두 번의 혼외 관계를 통해 스무 명이 넘는 자녀를 두었다. 장덕이가 싱어를 만났을 때 함께 있었던 딸이 18세 정도라고 했는데, 1851년 무렵 태어난 앨리스 이스트우드 싱어(Alice Eastwood Singer)를 가리킬 가능성이 있다.

데 그 안에는 오채색의 기이한 모양의 옷이며 모자가 하나씩 들어있어서 손님들이 모두 그것을 가져다 썼다. 무리를 이루어 춤을 추고 노래를 부르고 음악을 연주하며 술을 마시고 음식을 먹다가 오경이 되어서야 흩어졌다. 이날 밤은 다시 흐려지고 매우 추웠다.

3월 30일 화요일

2월 18일 경오. 흐리고 비. 합중국의 하안달賀安達이라는 이가 자기 집 모임에 가자고 청했는데 뒤에 그의 딸이 갑자기 아파서 초대를 거두었다.

기記: 양인들의 명편名片(명함)은 모두 백지로 만든다. 큰 것은 1촌 5푼 길이에 3촌 너비이고, 작은 것은 1촌 길이에 2촌 너비이다. 이를테면 영국 공사 위타마威妥瑪(Thomas Francis Wade)의 명편은 가로로 한 줄로 '〿王威'[576] 라고 쓰고 다음 줄은 관함官銜(직책)을 쓰며 마지막 줄에는 주소를 오른쪽 모서리에, 만약 윤돈이면 몇 호號 몇 항巷 몇 가街라고 쓰고, 왼쪽 위 모서리에는 자기가 받은 이름과 성을 쓴다. 복제服制(복상服喪) 중인 남녀는 명편의 둘레를 까맣게 두르는데, 그 등쇄等殺(등차)에 따라 까만 테두리의 두께가 달라진다.

유정(18시)에 비가 그쳤지만, 여전히 흐렸다.

3월 31일 수요일

2월 19일 신미. 흐렸다 개었다 함. 오정(12시)에 지랍志拉이 청하여 초상화 그리는 모습을 구경했다. [나는] 화사畵師(화가)와 5~6척을 떨어져 마주 앉았고, [화사는] 나무틀로 화지畵紙를 받치고 있었다. 먼저 돌가루로 그리고 이어서 연필로 그린 다음 다시 색을 입혔는데, 금방 눈썹과 눈이 살아

---

576 한자의 부수를 쓴 것은 영문 이름의 두문자(頭文字)를 쓴 것을 말한다. 즉 'T. F. Wade'라고 썼음을 뜻한다.

있는 것처럼 나타나서 진짜와 꼭 닮았으니 정말이지 사생寫生의 훌륭한 솜씨였다.

4월 1일 목요일

2월 20일 임신. 이날은 서력 4월 1일로, 토인들은 '농인일弄人日(만우절)'이라고 부른다. 이날은 남녀를 막론하고 모두 서로 우롱하는 일을 계획하고 서로 원망하지도 않는다. 큰 나무상자를 보내는데 상자 안은 층층이 모두 종이이고 끝에 가면 1촌짜리 작은 나무 물고기 모양의 조각 하나만 있는 것이나, 오늘 몇 시에 어디에서 만나기로 약속했지만 그 곳에 가보아도 아무도 없는 것 같은 것이다. 모두 이러한 것들로 지극히 우스운 것이라고 하겠다.

술초일각(19시 15분)에 구건歐建이 지 흠헌과 손 흠헌께 저녁 차를 청했다. 나는 정보신, 고안 등과 함께 백구柏歐의 집에서 열린 모임에 갔는데, 옥우가 무척 넓었고 술과 음식과 다과를 준비하여 남녀 4백여 명이 밤을 지새워 새벽까지 춤을 추었고 이튿날 아침이 되어서야 흩어졌다. 나는 자초(23시)에 돌아왔다.

4월 2일 금요일

2월 21일 계유. 맑음. 유초(17시)에 구건이 지 흠헌과 손 흠헌에게 만찬을 청했다. 덕 협리와 법국 번역관(통역관) 이매李梅가 나를 불러 개가로凱歌路 옆의 이용관利涌館에서 만찬을 했다. 영국 사람 한 명과 법국 사람 세 명이 동석했는데 모두 이름은 모른다. 자초일각(23시 15분)에 숙소에 돌아왔다.

기記: 외국에는 선인침線紉針(바느질놀이)이라는 아이들 놀이가 있는데, 사람 숫자는 많거나 적거나 상관없고 서로 손을 잡아 줄을 이룬다. 바깥에 두 사람이 서서 "여기에서 북위량北衛梁(Babylon)까지는 몇 리나 되나?"라고 물으면 줄을 이룬 아이들 가운데 한 명이 "30리 정도이지."라고 대답하고, 다시 "촛불이 거기까지 비추나?"라고 물으면, "거기까지 갈 뿐 아니라 돌아올 수도 있지."라고 대답한다. 다시 "문을 열고 길을 트니, 사람들을 이끌고 지나가시오."라고 말하면 줄을 이룬 아이들이 지나간다. 오른쪽의 맨 앞에 있는 두 아이가 팔을 들어 올려 둥근 문 모양으로 바늘구멍을 만들고, 바깥에 서 있던 두 아이가 아이들을 이끌고 지나가면, 왼쪽의 맨 앞에 있는 아이부터 물고기를 꿴 것처럼 줄줄이 들어가는데 바늘구멍이 터지지 않는 쪽이 이긴다. 이렇게 계속하면서 한 바퀴 돌면 다시 시작한다.

4월 3일 토요일

2월 22일 갑술. 맑음. 한 부인이 있는데 남편은 이름이 달비진達比鎭이고 어림군御林軍(근위대)의 원수를 지냈고 부인도 국왕의 행궁行宮의 총관이었다고 한다. 어느 날 비단 가게에서 흥정을 하다 말고 나가면서 몰래 채색 주단 한 단端[577]을 훔쳐 가다가 발각되어 회수당했다고 한다. 부인은 크게 궁색해져서 풀어달라고 빌었고, 결국은 일이만日耳曼으로 가게 되었다고 한다. 모든 도무회장에서 이 부인을 초청하지 않는 일이 드물었는데, 그제서야 비로소 그가 그런 특기를 몇 년 동안이나 부렸음을 알게 되었다.

저녁을 먹은 뒤에 광동 사람 한 명이 찾아왔는데, 나이는 스무 살 정도 되었고 머리를 깎고 [서양] 옷으로 바꾸어 입고 있었다. 그가 말했다. "이곳에 온 지 4년이 되었고 가비관에서 삯일을 했습니다. 이제 광동으로 돌아가려는데 돈이 없으니 흠차 대인께서 하사해주십시오." 지 흠헌은 그에게 법국 돈 10원을 주어 보냈다. 밤이 되자 큰비가 내렸다.

---

577 한 단은 여섯 자이다.

4월 4일 일요일

2월 23일 을해. 흐리고 비. 오각(11~13시)에 합중국의 곽돈郭敦을 찾아 갔다. 조금 앉아있다가 그 처 어씨魚氏와 딸 곽단郭丹과 함께 차를 타고 극락불克樂佛을 찾아가서 한 시진 정도 이야기를 나누고 돌아왔다.

기기記: 20일 도무회에서 본 노파는 나이가 121살이었다. 얼굴에는 분을 바르고 몸에는 채색옷을 걸친 것이 영락없이 산화천녀散花天女(꽃 뿌리는 선녀) 같았다. 노래마다 춤을 추는데 전혀 뒤떨어지지 않아서 경쾌하기 짝이 없었다. 듣자니 56살 때 공작 남편이 병사한 뒤에 나오상那烏商 백작에게 개가했는데, 백작은 그때 나이가 서른으로, 여자의 재산이 탐나서 혼인했다가 수치스러운 이름을 얻었다고 한다.

4월 5일 월요일

2월 24일 병자. 맑음. 일꾼 수십 명이 두께가 한 자 정도 되는 네모난 돌을 땅에 깔고 그 위에 물을 뿌렸다. 밤이 되자 화기火機(증기기관)로 길이가 두 길, 둘레가 한 길 두세 자 정도 되는 철축鐵軸을 굴리며 왔다 갔다 했는데, 날이 밝자 온 길이 숫돌처럼 반반해져 있었다.

4월 6일 화요일

2월 25일 정축. 맑음. 근래에 날이 따뜻해져서 거리에는 배 그네를 타는 사람들이 있다. 높은 기둥을 하나 세우고 위쪽에 가로지르는 기둥을 달고 양쪽 끝에 작은 배 한 척씩을 공중에 매달아 놓았다. 옆에는 작은 다락이 있어서 그곳에 올라가면 배를 탈 수 있다. 배에는 아이 5~6명이 탈 수 있고 기둥이 움직이면 배가 가면서 위아래로 흔들려서 마치 파도를 타고 넘는 것 같았다. 또 말 그네도 있는데, 역시 높은 기둥을 세우고 위쪽에 우산 모양으로 쇠로 된 들보를 연결했고, 각 끝에는 목마를 하나씩 매달아 모두 14

필이 있고 말 한 필에 아이가 한 명 탄다. 기둥 가운데에 기관機關(기계장치)이 있고 밖에 쇠로 된 손잡이가 나와 있어서 한 사람이 마치 도르래를 감듯이 감아서 기둥을 돌린다. 기둥이 돌아가면 말이 마치 규規(각도기)처럼 돌아간다. 길가에는 목패木牌가 세워져 있고 앞면에는 갈고리가 있는데, 한 사람이 목패 왼쪽에 서서 구리로 된 고리를 갈고리 위에 걸어놓고, 말을 탄 아이가 손으로 쇠젓가락을 잡고 고리를 많이 집으면 잘하는 것이다. 어린아이 때 이런 그네들을 잘 타면 훗날 말을 무서워하거나 뱃멀미를 할 걱정이 있겠는가? 밤이 되자 가랑비가 내렸다.

4월 7일 수요일
2월 26일 무인. 맑다가 오후에 흐림. 술각(19~21시)에 본 공서公署(공관)에서 도무회가 열려 안팎에 꽃을 걸고 색실을 매달고 등촉은 마치 용등龍燈[578]처럼 밝고 화로에는 향목을 태우고 화분에는 선화鮮花를 심어놓았다. 집은 3층으로 되어 있는데 층마다 탁자를 늘어놓아 춤추는 곳으로 만들었다. 그 밖에 악공 7명을 불러 춤의 흥을 돋우었다. 이날 저녁에는 남녀 손님이 모두 27개 나라에서 1,259명이 왔고, 술 190여 병, 면포麵包(빵) 1천여 개가 없어졌고, 다과와 육식은 헤아릴 수없이 많았다. 춤은 인정(04시)이 되어서야 끝났다. 이날 밤에 큰비가 내렸다.

4월 8일 목요일
2월 27일 기묘. 아침에는 맑다가 오후에 흐리고 비가 왔다. 태서 사람들은 거울 깨는 일을 가장 꺼려서, 거울을 깨뜨린 집에서는 좋지 못한 일이 일어난다고 믿는다. 속담에 "올빼미가 집에 들어오면 집안이 망하고, 박쥐가 문에 들어오면 좋은 일이 생긴다"라는 말도 있다.

---

578 용 모양을 그린 등이다.

4월 9일 금요일

2월 28일 경진. 맑음. 저녁에 곽돈의 집에 가서 차를 마셨다. 그의 자녀는 다섯 명인데 함께 '묘탈각猫奪角(고양이귀퉁이뺏기)'이라는 놀이를 했다. 한 사람이 고양이가 되어 집안 가운데 서 있고 나머지 네 명은 각 귀퉁이에 서서 서로 자리를 바꾸는데 빨리 바꾸는 것이 잘하는 것이다. 뒤떨어져서 고양이에게 귀퉁이를 빼앗기는 사람이 고양이가 된다.

4월 10일 토요일

2월 29일 신사. 맑음. 사초(09시)에 법국 사람 모록毛祿이 밥을 먹자고 청하여 현마단賢馬丹 대가大街(Boulevard St. Martin) 복륭점福隆店에서 우내즙牛奶汁[579]을 뿌린 백수자용수채白水煮龍鬚菜[580]를 먹었는데 맛이 약간 비리면서도 달았다. 오각(11~13시)에 숙소에 돌아왔다. 근래에 크게 더워 나무의 잎사귀가 한 마디 정도나 자라니 경화京華(북경)의 4월과 똑같다.

4월 11일 일요일

2월 30일 임오. 맑음. 아침에 의대리국 사신의 수원隨員(수행원)인 하실賀實이 밥을 대접하겠다고 청했다. 오후에는 고안高安이 서미西薇 부인의 집에 가서 노래를 듣자고 청했다. 이날 갈 때 각자 표값 20개開를 내었는데 모두 합하니 은 2냥 6전이었다. 노래를 부른 남녀 10여 명은 모두 서미의 제자였다. 신초(15시)에 숙소에 돌아왔다.

4월 12일 월요일

3월 1일 계유. 맑음. 날씨가 맑고 따뜻한 날에는 미초(13시)부터 술각

---

579 연유(condensed milk)인 듯하다.
580 용수채는 아스파라거스이다. 백수자용수채는 아스파라거스를 물에 삶은 음식이다.

(19~21시)까지 개가로 일대에 차들이 마치 뜨거운 땅의 개미들처럼 왕래하는데, 바퀴 소리가 마치 우레처럼 난다. 좌우의 돌길에는 놀러 나온 사람들이 더욱 많아지고 남녀노소가 모두 화려한 옷으로 단장하고 미모를 뽐낸다. 밤이 되자 약간 흐려졌다.

4월 13일 화요일

3월 2일 갑술. 맑음. 저녁에 본 공서에서 다시 도무회를 열었다. 모임에 온 사람은 남녀 60여 명으로 모두 계년笄年(15살)이 채 안 된 아이들이었다. 주인(호스트)은 포 흠헌의 딸 포격체蒲格蒂(Gertrude Burlingame)였는데 나이는 겨우 12살이다. 서로 춤을 추면서 아주 즐거워했다. 축초(01시)에 각 집의 노복과 유낭乳娘(유모)들이 일일이 데리고 갔다.

4월 14일 수요일

3월 3일 을해. 맑음. 매일 아침 인시(03~05시)에서 묘시(05~07시) 무렵에 남녀가 말이나 차를 타고 대로를 달려가는데 화원花園을 돌아보고 귀가하는 자들이다. 서인들의 말에 따르면 일찍 일어나서 걷거나 거마를 타고 몇 리를 천천히 돌아다니면서 하늘의 맑은 기운을 받아들이면 아주 몸에 좋다고 한다.

4월 15일 목요일

3월 4일 병자. 맑음. 저녁에 탑루塔婁 씨의 집에 가서 모임을 했다. 탑은 여교습女敎習으로, 가르치는 생도가 40여 명이다. 이날 저녁에는 남녀 6~70명이 모두 이복異服을 입었다. 11명은 합중국 사람으로 나이는 마흔 정도인데, 이들이 입은 옷은 남북 합중국이 교전했을 때 남인들이 입었던 옷으로, 전부 회색이고 머리에는 검은색 모전毛氈의 '명皿'자 모양 모자를 썼다. 이 옷은 본국에서는 엄하게 금령이 내려져 있는데 타국에서 재밋거리로 입은 것이다. 무도회는 길이 18장, 너비 8장, 높이 8장 크기의 목방木房(목조 건물)에서 열렸는데, 명공名工이 만든 것으로 크기를 키웠다 줄였다 할 수 있고 어디로든지 옮겨갈 수 있어서 아주 편리하다고 했다. 밤이 되자 가랑비가 내렸다.

4월 16일 금요일

3월 5일 정축. 흐리고 추움. 저녁에 학부郝富가 명의名醫 맹달孟達의 집에 가서 노래를 듣자고 청했다. 남녀 우인優人(배우) 20여 명이 있었는데, 모두 파리의 저명한 절기絶技(뛰어난 예인)였다. 곡문曲文(가사)는 자세히 알지 못했지만 곡절한 음운音韻과 넘실거리는 성조聲調는 넋이 나가게 할 정도였다. 축초(01시)에 숙소에 돌아왔는데, 가랑비가 보슬보슬 내렸다.

4월 17일 토요일

3월 6일 무인. 가랑비가 계속 내렸다. 태서 습속에 여자들은 모두 높은 가슴과 가는 허리, 작은 발과 큰 엉덩이를 좋아한다. 가게에서는 일종의 허리 두르개를 파는데 구리철사와 마포麻布로 만든 것으로 이것을 몸에 꼭 조이게 입으면 허리가 가늘어지고 가슴도 높아진다고 한다.[581] 또 성긴 베로 만든 가짜 가슴도 있는데 중토의 호슬護膝(무릎보호대)처럼 생겼다. 또 마미馬尾 세포細布(세마포)로 만든 가짜 엉덩이도 있는데 모양은 왜과倭瓜(호박) 같고 엉덩이 뒤에 차서 일어서면 튀어나오고 앉아도 푹신하다. 비록 꾸며낸 것이라고 해도 자태를 아름답게 보이기 위해 애쓴 것이라 할 만하다.

---

581 코르셋을 가리킨다.

4월 18일 일요일

3월 7일 기묘. 맑음. 서인들은 빈객을 불러 연회를 열 때 여우女優를 중간중간에 끼워넣는 것을 성대한 것으로 여긴다. 주루와 식당을 막론하고 모두 마음대로 연석 앞에 불러 술을 시중하게 하면서 즐기는 것이다. 식사를 마치면 쌍쌍이 춤을 추는데, 목을 움츠리기도 하고 어깨를 들썩이기도 하고 등을 꺾고 주먹을 들어 올리는 등 온갖 모습을 드러내고, 그 뒤에 옷을 풀고 그 뒤에 어깨를 드러내고 적체赤體(나체)가 된 뒤에야 그친다. 교환交歡(동침)을 원하는 자는 함께 밀실로 들어가는데, 한 차례에 법금法金(franc) 20여 원, 은으로는 50여 냥을 내어야 한다. 그렇지 않으면 술이 취할 때까지 기다렸다가 데리고 간다.

4월 19일 월요일

3월 8일 경진. 맑음.

기記: 개가로 양쪽 옆에 있는 말 그네의 목마는 길이가 3척이 안 되고 이것을 타고 노는 이는 모두 어린아이들이다. 지금은 스무 살 남짓의 여자들도 오가면서 이것을 타면서 떠들썩하게 즐거워하는데 점잖지 못한 모습이다.

4월 20일 화요일

3월 9일 신사. 맑음. 파리의 아이들 놀이 중에 '묘포서猫捕鼠(고양이쥐잡기)'라는 것을 보았는데, 긴 끈으로 아이 두 명을 기둥에 묶어 위층에서 쫓아다니다가 떨어지는 것을 막고, 모두 손수건으로 눈을 가린다. 이들이 고양이이다. 쥐들은 나무 공 두 개를 서로 던지면서 고양이가 소리를 듣고 쫓아가 잡게 한다. 쥐를 잡은 뒤에는 고양이가 쥐가 되고 쥐가 고양이가 된다. 신각(15~17시)에 먹구름이 짙어졌다가 술정(20시)에 약간 개면서 추워졌다.

4월 21일 수요일

3월 10일 임오. 맑음. 유각(17~19시)에 본 공서에서 다시 도무회를 열었다. 사람들은 전보다 열 배가 많아져서 3층 대루大樓에 발 디딜 틈이 거의 없을 정도였다. 묘초(05시)가 되어서야 끝났다.

4월 22일 목요일

3월 11일 계미. 맑음. 파리에 한 노부인이 있는데 자녀는 모두 세상을 떠나고 가난하여 의지할 데도 없었다. 합중국의 고안이 그를 돕고자 하여 이날 서신을 보내와서 나와 몇 명이 각자 법방法方(franc) 2개開 씩을 가지고 그 집에 갔다. 집에 이르니 남녀노소 백여 명이 이미 와서 각자 종이 두루마리에 이름을 적고 병 안에 던져넣었다. 그밖에 필묵과 그림 등의 물건도 있었다. 잠시 앉아있으니 나이 든 여자가 앉아서 병을 안고 종이 두루마리를 일일이 꺼내었는데, 두루마리 두 개당 하나를 골라 먼저 특정 두루마리를 꺼내면 물건(경품)을 주었다. 나는 강필鋼筆 한 개를 받았고 기구는 양지洋紙 열 장을 받았고, 동경은 작은 향주머니 한 개를 받고, 목암, 춘경, 보신 등은 모두 빈손으로 돌아왔다. 거둔 돈은 모두 노파에게 주었다.

4월 23일 금요일

3월 12일 갑신. 맑음. 서국의 일체 서찰과 공문은 모두 화문華文과 다르다. 이를테면 영국의 아무개가 법국의 아무개에게 만찬을 청할 때 화문으로는 이렇게 쓴다. "아무개 형 각하께 드립니다. 본월 다음 예배오(금요일) 6점종點鐘(시)에 차 한 잔 하면서 담소하시기를 청하오니 사양하지 마시기를 바라옵니다. 평안을 기원합니다. 동생 아무개 올림." 겉면에는 이렇게 쓴다. "파리 입오력立伍力 가(Rue de Rivoli) 제163호 아무개 나리께." 뒷면에는 이렇게 쓴다. "1871년 4월 예배일禮拜一(월요일), 윤돈 사리查理 항巷(Charles

St.) 제15호 보냄." 하지만 서문西文은 먼저 "윤돈, 15호, 사리항, 예배일, 4월, 1871년."이라고 쓴 다음에 이렇게 쓴다. "나의 좋은 친구에게. 나는 무척 영광이겠습니다, 만약 각하께서 이번에 오셔서 만찬을 나와 함께 다음 예배오의 6점종에 함께 해 주신다면 운운." 끝에는 이렇게 쓴다. "각하의 가장 진실한 벗 아무개." 겉면에는 이렇게 쓴다. "아무개 나리, 163호, 입오력 가, 파리, 법랑서."

4월 24일 토요일

3월 13일 을유. 맑음.

기記: 법경에서는 지난 겨울부터 이번 봄까지 집집마다 춤을 추며 밤을 그냥 보내지 않는다. 심지어 하룻밤에 4~5차례나 모임에 가는 이도 있다. 그렇지만 여전히 청간請柬(초청장)을 구걸하는 경우도 있다. 이를테면 아무개의 집에서 어느 날에 연회를 열기로 하였는데 오랫동안 그 사람을 사모하였지만 서로 면식이 없어서 가고 싶어도 가지 못할 때 아는 사람에게 대신 청간을 부탁하는 것이다. 또 친척이나 친구가 거의 없거나 아는 사람이 대부분 상인이면, 아는 사람에게 부탁하여 관원이나 명사를 대신 초청하여 영광으로 여기기도 한다.

4월 25일 일요일

3월 14일 병술. 흐렸다 개었다 함. 오후에 걸어서 사안思安 하河(La Seine)를 지나 감득마龕得馬 가(Rue du Champ-de-Mars)에 갔다. 어린아이 대여섯 명이 노는 모습을 보았는데, 각자 타조알 만한 돌 공을 하나씩 들고 2~3장 거리에 납작한 돌을 하나 놓고 한 아이가 돌 위에 공을 올려놓으면 나머지 아이들이 돌을 향해 공을 던져 돌 위의 공을 맞추면 이기는 것이다. 이긴 아이의 공을 돌 위에 올려놓고 다시 다른 아이들이 똑같이 던진다. 이 놀이는 다른 방법도 있는데 공을 던지기 전에 돌 위에 벽돌 서너 조각을 올려놓고 아이들이 공으로 그것을 치고, 맞추면 이를 원공圓工이라고 부르고, 돌 위에 공을 놓아 다른 아이들이 그것을 치게 한다. 미각(13~15시)에 숙소에 돌아와서 고안이 찾아왔다는 것을 알았다.

4월 26일 월요일

3월 15일 정해. 맑음. 근래에 날이 따뜻해져서 개가로 양쪽 옆의 가비관에 모두 잡희雜戱가 더해졌다. 누 앞에 대臺를 만들었는데 가운데는 넓은 마당이고 탁자와 등자 1백 줄을 놓았다. 매일 저녁 유초(17시)부터 자각(23~01시)까지 열리고 이것을 구경하는 사람은 찻값이나 술값만 내면 된다. 이곳에서 노는 사람은 모두 반班(극단)에서 데려가지 않은 사람들이라서 이곳에서 자리를 만들어 돈을 벌어 생계를 꾸린다. 하지만 간간이 잘하는 이도 있는데 이들이 하는 희문戱文(연극)은 반의 명우名優들보다 뛰어난데도 반주班主가 불러도 가지 않은 사람이다. 가비관의 관주館主도 이 사람 때문에 이름이 나고 청객聽客을 많이 부르게 된다. 각 가비관에는 등을 백 개나 밝혀 대낮처럼 밝다. 대 위에서는 여령女伶 10여 명이 둘러앉아 있는데 의복이 화려하고 장식도 아름다워 사람들을 부르는 미끼가 된다. 밤새도록 듣는 사람이 남녀를 합하여 백 명은 넘을 것이다.

4월 27일 화요일

3월 16일 갑자. 맑음. 근래에 날이 따뜻해져서 마희馬戱[582]도 와서 밥벌이를 한다. 관館은 무척 크고 사방에 의자가 1천여 개 있다. 후대後臺에는 마굿간이 있는데 상당히 정결하다. 구경하는 사람은 두 등급으로 나누는데 1등급은 한 사람에 3방方(franc), 2등급은 한 사람에 1방이다. 매일 유초(17

---

582 말을 조련하여 펼치는 묘기이다.

시)부터 해각(21~23시)까지 구경하는 남녀들도 자리가 다 찬다.

4월 28일 수요일

3월 17일 을축. 맑음.

기記: 태서에서는 천 년 전에는 옛날을 그리워하는 사람들이 마치 화인華人이 삼대三代를 그리워하는 것처럼 많았다. 당시 사람들의 마음이 소박하고 습속이 돈후했음을 숭상하여 '금세金世(Golden Age)'라고 불렀고, 그 뒤에 인심이 옛것을 좋아하지 않게 되었을 때를 '은세銀世(Silver Age)'라고 불렀다. 그 뒤 점차 엷어져서 옛날에 크게 못 미치게 되었을 때를 '동세銅世(Bronze Age)'라고 불렀고, 그 뒤 천 년을 흐르는 동안 어두웠던 때를 '철세鐵世(Iron Age)'라고 불렀다. 지금 서인들은 오늘날이 옛날보다 낫다고 하며 옛날을 그리워하는 마음이 사라졌지만 여전히 '철세'라는 말을 쓰는데, 그 뜻은 철을 널리 써서, 이를테면 차에 철도鐵道가 있고 배에 철륜鐵輪이 있고 기기에 철기鐵機가 있고 병의 치료법에 철수鐵水[583]가 있는 것처럼 철의 세계가 아닌 것이 하나도 없는 것이다.[584]

4월 29일 목요일

3월 18일 병인. 맑음. 묘초일각(05시 15분)에 파리 열병대신閱兵大臣이지 흠헌과 손 흠헌을 청해 조련을 구경하게 하여 교장敎場(연병장)에 갔다. 대에 올라 바라보니 군령이 엄정하고 대오가 가지런하여 체제가 갖추어진 군사라고 할 만했다. 이어 나무틀에 양창洋槍(총) 하나를 걸쳐놓고 지 흠헌과 손 흠헌께 손가락으로 당겨보시라고 하니 두 흠헌께서 고사하셨다. 다시 덕 협리에게 당겨보라고 하여 손가락을 당기니 소리가 울려 몇 리까지 들릴

---

583 철분이 들어있는 물약이다.
584 그리스 시인 헤시오도스(기원전 7~8세기)가 명명한 분기법을 빌려 쓴 것이다.

정도였다. 오초일각(11시 15분)에 숙소에 돌아왔다.

4월 30일 금요일

3월 19일 정묘. 맑음. 옆집 아래에서 아이들이 놀이를 했다. 한 아이가 수건으로 눈을 가리고 허리를 굽혀 손으로 무릎을 짚고 머리는 돌기둥에 대고, 한 아이가 허리 굽힌 아이의 등 위에 올라타서 오른손을 들어 올려 아무 손가락이나 펴고 묻는다. "숫사슴아, 숫사슴아, 뿔에 가지가 몇 개냐?" 눈을 가린 아이가 숫자를 맞추게 하여 맞으면 올라탄 아이가 사슴이 되고 틀리면 다시 묻고 다시 대답한다. 그밖에 한 사람이 옆에 서서 대답이 맞는지를 확인한다.

5월 1일 토요일

3월 20일 무진. 맑음.

기기記: 법경에는 보험국保險局이 있다. 보험을 원하는 이는 매월 조금씩 돈을 낸다. 만약 불이 나거나 도둑을 맞는 일이 생기면 바로 보험국에 알리는데 그러면 두 배로 보상해 준다. 이를테면 의생醫生 학부는 매월 30방, 즉 은 4냥을 낸다. 어제 저녁에 그의 여복女僕이 불을 조심하지 않아 유화油畫 한 폭이 손상되었는데, 그가 보험국에 알려 사람이 와서 점검한 뒤에 법방法方 9매枚, 즉 은 1냥 3전을 보상해 주었다.

5월 2일 일요일

3월 21일 계사. 맑음. 저녁에 탑목암, 계동경과 함께 개가로 가비관에 가서 잡희를 구경했다. 한 여자가 비취색 치마를 끌고 붉은색 띠를 매었는데 그가 부른 노래의 뜻은 알 수 없었지만, 구절마다 손으로 입을 치면서 접문接吻(입맞춤) 소리를 내고 구경하는 사람들도 모두 똑같이 따라 하여 우스웠다.

5월 3일 월요일

3월 22일 갑오. 맑음. 오후에 거리에 놀러 나가서 어떤 사람의 가원家園(주택 정원)을 잠깐 보았는데, 안에 높이 1장 5척, 너비 1장 1척의 나무틀을 세워놓고, 가로지른 들보 중간을 뚫어 줄 두 개를 묶고 아래쪽 끝에는 나무판자를 달고 사람이 그 위에 앉아있었다. 손으로 줄을 잡아당긴 뒤에 한 사람이 내키는 대로 밀면 앞뒤로 마치 물결이 치듯 출렁였다. 힘을 세게 주어서 밀면 나무판자가 들보 높이까지 올라가니, 그 집의 그네라는 것을 알았다.

5월 4일 화요일

3월 23일 을미. 맑음.

기記 : 파리 성의 마달란馬達蘭 대가(Boulevard de la Madeleine) 남쪽에서 약 십 몇 리를 가면 방마쇄邦麻曬 대가(Avenue Beaumarchais)에 도착하는데, 새로 지은 집들이 가지런하고 조밀하고 저자는 화미華美하여 금벽金碧을 장식하였다. 밖에는 두께 2촌, 높이 2장, 너비 2장이 넘는 커다란 파리玻璃(유리)를 덮었다. 밤이 되자 흐려졌다.

5월 5일 수요일

3월 24일 병신. 아침 내내 큰비가 내렸다. 온 성에는 거지가 없고 다만 아이 두세 명이 저자에서 걸식하면서 호가胡笳를 불거나 비파를 타는데,[585] 이들은 모두 의대리국에서 온 사람들이라고 했다.

5월 6일 목요일

3월 25일 정유. 어제처럼 큰비가 내렸다.

---

585 피리 종류의 관악기를 호가, 기타 종류의 현악기를 비파라고 표현했다.

기記: 법경의 세과稅課(과세)는 자못 무거워서, 이를테면 홍주紅酒(포도주) 한 병에도 은 몇 푼을 내야 한다. 듣자니 영국은 세과가 무겁지만 일용하는 매탄이나 쌀 등은 모두 세금이 없다고 한다.

5월 7일 금요일

3월 26일 무술. 흐림. 저녁에 지 흠헌을 따라 가비관에 가서 잡희를 구경했는데, 공연한 것은 다른 곳과 같았다. 다만 남자와 여자 각 한 명이 암수 고양이 소리를 흉내 내었는데 마치 살아있는 듯이 생생했고, 쪼그리거나 엎드리는 모양도 똑같았다. 둘이 옷을 잡아끌고 손을 내밀어 접문하는 것도 암컷 고양이가 수컷에게 구애하는 모습 같았다.

5월 8일 토요일

3월 27일 기해. 퍼붓듯이 큰비가 내렸다.

기記: 법경의 아이들 놀이 중에 '완웅玩熊(곰놀이)'이 있다. 몇 명 중에 한 명이 곰이 되어 곰 옷을 입고 돌 위에 서 있고, 한 사람이 곰 주인이 되어 긴 줄을 묶어 곰을 끌고 다닌다. 나머지는 원숭이가 되어 원숭이 옷을 입고 수건을 묶어 매듭을 만들어 그것으로 곰을 때린다. 먼저 곰 주인이 손바닥으로 곰의 등을 세 번 때리면서 "내가 곰을 끌고 가니 누가 와서 때리겠는가, 긴 줄을 팽팽하게 당겨야지."라고 말하고 나면 원숭이들이 매듭으로 곰을 때린다. 만약 곰이 줄을 벗지 않고도 원숭이를 잡으면 그 원숭이가 곰이 되고 곰은 원숭이가 된다.

5월 9일 일요일

3월 28일 경자. 큰비.

기記: 외국의 시문詩文은 비의比擬[586]가 많고 정식定式이 없다. 시는 각 수首 마다 수십 개 운이 다르고, 각 구절의 글자 수도 똑같지 않다. 서문은 말(단어)이 한 음(음절)인 것도 있고 말이 여러 음인 것도 있기 때문일 것이다. 이를테면 영국의 이운시二韻詩를 화음華音으로 표시하면,

이리도배爾里圖倍(Early to bed),
이리도뢰爾里圖賴(early to rise),
미만해서美萬海西(makes one healthy),
위서안외委西安外(wealthy and wise).

인데, 이것을 화문으로 번역하면,

조수조기早睡早起(일찍 자고 일찍 일어나면),
영인강건令人康健(사람을 건강하고),
의리겸수義利兼收(의와 이익을 함께 얻게 한다).

라는 뜻이다. 만약 허실虛實을 모두 표시하면,[587]

액이리도배달額爾里圖倍達,
액이리도뢰사額爾里圖賴斯,
미극만해랍서美克萬海拉西,
위랍서안대외사威拉西安大外斯.

---

586 비유, 모의를 가리킨다.
587 허실을 모두 표시한다는 것은 강세가 없는 약음(弱音)도 표시한다는 뜻이다.

가 된다.[588] 글의 장법章法이 장단長短이 같지 않고 대체로 신기함이 중시된다.

미정(14시)에 비가 그쳤으나 여전히 흐렸다.

5월 10일 월요일

3월 29일 신축. 흐림.

기記 : 서양 습속에 어떤 일을 시작할 때는 반드시 먼저 도서賭誓(맹세)를 하는데, 성경聖經 한 권을 가져다가 서안書案 위에 놓고 왼손을 성경에 대고 오른손으로 하늘을 가리키며 말한다. "진실, 진실뿐이요, 다른 것은 없고 오로지 진실뿐이라."[589] 말을 마치면 책을 들어 입을 맞추고 끝낸다. 도서한 뒤에 행동에 진실되지 않은 것이 있으면 관官은 그를 잡아 감옥에 며칠 집어넣고 벌금을 얼마 매길 수 있다.

5월 11일 화요일

3월 30일 임인. 흐림. 옛날에는 천하 오대주의 나라가 2백여 개가 넘으니 그 풍토와 인정, 언어와 문자는 모두 다르다고 생각했다. 하지만 내가 구라파, 아미리가, 아비리가 삼대주를 따라다니면서 들은 바는 약속이나 한 듯이 비슷한 것들이 많았다. 이를테면 영국에서는 아이들이 아버지를 부를 때 '파파爸爸(papa)', 어머니를 부를 때 '마마媽媽(mama)'라고 하고, 법국, 아국俄國(러시아), 포국布國(프로이센), 미국도 같다. 비록 음의 경중輕重과 고하高下는 다르지만 글자는 모두 같다. 이는 천하의 생민生民이 중요하게 여기는 것이 부모이니, 효를 생각하지 않는 사람이라도 어찌 그 근본을 생각

---

588 현대중국어 발음으로는 'E er li tu pei da, e er li tu lai si, mei ke wan hai la xi, wei la xi an wai si.'이다.

589 영어로는 'The truth, the whole truth and nothing but the truth.'이다.

하지 않는 것이겠는가? 또 영문에서 아버지는 '법자이法自爾(father)', 어머니는 '마자이媽自爾(mother)'라고도 하고, 법문에서 아버지는 '패아佩阿(père)', 어머니는 '미아美阿(mère)'라고 부르며, 아문에서 아버지는 '악첩사鄂帖司(отец)', 어머니는 '마기媽其(мать)'라고 부르고 포문에서 아버지는 '법달이法達爾(Vater)', 어머니는 '마대이媽大爾(Mutter)'라고 부른다. 미국은 영국과 같다.

5월 12일 수요일

4월 1일 계묘. 흐림. 오후에 법국 총서總署의 위원 낭벽엽郎碧葉이 찾아왔다. 그가 말하기를, 어제 우연히 신문지를 보았는데 거기에 이렇게 적혀 있다고 했다. "귀국 흠차가 화성돈에 도착했을 때 차 세 대에 쥐를 실어 왔다는데 그것이 진실입니까? 또 듣기로 이곳에 도착한 뒤에 날마다 화복華僕(중국인 하인)에게 명하여 쥐를 두세 바구니씩 사라고 했다는데 어떻게 팽조烹調(요리)하는지 모르겠습니다. 당신이 제게 알려주십시오." 내가 말했다. "천하의 각국 인민들은 전란이나 수재를 만나면 쥐를 잡아먹는 일이 간혹 있기도 합니다. 하지만 우리나라 흠차께서 이곳에서 쥐를 드셨다는 소문이 있다고 해도 어디에서 샀는지 알 수 없으니 다시 알아봐 주시기를 바랍니다." 낭벽엽이 말했다. "신문지에 간혹 황당무계한 이야기가 있는데, 당신의 말씀이 아니었다면 내가 틀릴 뻔했습니다." 그러고는 모자를 벗어 인사하고 갔다.

신초(15시)에 미풍이 불고 날이 개었다.

5월 13일 목요일

4월 2일 갑진. 맑음. 신정(16시)에 합중국의 정온손鄭溫孫이 차를 마시자고 청했다. 정은 감甘 방邦(Connecticut) 사람으로 나이는 예순이 다 되었고 말씨는 온후한데 이곳에 벌써 10여 년째 살고 있었다. 그가 사는 누방에는 모두 비단 장막이 걸려 있고 사방의 벽에는 그림이 둘러싸고 있으며, 서안書案 위에는 수많은 책이 펼쳐져 있고 온갖 장식들이 찬연하여, 안팎이 굉장하고 화려했다. 그가 말했다. "당신이 합중국 말을 할 수 있다고 들었는데 오늘 이렇게 광림해 주시니 영광입니다." 조금 뒤에 그의 부인이 나와서 인사하는데 나이는 쉰이 좀 넘었고 눈이 깨끗하고 풍채가 훌륭했다. 그가 말했다. "한형寒荊(아내)은 오랫동안 화인華人을 흠모했으나 한 차례도 만나지 못한 것이 한이었습니다. 오늘 지안芝顔을 뵙게 되니 참으로 옛날의 마음을 이번에 조금 갖게 되었습니다."[590] 그의 부인이 말했다. "오랫동안 당신 같은 분들과 함께 배를 타고 화국華國에 가서 승경勝境을 보고 싶었습니다. 오늘 사람은 만났지만 그 땅을 밟지 못했으니 아직 소원이 다 이루어지지 못한 것 같습니다." 말을 마치고 부부가 술잔을 들면서 웃었다. 얼마 뒤에 부인이 금琴을 치며 노래를 불렀는데, 그 소리가 청량하여 피리 소리처럼 아름다웠다. 술정(20시)에 숙소에 돌아왔다.

5월 14일 금요일

4월 3일 을사. 맑음. 오후에 거리에 놀러 나가서 영국 사람 두 명을 만났는데, 어린 사람이 웃으면서 말했다. "아형! 돼지 꼬리가 무척 길어요!" 나이 든 사람이 그를 질책하며 말했다. "위량威良(William)! 나이가 어려서 경험이 적은 듯하네. 태서에도 백년 전에는 변발을 했음을 아는가? 이것보다 좀 짧았을 뿐이지만. 또 자네가 화인들의 변발을 돼지 꼬리라고 말한다면 우리 얼굴은 원숭이 얼굴이 될 것일세. 조심하고, 조심하게!" 위량이 고개를 끄덕였다. 위량은 어린 사람의 아명이다.

---

590 한형은 남에게 자기 아내를 이르는 겸칭이고, 지안은 상대방을 높여 부르는 존칭이다.

5월 15일 토요일

4월 4일 병오. 흐리고 서늘함.

기記: 태서의 아이들 놀이 중에 '보았다(시소)'라는 것이 있는데, 그 뜻은 잘 모르겠다. 8~9척 길이의 나무판자를 낮은 담장 위에 걸쳐놓고 양 끝에 몸무게가 같은 사람이 한 명씩 앉아서 서로 힘을 주어 조금씩 흔들고, 힘이 같으면 양쪽 끝도 같은 높이로 멈추어 있게 된다. 만약 한 사람이 무겁고 한 사람이 가벼우면 무거운 사람이 담장에서 떨어진 거리와 가벼운 사람이 담장에서 떨어진 거리를 비율에 맞춘다. 가벼운 사람과 무거운 사람이 담장에서 떨어진 거리가 비율이 맞게 되면 한쪽으로 기울어질 염려가 없게 된다. 어떨 때는 8척 높이의 나무 막대 두 개를 세우고 그 위에 쇠 들보를 걸쳐놓고 그 아래에 나무판자를 세우고 양쪽 끝에 각각 가짜 말을 두고 비단 안장을 놓고 방울을 달고 아이가 판자 위에 서서 말을 타다가 다시 이쪽 말에서 반대쪽 말로 뛰어넘으며 왔다 갔다 말을 몰면서 질풍처럼 내달린다. 두 사람이 각자 한 필씩 타고 줄을 잡아당기면 양쪽 끝의 높이가 앞과 같아지게 된다.

5월 16일 일요일

4월 5일 정미. 아침에 흐리고 춥다가 미초(13시)에 날이 개었다. 법국 사람 나로왕羅魯旺이라는 이가 찾아왔다. 연로한 노인으로 백발에 수염은 없고 목덜미에 혹이 아래로 늘어진 모습이 마치 나무의 옹이 같았다. 그의 말에 따르면, 석 달 전에 교외에서 산보하다가 화인을 보고 놀라서 기이하게 여겨 급히 돌아가서 사람들에게 말하니 모두들 그가 잘못 본 것이라고 의심했는데, 신문지를 보니 중국의 흠차가 이미 파리에 도착하였고 수행 사원司員들 중에 영어와 법어를 하는 이가 있다고 했다는 것이다. 그래서 급히 찾아와 만나서 평생의 소망을 이루고자 한다고 했다. 다만 용무가 바빠

서 지금까지 미루어졌다가 이제야 기쁘게 만나니 멀리서 온 분을 특별히 만나게 되었다고 했다. 그때 복인僕人이 차를 가져와서 목덜미의 혹을 보고 입을 가리고 웃으니 그가 말했다. "귀국에도 이와 같이 쓸데없는 혹이 나는지요?" 내가 말했다. "간혹 있습니다. 산에 살면 혹이 많이 나는데, 흐르지 않는 샘물을 마시는 까닭이라고 들었습니다." 그가 말했다. "저는 본래 향민으로 가산家産이 조금 있었지만 변고를 만나 집안이 텅 비어버렸습니다. 지금은 경성으로 옮겨와서 글을 가르치면서 사는데 여전히 관금館金(숙식비)을 내기에도 모자라니 역시 유생의 운수라 힘듭니다." 내가 말했다. "공께서는 포부가 크시니 마땅히 크게 쓰이실 것입니다. 길한 사람은 하늘이 알아보니 머지않아 마땅히 날아오르실 것입니다." 그는 말없이 미소를 지었다. 얼마 뒤에 돌아가면서 그의 처가 찾아올 것이라고 말했다.

5월 17일 월요일

4월 6일 무신. 맑음. 오초(11시)에 거리에 놀러 나가서 아이들 몇 명이 나선螺線 놀이를 하는 것을 보았다. 땅에 소라 모양을 그리는데 바깥에서 안까지 세 겹으로 나누어지고 가로로 선을 그어 스물세 개 마디로 나눈다. 아이들은 한쪽 발로 뛰어 들어가는데 한걸음 뛸 때마다 폭이 좁아져서 한가운데에 이른다. 다시 가운데에서 바깥쪽으로 뛰어나가는데 한걸음 뛸 때마다 넓어진다. 이것을 빨리하는 아이가 잘하는 것이다. 유초(17시)에 먹구름이 가득해지고 바람이 약하게 불면서 꽤 추워졌다.

5월 18일 화요일

4월 7일 기유. 아침에 맑았다가 미초(13시)에 큰비가 퍼붓듯이 쏟아졌고 유초(17시)에 비가 그치고 조금 개었다. 날씨를 보고 시를 지었다.

소나기가 점차 가늘어지더니,

미풍이 바로 일어오네.

길 가는 사람들은 우개雨蓋(우산)를 받쳐 들고,

시골 여인은 산앵두를 파네.

해는 남은 빛을 드리우고,

하늘은 저물녘에 맑게 개었네.

상쾌하구나, 집 밖이 깨끗하니,

술잔 붙잡고 옆집 생황 소리를 듣네.[591]

5월 19일 수요일

4월 8일 경술. 흐리고 비가 내렸다.

기記: 서토西土의 말들은 사타구니 뒤에 방울을 단다. 또 하얀 실로 짜서 만든 귀덮개를 차는 것도 있는데, 파리를 막기 위한 것이다.

밤이 되자 미풍이 불고 약간 서늘해졌다.

5월 20일 목요일

4월 9일 신해. 비가 내리다가 밤에 개었다. 이때는 밤이 짧고 낮이 길어서 술초(19시)에 어두워졌다가 축정(02시)이면 날이 밝고 인정(04시)에 해가 뜬다.

기記: 태서의 향민들도 기상機祥(미신)을 믿는 사람들이 많다. 갑을 두 사람이 함께 밭에서 일하다가 갑자기 참새 소리를 들었는데, 갑이 말하기를 "참새가 나를 보고 울었으니 대길할 것이라네."라고 하자, 을이 말하기를 "그렇지 않네. 나한테 좋은 일이 있을 것이네."라고 했다. 서로 입씨름하다

---

591 "驟雨移時細, 微風即刻生. 遊人擎雨蓋, 鄉女售山櫻. 日色垂餘耀, 天容現晚晴. 快哉樓外淨, 把酒聽隣笙."

가 교사에게 알렸는데, 각자 뇌물을 주면서 부탁하였기 때문에 교사는 각각에게 편을 들어주었다. 어느 날 두 사람이 공정公庭(재판정)에 가니 교사가 말했다. "이 참새가 운 것은 나 한 사람의 복이다." 마침내 자신이 받은 뇌물을 보여주니 두 사람이 말을 잇지 못하고 그제서야 참새에게 농간당했다는 것을 깨달았다.

5월 21일 금요일

4월 10일 임자. 맑음. 조정의 천거薦擧(선거)에서 관官과 민民이 불화하여 사변이 일어날 것 같다는 소식을 들었다. 토인들의 음식 중에 아이제조阿爾梯稠(artichoke)[592]라는 채소가 있는데 모양은 작약 같고 녹색에 꽃받침은 백합 같다. 맛은 쓰고 물에 삶아 우유를 뿌려서 먹는다.

5월 22일 토요일

4월 11일 계축. 종일 흐리고 비가 내렸다. 법경의 부잣집 부녀들의 머리 손질과 장식은 모두 다른 사람이 해 준다고 한다. 살쩍이 훌륭하고 치마 적삼이 특별하면 반드시 거리를 천천히 걸어가며 사람들에게 구경거리를 만들어주는데, 이 또한 음란함을 가르침이 심한 것이리라. 밤이 되자 비가 그치고 조금 따뜻해졌다.

5월 23일 일요일

4월 12일 갑인. 맑음. 이날은 외국의 예배일이다. 거리와 저자에는 사람들이 넘쳐나고 시끌벅적한 소리가 다른 날과 다르다. 나는 걸어서 백로왕 원에 이르렀는데, 아름다운 꽃들이 길에 가득하고 비취색 버들이 길을 이루었으며, 고운 새들이 숲에서 울고 갈매기들이 물에서 날았다. 사람들

---

592 아티초크는 지중해 근처의 남유럽에서 기원하는 여러해살이 엉겅퀴류 식물이다.

은 자리를 깔고 앉아서 술을 마시고 흡연하며 서로 노래를 부르며 실로 즐거워했다.

5월 24일 월요일

4월 13일 을묘. 맑음. 연춘경, 계동경과 함께 가비관에 가서 잡희를 보았다. 여러 여자들의 가무가 정신을 빼놓았다. 끝에는 남녀가 한 사람씩 나와서 짧은 옷에 작은 모자 차림으로 손을 잡고 무대 위를 오가며 빙희冰嬉(스케이트)처럼 움직였는데, 경쾌하고 빨라서 호수 위에 있는 듯했다. 술정일각(20시 15분)에 숙소에 돌아왔다.

5월 25일 화요일

4월 14일 병진. 맑음. 유초(17시)에 영국 사람 과관맥瓜寬陌이 차를 마시자고 청하여 함께 잠시 이야기를 나누었다. 뒤에 그의 아들과 조카 6명이 '그림자 맞추기'라는 놀이를 했다. 벽에 각 10척 길이의 네모진 포를 걸어놓는다. 맞추는 사람은 벽에서 3척 떨어진 곳에 있는 낮은 걸상에 앉아있고 역시 걸상에서 3척 떨어진 곳에 있는 작은 탁자에는 촛불이 타고 있다. 나머지 사람들은 걸상과 탁자 사이를 오가며 손과 발을 들어 올리면서 달리거나 뛰어오르면서 여러 가지 모양을 만들면 그 그림자가 포 위에 비친다. 앉아있는 사람이 누가 어떤 모양을 하는지를 알아맞히면 맞혀진 사람이 알아맞히는 사람이 된다.

5월 26일 수요일

4월 15일 정사. 맑음. 아침에 나로왕이 서한을 보내왔다. 오늘 오각(11~13시)에 처 광씨鄭氏를 데리고 찾아오겠다는 내용이었다. 아침을 먹고나서 사람들과 앉아 담소를 나누고 있으니 아래층에서 차 소리가 귀를 울리더니 서복西僕(서양 하인)이 와서 "막사약莫四約(Monsieur) 나로왕이 왔습니다."
라고 했다. 나는 바로 나가서 맞이했다. 그의 아내는 예순쯤 되었고 필묵이
대략 통하여 서로 각국의 풍토와 인정에 대해 생각을 주고받았는데 자못 잘
통했다. 그의 처가 중토에서 어린 여자를 물에 빠뜨리고 개와 쥐를 잡아먹
느냐는 이야기를 물어서 내가 일일이 따져 반박해주니 그의 얼굴이 붉어지
더니 고마워하며 말했다. "우습게도 소문이 잘못된 것이었군요. 하지만 천
하에 황당무계한 이야기가 종종 있는 것은 중외中外가 같으니 너무 탓하지
마십시오." 권속들에 이야기가 미치자 그는 아들 둘과 딸 하나를 낳았다고
말했다. 큰아들 애탁愛鐸은 처 방씨方氏를 맞이했고, 둘째 아들 이영理英은
아직 어리며, 딸 이름은 연안然安인데 이미 호부국戶部局[593]에서 일하는 활
사闊斯의 처가 되기로 하여 얼마 뒤에 혼인할 것이라고 했다. 신각(15~17시)
에 작별하고 돌아갔다.

5월 27일 목요일
4월 16일 무오. 맑고 따뜻함.

기記: 서인들은 길에서 만나면 멀리에서부터 혀와 치아로 쉬쉬 소리를
내고, 가까이 만나서는 손가락을 들어 올리며 안팎으로 흔들어댄다. 또 서
로 놀릴 때에는 손을 여섯 육六 자 모양으로 만들어[594] 엄지를 코에 대고 소
지를 밖으로 뻗고 나머지 세 손가락을 좌우로 흔드는데 무슨 뜻인지는 모
른다.

5월 28일 금요일
4월 17일 기미. 맑음.

---

593 경제, 재무 관련 부서를 말한다.
594 엄지와 소지만을 펴고 나머지 손가락은 쥐는 모양이다.

기記: 법경의 각 희원戱園(극장)의 문 앞에서는 선화鮮花를 파는데 [여러 송이를] 묶어서 갑甲 자 모양을 크고 작은 크기로 만든다. 이를 '백구알애柏歐嘎艾(bouquet)'라고 부르고, 오로지 관극자觀劇者(관객)들이 사서 여우女優들에게 주게 하는데 값이 무척 비싸다. 아무개 여우의 자색과 기예가 출중하여 [남자가] 양대지몽陽臺之夢[595]을 찾는다면 꽃 파는 이에게 [꽃다발을] 들려 후대後臺(무대 뒤)로 보내고 겉에 이름과 주소를 적은 종이를 붙이는데, 이렇게 쓴다. "아무개가 꽃다발을 보내어 마음을 표시합니다. 웃으면서 받아주시기를 바라오며, 회옥回玉(회신)을 기다립니다." 여우는 꽃을 받은 뒤에 반드시 무대에 올라 사례해야 한다. 만약 꽃을 보낸 사람이 귀가할 때까지 여우의 전언을 받지 못하면 이 여자는 침석枕席을 깔지 않음을 알게 되고,[596] 이 때문에 값이 무척 올라간다.

5월 29일 토요일

4월 18일 경신. 맑음.

기記: 법경에는 중국의 석복射覆[597]과 비슷한 아이들 놀이가 있는데 '왜, 어디에서, 언제 좋아하나?'라는 놀이이다. 사람 숫자는 구애됨이 없고 맞추는 아이는 문밖에 피해 있고 나머지는 집안에 줄지어 앉아서 음식, 의복, 기명 같은 물건들을 조용히 생각하여 물건이 정해지면 밖에 있는 아이를 불러들인다. 아이는 들어와서 첫 번째 사람에게 "너는 왜 좋아하니?"라고 묻는데, 만약 침상을 생각했다면 "나는 그것이 따뜻해서 좋아."라고 대답하고, 두 번째 사람은 "나는 그것이 차가워서 좋아."라고 말하며, 세 번째 사람은 "나는 그것이 두꺼워서 좋아."라고 말하고, 네 번째 사람은 "나는 그것

---

595 동침을 가리킨다.

596 동침하지 않는다는 말이다.

597 물건 위에 그릇을 엎어 놓고 그 속에 무엇이 들어있는지 알아맞히는 놀이이다.

이 부드러워서 좋아."라고 말한다. 이렇게 묻고 나서 다음으로 "너는 어디에 있어서 좋아하니?"라고 물으면, 나는 방안, 선실, 위층에 있어서 좋다는 등의 말을 역시 첫 번째 사람부터 시작하여 계속하여 묻는다. 다음으로 "너는 언제 좋아하니?"라고 물으면, 아플 때, 밤에, 겨울에 등으로 대답한다. 세 차례의 문답을 마치고 그 물건을 추측하여 맞히면 첫 번째 사람이 맞히는 사람이 되고, 틀리면 다른 문제를 내어 맞힌다.

5월 30일 일요일

4월 19일 신유. 맑음. 태서 각국의 문자는 모양이 대서大書와 소서小書로 나누어진다. 이를테면 영자英字에서 A는 대서이고 a는 소서이고 '아阿'라고 읽는다. N은 대서이고 n은 소서이고 '나那'라고 읽는다. AN을 절음切音하여 읽으면[598] '안安'이 되고, 이어서 쓸 때는 An이라고 쓴다. NA를 절음하여 읽으면 '나那'가 되고, 이어서 쓸 때는 Na라고 쓴다. 구두句讀의 첫 글자[599]와 지명, 인명의 첫 글자는 모두 대서로 쓴다. 이를테면 안남安南(베트남)은 Annan이라고 쓰고 남경南京은 Nankin이라고 쓰고, 포 흠헌의 이름 안신安臣은 Anson이라고 쓰고 법국 군주의 이름 나파륜拿破倫은 Napoleon이라고 쓴다. 나머지도 모두 이와 비슷하다.

5월 31일 월요일

4월 20일 임술. 흐렸다 개었다 함. 태서 각국의 서적에서 구두句讀(문장부호)를 그리는 법은 강해講解하기가 아주 번잡하다. 이를테면 모 구절의 뜻이 충분하면 '.'로 표시하고, 뜻이 충분하지 않으면 ','로 표시하고, 뜻은 충분하나 윗 구절과 연결되면 ';'로 표시하고 뜻이 충분하지 않아서 다른 구절

---

598 연결하여 읽는다는 뜻이다.
599 문장의 첫 글자를 말한다.

을 보충하면 ':'로 표시한다. 말이 놀랍고 찬탄할 때는 '!'로 표시하고, 말을 물을 때는 '?'로 표시하고, 전거典據를 인증引證할 때는 구절의 앞뒤에 " " 로 표시하고, 따로 주해를 덧붙일 때에는 구절의 앞뒤에 '( )'로 표시하고, 양쪽이 서로 연결되는 곳에서는 '—'처럼 가로선을 더한다.

6월 1일 화요일

4월 21일 계해. 흐리고 서늘함.

기記: 외국에서 각 물건을 말할 때 본국에서 나거나 만들어진 것이 아니면 환음還音(음역)하는 일이 많다. 산지産地에서 불려지는 이름을 [그대로] 이름으로 삼는 것이 있는데, 이를테면 차茶는 '체替(tea)' 또는 '차叉(chai)'라고 하고, 자기瓷器는 '재납齋納(china)' 즉 '중국中國'이라고 하고, 탑은 '도이陶爾(tower)' 또는 '파구타巴勾他(pagoda)'라고 하고, 아편연鴉片烟은 '구편아歐片亞(opium)' 또는 '구피양歐皮陽'이라고 한다. 마치 중토에서 살피아薩皮雅(sophia), 바라밀波羅蜜(paramita), 답련褡褳(talimp), 객라喀喇(kala), 필기嗶嘰(beige) 등으로 [환음]하는 것과 비슷하다.[600] 화륜차선火輪車船(기차와 증기선), 전기선電氣線(전선) 등의 이름은 모두 그 뜻을 생각하여 이름을 정한 것이다.

6월 2일 수요일

4월 22일 갑자. 흐림. 오후에 정보신, 계동경과 함께 걸어서 백로왕 원에 갔다. 푸른 산이 겹겹이 있고 폭포에는 무지개가 걸리고 화초가 만발하고 나비가 쌍쌍이 날아오르니, 지난번에 이곳에 왔을 때와는 또 경치가 달랐다.

---

600 'sophia'는 지혜를 뜻하는 그리스어이고, 'paramita'는 피안에 이른다는 뜻인 산스크리트어이며, 'talimp'는 등에 지는 포대를 뜻하는 몽골어이다. 'kala'와 'beige'는 모두 옷감의 종류를 나타내는 말로 각각 러시아어와 프랑스어이다.

6월 3일 목요일

4월 23일 을축. 흐리고 비가 내렸다. 서인 남녀의 잠옷 모자, 속적삼, 평상복은 모두 2~3일에 한 번씩 빨아서 무척 정결하다. 또 백지로 만든 목 깃이 있는데 천 옷깃과 같은 모양이고 값이 무척 싸서 사나흘에 한 번씩 바 꾼다고 한다.

6월 4일 금요일

4월 24일 병인. 흐림. 미초(13시)에 옆집의 영국 사람 삼승三升의 가원 안에서 아이들 예닐곱 명이 함께 놀이를 하는 모습을 보았다. 대여섯 명이 둥글게 둘러앉고 그 가운데에 '사냥꾼'이 된 한 명이 무릎을 꿇고 한 명의 다리 위에 머리를 숙이고 손에 피리를 하나 들고 있으면 다른 사람이 그 피 리를 받아서 몰래 옷에 바늘 하나를 꽂고 피리를 불어 [사냥꾼에게] 바늘을 찾게 한다. 만약 바늘을 찾으면 바늘을 꽂았던 사람이 사냥꾼이 되는 놀이 이다.

6월 5일 토요일

4월 25일 정묘. 맑음. 오초(11시)에 차를 타고 팔보八寶 항巷(Rue Beaubourg) 제19호로 나로왕을 찾아갔다. 많은 차들이 문앞에 가득하고 화 려한 장식과 꽃들이 걸려 있었다. 문지기가 알리니 그가 가족을 이끌고 신 발을 거꾸로 신고 달려 나와 맞이했다. 손을 붙잡고 안부를 물은 뒤에 높은 누방으로 데리고 들어가서 남녀 좌객 수십 명에게 일일이 나를 소개해 주었 다. 얼마 뒤 세노細奴(하인)가 입을 가리고 그에게 귓속말을 하니 그가 웃으 면서 말했다. "약식弱息[601]이 화인華人을 보고 싶어하니 너무 나무라지 마십 시오. 또 오늘 저녁에 마침 혼사가 있는데, 뜻밖에 홍란성紅鸞星이 움직이

---

601 남에게 자신의 딸을 이르는 겸칭이다.

고[602] 또한 귀인貴人께서 밝혀주시니 광채가 빛납니다.” 내가 말했다. “오늘 가례嘉禮가 있는지 몰라 부끄럽게도 경하慶賀의 뜻을 준비하지 못하여 심히 송구합니다.” 이야기를 나누고 있을 때 한 젊은 여자가 다른 여자를 부축하고 나왔는데 살짝 보니 은빛 신발을 신고 화관花冠을 쓰고 눈처럼 흰옷을 입었는데 절세의 용모이며 말없이 부끄러워하고 있었다. 광씨가 웃으며 말했다. “이 아이는 사람을 만나면 전혀 부끄러워하지 않았는데 오늘 화인을 만나 어찌 갑자기 이런 모습일까?” 사람들이 모두 크게 웃었다. 얼마 뒤에 주연酒筵이 마련되었다고 하며 그가 나를 끌고 객청客廳에 들어갔다. 스물여덟 명이 둘러앉았는데 하얀 그릇과 금빛 술잔이 식탁에서 빛나고 산해진미가 훌륭했다. 전등電燈 백 개가 높이 매달려 있는 것이 광명 세계가 열린 듯했다. 술이 몇 잔 돌자, 그가 말했다. “오늘 밤 아름다운 모임에 어찌 금琴을 타지 않을 수 있겠습니까?” 그 자녀들이 각각 한 곡씩 노래했는데 소리가 모두 청량했다. 조금 뒤에 한 노파가 말했다. “오늘 여공자가 좋은 날을 맞이했으니 마땅히 노래를 불러 가빈嘉賓들께 즐거움을 드려야 할 것입니다.” 사람들이 그를 끌고 나오니 그가 몸을 돌려 방에 들어가서 하지 않게 해달라고 고운 목소리로 간청했다. 광씨가 두세 차례 재촉하니 얼굴을 가리고 나와 금 왼쪽에 서서 입을 벌리는데 얼굴과 귀가 마치 복사꽃처럼 빨개져서 사람들이 모두 조용히 웃다가 그쳤다. 다시 술을 마시라고 했지만 나는 겨우 사양하고 나왔다. 숙소에 도착하지도 않았는데 닭이 울었다.

6월 6일 일요일

4월 26일 병진. 맑고 더움. 백로왕 원에 말 달리는 도박이 있는데 이긴 사람은 법방 5만여 개開, 즉 은 6천 5백여 냥을 얻는다. 아침 내내 개가로 일대에 차량들이 마치 개미들처럼 빽빽하게 지나가며 시끄러웠다. 신초일

---

602 홍란성은 혼인 등의 길사를 주관하는 별이다.

각(15시 15분)에 포 흠헌과 백 협리가 공무 때문에 영도英都(런던)에 가셨다.

[그림 244] 불로뉴 숲의 경마(에두아르 마네, 1872)

6월 7일 월요일

4월 27일 기사. 맑고 아주 더웠다. 땀이 비 오듯 내리니 마치 중토의 혹서 같았다. 당과 가게에서 아주 큰 밀률蜜栗[603]을 은지銀紙를 깐 작은 쟁반에 놓아 팔았는데, 두 개에 1방, 즉 은 1전 3푼이었다. 또 사탕을 과일 모양으로 만들고 오색으로 장식한 것도 있었는데 한 개에 역시 1방이었다.

6월 8일 화요일

4월 28일 경오. 맑고 어제처럼 더웠다. 국어로 연초烟草를 '담파고淡巴菰'라고 말하는데, 영국에서는 '독파고禿巴溝(tobacco)', 법국에서는 '타파격他巴格(tabac)', 포국에서는 '탑파塔巴(Tabak)', 아국에서는 '특파알特巴戞(таба к)'이라고 부르고, 미국은 영국과 같다. 음이 모두 서로 비슷한데 어떤 길을 통해 같은 이름이 퍼지게 되었는지 도대체 모르겠다. 신각(15~17시)에 약간

---

603 밤에 당밀을 묻힌 것이다.

서늘해지며 바람이 불었다.

6월 9일 수요일

4월 29일 신미. 맑음. 법경의 크고 작은 누방은 천만 채가 넘는데 창이 모두 파리玻璃(유리)로 되어 있고 절대로 종이를 붙이지 않아 안팎이 훤히 보이고 하나같이 반짝거리며 비바람에 흔들릴 걱정도 없다.

사초(09시)에 영국 사람 배삼포拜森布가 찾아와서 이야기를 나누다가 수수泗水(수영)에 대해서도 이야기했다. 그의 말로는, 수수는 비록 놀이에 가깝지만 담력과 식견을 단련하고 위험에 빠진 사람을 구조할 수 있다고 했다. 영국은 사면이 바다이고 곳곳에 강과 호수가 있는데 이 기예를 잘하는 사람은 나라 전체에서 십 분의 이에 불과하다고 한다. 그러나 남해 일대는 토인들이 배를 몰다가 물에 뛰어들기도 하고 몸을 솟구쳐 배에 오르기도 하는 등 자유자재로 오르내리면서 물에 가라앉을 염려가 없으니 이 기예의 삼절굉三折肱[604]이라고 할 만하다. 요컨대 수수라는 기예는 연습하는 장정章程(방법)이 따로 있어서 수족水族(수중동물)들이 천성적으로 할 수 있는 것과는 다르다. 수수가 어려운 것은 무엇보다도 호흡의 조섭調攝(조절)에 있다. 또 대담하고 힘이 있어야 하고 기민하고 침착해야만이 물살 속에서 춤을 추며 마음대로 움직여도 몸이 편안하다. 어떤 이는 수수가 허약한 사람한테는 좋지 않다고 말하기도 하지만 의생은 이렇게 말한다. "이 기예를 오래 연습하면 어깨 힘이 좋아질 뿐 아니라 병을 물리칠 수도 있다." 이 말은 깊이 새길 만 하다. 수수의 방법은 일정한 절제節制(절도)가 있어서 아무렇게나 할 수는 없다. 배가 부르면 수수를 해서는 안 된다. 헤엄을 치고자 하면 빨리 물에 뛰어들어야 하니, 옷을 벗은 뒤에 바로 물에 뛰어들어야 한다. 물에 들어가

---

604 의사가 환자의 팔을 세 번 부러뜨려야 비로소 양의(良醫)가 된다는 말로, 많은 경험을 쌓아 노련하게 됨을 말한다.

기 전에 먼저 머리에 물을 적시거나 물에 들어가자마자 머리를 적시고 물속에서 수시로 적시면 더욱 좋다. 날이 추울 때 더욱 잘 기억해야 한다. 봄이나 가을처럼 날이 풀어질 때에는 물속에서 한 소시小時(시간) 이내로 해야 하지 추워 떨 정도가 되지 말아야 한다. 만일 얼굴빛이 검어지면 한기가 들었다는 증거이다. 또 다른 사람이 헤엄쳐 지나간 곳에서는 다시 떠 있지 말아야 한다. 이 기예를 잘하지 못하는 사람은 깊은 물에 들어가지 말아야 하고 오랫동안 있지 말아야 한다. 물이 얼굴 높이까지 오는 곳에서는 얼마든지 왔다 갔다 하며 놀 수 있다. 몸이 물에서 나오지 않았을 때에는 몸을 구부려 다리를 만져서는 결코 안 된다. 물에 빠진 사람은 축 처져 힘이 없거나 자기 마음대로 움직이다가 죽음에 이르게 된다. 처음 연습을 배울 때는 모두 5~8월 네달 중에 해야 한다. 나머지는 물이 차가워서 견디기 어려울 것이다. 각 방법을 아래에 쓴다.

1. 물에 뛰어들기. 헤엄을 익히기 전에 먼저 물에 익숙해져야 한다. 처음 배울 때에는 능숙한 사람이 갑자기 뛰어드는 것을 따라하지 말고 반드시 깨끗한 물을 찾아 그 깊이를 알고 물로 머리를 적신 뒤에 천천히 들어간다. 물의 바닥에 닿기 전에 한쪽 발을 들어 올려 먼저 그 깊이를 재고 걸음마다 조심하며 물가 쪽을 향해 뜬다. 물속에서 힘을 쓰는 것은 물의 깊이와 몸의 부피와 상관된다. 뚱뚱한 사람은 마른 사람보다 힘이 좀 더 드는데 몸이 물보다 무겁기 때문이다.

2. 무게중심. 몸이 위나 아래를 향하거나 비스듬하거나 똑바르거나 모두 무게중심을 잡아야만이 잘 뜨고 가라앉지 않는다. 의사는 말한다. "폐가 사지의 무게중심이다." 수수하는 사람은 물에 몸을 던진 뒤에 천천히 머리를 들어 올리고 몸은 물과 평행을 이루고 먼저 좌우의 손을 흔들어 기운을 편안하게 하고 어깨 힘을 충분히 쓸 수 있을 때 다시 두 손을 머리 위로 올리고 발가락을 물 밖으로 내어 물 위에 평평히 떠 있게 된다. 시간이 얼마나

지나는지에 상관없이 손과 발을 거의 움직이지 않게 하면 몸이 평평하고 곧아서 기울어지거나 뒤집어질 염려가 없다. 오체五體가 앞뒤로 모두 평형을 이루면 폐의 무게중심이 잘 잡힌 것이다. 비유하자면 배를 저을 때 반드시 그 머리와 꼬리를 잘 멈추게 한 뒤에 비로소 앞으로 나아갈 수 있는 것과 같다. 사람이 물 위에 떠 있을 때 물살 따라 올라왔다 가라앉았다 하거나 조수 따라 나아갔다 물러났다 하거나 '일一' 자 모양으로 떠 있으면서 두 발이 앞에 있고 두 손이 목 뒤에서 물을 움켜쥐고, 물을 움켜쥘 때마다 앞으로 나아가게 된다. '1' 자 모양으로 서 있으면 몸이 물 안으로 가라앉는데 물이 턱 높이에 올 때 어깨를 날개처럼 펴면 몸이 곧게 선다. 서서 머리가 물 위로 나오는 것이 누워서 손발이 물 위로 나오는 것보다 힘이 더 들기 때문에 두 다리를 교차하거나 두 어깨를 감싸면 좋다. 이상은 모두 몸이 균형을 갖추어 기울어지지 않아서 평평한 땅에서 나아가는 것과 같다. 두 방법은 담수에서도 쓸 수 있고 짠물에서는 더욱 쉽다. 이때에도 서서 떠 있는 것이 구조되기가 더 쉽다. 만약 목욕할 때 기운이 빠지거나 모르고 넘어져 물에 빠졌다면 몸을 평평하게 하고 힘을 써서 떠올라 있으면 위험을 피할 수 있다.

3. 조기助器(보조기구). 수수는 본래 어깨 힘에 의지하는 것이지만 기오氣襖(부력 재킷), 기포氣脬(부력 공), 경목輕木 등의 도움을 받으면 더욱 쉬워진다. 헤엄치는 사람은 물에 들어갈 때 허리를 펴지 말아야 하니, 머리가 무겁고 다리가 가볍게 될 우려가 있기 때문이고, 물속에 오래 있어서 힘이 빠지는 일이 없어야 하니, 물 안에서는 가벼워도 물 밖에서는 무거워질 염려가 있기 때문이다. 생사가 실로 호흡에 달려있으니, 배를 모는 기술보다 더욱 어렵다. 코와 입으로 물이 들어가서는 안 되지만 힘을 다해 물을 피해서도 안 된다. 다시 말해 입 안에 물이 약간 들어오면 한두 모금 정도까지는 삼키거나 기관氣管에 들어가도 괜찮다. 조기가 있어도 익수溺水하는 사람이 종종 있는데, 하나는 가슴 앞에 있어야 하는 경목이 어깨 뒤로 돌아가기 때문이

고, 하나는 기오와 기포의 내기內氣가 새어 납작해져서 물의 탁력托力이 몸을 이기지 못하기 때문이어서, 순식간에 물고기 뱃속에 들어가게 된다. 가르치는 사람은 함께 물 위에 떠서 손으로 [배우는 사람의] 턱을 받쳐주면서 일체의 법칙을 연습하게 하거나, 배 안에서 손에 경목을 들고 띠로 연결하여 [경목을] 팔에 묶은 다음에 법칙에 따라 스스로 뜨게 한다. 며칠이 지난 뒤에 진익進益(발전)이 있으면 턱을 받쳐주거나 경목을 묶을 필요가 없다. 또한 가지 방법이 있는데, 양안에 줄을 걸치고 중간에 작은 배에 줄을 지나가게 하고 좌판 위에 깃대 하나를 가로로 묶고 끝에 고리를 하나 연결하고 고리에 띠를 하나 매어 배우는 사람의 어깨에 묶는다. 배가 가면 배우는 사람이 물에 들어가 오가면서 헤엄을 치고 가르치는 사람은 깃대를 들고 지시한다. 기술이 숙련된 뒤에는 배와 함께 물가 쪽을 향해 헤엄칠 수 있다.

4. 평수平泅(평영). 입수 뒤에 둑을 향해 앞가슴으로 점점 물을 누르고 머리를 들고 턱을 수면에 띄우고 팔을 펴고 손을 모아 손바닥을 합치거나 손등을 나란히 위로 향하게 하여 두 팔을 앞으로 미는데 멀리 밀수록 좋다. 밀 때는 열 손가락의 힘을 조금 늦추어 물에 막히지 않게 한다. 이어서 손바닥을 밖으로 향하게 하고 두 팔을 앞뒤와 위아래로 밀어내되 좌우의 힘을 같게 하고 물속에서 몸을 고두叩頭하듯이 굽혔다가 곧게 펴면 저절로 앞으로 나아간다. 손을 물속에서 밀어 제자리에 돌아오면 다시 다리를 곧게 편다. 다리를 펼 때 다시 손을 거둔다. 앞으로 갈 때마다 머리를 한 번씩 입수해야 한다고 말하는 이도 있는데 그 말은 옳지 않다. 미는 힘으로 솟구쳐 앞으로 나아가는 모습을 만들기 때문에 머리를 숙여 물에 넣을 필요가 없다. 머리를 들어 올리고 손바닥을 마치 노를 젓듯이 밖을 향하게 하며 수면에 너무 가까이 두지 말아야 한다. 옆에서 보면 마치 뒤로 물을 밀어내지 않는 것 같지만 몸은 저절로 앞으로 나아가게 된다. 이 방법은 몸을 움직이는 것은 느리지만 나아가는 속도는 오히려 빠르다. 또 이와 같이 하지 않고도 빠

르게 갈 수 있는 방법이 있다. 이를테면 손에 힘을 주고 발을 수면 가까이에서 밀어내면 소리가 크고 몸은 적게 움직이면서 빠르게 나아간다. 그렇지만 초학자는 앞의 방법으로 하는 것이 좋다.

5. 사수斜泅(크롤). 이 방법은 야인野人(야만인)들에게서 비롯된 것으로, 영국에서 간혹 이 방법을 쓰면서 낙법樂法(freestyle)이라고 부른다. 오래 떠 있어서 힘이 빠졌을 때 이 방법을 쓰면 빠르게 반대편에 닿을 수 있다. 그 방법은 오른손을 뒤에서 위로 뻗어 물 밖으로 끝까지 내밀었다가 힘을 써서 물 안으로 치고 들어가서 물을 밀어내어 앞으로 나아간다. 손이 물 안으로 들어가면 힘을 약간 풀었다가 아래로 향하는데 이때 몸은 오른쪽으로 기울어진다. 오른쪽 다리는 뒤로 끝까지 곧게 뻗어 오른손과 오른쪽 다리를 곧게 만들면 몸이 '戈'자 모양이 된다. 이어서 왼손을 위로 뻗고 왼쪽 다리를 뒤로 뻗는다. 손을 바꿀 때마다 2척씩 나아가는데, 수면에 포말이 적게 일어나는 것이 좋다.

6. 방수旁泅(횡영). 헤엄치는 사람이 힘이 빠지면 옆으로 떠 있을 수 있다. 그 방법은 왼쪽 어깨를 세우고 오른손을 수면에서 앞으로 밀고 손바닥에 힘을 빼고 가슴 앞쪽을 향해 물을 밀고, 왼손도 약간 흔들면서 엄지를 아래로 향해 노 모양을 만들고 다리를 향해 물을 밀어낸다. 보통의 방법대로 하여 다리를 바깥을 향해 밟더라도 항상 왼손을 따라 물을 치게 된다. 이상의 두 방법[605]은 평부平浮(평영)보다 어려워서 배우는 사람은 충분히 연습해야 한다.

7. 족행앙수足行仰泅(발이 먼저 가는 배영). 몸을 물속에 넣고 머리는 뒤로 눕히고 손으로 물을 밀어내고 발은 수면에 떠 있으면 저절로 앞으로 간다. 자주 머리를 들어 앞을 보면서 위험이 없는지 살펴야 한다. 이 방법은 시각이 오래 지나도 힘이 빠지는 것을 느끼지 않는다. 또 다른 방법은 손으로 물

---

605 사수와 방수를 말한다.

을 잡아당겨 가슴 위까지 솟구쳐서 위아래를 활 모양으로 만들었다가 이어 무릎을 굽혀 물을 차면 역시 저절로 앞으로 가고, 앞의 방법보다 속도가 빠르다.

8. 수행앙수首行仰泅(머리가 먼저 가는 배영). 세 가지 방법이 있다. 첫째, 입수한 뒤에 머리를 뒤로 눕히고 발을 위로 띄우고 두 팔을 엉덩이 옆에 붙이고 두 손은 노를 젓듯이 물을 긁은 다음 발을 향해 밀어내고 이어서 물을 잡아당겨 긁은 다음 두 팔을 엉덩이에 붙이면 빠르게 앞으로 나아간다. 둘째, 머리는 앞으로 나아가려고 하고 먼저 무릎을 굽히고 손을 무릎에서 물 밖으로 끝까지 뻗은 다음 머리 위에서 입수하여 무릎 옆으로 돌아온다. 어깨를 원의 중심으로 삼고 물속에서 반원 모양을 그려 한 바퀴 돈 다음에 다시 시작한다. 그러나 손이 무릎에 오면 얼른 위로 뻗어야 한다. 그렇지 않으면 분량分量(무게 배분)이 고르지 않아 몸이 아래로 가라앉는다. 이 방법은 근골을 잘 펴서 경락經絡을 트이게 할 수 있다. 좌우의 두 손을 나누어 쓰면 더욱 좋다. 셋째, 두 번째 방법처럼 하되 손을 머리 위에서 입수하여 무릎 옆으로 돌아올 때 힘을 써서 위쪽으로 물을 친다. 손이 물 밖으로 나와 머리를 지날 때 두 다리를 뒤로 찬다. 손이 입수하면 다리는 바로 오므린다. 또 다른 방법도 있다. 수면에 누워 두 팔을 모으거나 두 손으로 목 아래에서 팔꿈치를 감싸거나 몸을 세 번 접어 가슴 쪽으로 다리를 굽히는데 높을수록 좋다. 발에 힘을 줄 때 다시 다리를 점차 펴는데 역시 힘을 한껏 써야 한다. 하나는 손의 힘이 필요 없고 하나는 앞으로 아주 멀리 갈 수 있다. 손으로 무거운 물건을 들고 물을 건너거나 뒤에서 다른 사람이 쫓아올 때 이 방법이 편리하다.

9. 도수倒泅(다이빙). 언덕 위나 배에서 손을 머리 위로 들어 거꾸로 떨어져 입수하는 것으로, 몸이 수면과 45도를 이루면 입수 뒤에 수면으로 돌아오기가 아주 쉽다. 물에서 마음대로 헤엄치거나 떠 있을 수 있으려면 중

심을 잘 잡도록 힘써야 한다.

모든 수수의 요결은 다음과 같다. 입수할 때 손을 머리 위로 올려 뜻밖의 사고를 피한다. 입수한 뒤에는 먼저 손을 올려 머리 위에서 합쳐서 'ㅿ'자 모양을 만들고 그 다음에 두 손을 점차 벌려 양자洋字 'V'자처럼 '人'자를 거꾸로 한 모양을 만든다. 그 다음에 두 팔을 펴서 'ㅗ'자 모양을 만들고, 그 다음 팔을 거두어 '人'자 모양을 만든다. 머리가 앞으로 가는 곳에는 손이 머리 위의 지정된 자리를 지나치지 않아도 된다. 또 앞으로 나아갈 때 손은 반드시 먼저 머리 위에 있어야 하는데, 하나는 물의 기세를 죽일 수 있고 하나는 앞에서 막히는 것을 피할 수 있기 때문이다. 처음 배우는 사람은 머리를 연못 물속으로 집어넣고 옆 사람이 숫자를 외쳐준다. 그러면 옆 사람이 보살펴주고 있다는 것을 알기 때문에 물에 오래 잠겨 있을 수 있다. 만약 갑자기 숨이 막히면 재빨리 물 밖으로 끌어내어 숨을 돌린 뒤에 다시 물 안에 머리를 넣는다. 입수 뒤에는 입을 다물고 볼을 불룩하게 하고 폐를 키워 공기가 배 안에 쌓이도록 힘써야 한다. 한참 있다가 약간 숨을 내쉰다. 물속에는 들이쉴 수 있는 숨이 없기 때문이다. 입수하고 눈을 뜨면 안 된다고 말하는 사람이 있는데 이 말은 옳지 않다. 물빛이 눈을 어지럽게 하기는 하지만 입수한 뒤에는 부광浮光[606]이 꺾여 돌아올 수 없으므로 마음대로 눈을 떴다 감았다 할 수 있다. 짠물이나 담수 모두 마찬가지이다. 그런 까닭에 수수를 배우는 이는 늘 눈을 뜨고 물에 들어가는 것을 법으로 삼는데, 연습이 몇 차례에 불과해도 당황할 염려가 없게 된다.

10. 발수拔泅(선헤엄). 물속에 꼿꼿이 서서 계단을 오르듯 한 걸음씩 내딛으면 머리와 목이 저절로 위로 올라온다. 또 마치 물고기가 지느러미를 흔들듯이 손을 위아래와 좌우로 밀어 흔들며 보조하며 간다.

---

606 물 밖의 빛을 말한다.

11. 질병 치료. 다리에 불인不仁한 병[607]이 있는 사람이 헤엄칠 때 발작하여 힘줄이 줄어들면 힘을 다해 다리를 곧게 펴면 대체로 통증을 멈출 수 있다. 병이 낫지 않으면 몸을 일으켜 물 위에 떠서 손으로 버티며 구조를 기다리거나 힘을 다해 손으로 물을 쳐서 기슭으로 돌아온다. 물에 누워 떠 있지 못할 지경이 되면 머리를 수면 위로 내밀고 다리 힘을 쓰지 않고 손으로 아래 방향으로 물을 친다. 몸이 약하면서 이 기예(수영)를 배우는 사람은 먼저 한 발로 헤엄치거나 한 발 한 손으로 헤엄치거나 두 손만으로 헤엄치는 등과 같이 재난을 막을 방법을 익힌다.

12. 구난救難. 만약 물에 빠진 사람이 있으면 몰래 뒤따라가서 그를 부축해야 한다. 만약 조심하지 않으면 물에 빠진 사람이 급히 나를 잡아당겨 두 사람 모두 다치게 될 수 있다. 붙잡은 뒤에는 절대로 그를 들어 올려 물 밖으로 나오면 안 된다. 자기의 힘이 부족하게 될 수 있기 때문이다. 반드시 팔로 몸 뒤에서 끼고 지체없이 힘을 다해 앞으로 가야 한다. 기슭으로 끌고 나온 다음에 혼미하여 깨어나지 않으면 다시 다음의 인심당仁心堂에서 만든 방법에 따라 구조한다.[608]

13. 회생. 물에 빠져 거의 죽게 된 사람은 대체로 담痰이 막혀 숨을 못 쉬게 되기 때문이다. 그러므로 구조하는 사람이 먼저 숨을 바꾸어 천기天氣(공기)를 입과 코에 들여보내면 되살아난다. 소생한 뒤에는 반드시 급히 옷을 덮어 몸을 따뜻하게 해야 한다. 이렇게 하면 대체로 4각이면 살아날 수 있다. 이제 상세하게 말하자면, 때를 놓치지 말고 덤벙대지 말고 발을 지탱하지 말고 몸을 흔들지 말고 소금이나 술로 몸을 닦지 말고 연기를 쐬지 말아야 한다. 첫째, 먼저 물을 빼내어 입과 코를 깨끗하게 하고 줄로 혀를 묶어 입 밖으로 꺼내어 놓으면 천기가 들어갈 수 있다. 다음으로는 가까운 집

---

607 불인은 마비 증세를 말한다. 불인한 병은 다리에 쥐가 나는 증세를 말한다.
608 다음 항목인 '회생'에서 설명하는 방법으로 소생시켜야 한다는 뜻일 것이다.

을 찾아 얼굴을 위로 향하게 하여 평상에 바로 눕히고 어깨 아래에 높은 베개를 받쳐 내기內氣가 막히지 않게 한다. 이어서 다리를 굽혀 머리 위로 올려 천기가 폐 안에 들어가기 좋게 해준다. 2초 뒤에 다리를 천천히 내려서 볼 옆에 오게 한다. 다시 2초를 기다려 숨이 폐에서 나오기 좋게 해준다. 이렇게 계속하여 반복하면서 스스로 소생하여 숨을 쉬기를 기다렸다가 더운 물로 목욕을 시킨다. 다시 앞과 같이 천기를 바꾸어 20초를 기다렸다가 몸을 일으켜 앉혀서 다시 찬물로 얼굴을 적시고 장뇌樟腦를 코앞에 놓아 숨을 통하게 한다. 코담배를 태우거나 소금을 먹이거나 새의 깃으로 목구멍을 간지럽히는 것도 마찬가지이다. 이어서 찬물과 더운물을 번갈아가며 몸을 따뜻하게 해준다. 몸을 감싸는 것은 마른 마포麻布를 쓰고, 가슴 앞, 갈빗대 아래, 복사뼈에 더운 물병과 두꺼운 모전毛氈과 기포氣脬[609]를 대어 따뜻하게 해준다. 이어서 힘센 사람을 써서 두 팔을 주무르며 멈추지 않는다. 숨이 돌아올 때 이어서 더운물에 술이나 가비를 더해 삼키게 하면 생환의 기쁨이 있게 될 것이다. 이어 숨을 쉬기 시작하면 큰 개마芥麻 고약을 가슴 앞이나 어깨 아래에 붙이면 호흡에 꽤 도움이 된다.

14. 여사餘事(기타). 만약 잘 익히고 힘이 강하고 담이 크면 옷을 입고 헤엄치게 할 수 있다. 입수 후에 크게 힘을 들이지 않아도 저절로 뜨고 가라앉을 수 있다. 언젠가 우연히 물에 빠지거나 익수자를 구조할 때 모두 도움이 된다. 들짐승이 물에 빠지는 광경을 보면 처음에는 두려워하는 것 같지만 얼마 지나지 않아 물에 떠서 헤엄쳐 기슭에 올라온다. 다른 종류의 곤충이나 인개鱗介[610] 중에 수면에 뜰 수 있는 종류는 대체로 사람이 헤엄치는 방법과 같이 헤엄친다.

어떤 이가 이 기예를 배우고자 하는 사람에게 가장 좋은 교사는 개구리

---

609 공기주머니인 듯하다.
610 어류와 갑각류를 말한다.

와 닭이라고 말하고 나서 크게 웃었다.

미초(13시)에 작별하고 돌아갔다. 그(배삼포)가 바로 수학水學의 교사일
것이다.

6월 10일 목요일

5월 1일 임신. 맑음. 오초(11시)에 지 흠헌과 손 흠헌께서 연춘경과 왕
자현 등을 데리고 화륜주火輪舟를 타고 삼극로三克路(Saint-Cloud) 촌[611]에 가
서 화원花園을 유람하고 원주園主의 초대를 받았다. 해초일각(21시 15분)에
돌아오셨다. 법경의 약사藥肆(약국)에서 아편 연토鴉片烟土[612]를 파는 것을 보
았는데 병의 치료를 위한 것으로 보증을 받아야지만 판다. 의생도 마찬가지
이다. 밤이 되자 흐리고 서늘해졌다.

6월 11일 금요일

5월 2일 계유. 흐림. 어제 저녁 해각(21~23시)에 마달란 대가에서 흰옷
을 입은 빈민 2백여 명이 함께 노래를 하고 떠들썩하게 소란을 피웠다는 말
을 들었다. 조정의 천거가 공정하지 않아 관민官民이 화목하지 못하기 때문
이다. 관병이 나와서 탄압彈壓(진압)하여 다친 자가 6~7명이고, 상포商鋪 몇
군데와 기등氣燈 몇 개를 훼손하고 자정이 되어서야 가라앉았다. 오늘 저녁
에 다시 소란이 일어나면 창포槍炮(총포)를 시방施放(발사)하여 역론逆論을 제
압하겠다고 했다. 저녁이 되자 행인들이 드물어지고 시전市廛은 일찍 닫았
으며 집집마다 경계하는 마음을 갖고 불의의 일에 대비했다.

---

611 생끌루는 파리 서부 교외의 마을이다. 일행은 센 강에서 배를 타고 갔다.
612 연토는 정제하지 않은 생아편을 말한다.

6월 12일 토요일

5월 3일 갑술. 맑음. 어제 저녁은 조용하고 밤새 소란이 없었다고 들었다. 각 골목 입구에 모두 마병馬兵들이 주찰하여 간귀奸宄(시위대)들을 붙잡고 국왕이 홀로 단마單馬를 타고 왕래하며 순시하다가 날이 밝고서야 입궁했다고 한다.

6월 13일 일요일

5월 4일 을해. 맑음. 애초 법국 백성들이 난리를 일으킨 것은 국왕의 사촌 동생인 적륵목翟勒木 (Napoléon-Jérôme Bonaparte)[613]이라는 자가 주동했다. 그가 천거에 응했는데 관에서 뽑아주지 않자 마음에 원한을 품고 우민愚民들을 선혹煽惑(선동)하여 분노를 드러내게 한 것이다. 들기로 이미 비국比國(벨기에)으로 도망갔고 영국과 비국에서도 그를 따라 미혹되었다고 한다. 악행을 계속하며 고치지 않으니 죄를 면할 길이 없음을 알겠다.

[그림 245] 나폴레옹-제롬 보나파트르

---

613 나폴레옹-제롬 보나파트르(1822~1891)는 나폴레옹 1세의 막내동생 제롬 나폴레옹 1세의 둘째 아들이다. 1852년에 왕자 칭호를 받았고, 1850년대에 일어난 여러 전쟁에 참전했으며, 1855년에 만국박람회의 총책임자로 임명되고 1858년에는 식민지 및 알제리 장관으로 임명되었다. 제2제국(1852~1871)의 후기에는 본문에 나오는 사건 등을 일으키며 무분별한 발언들로 영향력이 상실되었고, 1879년에 나폴레옹 3세의 아들이 사망하자 후계 서열 1위가 되었지만 그의 아들 빅토르(Victor)가 후계자로 지명되었고 아들에게 지위를 빼앗긴 후 스위스 제네바에서 노년을 보내다가 세상을 떠났다.

6월 14일 월요일

5월 5일 병자. 맑음. 내가 주묵朱墨의 횡서橫書로 '포룡애호蒲龍艾虎'[614]라고 써서 문머리에 펼쳐 걸어 명절을 기념했다. 오후에 걸어서 백로왕 원에 가서 구경했다. 이날은 날씨가 화창하여 놀러 나온 사람들이 많았다. 뒤에 작은 호수에 가서 창포와 쑥, 그리고 초과草果[615]를 조금씩 사 가지고 숙소로 돌아왔다. 만찬에는 청어, 바다새우, 배, 귤, 딸기 등이 나왔다.

기記: 법국의 풍속에 여자들은 시집을 갔어도 25살 전에는 부모의 명을 들어야 하고 그 나이를 지나면 스스로 정할 수 있다. 또 서국의 부녀들은 스스로의 뜻대로 하는 때가 많으나, 일생에 오직 혼서婚書에 화압畫押(서명)하여 관부官府에 낼 때를 제외하고는 붓을 잡고 글을 쓸 수 없다.

6월 15일 화요일

5월 6일 정축. 맑음. 한민悍民(시위대)들이 난리를 일으켜 연일 붙잡힌 자가 9백여 명이고 모두 제독서提督署[616] 안에 끌려갔다고 한다. 반민叛民들이 붙잡히지 않자 왕은 성 안을 크게 수색하라고 밀명을 내렸다. 관병들은 각 거리와 골목에서 행인들을 막고, 북을 세 번 친 뒤[617]에도 머무르면서 흩어지지 않는 이가 있으면 선량하거나 악한 자를 불문하고 모두 붙잡았다. 평정된 뒤에 양민들은 같은 마을에서 보결保結(보증)을 갖추게 하여 모두 석방하고 사람마다 동전 10문을 벌금으로 내게 했다. 난민들은 석 달 동안 감금하고 법원法圓 수십 개開를 벌금으로 내게 한 뒤에 석방했다.

---

614 부들을 묶어 만든 용과 쑥을 묶어 만든 범이라는 뜻으로, 민간에서 단오절에 이것을 문에 걸어 놓아 악귀를 쫓고 재앙을 물리친다고 믿었다.

615 약재로 쓰이는 초두구(草豆蔻)의 다른 이름이다.

616 청대에는 지방 병권을 총괄한 관원이 근무하는 관서였다. 여기에서는 경찰서 또는 군대를 뜻한다.

617 삼경(三更) 즉 오후 11시에서 오전 1시 사이를 말한다.

6월 16일 수요일

5월 7일 무인. 흐리고 비가 내렸고 추웠다.

기記: 이름을 모르는 한 젊은 여자가 오랫동안 병에 시달렸는데 약을 먹지 않았고, 일부러 곱게 단장하여 미모를 뽐냈다. 전 예배일일禮拜一日(월요일) 오후에 미소년 두세 명을 데리고 차를 타고 백로왕 원에 놀러 갔다가 갑자기 한바탕 크게 기침을 하더니 피를 몇 말이나 쏟고 죽었다.

유각(17~19시)에 비가 그쳤지만 계속 흐렸다.

6월 17일 목요일

5월 8일 기묘. 흐리고 비가 내렸고, 오후에 바람이 세게 불어 조금 개었다.

기記: 태서에 아이들 놀이가 하나 있는데, 사람 수는 구애됨이 없이 둥글게 앉아서 우스개를 하는 이(joker)가 노인, 노파, 망아지, 강아지, 여사旅舍 주인, 남녀 노복, 포인庖人(요리사), 장부, 문, 마굿간 등 여러 종류의 '인물'들을 사람들에게 나누어주어 기억하게 한다. 다 나누고 난 뒤에는 이야기 한 대목을 지어낸다. 이를테면, 옛날 한 노인과 한 노파가 있었는데 평소에 망아지와 강아지를 좋아했다. 어느 날 차를 타고 놀러 가서 여사에 가니 주인이 나와 맞이하고 남복男僕(하인)을 시켜 말을 끌고 마굿간에 가게 하고 여복女僕(하녀)에게는 개를 안고 노파를 이끌고 방으로 올라가게 했다. 또 포인을 시켜 밥을 짓게 하고 남복은 말을 먹이고 여복은 개를 먹이게 했다. 밥을 먹고 난 뒤에 노인과 노파는 개를 안고 아래로 내려와 산보를 했고, 그 다음에 여사 주인에게 장부를 살펴 계산하게 했다. 남복을 시켜 차를 준비하게 하고 여복에게는 개를 안고 노인 노파와 함께 문을 나서게 했다. 떠날 때 남녀 노복과 포인 등에게 돈을 얼마씩 주고 노인과 노파는 손을 잡고 차를 타고 돌아갔다. [이야기의] 각 구절에서 인물들이 나오면 그 인물을 맡은 사람은 바로 일어나야 하고 잊어버린 자는 벌을 받는다. 그중에 가장 많이 이름이 불린 사람이 좋다.

6월 18일 금요일

5월 9일 경진. 이슬비가 내리다가 미초(13시)에 개었다. 천천히 몇 리를 걸어 사안思安 하河(La Seine)에 도착하여 돌다리를 건넜다. 서안西岸에서 몇 무武 떨어진 곳에 양로원이 있었는데, 노인과 약자, 무의탁자, 부상당한 병사들을 모두 양육하고 있었다.[618] 사면이 석루石樓로 둘러쌓여 있었는데 모

[그림 246] 앵발리드

---

618 앵발리드(Invalides)를 말한다. 1670년 루이 14세가 부상병을 간호하는 시설로 건축을 명하여 1679년 완공되었다. 이후 황금 장식의 돔이 있는 궁정 교회가 1710년에 완공되었고, 1800년부터 역사적 업적이 큰 인물들의 시신이 안치되기 시작하여 1840년에는 나폴레옹 1세의 시신도 이곳으로 옮겨졌다. 지금은 군사 박물관으로 운영되고 있다.

두 5층이었고, 정면의 것은 더욱 높아서 탑 모양을 하고 있었다. 탑의 꼭대기는 황금빛 장식으로 되어 있었고, 안에는 법국의 선군先君 나파륜拿破侖 제일第一(Napoleon I)의 석관이 있었고 숙병宿兵(주둔병)이 지키고 있었다. 관에서 옷과 음식을 주었고 부상당하여 걸을 수 없는 자에게는 각각 자행自行의 작은 목차木車(휠체어)를 주었다.

누하樓下(건물 앞)에는 철 난간이 삼면으로 둘러쳐져 석문을 막았고 난간 아래의 돌계단에는 철포鐵炮 12존尊(문)과 분포噴炮(물대포) 2존이 늘어서 있었는데, 모두 선군이 다른 나라와 교전할 때 빼앗아 가져온 것이었다. 석문과 난간 사이에는 화목花木이 심어져 있었고 포 몇 존이 늘어서 있었다. 그 중에는 중국의 동포銅炮가 1존 있었는데, 길이는 한 길 남짓이고 위에 "도광 21년 4월 강서성江西省 주조鑄造", "광동성 불□佛□—'산山' 자가 탈락된 듯하다— 주조. 동로행銅爐行의 소헌정蘇獻廷, 황원륜黃元倫, 노정걸盧廷傑, 오민양吳敏揚이 제조함. 무게 3천 근"이라고 적혀 있었다.[619] 또 안남포安南炮 2존은 각각 길이가 한 길 두 자이고, 위에 "24 봉도封度(pound) 포炮. 가영嘉永 7년(1854) 갑인년 계춘季春 강도江都 갈식별서葛飾別墅 제조"[620]라고 적혀 있었다. 글자는 모두 8푼 크기이고 지극히 힘이 있었다. 가영嘉永이라는 연호가 어느 시대인지는 모른다. 누구는 일본이라고 하는데 뒤에 살펴보아야겠다. 포의 홍문紅門 아래에는 점 세 개와 가로획 하나가 있는데 '⸪' 같은 모양이었다.[621] 또 청동포 1존은 길이가 1장 4척으로 와룡비臥龍鼻와 장

---

619 제2차 아편전쟁 때 노획한 것이다.

620 가에이(嘉永)는 일본 고메이(孝明) 천황 시대의 연호 중 하나로 1848년에서 1855년에 걸쳐 썼다. 코토(江都)는 에도(江戶) 즉 지금의 도쿄의 아칭(雅稱)이다. 카쓰시카 별장(葛飾別墅)은 에도 시대 조슈번(長州藩)의 번주(藩主) 마쓰다이라 다이센(松平大膳) 다이후(太夫)의 저택을 가리킨다. 처음에는 미우라 반도에 배치되었다가 시모노세키 포대로 옮겨졌던 이 대포는 1864년 영국, 미국, 프랑스, 네덜란드 연합 함대의 공격으로 시모노세키 포대가 함락된 뒤에 프랑스로 옮겨져 앵발리드에 있다가 1984년에 대여 형식으로 시모노세키로 귀환되어 시립역사박물관에 소장되어 있고 카쓰시카 별장 자리에는 복제품이 전시되어 있다.

621 홍문은 포미(砲尾)의 포탄 장전부이다. '⸪' 기호는 조슈번 모리 가의 문장(⸫)을 잘못 그린 것

군모將軍帽[622]가 있었는데 모자 꼭대기에 작은 글씨로 "정사丁巳[623] 맹하孟夏 곡일穀日 제조"라고 적혀 있었다. 글자의 모양과 포의 형식으로 보아 중국의 포인 것 같았다. 하지만 홍문 아래에 용 두 마리가 있는데, 한 마리는 태서의 국왕의 모자가 있고 N 모양의 양자洋字가 있어서 어느 나라 화기火器인지 모르겠다.

[그림 247] 앵발리드에 있는 중국 청동포

[그림 248] 도쿄 카쓰시카 별장 자리에 있는 청동포(복제품)

6월 19일 토요일

5월 10일 신사. 흐렸다 개었다 함. 사정(10시)에 포 흠헌과 백 협리가 영국에서 돌아왔다. 법경에 '위십읍韋什롬(Vichy)'이라는 약물[624]이 있는데 우물물과 다를 바 없지만 상복하면 간을 다스리고 피를 좋게 한다고 한다. 위십읍 지방에서 온 것이라고 한다. 12병에 은 1냥 5전이었다.

6월 20일 일요일

5월 11일 임오. 맑음.

이다.

622 와룡비와 장군모는 모두 포신의 장식 및 부품이다.

623 1857년일 것이다.

624 비시는 오베르뉴(Auvergne)의 소도시 비시의 온천에서 나는 광천수로, 지금은 이 물을 이용한 화장품 브랜드가 유명하다.

기記: 법국의 각 성省과 마을에서는 해마다 선현들의 탄신일 중 임의로 하루를 택해 계속 경축하고 그곳에 회장會場을 마련하여 주악奏樂하고 등을 밝히며 밤낮을 가리지 않고 남녀가 춤을 추고 노래하며 환호하고 8일 또는 15일 동안 계속한 뒤에야 그친다. 이날은 선현 희랍위希拉衛의 탄신일로, 파리 성 북쪽에 있는 눌의訥義(Neuilly-sur-Seine) 마을에 회장을 마련했다. [625] 거리가 7리나 되고 좌우에는 각종 놀이가 늘어서 있었다. 이를테면 그네뛰기, 그림자극, 천의天椅, 지구地球 굴리기, 참새 사격, 곰 재주부리기 등 종류가 많아 다 쓰기 어려울 정도이다. 점심點心(간식)은 당糖, 술, 연권烟卷(담배), 가비가 있는데 이것을 즐기러 오는 이들도 적지 않았다. 그러나 파는 이들도 모두 돈을 걸고 공치기, 주사위 던지기, 추첨, 압보押寶 [626] 등을 하

[그림 249] 뇌이 축제가 열린 거리의 입구

---

625 희랍위는 축일이 6월 20일인 교황 실베리우스(Silverius, ?~537)를 가리킬 가능성이 있다. 이날의 축제는 파리 근교 뇌이쉬르센에서 열린 뇌이 축제(Fête de Neuilly)를 말한다. 뇌이쉬르센 시장의 요청에 따라 나폴레옹 1세가 칙령을 내려 1815년 6월 10일에 처음 만들어졌다. 지금의 파리 샤를 드골 가(Avenue Charles-de-Gaulle)의 서남쪽 끝에 있는 뇌이 가(Avenue de Neuilly)에서 열린 프랑스 최대의 축제였다. 1935년에 중지되었다가 최근 다시 시작되었다.

626 방향 표시 기호가 있는 보(寶)라는 기구가 가리키는 방향을 예상하고 돈을 거는 도박이다.

니, 취옹醉翁의 뜻이 술에 있지 않은 것인 셈이다.[627] 왕래하는 향민들이 개미처럼 많았고, 거리 양쪽에는 구슬을 꿴 등불이 두 줄로 늘어서 있었는데 구슬꿰미는 길이가 약 4장으로 '人'자 모양으로 거리 중심에 걸쳐 있는 것이 70여 꿰미였는데, 멀리서 초를 켠 듯한 등불을 바라보면 대낮처럼 밝았다.

6월 21일 월요일

5월 12일 계미. 흐리고 비가 내리다 신정(16시)에 개었다. 저녁에 봉기구, 추추범 등 제공과 함께 걸어서 개가로에 가서 마희馬戲(서커스)를 보았다. 여자 6~7명이 모두 미려했는데 몸에 살색 융의絨衣를 입고 허리에 비단을 두르고 짧은 바지를 입고 머리에는 꽃을 꽂고 발에는 비단 신을 신고 두 발 수레를 타고 갖은 놀이를 하며 왕래하고 달리고 모여들었는데, 그 동작이 무척이나 빨랐다.

6월 22일 화요일

5월 13일 갑신. 맑음.

기記: 태서에는 '투계鬪鷄'라는 아이들 놀이가 있다. 두 사람이 자리에 2척 떨어져 마주 앉아 수건으로 두 팔을 묶고 무릎을 감싸쥔다. 팔꿈치와 무릎 사이에 4척 길이의 막대기 하나를 질러 꽂고 서로를 향해 발가락으로 차서 상대방을 넘어뜨리는 자가 이긴다.

6월 23일 수요일

5월 14일 을유. 맑음. 파리의 대가大街에는 가을과 겨울에만 문을 열고 여름과 봄에는 문을 닫는 가게가 있다. 문을 닫을 때는 향민에게 세를 주고

---

627 송나라 문인 구양수의 「취옹정기」에 있는 구절을 빌려왔다. 상인들이 돈만 애써 벌려고 한 것이 아니라 스스로 즐기고 싶어했다는 뜻이다.

그릇, 물병, 칼집, 국자, 빗, 종이 등과 같은 각종 기물과 잡화들을 파는데, 종류는 많지만 모두 튼튼하지 못하고 값도 싸다. 늦가을이 되면 가게에 원래의 주인이 돌아와 가죽 물품과 면 옷, 그리고 꿩, 멧돼지, 물고기, 사슴 등을 파는데 모두 다른 나라에서 사온 것들이다.

6월 24일 목요일

5월 15일 병술. 맑음.

기記: 외국의 가게에서 만든 물건 중에 특히 정교하고 견고한 것들은 국왕부터 서민까지 모두 집조執照(인증서)를 발급하여 그 뛰어남을 자랑하게 하고 제조자는 그것을 가지고 영예로 여겨 이를 통해 많은 이익을 얻을 수 있다. 이날은 법경의 새북두보賽北斗寶 가(Boulevard de Sebastopol) 서쪽 제9호 종표국鐘表局(시계점)의 주인이 와서 지 흠헌과 손 흠헌께 집조를 내려달라고 간청했다. 흠헌께서 윤허하여 즉시 길이 2척 5촌, 너비 1척 5촌의 집조를 발급하셨다. 그 내용은 이러하다.

법국 파리 종표행鐘錶行 주인 배아사培阿思가 제조한 종표는 무척 정교하니, 이제 중국 흠차가 은혜를 내려 이 집조를 발급하여 중국 관표국官表局에 공봉供奉(제출)하기를 명하노라

이 집조를 배아사에게 발급함

동치 기사년 오월

지, 손 대인 발發

6월 25일 금요일

5월 16일 정해. 맑고 따뜻함. 오각(11~13시)에 지 흠헌과 손 흠헌을 따라 눌의 마을에 구경을 갔다. 남녀가 무리를 이루어 귀가 아플 정도로 시끌벅적했고, 좋아하는 사람들이 전후좌우로 쫓아오며 큰 소리를 지르며 즐거워했다. 부인들은 머뭇거리며 아무 말도 하지 않았지만 억지로 웃으며 아양을 떨기도 했다. 미정(14시)에 숙소에 돌아왔다.

6월 26일 토요일

5월 17일 무자. 맑음. 백 협리가 공무로 북경으로 돌아가게 되었다. 지 흠헌과 손 흠헌은 일비日費가 부담이 되어 법관法館과 아관俄館의 번역관 및 공사供事 각 1명씩을 귀경하게 하셨다.[628] 또 영국과 미국은 이미 지나왔으므로 영관英館의 번역관도 먼저 귀국할 수 있다고 했다. 포 흠사께 상의하니 흠사는 이렇게 말씀했다. "영어를 하는 자도 한 명은 남겨 놓았다가 앞으로 번역을 맡게 함이 좋겠습니다." 흠헌은 봉기구와 내게 누가 가고 누가 남을지를 물어서 내가 춘당(부친)께서 연로하시니 조속히 귀국하여 기다리실 분을 위로할 수 있게 해주십사 간청했다. 기구도 나와 같은 뜻을 아뢰었으나 허락받지 못하고 말았다. 밤이 되자 미풍이 불고 흐렸다 개었다 하였다.

6월 27일 일요일

5월 18일 기축. 미초(13시)에 지 흠헌을 따라 다시 눌의 마을에 구경하러 갔다. 북쪽으로 가다가 사안 하 대교에 이르자 우리를 둘러싼 향민들이 더욱 많아져서 일행을 따라 길게 쫓아왔고, 일부는 계속 쳐다보며 흩어지지

---

628 이날 논의를 계기로 하여 양력 9월 2일에 장덕이를 비롯하여 존 브라운, 탑극십눌, 정준, 장춘령, 그리고 하인 9명이 먼저 귀국하게 된다.

않고 몇 리나 뒤따라왔다. 돌아올 때 떡을 파는 사람을 만났는데 달걀을 밀가루에 섞고 쇠기름으로 튀겨주었다. 길이는 4촌 너비는 3촌으로, 중간에는 '井'자 모양의 무늬가 있고 두께는 3푼 정도 되었다.

6월 28일 월요일

5월 19일 경인. 맑음. 오후에 혼자 눌의 마을에 구경을 갔다. 안에는 도국賭局(도박장)이 수십 군데 있었는데 종류가 다 달랐다. 한 가지는 '획보탑獲寶塔(보탑 얻기)'이라고 했는데, 철 난간으로 두른 둘레가 1장 남짓이고 높이는 약 8촌인 나무쟁반이 있고 안에 철로 만든 길이 8촌 높이 4촌의 '回'자 모양 난간 24개가 서 있었다. 난간 두 개 사이마다 철로 만든 월동문月洞門 12개가 있고 문 뒤에는 각각 높이 8촌 둘레 4촌의 목탑이 하나씩 서 있었다. 문 앞에는 가로로 '윤돈倫敦(London)', '유극猷克(York)' 등과 같은 탑 이름이 적혀 있다. 또 쟁반 가운데에는 '中'자 모양의 전령轉鈴(회전하는 방울)이 하나 서 있고 바깥에는 작은 포자炮子(포탄) 12존이 갖추어져 있다. 도박하는 사람의 숫자는 많고 적음에 구애됨이 없는데, 만약 6명이 하면 사람마다 포자 2개와 탑 2개를 차지하고, 4명이 하면 각각 포자 3개와 탑 3개를 차지한다. 도박을 할 때 한 사람의 공을 방울 안에 넣으면 방울이 돌아 공이 구멍에서 나오고 사면이 둘러싸여 있어서 오르락내리락한다. 공이 멈춘 뒤에 공의 주인이 차지한 탑을 제외하고 쳐서 넘어진 것을 세어 [탑의 주인이] 돈을 약간씩 내고 넘어지지 않은 것은 공 주인이 거꾸로 돈을 약간 낸다.

또 한 가지는 '격구擊球(공치기)'라고 하는데, 높이 3촌, 길이 4척, 너비 2척의 장방형 나무쟁반 안에 철로 된 월동문 10개를 세운 것이다. 도박하는 사람 2명이 나무망치로 나무공을 쳐서 문을 많이 지나가는 자가 이긴다.

또 한 가지는 '격정擊釘(못치기)'이라고 하는데, 역시 매화 모양의 나무쟁반에 막대기가 달려있고 나무 처마가 있다. 쟁반 위에 상아로 달걀 크기의 흰 점 9개를 만들고 각 점마다 1부터 9까지 숫자를 정하고 점 위에는 나무 못을 박는다. 도박하는 사람은 많고 적음에 구애됨이 없이 각자 줄을 목각 木角에 두른 다음—속명 타라陀羅(팽이)라고 한다— 막대기 안에 집어넣어 먼저 나무못 서너 개를 쳐서 쓰러뜨린 뒤에 빈 곳으로 뚫고 나오게 하여 바로 쟁반 가장자리에 댄다. 만약 던진 사람의 힘이 세어 쟁반 가장자리를 돌릴 수 있으면 다시 나무못 몇 개를 친다. 사람들이 다 치고 나면 각자 쓰러뜨린 나무못의 개수를 세어 숫자가 많은 사람이 이긴다.

또 한 가지 나무쟁반은 이름은 모르는데 둘레는 약 8척이고 높이 3촌의 철 난간으로 두르고 쟁반 안에 자기, 주석, 파리玻璃(유리) 등으로 만든 술 잔이나 그릇 같은 기물을 늘어놓는다. 쟁반에는 활기活機가 있어 돌아갈 수 있고 쟁반 바깥쪽에는 약 2촌 길이의 쇠바늘이 하나 가로질러져 있다. 도박하는 사람은 먼저 주인에게 동전 1매를 주고 힘을 써서 쟁반을 돌리고 그 힘이 감속하면 바늘이 철 난간에 걸려 쟁반이 멈추면 도박하는 사람은 바늘이 향하는 쪽의 물건을 갖는다. 몇 차례 돌려도 다만 작은 달걀만한 그릇 한 개나 작은 파리玻璃 접시 한 개를 얻을 뿐이고, 큰 그릇이나 꽃병 같은 것을 얻는 일은 거의 없다.

6월 29일 화요일

5월 20일 신묘. 맑음. 오후에 파리 통쇄通曬 항巷(Rue Tronchet) 북쪽 제 5호의 가죽 신발 가게 주인이 와서 지 흠헌과 손 흠헌께 집조를 내려주십사 간청했다. 지 흠헌과 나를 비롯한 사람들이 일찍이 각자 화식華式의 가죽구 두 한 켤레씩을 만든 적이 있고 또 종표국에서도 이미 집조를 얻어갔기 때문에 그가 청하러 온 것이었다. 이날 지 흠헌과 손 흠헌은 즉시 집조를 한 장 써 주었다. 내용은 이러했다.

새사격사塞司格司는 화화華靴를 심히 잘 만든다. 이제 중국 흠차가 이 집 조를 발급하여 중국 관화국官靴局에 봉공하기를 명하노라.

동치 기사년 오월

지, 손 대인 발

6월 30일 수요일

5월 21일 임진. 흐림. 법문으로 된 작은 책 한 권을 보았는데 중국의 『소림광기笑林廣記』 같은 책이었다.[629] 애석하게도 법문을 잘 알지 못해 겨우 네 대목만 번역했다.

첫째, '수건 가리기'. 세 사람이 함께 술집에 들어가서 밥을 먹은 뒤에 서로 돈을 내겠다고 오랫동안 싸우면서 그치지 않았다. 용보傭保(종업원)가 이렇게 권했다. "세 분이 이렇게 절친하시니 누가 내셔도 좋은데 이렇게 오랫동안 다투실 까닭이 있겠습니까?" 연장자가 말했다. "좋은 방법이 있네. 우리 셋이 늘어서서 수건으로 자네의 눈을 가리고 자네가 만지게 되는 사람이 내기로 하지." 다른 두 사람도 좋다고 했다. 용보는 할 수 없이 수건으로 눈을 가리고 잠시 더듬었지만 아무것도 찾지 못하여 마음이 급해져 수건을 벗으니 세 사람은 이미 멀리 도망가 버려 종적을 찾을 수 없었다.

둘째, '술 훔치기'. 한 사람이 술 한 병을 불시에 필요할 때 쓰기 위해 보관했다. 그런데 나쁜 사람이 바닥에서 구멍을 뚫어 술을 훔쳐 가서 그가 술을 마시려고 했을 때는 술병이 이미 비어 있었다. 그는 아주 이상하다고 생각했는데, 누군가가 술병 바닥에 구멍이 나 있다고 말해주었다. 그가 말

---

629 『소림광기』는 청나라 때 유희주인(遊戲主人)이라는 필명을 가진 사람이 엮은 것으로 알려진 소화(笑話) 모음집이다.

했다. "병의 입이 위에 있는데 어찌 아래로 나갔을까?"

셋째, '나무 찾기'. 한 사람이 식당에서 평상에 앉다가 상을 부러뜨리니 주인이 그를 책망하며 배상을 요구했다. 그가 말했다. "곧 좋은 나무를 찾아와서 고쳐놓겠습니다." 그가 이듬해 다시 그 집에 가니 주인이 그에게 배상을 요구했다. 그가 말했다. "제가 한 해 동안 절벽을 다 다니면서 찾아내기를 바랐지만 아래로 자라는 나무는 찾지 못했습니다."

넷째, '나귀 타기'. 한 사람이 무척 총명했는데 어떤 사람이 그에게 아첨을 하니 그가 이렇게 말했다. "저는 재주가 조금 있지만 저의 스승님이 저보다 훨씬 뛰어나십니다." 사람들이 말했다. "뵙고 싶습니다." 그가 말했다. "스승님이 오실 때 청해 보겠습니다." 어느 날 스승이 나귀를 타고 지나가는데 안장 뒤에 앉아있었다. 사람들이 어찌 안장에 앉지 않느냐고 힐문했더니 스승이 말했다. "고삐가 너무 길어서 안장 뒤에 앉지 않으면 몰고 가기가 불편하다오."

7월 1일 목요일

5월 22일 계사. 맑음.

기記 : 천주교를 관장하는 총령總領을 존칭하여 '교황敎皇'이라고 부른다. 공거公擧(선거)로 뽑히며 의대리意大里(Italy)의 낙마성洛馬城(Rome)에 거주하고 그 권력은 국왕과 비슷하다. 각국에 보내는 사신은 '남구南求 (nuncio)[630]라고 부른다. 각국에서 전교傳敎(선교)하는 이로는 주교, 신부 등의 이름이 있다. 수십 년 전에 교왕敎王이 각국에 감옥을 만들었는데, 전교하는 사람이 밤에 거리에 나가서 몰래 천주교를 비방하는 말을 하는 사람을 만나면 바로 붙잡아 감옥에 집어넣었다고 한다. 그 친속과 친구들이 샅샅이 찾아다녀도 알지 못했다는 것이다. 이 때문에 사람들이 불복하여 비로소 이

---

630 눈치오는 교황 대사이다.

폐단을 없앴다고 한다. 또 두등頭等(최고위)의 전교자는 모두 정수리를 삭발하는데 마치 중토中土의 석교釋敎(불교)에서 계율을 지키는 것과 같다.

7월 2일 금요일

5월 23일 갑오. 맑음.

기記 : 법경에 '가자점등瘸子點燈(팔다리 장애인의 등불 켜기)'이라는 아이들 놀이가 있다. 두 사람이 마주 보고 무릎 꿇고 앉는데 모두 왼쪽 다리를 땅에 굽히고 오른손은 모두 오른쪽 무릎 아래를 지나가게 하여 한 사람은 이미 불이 켜진 등을 잡고 한 사람은 아직 불이 안 켜진 등을 잡는다. 불이 켜진 등을 잡은 사람이 불이 안 켜진 등에 불을 붙이게 하면 각자가 한쪽 무릎을 굽히고 아주 어렵게 돌면서 움직여야 해서 웃음이 난다.

또 '방상료放上了(놓았다)'라는 놀이도 있다. 한 사람이 수건으로 눈을 가리고 나머지는 한 줄로 늘어서고, 또 한 사람이 몰래 한 물건을 집어 손으로 사람들의 머리를 치며 "놓았다, 놓았다, 놓았어."라고 말한다. 그 물건을 몰래 한 사람의 손에 놓고 눈을 가린 사람에게 물건이 누구의 손에 있는지 맞히게 하여 맞으면 이기고 틀리면 다시 하여 맞히게 한다. 물건을 주고받을 때 한 사람에게 주면서 '사리査理'가 앞에 있고 '주안朱安'이 뒤에 있고 '맥립麥立'이 왼쪽에 있고 '악사이鄂斯爾'가 오른쪽에 있고 '애렴艾廉'이 가운데 있다고 말하여 술래가 알아맞히기 쉽게 해준다.

7월 3일 토요일

5월 24일 을미. 맑음. 저녁에 합중국의 나의사那義斯 부부가 친구 노백인魯百仁, 필달의畢達義와 함께 극을 보자고 청하여 현마단賢馬丹 대가(Boulevard Saint-Martin)의 백이대柏爾代 원園(Théâtre de la Porte)[631]에서 높은

---

631 포르트 생 마르탱 극장(Théâtre de la Porte Saint-Martin)을 말한다. 1781년 개원하여 1871

산, 큰 강, 그리고 말들이 달리는 모습과 해와 달이 뜨고 지는 모습을 보았는데 진짜인지 거짓인지 분별할 수가 없었다. 자정(24시)에 숙소에 돌아왔다.

[그림 250] 포르트 생 마르탱 극장(1790)

7월 4일 일요일

5월 25일 병신. 맑음. 오정(12시)에 계동경, 정보신과 함께 백로왕 원에 놀러갔다. 걸어서 몇 리를 가서 산수를 만나니 안계眼界가 탁 트였다. 주과酒果를 가지고 가서 풀밭에 앉아 담소하고 무전拇戰[632]을 하면서 즐거워하다가 한 시진이 지나서야 파했다. 신초(15시)에 숙소에 돌아와서 왕자현이 찾아왔었다는 것을 알았다.

7월 5일 월요일

5월 26일 정유. 맑음. 오후에 왕자현을 찾아갔는데, 서른 살 정도 되는 영국 부녀 한 명을 만났다. 그의 남편 전아희田阿喜는 절강 전당 사람으로, 칼을 던지고 받는 놀이로 구라파 각국에서 기예를 팔면서 돈을 꽤 많이 벌었다. 시집간 지 9년이 되었고 아들 둘 딸 하나를 낳았다고 한다. 남편은 지금 서전瑞典(Sweden)에 있다고 했다. 그는 명승지를 두루 다녔고 지금은 파리에 살고 있다고 했다. 미각(13~15시)에 숙소에 돌아왔다. 밤이 되자 흐려졌다.

년 파리 코뮌 때 화재로 소실되었다가 2년 후에 신축되었고, 지금도 생 마르탱 가에 있다.

632 술 마실 때 하는 놀이의 한 가지이다. 두 사람이 동시에 손가락을 내밀어 각기 한 숫자를 말하여 말한 숫자와 둘이 내민 손가락의 합한 숫자가 부합하면 이기는 것으로, 진 사람이 벌주를 마신다.

7월 6일 화요일

5월 27일 무술. 아침에 흐렸다가 오후에 갬.

기記: 서인 방문객들은 문에 들어서면서 모자를 벗어 공경을 표시한다. 앉은 뒤에는 그 모자를 허리 뒤쪽의 자리 옆이나 두 다리 사이에 놓는다. 떠날 때는 합수合手(악수)를 하며 정성스럽게 인사를 나누고 문을 나서서 모자를 쓴다. 30년 전에는 자래화自來火(성냥)를 만들 방법이 없어서 밤에 시계를 볼 때는 반딧불이 몇 마리를 파리병玻璃瓶(유리병) 안에 모아놓고 시계를 볼 때 병을 흔들어 반딧불이를 등으로 삼았다고 한다.

7월 7일 수요일

5월 28일 기해. 맑음.

기記: 외국의 일용 기물들은 중화의 것과 대동소이하다. 이를테면 비, 키, 삽, 물통, 먼지떨이, 대바구니 등인데 모두 아주 견고하다. 다만 키는 마구철馬口鐵(양철)로 만드는데 나무 손잡이를 달아 '甲'자 모양으로 만드니 사용하기에 더욱 편리하다.

7월 8일 목요일

5월 29일 경자. 맑음. 저녁에 항연농亢硯農(항정용)이 극을 보러가자고 청했다. 정절情節(내용)과 문사文辭(문장)가 훌륭하여 눈과 마음이 즐거웠다. 희戱가 끝나고 맞은편 가비관 안에서 조금 마시다가 유劉 씨 성의 광동 사람을 만났다. 나이는 마흔이 다 되었고 서복西服을 입고 있었다. 이곳에 온 지 7년이 되었고 양녀洋女를 얻어 아들 둘을 낳았다고 했다. 해정(22시)에 숙소로 돌아왔다.

7월 9일 금요일

6월 1일 신축. 맑고 따뜻함. 저녁에 탑목암, 정보신, 추추범, 항연 농에게 망마蟒馬 가(Boulevard Montmartre)의 와려娃麗 희원戲園(Théâtre des Variétés)⁶³³에 가서 극을 보자고 청했다. 상연한 희문戲文은 〈차화아茶花兒 (Fleur-de-Thé)〉⁶³⁴라는 제목으로, 남녀가 광동 사람처럼 꾸미고 집과 기물도

[그림 251] 바리에떼 극장(1820년경)

---

633 바리에떼 극장은 1807년에 몽마르트르 가에서 개원하여 지금도 운영되고 있다.

634 플뢰르 드 떼는 샤를 르콕(Charles Lecocq, 1832~1918)이 1860년에 지은 3막의 희가극(喜歌劇, Opéra bouffe)이다. 홍콩의 경찰서장 텐텐(Tien-Tien)이 예비 사위인 부관 카오린(Ka-o-lin)과 함께 프랑스 해군 함정 만찬에 초대되는데, 텐텐의 딸이자 카오린의 약혼자인 플뢰르 드 떼(차의 꽃이라는 뜻)가 성대한 만찬을 엿보기 위해 몰래 집을 나와 배에 올랐다가 배의 조리장 팽소네(Pinsonnet)에게 납치되고, 이를 안 팽소네의 아내 세자린느(Césarine)와 힘을 합쳐 팽소네를 심판하다가 마지막 순간에 세자린느가 팽소네와 함께 도망쳐서 홍콩을 떠난다는 내용이다. 羅仕龍, 「『茶花兒』與『天神與貓』: 張德彝『述奇』系列兩齣中國題材戲劇新探」, 『中正漢學研究』 2014年 第2期 참고. 장덕이의 기록은 극의 실제 내용과 약간 차이가 있다.

모두 광동식이었다. 이야기는 향항香港(홍콩) 사무를 관리하는 대신의 딸이 법국 포정庖丁(요리사)과 사통했다가 일이 발각되어 관官에 알려져 관에서는 그 여자를 포정의 아내로 삼게 하는데, 포정의 처는 이를 받아들이지 못해 결국 다툼이 일어나고, 뒤에 친척과 친구들이 조정하여 각자 적실嫡室이 되어 화해한다는 내용이다.

[그림 252] 샤를 르콕

[그림 253] 플뢰르 드 떼의 공
연 포스터

7월 10일 토요일

6월 2일 임인. 맑음. 신각(15~17시)에 지 흠헌과 손 흠헌이 연춘경과 덕 협리를 데리고 화륜차를 타고 포래유布萊囿 장莊(Château du Bréau)[635]에 있는 덕리문德理文 후작侯爵(Léon d'Hervey de Saint-Denys)[636]을 찾아가셨다. 그 사

---

635 브레오 성은 파리 개선문에서 서남쪽으로 약 50km 떨어진 이블린(Yvelines) 주(州) 보앵빌
르 가야르(Boinville-le-Gaillard) 코뮌의 르 브레오 상 납(Le Bréau sans Nappe) 마을에 있
는 저택이다. 이곳은 본래 레옹 데르베, 생드니 후작의 처가 소유였는데 결혼 후에 부부의 거
주지가 되었고, 파리에도 보스케 가(avenue Bosquet) 9번지에 주택이 있어서 부부는 두 곳
을 오가며 거주했다.

636 레옹 데르베, 생드니 후작(1823~1892)은 전체 이름과 작위가 마리 장 레옹 르콕, 주셰로 에르
베 남작, 생드니 후작(Marie-Jean-Léon Lecoq, baron d'Hervey de Juchereau, marquis
de Saint-Denys)으로, 프랑스의 초기 중국학자 중 한 사람이다. 그는 1857년부터 국립동양언
어문명대학(Institut national des langues et civilisations orientales, INALCO) 중국어 담
당 교수를 지냈고, 1867년에 파리에서 열린 만국박람회에서 중국관 특별 위원으로 임명되어
성공적인 전시를 이끌어 6월 30일에 레지옹 드 뇌르 훈장을 받았다. 또 1874년에는 스타니슬

람은 부유하면서 예의를 좋아하고 화서華書(중국 서적)를 널리 읽었으며 천성川省(사천성) 출신의 이李 아무개[637]를 기실記室(비서)로 삼아 「이소離騷」와 「원도原道」를 이미 번역하여 책을 이루었으니 또한 뜻있는 선비이다. [흠헌 일행은] 이날 돌아오시지 않았다.

[그림 254] 레옹 데르베, 생드니 후작과 그가 번역한 「이소」 프랑스어 번역판의 속표지

7월 11일 일요일

6월 3일 계묘. 맑음.

기記: 태서의 부녀들은 머리카락을 몇 가닥으로 묶어 머리 뒤로 늘어뜨리는 것을 아름답다고 여긴다. 머리카락을 묶는 법은, 1척 길이에 지름 1

라스 줄리앙(Stanislas Julien)을 이어 콜레주 드 프랑스에서 중국 담당 교수로 임명되었다. 그는 『주례(周禮)』를 비롯하여 당시(唐詩)와 굴원(屈原)의 「이소」, 그리고 한유(韓愈)의 「원도(原道)」 등을 비롯한 중국의 많은 고전 작품을 프랑스어로 번역하였고, 자각몽 이론을 제창한 것으로도 유명하다.

637 이융방(李隆芳)이라는 사람으로, 이소백(李少白)이라는 이름으로도 알려졌다. 1860년대에 프랑스로 이주하여 프랑스 여성을 아내로 맞았고, 1867년 파리 만국박람회가 열릴 즈음에 레옹 데르베 생드니 후작이 그를 비서로 채용한 것으로 추정된다. 이후 곽숭도(郭崇燾)의 추천으로 파리 주재 공사관에서 근무하기도 했다.

촌 정도의 둥근 막대기에 머리카락을 감고 밖에서 젖은 포布를 덮어 쇠로 지진다. 조금 뒤에 포를 걷고 막대기를 빼면 머리카락이 모두 통 모양으로 된다. 또 어린 남녀 아이들은 잠 자기 전에 종이로 머리카락을 감싸서 둥글게 말고 아침에 일어날 때 종이를 빼면 모두 꽃 모양으로 말린다.

7월 12일 월요일

6월 4일 갑진. 맑음.

기記: 파리의 서사書肆(서점)에서는 해마다 '주지부주址簿(주소록)'를 판다. 성 전체의 신사, 부자, 학자, 상인들의 이름이 모두 이 자전에 들어간다. 아무개를 찾아보려면 필획에 따라 찾는다. 이를테면 수경水景은 목교호동木橋胡同 제27호에 살고, 강희江曦는 과자항果子巷 제13호에 살고, 강조江潮는 백림사柏林寺 제66호에 살고, 왕천경汪千頃은 백림사 제67호에 살고, 심등운沈登雲은 유수정柳樹井 제104호에 살고, 낙광씨洛鄺氏는 춘수호동椿樹胡同 제213호에 산다. 이상에서 사람들은 모두 '물 수水' 부수에 속하고 골목은 모두 '나무 목木' 부수에 속한다.[638] 나머지도 모두 이렇게 추측할 수 있다.

이날 신초(15시)에 지 흠헌과 손 흠헌이 포래유장에서 돌아오셨다.

7월 13일 화요일

6월 5일 을사. 맑음. 오후에 봉기구 등을 비롯한 동인同人(동료)들과 함께 걸어서 교외로 놀러 갔다. 곡식과 채소가 가득하고 꽃들의 향기가 들판에 가득하여 기분이 탁 트였다. 몇 리를 가서 한 마을에 들어갔는데 옥우屋宇는 작았지만 모두 정결했고, 향민들이 화인華人을 본 적이 거의 없어서 서로 놀라워하다가 이윽고 남녀가 줄지어 와서는 우리를 에워싸고 살펴보았다. 마을을 나와 천천히 걸어 돌아왔는데, 도중에 한 사람이 멀리에서 우리

---

638 프랑스어 주소록의 차례를 중국어로 바꾸어 설명한 것이다.

를 부르길래 가서 보니 낭벽엽郎碧葉이었다. 그가 우리를 높은 집으로 데리고 들어갔는데 진설된 것이 화려했고, 사방이 화원花園이어서 수목이 울창했다. 그이의 외부外父(장인) 노랑盧郎의 별장이라고 했다. 이야기하는 동안 한 노인이 들어와서 모자를 벗고 앉았는데 말씨가 온화했다. 바로 낭벽엽의 외부였다. 그가 말했다. "오랫동안 중토에 가서 마음에 위안을 받고 싶었지만 뜻하지 않게 지난 겨울에 몸이 좋지 않아 소원을 이루지 못했습니다. 근래에 조금 괜찮아져서 바로 행장을 꾸려 떠나고자 했습니다만, 주위 분들이 아직은 멀리 가지 않는 것이 좋겠다고 말씀하여 내년 봄에 다시 상의해볼까 하고 있습니다." 그 뒤에 황주黃酒[639] 한 잔과 당과糖果 몇 개를 내어와서 술을 마시고 작별하고 돌아왔다.

7월 14일 수요일

6월 6일 병오. 맑고 무척 더움. 서양 습속에 방옥의 진설은 신기한 것을 중히 여기고, 이전보다도 더욱 화려해져 그칠 줄을 모른다. 수작하며 왕래하는 것 역시 공허하고 지나치게 서로를 치켜주는 것이 풍조를 이루어 선민先民의 법도를 멸시하니 이 또한 세태와 인심의 변화이다. 밤이 되자 흐려졌다.

7월 15일 목요일

6월 7일 정미. 맑음. 저녁에 지 흠헌과 손 흠헌을 따라 법인法人 애규계艾圭戒의 집에 가서 약간 마시고 늦은 밤에 돌아왔다.

기記: 태서의 아이들은 나무로 만든 둥근 테를 치면서 노는 일이 많다. 나무 테는 크기가 제각각이어서 큰 것은 둘레가 약 6척 정도인데 길이가 1척 정도 되는 나무 막대기로 그것을 친다. 지금은 쇠로 테를 만들고 안에는

---

639 브랜디 종류일 것이다.

구리 방울 몇 개를 매어 놓고 두 사람이 서로 몇 무 떨어져 상대방의 테를 쳐서 넘어뜨리는 사람이 이긴다.

7월 16일 금요일

6월 8일 무신. 맑음. 저녁에 지 흠헌과 손 흠헌을 따라 법인 이리손伊利孫의 집에 가서 만찬을 했다. 그이는 중국에 다녀온 적이 있어서 화언華言을 잘 했다. 식사를 마치고 키가 1척 정도 되는 한 소녀를 만났는데 나이는 열셋이고 부모는 진기한 물건들을 많이 모았다고 했다. 그에게 물건을 내어 오라고 하려면 법원法圓 100개開를 주어야 한다고 했다. 또 열 살 정도 되는 아이가 탁자 위에 가는 줄로 대통 열 개를 연결해 놓고 나무 막대기 두 개로 대통을 두드렸는데 소리가 자못 좋았다. 해정(22시)에 숙소에 돌아왔다.

7월 17일 토요일

6월 9일 기유. 맑음. 문지기가 알려오기를 고사의高思義라는 법인이 부의금을 청한다고 했다. 전처 육씨肉氏가 산후에 갑자기 죽었고 광씨光氏를 이어 들였는데 닷새 전에 병에 걸려 죽어 장사를 지낼 돈이 부족하니 부조의 은혜를 베풀어 사람을 묻는 것을 도와달라는 것이었다. 산 사람이나 죽은 사람 모두 안타까웠다. 창 너머로 보니 그이는 머리를 풀어 헤치고 얼굴이 상해 있고 울음을 터뜨리려는 것 같아서 법방法方 10원을 주니 모자를 벗고 사례하고 갔다.

저녁에 계동경 등 여럿과 함께 가비관에 가서 잡희를 보았다. 갑과 을 두 사람이 각자 길이 3~4척에 가운데에 가죽 띠를 두른 막대기 두 개씩을 들고 '乂'자 모양을 만들었다가 아주 높이 던져올려 갑이 을의 막대기를 받고 을이 갑의 막대기를 받고, 다시 던지고 다시 받기를 반복하며 그치지 않으니 참으로 볼만했다. 해초(21시)에 숙소에 돌아왔다.

7월 18일 일요일

6월 10일 경술. 맑음. 오정(12시)에 덕 협리가 지 흠헌과 손 흠헌을 만찬에 청했다. 그의 집은 무척 조용한 시골에 있었고, 음식으로는 닭고기, 생선, 술, 과일이 있었는데 아주 훌륭했다. 동석한 몇 사람들과 함께 즐겁게 이야기를 나누었다. 술각(19~21시)에 숙소에 돌아왔다.

7월 19일 월요일

6월 11일 신해. 맑음.

기기: 외국의 각 성城에는 모두 지리서가 있는데, 북경의『도문기략都門記略』[640]과 대동소이하다. 책머리에는 지도가 실려 있는데 동서남북이 일일이 자세하게 설명이 되어 있어서 손바닥처럼 잘 알 수 있다. 뒤쪽의 책은 몇 부분으로 나뉘어 모든 궁궐, 관서, 예배당, 화원, 상포商鋪가 무슨 이름인지 어디에 있는지가 모두 자모 순으로 되어 있어서 한번 보면 바로 알 수 있으니 향도向導(안내자)가 필요 없다.

7월 20일 화요일

6월 12일 임자. 맑음. 아침에 포 흠사의 외부 이문모李文模의 가족이 합중국에서 와서 서로 아주 반갑게 상봉했다. 유정(18시)에 지 흠헌과 손 흠헌을 따라 망마 가의 와려희원에 가서 〈차화아〉 극을 다시 보았다. 이날 저녁은 무척 더웠고, 음식으로는 빙유氷乳, 배, 귤이 있었다.

---

640 청 도광 25년(1845)에 양정정(楊靜亭)이 쓴 북경 여행 안내서이다. 북경의 풍토와 인정, 그리고 특히 경극에 대한 기록이 상세하다.

7월 21일 수요일

6월 13일 계축. 맑음. 지금은 염제炎帝[641]의 계절로, 날씨가 마치 북경처럼 무덥다. 그런데 파리의 나무들은 이미 껍질이 벗겨지고 낙엽이 지기 시작하니 참으로 알 수 없다. 또 매미와 모기, 눈에놀이는 적지만 냄새나는 벌레가 있다.

7월 22일 목요일

6월 14일 갑인. 맑음. 오정(12시)에 지 흠헌과 손 흠헌이 포 흠사 및 이 문모 권속과 함께 성 안의 지도地道(하수도)를 보러 갔다. 그곳은 성의 오물을 강과 바다로 보내는 길이다. 위에 통관筒管(관수로)을 놓아 각 골목으로 연결하고 양쪽에는 담장이 있고 아래에는 궤도가 있는데 순전히 쇠와 돌로 만든 것이다. 모든 공장工匠(기술자)들은 거선車船을 타고 왕래할 수 있다. 이 날은 마달란 예배당 옆에서 철 덮개를 열고 철 사다리를 타고 들어갔는데 지구地溝(지하도랑)가 자못 넓었고 등촉이 걸려 있었다. 거선은 모두 사람이 끌고 20여 리를 갔는데 오가는 길이 아주 빨랐다. 신정(16시)에 숙소에 돌아왔다. 밤이 되자 흐리고 추워졌다.

7월 23일 금요일

6월 15일 을묘. 아침에 흐렸다가 오후에 갬. 걸어서 삼로왕三路旺 가(Avenue Saint-Laurent)에 가서 아이들 완구와 필묵, 칼과 바늘 등의 물건을 파는 잡화 가게를 보았다. [완구 중에] '비타飛砣(날으는 맷돌)'라는 것이 있었는데, 크기가 손바닥만한 둥근 쇠가죽 조각의 양쪽 위에 길고 짧은 띠가 각각 하나씩 이어져 있는 모양이다. 긴 띠로 가죽 위에 돌을 묶고 짧은 띠를 들고 서너 차례를 둥글게 흔들다가 손을 놓으면 돌이 날아올라 그것으로 사

---

641 전설상의 제왕이다. 화덕(火德)을 갖추었고, 신농씨(神農氏)라고도 한다.

람을 아주 세게 때린다. 또 '엽마궁獵馬弓(말 사냥용 활)'이라는 것이 있는데, 길이가 1척 정도의 나무 막대기로 한쪽 끝은 둥글고 다른 쪽 끝은 납작하다. 물건을 향해 던지면 바람을 타고 빙빙 돌면서 날아올랐다가 조금 뒤에 던진 사람의 5~6척 거리까지 되돌아온다. 또 이름은 모르는데 나무로 '几'자 모양을 만들어 아래쪽에 나무 막대기 하나를 가로질러 가죽띠로 묶고 위쪽에는 황랍黃蠟(밀랍)을 약간 놓고 그 위에 나무 고양이나 나무 쥐를 놓는다. 그것을 따뜻한 곳에 놓아 황랍이 물러지면 막대기가 일어서서 물건을 아주 높이 뛰어오르게 만든다.

7월 24일 토요일

6월 16일 병진. 맑음. 태서의 놀이 중에 '자전字戰'이라는 것이 있다고 한다. 사람 수는 많거나 적거나 구애됨이 없고 두 쪽으로 나누어 하나는 주인이 되고 하나는 장인匠人이 되어 두 줄로 늘어선다. 장인이 수단을 써서 주인을 장인으로 바꾸는데 먼저 무슨 기술을 쓸지 조용히 모의한다. 모의를 마치면 맨 앞에 있는 장인이 주인을 향해 생략하여 쓴 글자를 한두 개 말해준다. 이를테면 목장木匠은 '一'자와 '斤'자를 알려주고, 철장鐵匠은 '金'자와 '匚'자를 알려주며, 약가藥家(약사)는 '艹'자와 '宀'자를 알려주고, 성의成衣는 '戊'자와 '亠'자를 알려준다.[642] 이야기를 마치면 바로 여러 장인들에게 알려준다. "장인 여러분, 일을 하면서 말을 많이 하지 말고 일이 지나가기를 기다립시다." 말을 마치면 장인들은 맨 앞의 장인이 말한 글자를 일일이 오관五官[643]과 사지四肢로 만들어내는데, 일시에 손발이 이리저리 움직이며 모양이 서로 다르니, 마치 말을 못 하는 사람들 같다. 몸짓을 오래 해도 주인이 그 일이 무슨 종류인지를 알아낼 수 없으면 장인들에게 멈추게 하고 주인이

---

642 프랑스어 단어의 일부를 힌트로 주는 놀이를 한자로 바꾸어 설명한 것이다.

643 눈, 코, 입, 귀, 혀를 말한다.

천천히 맞히기를 기다린다. 만약 여전히 알아맞히지 못하면 맨 앞의 장인이 바로 글자의 뜻을 밝혀준다. 만약 주인이 잘못 추측하거나 맨 앞의 장인이 잘못 알려주면 장인이 주인으로 바뀌고 주인이 장인으로 바뀐다.

또 한 가지는 '곤전대무棍剪對舞'라는 것이 있는데, 사람 수는 많고 적은 것이 상관없다. 한 사람은 문밖에 서 있고 나머지는 집안에서 물건을 하나 숨긴다. 다 숨긴 뒤에 함께 외친다. "완두콩이 익었고 돼지고기가 익었으니 얼른 와서 먹어라." 찾는 사람이 문에 들어가면 문 안에 있는 사람들이 두 줄로 서서 왼쪽에서는 화전火剪을 들고 오른쪽에서는 화곤火棍을 들고 서로 때리면서 함께 주악奏樂한다.[644] 찾는 사람이 물건을 숨긴 곳에 가까워지면 음악 소리가 더욱 빨라지거나 소란스럽게 말을 하여 찾는 사람의 마음을 어지럽게 만들어 물건을 찾기 어렵게 만든다. 물건을 찾아내면 이기고 그렇지 않으면 다시 물건을 숨기고 찾는다.

밤이 되자 흐려졌다. 해각(21~23시)에 가랑비가 한바탕 내렸다.

7월 25일 일요일

6월 17일 정사. 흐렸다 개었다 하고 따뜻함. 이날은 태서의 예배일이어서 거리가 북적였다. 오후에 지 흠헌과 손 흠헌은 걸어서 마달란 대가에 나가셨고 탑목암과 장송여莊松如(장춘령)는 현일만賢日滿 가(Boulevard Saint-Germain)에 놀러 갔고 계동경 등은 왕자현을 찾아갔고 나는 정보신과 함께 말을 빌려 백로왕 원에 놀러 갔다. 갔다 오는 길이 8~9리였다. 미정(14시)에 숙소에 돌아와서 조금 앉아있다가 다시 말을 타고 거리로 나갔다. 몇 걸음을 가서 유소분儒素芬 가(Avenue Joséphine)[645]에 도착했다. 서양 말은 고삐가 세 개인데 그중 하나는 입에 재갈을 물리게 연결되어 있어서 혀를 고

---

644 화전과 화곤은 불을 일으키는 데 쓰는 가위와 막대기 모양의 쇳조각을 뜻하는 듯하다.

645 이후 1879년에 마르소 가(Avenue Marceau)로 개칭되었다.

정시키고 입술을 묶어둘 수 있다. 내가 그 고삐를 잘못 잡아당겨 말이 갑자기 일어서는 바람에 땅에서 떨어졌다. 다행히 말이 놀라서 도망가지는 않았다. 나는 머리가 어지럽고 허리가 아파 차를 빌려 타고 숙소로 돌아왔고 말은 복僕(하인)에게 돌려보내게 했다. 사람들이 나더러 마당에서 이리저리 몇 차례를 왕래하고 화약華藥(중국 약) 몇 환丸을 먹으면 당일에 바로 가벼워질 것이라고 말했다. 포 흠사와 백 협리, 덕 협리는 걱정을 이기지 못해 급히 법의法醫(프랑스 의사)를 찾아 조치調治(치료)하게 했다. 사람들이 나를 부축하여 위층으로 올라가서 옷을 입은 채로 눕게 했다. 신각(15~17시)에 지 흠헌과 손 흠헌이 돌아와서 나의 일을 들으시고 올라와서 보셨다. 마음을 편안히 하고 조섭(조리)을 잘하라는 등의 말씀을 해주셨다. 밤이 되자 비가 조금 내리고 추워졌다.

7월 26일 월요일

6월 18일 무오. 맑음. 아침에 덕 협리가 의생 두 명과 함께 왔다. 한 명은 이름이 대마개戴馬蓋로 나이는 마흔쯤 되었고 한 명은 이름이 복락앙卜樂昻으로 나이는 서른쯤 되었다. 각자 표表(시계)를 들어 진맥을 마치고 나서 이 병은 마음이 답답하고 머리에 급혈急血이 뭉친 것이어서 완화 치료를 해야 한다고 말했다. 나는 그 설이 틀렸다고 들어서 화약華藥을 먹고자 했지만 사람들이 말렸다.

7월 27일 화요일

6월 19일 기미. 맑음. 사각(09~11시)에 두 의생이 욕분浴盆(목욕 대야)과 백포白布를 들고 왔다. 그 사람들이 탕제湯劑는 필요 없고 온수에 몸을 담그고 차가운 포로 머리를 감싸면 곧 낫는다고 말하면서 옷을 벗겨 치료하려고 했다. 나는 재삼 거절하다가 슬피 울고 말았으니 회한도 소용없었다. 그래서 이제부터는 오직 하늘의 뜻에 맡길 뿐이라고 생각했다. 말에서 떨어진 일이 전거지감前車之鑒[646]이 되었다고 하겠다. 하나는 양친이 집에 계시는데 몸을 지키지 못하는 자의 거울이요, 하나는 밖에서 돌아다니고 있는데 삼가며 지내지 않는 자의 거울이며, 하나는 나이가 어려 경험이 적은데 제멋대로 경거망동하는 자의 거울이다. 만약 하늘의 복을 얻을 수 있어서 약을 먹지 않고 기쁘게 된다면 이 역시 조종祖宗께서 덕을 쌓으신 소치일 것이다.

7월 28일 수요일

6월 20일 경신. 맑음. 의생들이 하루에 두 차례씩 와서 저번처럼 치료해 주었는데 두 시진이나 걸려서야 일이 끝났다. 나는 여전히 어지럼을 느껴 끼니마다 묽은 죽을 조금만 먹을 뿐이었다.

7월 29일 목요일

6월 21일 신유. 맑음. 연일 얼음으로 어혈을 잡았는데 이날은 말거머리 24마리를 귀 뒤에 놓아 빨게 했다. 처음 놓을 때는 한 마리가 4~5푼 크기였는데 조금 뒤에 1촌이 되었다. 이것을 떼어 물을 채운 대야에 놓았더니 바로 크기가 작아지고 피가 대야에 가득 찼다. 처음 빨 때는 통증이 심했지만 버틸 힘이 없어서 가만히 있을 수밖에 없었다.

7월 30일 금요일

6월 22일 임술. 아침에 맑았다가 오후에 흐려졌다. 이날은 사지에 힘이 없고 정신이 혼미하여 묽은 죽조차 넘기지 못했다.

---

646 앞에 간 수레의 뒤집힘을 보고 뒤에 따라온 수레가 거울삼는다는 뜻이다.

7월 31일 토요일

6월 23일 계해. 맑음. 종일 먹지도 못하고 말도 못하여 찬물 몇 숟가락만 마셨다. 밤이 되자 헛소리를 지르며 발광했다.

8월 1일 일요일

6월 24일 갑자. 맑고 바람이 불었다. 이날 지 흠헌과 손 흠헌이 쉰 살쯤 된 곽리원郭利元이라는 여복女僕을 고용하여 밤낮으로 살피게 하시니 자못 정성을 다해 보살폈다.

8월 2일 월요일

6월 25일 을축. 맑음. 며칠째 귀가 마르고 입이 닫히고 눈이 멍해지고 몸이 굳었다. 여러 공들께서 밤낮으로 살피며 걱정하실 따름이었다.

8월 3일 화요일

6월 26일 병인. 맑고 따뜻함. 두 의생이 빙포氷布(차가운 포)로 머리를 감싸고 거머리로 피를 빨았는데 공들이 그것을 막지 못했다.

8월 4일 수요일

6월 27일 정묘. 맑음. 오후에 왕자현이 와서 문안하면서 말했다. "각하가 이와 같은 의외의 병을 앓고 계신다는 소식을 며칠 전 신문지에서 우연히 보고 걱정을 이기지 못했습니다. 본래 진작 문안을 와야 했으나 사무私務가 번중하여 그러지 못했습니다. 하루빨리 본래대로 되돌아오시기를 바랄 따름입니다." 그가 화언으로 말하고 내가 법어로 답하니 참으로 기이했다.

8월 5일 목요일

6월 28일 무진. 흐림. 아침에 포 흠사의 처제妻弟(처남) 이위목李威木(Livermore)[647]이 와서 치료해주었다. 그 사람은 평소에 의서醫書를 탐독하여 중국 대부大夫(의사)라고 자칭했으나 아직 팔이 세 번 부러지지 않아[648] 일체의 의난병疑難病(난치병)을 제대로 살필 수 없었다.

8월 6일 금요일

6월 29일 기사. 흐리고 비가 오다가 미각(13~15시)에 개었다. 갑자기 이름을 모르는 법국 의생이 약수藥水(물약)와 긴 끈을 가지고 와서 나를 보자고 했다. 끈으로 몸을 재고 약수를 부으면 바로 효험이 있다는 것이었다. 사람들이 믿지 못하자 돌아갔다. 모수毛遂가 자천自薦한 꼴이니[649] 말로는 사람을 구하고자 한다지만 맹랑함이 심한 것이 아니겠는가.

8월 7일 토요일

6월 30일 경오. 맑음. 며칠 동안 말을 안 하다가 이날 오후에 갑자기 큰소리로 미친 듯이 외쳤다. "무릇 사람의 사치와 탐욕으로 덕을 쌓지 못하는 것을 걱정하지 않고 재물이 가득하지 않은 것을 걱정하지 않고 위태로운 곤경에서 구하지 않고 경각의 즐거움을 취한다면 모두가 이와 같으리라. 나는 곤경에서 벗어나지 못하고 자손도 없을 것이다." 말을 마치고 크게 웃으

---

647 벌링게임의 처남은 찰스 리버모어(Charles Frederick Livermore)와 에드워드 리버모어(Edward Marshall Livermore) 등 두 사람이 있었는데, 본문의 이위목이 누구인지는 분명하지 않다.

648 앞에 나온 삼절굉(三折肱)을 응용한 말이다. 팔이 세 번 부러졌다는 것은 병을 오래 앓으면 몸과 병에 대해 조예가 깊어진다는 뜻이다. 여기에서는 이위목이 병에 조예가 깊지 못함을 말하고 있다.

649 모수가 자천했다는 것은 전국시대 조(趙)나라가 진(秦)나라의 공격을 받았을 때 조나라 평원군(平原君)의 식객 중 한 사람이었던 모수가 자진하여 평원군을 따라 초나라에 가서 구원을 청한 이야기에서 비롯되어, 어떤 일에 스스로 나서는 것을 뜻하는 말로 쓰인다.

니 듣던 사람들이 영문을 몰랐다. [사람들이] 침상을 두드리며 다시 물었지만 눈을 감고 더 말하지 않았다.

8월 8일 일요일

7월 1일 신미. 맑음. 근일近日에 알고 지낸 서인들이 모두 찾아왔다. 나의 병든 모습을 보고 모두 슬퍼하다 돌아갔다.

8월 9일 월요일

7월 2일 임신. 맑음. 아침에 다시 지 흠헌과 손 흠헌이 서른쯤 되는 과대마랍瓜大麻拉이라는 여복을 고용하여 곽리원과 함께 돌보게 하셨다. 나는 혼미한 중에서도 감명의 마음을 억누르지 못했다.

8월 10일 화요일

7월 3일 계유. 맑음. 요즘 마른 몸으로 침상에 붙어있고 얼굴은 생기가 없고 먹지도 않고 말도 하지 않아 목숨이 실낱같다고 느껴졌다. 대마개 의생이 "병세가 안 좋아지니 조리가 쉽지 않습니다."라고 말하니, 오랫동안 탄식했다.

8월 11일 수요일

7월 4일 갑술. 맑음. 복락앙 의생이 "목과 눈을 모두 다쳐 목숨을 부지하기 어렵습니다."라고 말하여 사람들이 고칠 방법이 있겠느냐고 물었다. 복 의생이 말했다. "계속 온수로 몸을 씻고 거머리로 어혈을 빨아낸 뒤에 다시 치료해 보아야겠습니다."

8월 12일 목요일

7월 5일 을해. 맑음. 아침에 성이 다多 이름이 애선愛善이라는 노인이 내과를 전문으로 한다며 약수 한 병을 가져와서 그것으로 치료하면 곧 낫는다고 말했다. 화인들이 그의 내력을 몰라 서인들에게 물어보니 사기꾼이라면서 믿지 말라고 했다. 오각(11~13시)에 대마개가 와서 무슨 약인지를 물었다. 그가 말했다. "좋은 약을 쓴다 해도 병이 이미 깊었으니 저분이 모르게 하세요. 알게 된다면 거머리와 빙포가 그 기량(효과)을 펼칠 바가 없게 됩니다." 사람들이 "예, 예."하고 대답했다. 화인들은 모두 조용히 탄식을 그치지 못했다.

8월 13일 금요일

7월 6일 병자. 아침에 맑았다가 오후에 흐려짐. 왕자현이 다시 와서 살폈는데, 내 모습이 비쩍 말라 시체처럼 누워있는 것을 보고 오래도록 탄식하다 돌아갔다. 밤이 되자 맑아졌다.

8월 14일 토요일

7월 7일 정축. 맑음. 법국 의생이 화인을 치료하는데 거머리로 피를 빨아내는 등등의 잘못된 방법을 썼다는 소식을 사람들이 이날 신문지에서 보았다는 말을 들었다.

8월 15일 일요일

7월 8일 무인. 맑음. 화인들이 나의 병세가 위중한 것을 보고 추추범에게 조치하게 하고자 지 흠헌께 아뢰니 흠헌께서 말씀했다. "사람이 병을 고치려면 마땅히 한 의생에 따라야 한다. 만약 한 나라의 삼공三公이 저마다 견해가 다르다면 도리어 근심이 될까 걱정이다. 중서中西의 약성藥性이 크게 다르니 어찌 함께 쓸 수 있겠는가?" 사람들이 모두 "예, 예."하면서 물러났다. 밤이 되자 흐리고 비가 내렸다.

8월 16일 월요일

7월 9일 기묘. 아침에 흐리다가 미초(13시)에 개었다. 며칠 동안 문병 온 서인들 중에 두 의생이 평소 모두 저명하여 믿을 만하다고 말하는 사람도 있고, 마땅히 다르게 생각하여 새로 명의를 모셔야 한다는 사람도 있었다. 의론이 분분했지만 누가 좋을지 알지 못했다. 서인들이 이 때문에 반목하는 자들이 생겼다.

8월 17일 화요일

7월 10일 경진. 맑음. 오후에 학부郝富가 자기 처를 데리고 와서 두 의생이 무슨 약을 썼으며 무슨 방법으로 치료했는지를 물었다. 사람들이 모두 사실대로 말해주었다. 그는 입을 벌리고 쳐다보면서 오랫동안 말을 못했는데 크게 놀란 듯했다. 하지만 얼른 웃으며 말했다. "그것이 바로 좋은 방법입니다." 탄식하고 돌아갔다.

8월 18일 수요일

7월 11일 신사. 맑음.

기記: 병이 든 뒤로 날마다 몸을 씻고 머리를 차갑게 하였는데, 두 의생은 여복들에게 내가 입은 옷을 하루에 한 번씩 갈아입히라고 명했다.

8월 19일 목요일

7월 12일 임오. 맑음. 제군들이 내 병이 위중하여 회복을 장담하기 어려운 것을 알고 복인僕人(하인)들에게 명해 다시 지 흠헌께 아뢰어 반드시 화의華醫(중국 의사)를 구해 치료해야 한다고 말씀드리게 했다. 흠헌께서 말했다. "의생을 바꾸고자 한다면 모두가 정식으로 품의하면 받아들이겠다." 이에 봉기구가 11명과 연명으로 아뢰어 화약華藥 두 제劑를 복용하게 하니 병이 바로 낫지는 않았지만 통증이 약간 줄었다. 밤이 되어 거센 바람이 불었다.

8월 20일 금요일

7월 13일 계미. 맑음. 날마다 화약을 다려서 밤에 화복華僕들에게 시켜 조용히 복약하게 했다. 대낮에는 몸을 씻고 머리를 차갑게 하는 치료법을 계속 따랐다.

8월 21일 토요일

7월 14일 갑신. 맑음. 처음 말을 할 수 있게 되었으나 여전히 더듬거렸다. 백 협리가 목욕을 권했는데 내가 손으로는 얼굴을 때리고 다리로 물을 쳐내어 협리의 옷이 모두 젖어버렸다. 나는 그저 염불하는 마음밖에 없었다.

8월 22일 일요일

7월 15일 을유. 맑음. 아침에 갑자기 복에게 모자와 신발과 공복公服을 가져와 자리 옆에 두라고 하고 쳐다보았는데 왜 그랬는지는 모르겠다.

8월 23일 월요일

7월 16일 병술. 맑음. 오각(11~13시)에 고은高恩이 자기 처를 데리고 와서 말했다. "편찮으시다는 소식을 들은 지가 오래되었는데 공사公私가 번중하여 찾아뵙지 못했습니다. 회복을 바랄 따름입니다." 내가 화언으로 대답했다. "무릇 사람이 관용의 마음이 있으면 대범해지고 욕심이 없으면 강직합니다. 내 마음은 본래 솔직하여 추구하는 바가 없습니다. 당신이 오지 않은 것을 어찌 타박하겠습니까? 만약 욕심이 많고 관용이 적어 이것저것을 가혹하게 책망하기만 한다면 사람들이 모두 위태로운 마음을 갖게 될 것이니 나는 그것을 면치 못할 것임을 압니다." 고은이 듣고도 무슨 말인지 몰라 사람들에게 물어보니 사람들이 미친 소리라고 답해주었다.

8월 24일 화요일

7월 17일 정해. 맑음. 아침에 포정庖丁(조리사)에게 찐만두 세 개를 달라고 했으나 그것을 받아먹지는 못하고 냄새만 맡았다.

8월 25일 수요일

7월 18일 무자. 맑음. 화약을 이어서 복용하니 오내五內(오장)가 조금 맑아지고 감았던 눈에 생기가 돌고 머리의 어지럼도 줄어들었다. 이로 보건대 두 의생의 치료법으로는 제대로 고칠 수 없었다. 밤이 되자 흐리고 비가 왔다.

8월 26일 목요일

7월 19일 기축. 아침에 흐리다가 사정(10시)에 개었다. 근일에 말은 할 수 있게 되었으나 사람들의 이름을 매번 잘못 부른다.

8월 27일 금요일

7월 20일 경인. 맑음. 포정이 내가 먹고 싶은 것을 물어 사람 머리 구이와 이리 염통 찜을 먹고 싶다고 했더니 사람들이 모두 이상하다고 여기면서 놀라워했다.

8월 28일 토요일

7월 21일 신묘. 맑음. 대 의생이 내가 좀 차도가 있는 것을 보고 당병糖餅(케이크) 한 갑을 주면서 걱정이 되니 2~3일 뒤에 다시 오겠다고 했다.

8월 29일 일요일

22일 임진. 맑음. 병이 열에 아홉은 나은 것처럼 느껴졌다. 말도 점차 또렷해지고 중국 죽도 먹고 싶었다. 여러 복僕들이 내 말을 듣고 무척 기뻐하며 술과 안주를 갖추어 가져왔다. 오후에 덕 협리와 백 협리, 그리고 대 의생과 복 의생에게 화약을 먹고자 하고 얼음물 조치는 원하지 않는다고 말했다. 사람들이 서로를 한참이나 쳐다보더니 어쩔 수 없이 내 뜻을 따랐다.

8월 30일 월요일

7월 23일 계사. 맑음. 아침에 포 흠사가 와서 말씀했다. "백 협리가 정, 탑 제군과 함께 26일에 귀국길에 나서기로 했는데 각하의 병이 아직 낫지 않았으니 우선 윤돈으로 가서 잠시 지내면서 조양調養하시오." 나는 귀국길에 함께 가겠다고 간청하면서, 병으로 약해졌지만 다행히 멀미를 하지 않고 순풍으로 간다면 하백河伯(강의 신령)이 해치지 않을 것이라고 말했다.

8월 31일 화요일

7월 24일 갑오. 맑음. 병이 점차 나았지만 사지가 쇠약해져 오래 견디기 어려웠다. 오랫동안 병상에 누워있었더니 머리와 눈도 어지러워 옷을 걸치고 부축을 받아 방 안에서 걸어 다녔다. 몇 걸음 못 가 제힘으로 서 있기가 어려웠다.

9월 1일 수요일

7월 25일 을미. 맑음. 두 의생이 작별하고 떠나가니 구해준 덕에 절하며 사의를 표시했다. 두 사람은 얼굴과 귀가 빨개져서 모자를 벗고 몸을 굽혀 절을 하고 떠나갔다. 나는 공복을 갖추어 입고 각 흠헌과 벗들의 방에 가서 작별했다. 이날 저녁 행장을 꾸렸는데 자못 힘들었다. 자초일각(23시 15분)이 되어서야 잠이 들었다.

파리에서 수에즈까지

9월 2일 목요일

7월 26일 병신. 맑음. 아침에 묽은 죽을 조금 먹었다. 신초(15시)에 백협리, 탑목암, 정보신, 장송여 제군들과 함께 복역僕役 9명을 데리고 차를 타고 길을 떠났다. 10여 리를 가서 화륜차 객청에 잠시 앉아있었다.[650] 봉기구 등의 제군이 전별해 주어 몇 리를 목송目送하다가 눈물을 뿌리며 돌아갔다. 신정(16시)에 차가 출발하여 하룻밤을 달려갔는데 덕 협리가 동행했다.

[그림 255] 파리 리옹 역(1900년경)

기記: 병이 난 뒤부터 지금까지 여러 벗들이 돌보고 찾아와 주고 의생들이 조치해 주는 동안 나의 한마디 한마디와 병중의 상황을 모두 화복華僕 축수祝壽가 날마다 기재해 두었는데, 다행히 유실되지 않아 내가 가닥을 잡아 적을 수 있었다.

9월 3일 금요일

7월 27일 정유. 맑음. 오정(12시)에 마새랍馬賽拉(Marseille) 해구에 도착

---

650 파리에서 마르세유로 가는 열차는 바스티유 광장에서 남쪽으로 약 1km 떨어진 곳에 있는 리옹 역(Gare de Lyon)에서 출발했다.

하여 화륜차에서 내려 마차를 타고 수 리를 가서 납패拉佩 점(Le Grand Hôtel du Louvre et de la Paix)[651]에 들어 아침과 저녁에 중화의 면탕麵湯을 먹고 삼편주三鞭酒(champagne)를 마셨다. 밤이 되어 면포麵包(빵)를 조금 먹었다.

[그림 256] 마르세유 항(19세기)

[그림 257] 루브르 평화 호텔

---

651 루브르 평화 호텔은 1863년에 마르세유의 라 칸느비에르(La Canebière) 지역에서 개원한 호텔이다. 2차 세계대전이 한창이던 1941년 프랑스 해군에 의해 징발되었고, 전쟁 뒤에는 백화점에 매각되었다가 지금은 행정 청사 및 민간 회사 사무실 등으로 쓰이고 있다.

9월 4일 토요일

7월 28일 무술. 사초(09시)에 마차를 타고 8~9리를 가서 부두에 도착하여 화륜선에 올랐다. 배의 이름은 북려사北呂司(Le Peluse) 호[652]로, 길이가 약 20여 장, 너비가 2장 5척이었다. 오각(11~13시)에 덕 협리가 작별하고 돌아갔다. 미정(14시)에 배가 떠났다. 물이 잔잔하여 배가 평온했다. 해구를 나서자 약간 추워졌다.

[그림 258] 마르세유 항에 정박 중인 펠루스 호

9월 5일 일요일

7월 29일 기해. 맑고 평온함. 물빛이 짙은 남색이었다.

기記: 배에는 남녀 4백여 명이 타고 있었고 그중에 의대리意大里(Italy) 국의 여우女優 수십 명이 있었는데 밤낮으로 떠들어대어 귀를 울리니 그 소란을 참기 어려웠다.

---

652 나일강 하구의 동쪽 끝에 있는 도시의 이름을 딴 펠루스 호는 1863년 2월에 프랑스 남부 도시 라 시오타(La Ciotat)에서 진수되어 마르세유와 레반트(Levant) 지역 및 이집트 노선을 운항하였다. 1869년 11월 17일에 수에즈 운하를 통과한 첫 상업 선박이 되었고, 1886년에 사이공-싱가포르 노선에 투입되었다. 1891년에 해체되었다.

9월 6일 월요일

8월 1일 경자. 맑고 평온함. 병이 많이 나았지만 배를 타고 가는 괴로움이 차를 타는 것보다 심했다. 종일 선창船艙 안에 누워 책만 보며 번민을 잊었다. 먹고 마셔서 전보다 점차 튼튼해졌지만 막 나은 뒤라 많이 먹지는 못했다.

[그림 259] 메시나 항(19세기)

9월 7일 화요일

8월 2일 신축. 맑음. 새벽에 일어나 창밖을 보니 물이 잔잔하고 배가 평온하여 일망무제요 망망창창했다. 밤이 되자 벌써 묵서나墨西拿(Messina)[653]를 지났다.

9월 8일 수요일

8월 3일 임인. 맑음. 물이 어제처럼 잔잔했다. 이날 저녁에는 수마睡魔가 도망가서 수탉이 울 때까지 잠이 들지 못하여 오율五律(오언율시)을 읊었다.

밤이 되어 배가 질풍처럼 달리니,
바퀴가 쉬지 않고 날아가네.
연기가 천 길 컴컴한 곳에 치솟고,
빛이 푸른 등에서 깜빡이네.

---

653 메시나는 이탈리아 남부 메시나 해협 서안에 있는 항구 도시이다. 마르세이유와 알렉산드리아를 오가는 배들은 이곳을 경유하였다.

새벽이 더디 오는 것이 한스러우니,

누가 알리요? 나 홀로 깨어있음을.

망망한 창해의 길을 가니,

고향 생각은 언제쯤 가라앉을까?[654]

9월 9일 목요일

8월 4일 계묘. 맑고 잔잔함. 나는 바람이 두려워 선면船面(갑판)에 올라가지 못했다. 종일 침상에 바로 앉아 고문을 읽기 시작하여 「도화원기桃花源記」[655]까지 읽으니 속세를 떠났다는 생각을 지울 수 없었다. 전에 합중국에 있을 때 화언을 하는 마이단馬爾丹이라는 토인이 이 글을 얘기하면서 모습을 숨기는 자는 어리석고 바다와 산을 다니는 사람이 지혜롭다고 말해 서인들은 일을 좋아하여 움직이는 것을 좋아하고 조용히 있는 것을 싫어한다고 생각했던 것이 기억났다.

9월 10일 금요일

8월 5일 갑진. 맑음. 사각(09~11시)에 애급埃及 변경 아래삼타아阿來三它呀(Alexandria)[656] 해구에 도착하여 배를 내려 쌍마차를 타고 가서 객점에 들었다. 이름은 상고上高[657]라고 했다. 먹은 것 중에 까만색의 첨과甛瓜(멜론)가 있었는데 크기는 호박만 하고 맛은 시었다. 신초(15~17시)에 마차를 타고 화

---

654 "入夜舟行疾, 輪飛永不停. 煙噴千丈黑, 光閃一燈靑. 每恨天難曉, 誰知我獨醒. 茫茫滄海路, 鄕念幾時寧."

655 진(晉) 도연명(陶淵明)이 지은 글이다. 한 어부가 복사꽃 나무 핀 길을 따라 올라갔다가 속세와 인연을 끊고 사는 사람들을 만나고 돌아온 이야기이다.

656 알렉산드리아는 이집트 북부의 지중해 쪽 항구 도시로, 고대부터 이집트와 지중해 역사에서 매우 중요한 도시였으며 근대에도 동서 교통의 요지로 이름이 높았다.

657 힐스 호텔(Hill's Hotel)일 가능성이 있다. 이 호텔은 1830년대 중엽부터 알렉산드리아의 최고급 호텔 중의 하나였고 1920년대까지도 운영되고 있었다.

[그림 260] 알렉산드리아 항(1890년경)

륜차 객청에 가서 잠시 앉았다가 유각(17~19시)에 화륜차를 타고 하룻밤을 갔다.

9월 11일 토요일

8월 6일 을사. 맑음. 오초(11시)에 소이사蘇耳士(Suez)[658]에 도착하여 차를 내려 걸어서 달로포達路布 점(Ferdinand Marie De Lesseps House)[659]에 가서 당糖을 적신 면포麵包 몇 개를 아침으로 먹었다. 미각(13~15시)에 작은 윤차를 타고 몇 리를 가서 큰 윤선에 올랐다. 배의 이름은 태격泰格(Le Tigre)으로, 지난번에 귀국할 때 탔던 것이었다.[660] 이날 저녁에 화물을 싣는데 사람들이 떠들기 시작하여 밤새 그치지 않았다.

---

658 수에즈는 이집트 북동부의 항구 도시로, 수에즈 운하의 홍해 쪽 입구에 있다.

659 페르디낭 마리 드 레셉스 하우스는 프랑스의 외교관이자 기술자였던 페르디낭 드 레셉스(1805~1894)가 수에즈에 지은 숙소이다. 그는 수에즈 운하 건설을 추진하여 1859년에 착공하여 1869년 11월 17일에 개통시켰다. 이후 파나마 운하 건설에도 뛰어들었으나 질병과 재원 부족 등으로 1889년에 건설이 중단되고 그의 회사는 파산했다. 파나마 운하는 미국이 재시도하여 1914년에 완공되었다.

660 장덕이는 첫 번째 서양 여행의 귀국길 도중 1866년 8월 26일에 수에즈에서 티그르 호를 탔다. 호랑이라는 뜻의 티그르 호는 1862년 12월에 프랑스 남부의 도시 라 센 쉬르 메르(La Seyne-sur-Mer)에서 진수되어 1863년부터 1870년까지 수에즈-홍콩 노선을 운항하였고, 수에즈 운하 개통 이후에는 마르세유-극동 간을 운항하기도 했다. 1904년에 해체되었다.

[그림 261] 운하 건설 이전의 수에즈 항(1839)

[그림 262] 페르디낭 드 레셉스 하우스(1870년대)

[그림 263] 페르디낭 드 레셉스

[그림 264] 티그르 호(1862)

수에즈에서 홍콩까지

9월 12일 일요일

8월 7일 병오. 맑고 따뜻함. 묘초(05시)에 화물 싣는 일이 끝나고 진정(08시)에 배가 출발하여 홍해紅海에 들어갔다. 창 너머로 살펴보니 물빛은 짙은 남색이었고 멀리 구름과 산들이 보였으며 넓은 바다가 하늘에 맞닿아 있었다. 밤이 되자 조금 흐려졌는데 초복만큼 더웠다.

9월 13일 월요일

8월 8일 정미. 맑음. 날마다 새벽에 일어나서 더운 우유 한 사발을 마시고, 진각(07~09시)과 미각(13~15시)에 면탕 두 그릇을 먹고, 사각(09~11시)과 신각(15~17시)에 소, 양, 닭, 물고기 음식 두 그릇과 면포 몇 개를 먹고, 밤에는 떡을 조금 먹었다. 먹고 마시는 일이 점차 평소와 같아졌다.

9월 14일 화요일

8월 9일 무신. 아침에 흐리다가 사초(09시)에 개었다. 물은 검은색이었다. 오후에 부축을 받아 선면에 올라가 앉았다. 사방이 드넓은 바다로 끝이 없었고 맑은 빛이 쏟아지니 앞이 이 때문에 하나도 보이지 않았다.

9월 15일 수요일

8월 10일 기유. 맑음. 물은 어제처럼 평온했고 빛깔은 남색이었다. 지구는 물이 오분의 삼인데, 물이 모여 흩어지지 않는 것은 지심地心의 힘 덕분이라고 생각한 적이 있었다. 작게는 개울과 연못에서 크게는 강물까지 바다에 흘러들지 않는 것이 없으니 강과 바다는 드넓어서 작은 물길들을 모두 받아들여 바다가 백천百川의 왕이 되는 까닭이다. 이 때문에 "바다를 본 사람은 어지간한 물은 물이라고 하기 어렵다."[661]라고 한 것이다. 내가 지금 지구를 돌면서 여러 바다를 두루 다니며 고서古書에 실려 있지 않은 것들을 모두 직접 경험하며 눈으로 살폈다. 조정에서 통상通商을 허락하지 않았다면 어찌 능히 배를 타고 역외를 돌아다니며 구경할 수 있었겠는가? 지금 여러 바다를 편안히 지나며 이 글을 쓰는 것은 행운이라고 하겠다.

9월 16일 목요일

8월 11일 경술. 맑고 평온함. 밤 해각(21~23시)에 배가 해구를 잘못 들어가 왕래하며 이리저리 왔다갔다 하다가 수백 리를 돌아가니 주객主客이 모두 놀랐다. 하늘이 밝아오면서 겨우 빠져나왔다.

9월 17일 금요일

8월 12일 신해. 맑음. 물이 잔잔하고 배가 평온했다. 하늘과 물의 색깔이 같았다. 진초(07시)에 아정亞丁(Aden)[662]에 이르러 배를 댔다. 산색은 처음 보았을 때와 같았고 다만 방옥房屋이 두세 채 늘어났을 따름이었다. 화물을 내리고 싣고 매탄과 물을 실었는데 귀가 따갑도록 시끄러운 소리가 한밤을 지나 아침까지 이어졌다.

---

661 『맹자』「진심」장에 나오는 구절이다.

662 아덴은 예멘의 항구 도시로, 홍해의 아덴 만 연안과 접해 있다. 고대부터 유럽과 인도를 잇는 무역의 중심지였다. 1421년에는 명의 정화(鄭和)가 방문했다. 19세기에는 영국의 영향권 아래 있었고, 1937년에 영국의 직할 식민지가 되었다. 1967년 남예멘의 수도가 되었고 2015년에 예멘의 임시 수도가 되었다.

The Port of Aden, Arabia.

[그림 265] 아덴 항(1890)

9월 18일 토요일

8월 13일 임자. 맑음. 진정(08시)에 배가 출발하여 해구를 나오니 좌우로 산봉우리가 이어지고 운무가 배를 감쌌다. 멀리 바라보니 물이 거울처럼 평평하고 온통 반짝였다. 밤이 되자 바람이 조금 불어 배가 흔들려 배에 탄 여객女客들 중 일어날 수 있는 사람은 열에 서넛도 안 되었다.

9월 19일 일요일

8월 14일 계축. 맑음. 아침에 배가 여전히 흔들렸다. 물은 검은색이었다. 오후에 평온해졌다. 밤이 되자 흐리고 추워졌다.

9월 20일 월요일

8월 15일 갑인. 맑고 추움. 아침에 광풍과 거대한 파도가 일어나 배가 흔들리다가 오후에 조금 평온해졌다. 밤이 되어 여전히 흔들렸지만 무척 빠르게 달렸는데, 아마 옆바람이 도와준 듯했다. 병인년(1866)에 배를 타기 시작하여 오해이양五海二洋을 다니면서 만난 폭풍의 바다에 크게 놀랐지만 배가 흔들려 거의 뒤집힐 뻔한 적은 몇 번 없었다. 『십주기十洲記』[663]에 이르기를 "평온한 바다에 바람이 없어도 큰 파도는 백 장이 된다."라고 했으니, 동방삭東方朔의 말이 정말 옳다. 지금 생각해보면 몇 년 동안 여러 나라 험한 곳을 평지처럼 다녔는데, 하나는 성주聖主의 홍복洪福 덕택이요 둘은 천후天后 해신海神의 보우 덕분이다.

9월 21일 화요일

8월 16일 을묘.[664] 맑음. 배가 어제처럼 흔들렸다. 오후에 동선한 양인洋人 두 명이 바둑 같은 것을 두고 있었는데 이름은 알지 못했다.[665] 가로세로 길이가 각각 1척 5촌인 목판이 가로세로로 각각 여덟 칸씩 나뉘어 모두 64칸이 있고 흑백 색깔이 번갈아 칠해져 있었다. 양쪽에 흑백의 나무 말이 각각 12개씩 있고, 완자玩者(플레이

[그림 266] 영미식 체커 게임 판

어)는 말을 흰칸에 놓고 말은 한 칸씩 사행斜行한다. 이를테면 자기 말이 첫째 칸에 있고 상대의 말이 [대각선 방향의] 둘째 칸에 있으면 자기 말이 셋째 칸으로 넘어가서 [넘어감을 당한] 상대 말을 먹는다. 만약 넷째 칸에 또 상대의 말이 있으면 자기 말이 한 칸을 뛰어넘어 다시 상대 말 하나를 먹는다. 앞으로 나간 말은 물러날 수 없고, 만난 말은 놓아줄 수 없다. 이렇게 하여

---

663 한(漢) 동방삭(東方朔)이 지었다고 전해지는 『해내십주기(海內十洲記)』의 약칭이다. 동방삭이 한 무제와 주고받은 문답과 십주의 소재 및 산물 등을 적었다. 다만 실제 저자는 육조(六朝) 시대 사람으로 여겨진다.

664 이날 지강 일행은 프랑스를 떠나 스웨덴을 향해 출발하였다.

665 체커(checker) 게임을 말한다.

상대 땅에 깊이 들어가서 끝에 이르면 이 말을 용장勇將(King)이라고 부르며 말을 하나 더 겹쳐 놓아 표시하고 나아가거나 물러나며 공격하고 수비할 수 있다. 상대 말을 모두 잡거나 상대를 전진할 수 없게 하거나 자기 말을 모두 상대 땅의 끝에 이르는 쪽이 이긴다. 밤이 되자 배가 약간 평온해졌다.

9월 22일 수요일

8월 17일 병진. 맑음. 바람이 약간 잦아들었지만 파도는 여전했다. 지금 인도양을 지나면서 적도가 가까운데 개벽 이래로 얼음이 언 적이 있다는 말을 듣지 못했다. 모용황慕容皝[666]이 출정할 때 바다가 얼었던 것은 하늘이 그렇게 만든 것이 아니었을까.

또 영국과 법국은 100여 리 떨어져 있고 가까운 곳은 4~50리밖에 안 되지만 해구가 좁고 산이 높아 풍랑이 일어나기 쉽다. 두 나라가 상의하여 철잔鐵棧(철로)을 만들어 화륜차가 왕래할 수 있게 하자고 했으나 지금까지 이루어지지 못하고 있다. 『삼제략三齊略』[667]에 진 시황이 바다 위에 돌다리를 지었다는데 진짜인지는 모르겠다.

9월 23일 목요일

8월 18일 정사. 맑음. 바람이 멎고 풍랑이 그쳤다. 영국 사람 하락賀樂이 서공西貢(Saigon) 신문지 한 장을 가져왔는데 영문과 법문으로 되어 있고 한자는 없었다. 거기에 안남安南의 저명한 대부大夫가 지은 시가 한 편 있었는데 글이 볼 만했다. 그 뜻을 옮겨보면 대략 이렇다.

---

666 전연(前燕)의 태조(337~348 재위)이다. 동생 모용인(慕容仁)이 장악한 요동 지방을 공격할 때 바다가 얼어 모용인을 멸망시켰다고 한다.

667 진(晉) 복침(伏琛)이 지었다는 사서(史書)이다. 지금은 전해지지 않는다.

가련하다, 세상 사람들은,

꿈속에서 세월을 보내는구나.

요절과 장수, 곤궁과 현달의 판가름은,

모두 마음 하나에 달린 것.

신선이 되고자 하는 뜻도 없고,

애써 명예와 이익을 구하는구나.

밤낮으로 화려함을 좇으면서,

세 치 기운을 다 써버리네.

남을 속이면 그 사람은 늘 속고,

남을 다치게 하면 자기도 다친다네.

사람이 마땅히 추구할 으뜸가는 것은,

정직과 도덕과 인의仁義라네.

오늘날 세상의 마음은 옛날 같지 않아서,

일마다 모두 자신의 이익만을 생각하네.

온 신경을 다 써서 겨를이 없으니,

명예와 이익이 손에 들어오면 그만이라.

부모에게 효도하는 자식이 지금 몇이나 되는가?

임금에게 충성하는 신민이 지금 몇이나 되는가?

골육 사이도 서로 진秦나라 월越나라 사람처럼 보고,[668]

교분을 맺어 지기知己를 얻기는 더욱 어렵다네.

같은 집에 살아도 마음이 다르고,

자기만 생각하는 마음을 지닌다네.

남이 나를 짓누르지 않으면 내가 남을 뒤집으니,

천추만고千秋萬古에 어떻게 되었던가.

---

668 진나라는 서쪽 월나라는 동남쪽에 있던 나라이다.

이처럼 세상에서 사람 노릇하기 어려우니,

어렵고도 어렵고도 또 어렵다네.

지팡이와 여윳돈만 있다면,

술을 사서 취한 신선 흉내나 내며,

분수를 지키며 여생을 보낼 수 있으리라.

9월 24일 금요일

8월 19일 무오. 흐림. 바다가 잔잔하고 파도가 없었다. 사초(09시)에 실처럼 가는 이슬비가 내렸다.

기記: 태서의 도박 기구에 '아패牙牌(dominoes)'[669]라는 것도 있다. 모두 28장으로, [각 아패는] 길이 1촌에 너비가 5푼이고 앞면은 상아 뒷면은 까만색 나무로 되어 있어서 서로 합쳐 점의 개수를 얻는다. 앞면은 양쪽으로 나누어지고 가운데 구리 못이 박혀 있다. 중토와 같은 것은 오륙, 일삼, 사사, 사륙, 일륙, 삼삼, 일오, 육륙, 일일, 그리고 칠팔구 각 점이고, 사오륙 각 점은 모두 위는 비어 있고 아래에만 숫자가 있다. 그 밖에 이사, 일사가 있다. 위가 비어 있고 아래가 일인 것을 '성성星星(별)'이라고 하고, 위아래가 모두 비어 있는 것을 '공백空白'이라고 한다. 사람 숫자는 많고 적음에 구애됨이 없고, 먼저 골패 면을 탁자 위에 엎어놓고 아무 패나 하나를 가져다가 점이 몇 개인지를 보고 정한 숫자를 가진 사람이 수首(선)가 되고 패를 사람들에게 같은 개수를 나누어주고 진행 방법은 화토華土와 같아서 위쪽이 남은 것이 없거나 남은 개수가 가장 적은 사람이 이긴다. 차례가 되었는데 점의 개수가 맞지 않는 사람은 올라가지도 않고 죽지도 않으려면 '거去(pass)!'라고 외쳐서 다른 사람이 이어받게 한다.

---

669 서양 골패이다.

9월 25일 토요일

8월 20일 기미. 바다는 잔잔하고 배는 평온했다. 아침에 먹구름이 갑자기 일어나더니 금방 사방에 가득해지고 얼마 뒤에 번개와 천둥이 치면서 큰비가 쏟아부으니 해로를 분간하기가 어려워 선주가 즉시 배를 멈추게 했다. 오각(11~13시)에 조금 그쳐서 배가 다시 나아갔다. 밤이 되어 날이 개었다.

9월 26일 일요일

8월 21일 경신. 맑고·평온함. 사초(09시)에 흐려져서 다시 큰비가 퍼부었다. 선주는 배를 천천히 운행하여 풍랑의 기세를 피하게 했다. 얼마 뒤 비는 조금 약해졌지만 추워지기 시작했다. 먼 산은 씻은 듯하고 대지에는 먼지가 없어서 마음이 탁 트이고 편해지니 또 다른 세상인 듯했다. 정오 무렵에 비가 그쳤을 때 신존단辛存丹이라는 인도 사람이 찾아왔는데 영어를 할 줄 알아 이야기를 나누던 차에 자기가 쓴 『동서풍토기東西風土記』를 보여주었다. 각국의 인정과 풍경을 자세하고 조리 있게 쓴 것으로 진실로 선본善本이라고 부를 만했다. 다만 [그는] 본국의 국왕을 '흠숭欽崇' 등의 글자를 써 가면서 존숭하면서 다른 나라를 일컬을 때도 그 말을 썼다. 내가 이상하게 생각하여 그 까닭을 물으니, 그가 말하기를, "당신의 마음이 충직하시니 감히 이렇게 말씀드리겠습니다."라고 하는데, 말하는 모습이 무척 슬퍼 보였다. "우리나라는 예로부터 오인도五印度라고 불렸고 세상에서 가장 큰 불국佛國이었습니다. 그런데 근래 수십 년 동안 다른 나라들과 사귀고 접촉하면서 시세時勢가 여러 차례 변해왔고 지금에 이르러 오인도 중에 자주自主를 지킬 수 있는 곳은 두 곳밖에 안 남았습니다. 그리고 나라 전체에서 불교에 귀의한 이는 십 분의 사밖에 안 됩니다. 모두 인심이 옛날과 달라져 간사함과 속임수가 무성하게 생겨나서 국세가 쇠약한 처지에 이르게 되었습니다.

저는 본래 우리나라의 망족望族(귀족)으로 형제들은 직분을 지키며 모두 문무의 두 길로 나아갔습니다. 오직 저만 재주가 없어서 다른 길을 가며 특별한 영광을 구하여 국은國恩의 만분의 일이라도 갚고자 하였습니다. 그런데 양무洋務를 익힌 뒤로 점차 여러 사람들에게 수군거림을 당하고 심지어 외교外敎(이교도)라고 지목당하기까지 했습니다. 저는 이 때문에 분발하여 이 책을 써서 후인後人들에게 받아들여지기를 바랬습니다. 지존至尊께서는 [저의 책을 보시고] 다른 여러 나라들도 우리나라가 다를 바 없고 다만 형세가 부득이한 때문이라고 말씀해 주셨습니다. 그러나 우리나라에서 이 책을 읽는 사람들은 여전히 흠을 잡지 않음이 없었습니다. 그러나 이렇게 하지 않으면 또한 외인外人들이 어지럽혀 강역에서 우환을 만들까 걱정이 되었습니다. 이 때문에 오랫동안 생각을 가다듬다 보니 두세 번 주저하지 않을 수 없었습니다." 나는 그와 함께 한참을 슬퍼하고 안타까워했다. "세상의 길이 건너기 어려운데 당신은 어찌하여 산에 숨어 살면서 금琴과 책으로 스스로 즐기지 않으십니까?" 그가 말했다. "아! 비록 그런 마음이 있다 하나 집안이 지극히 빈곤하고 농사나 고기잡이를 하는 사람도 아니니 겨우 이 일로 살아가고 있을 따름입니다." 이야기를 주고받는 사이에 이미 방울 소리가 세 번이나 났고 마침내 함께 나가서 저녁 술을 마셨다. 밤이 되자 날이 개었다.

9월 27일 월요일

8월 22일 신유.[670] 흐리고 추움. 묘초(05시)에 석란錫蘭(Ceylon)[671]에 도착하여 배를 댔다. 사초(09시)에 날이 개어 선창 밖으로 나와 둘러보니 양안의

---

670 이날 지강 일행은 스웨덴의 수도 스톡홀름에 도착했다.

671 실론은 인도 남동쪽의 섬나라 스리랑카(Sri Lanka)의 옛 이름이다. 장덕이가 탄 배는 스리랑카 남부의 항구 도시 갈(Galle)에 기착했다. 갈은 14세기 무렵부터 스리랑카의 가장 중요한 항구였고, 17세기에 네덜란드 인들에 의해 갈 요새(Galle Fort)가 확장된 이후에는 유럽과 아시아를 오가는 배들이 기착한 인도양의 주요 항구였다. 1873년에 콜롬보(Colombo)에 항구가 건설되면서 쇠퇴하였다.

석벽石壁이 병풍처럼 높이 서 있었다. 비가 막 지나간 터라 푸른 빛이 고왔다. 이곳은 적도와 가까워 때가 바뀌어도 기후는 바뀌지 않은 까닭에 숲이 늘 푸르러 겨울과 여름에 초록빛이 눈에 가득하다. 아쉽게도 몸이 약해 등안登岸하여 돌아보지 못했지만 꽃과 나무가 무성하고 향기가 백 리에 퍼지니 반혼수返魂樹[672]가 있는 것이 아닐까 했다. 밤이 되어 화물을 내리고 싣고 물과 매탄을 실었다. 사람들이 떠드는 소리가 밤새 그치지 않았다.

[그림 267] 갈 항(1874)

9월 28일 화요일

8월 23일 임술. 맑음. 이날 배에 탔던 남녀 우령優伶(배우) 50여 명이 등안했다. 유초(05시)에 배가 떠나 해구를 나와 순풍을 맞으며 달렸다.

기기: 태서에는 '파알만巴戞滿(backgammon)'이라는 다른 종류의 위기圍

---

672 죽은 사람을 되살리는 향기인 반생향(返生香)을 만든다는 나무이다.

棋[673]가 있다. 목판은 검은색 바탕에 금색 무늬로 되어 있고 가로세로 각 1척 6촌이며 양쪽에 각각 12개의 등변삼각형이 흑백이 번갈아 있다. 각 삼각형은 꼭대기에서 바닥까지 말 네 개를 놓을 수 있고, 양쪽에 첫 번째부터 여섯 번째까지가 내각內角[674]이고 내각의 꼭대기가 서로 마주하고 있다. 왼쪽에 앉은 사람은 오른쪽을 본계本界(본거지)로 삼고 오른쪽에 앉은 사람은 왼쪽을 본계로 삼는다. 두 사람이 각각 둥글고 납작한 검은색과 흰색 나무 말을 15개씩 나누어 갖고, 각각 말 2개를 첫 번째 내각의 자기 쪽에 놓고, 5개를 여섯 번째 내각의 상대 쪽에 놓고, 3개를 여덟 번째 외각外角[675]의 상대 쪽에 놓고, 5개를 열두 번째 외각의 자기 쪽에 놓는다. 두 사람이 각자 길이 2촌, 둘레 3촌의 주사위 통을 하나씩 가지고 주사위 두 개씩을 서로 이어가며 던져서 점의 숫자를 헤아린다. 만약 주사위 두 개의 숫자가 서로 다르면 그 숫자를 합한 만큼 가고, 숫자가 같으면 그 합한 수의 배만큼 간다. 말이 움직이는 자리는 옮긴 말의 본래 자리에서 가로로 움직이고, 본래 자리가 검은색이면 숫자만큼 흑각黑角(검은색 삼각형)을 지나가고 본래 자리가 흰색이면 숫자만큼 백각白角(흰색 삼각형)을 지나간다. 적계敵界(상대편 본거지)의 빈 자리에 놓기도 하고 적계의 말이 있는 자리에 두기도 한다. 위에 말을 한 개 놓으면 본각本角(근거지 삼각형)의 상대 말을 움직일 수 있고, 두 개를 놓으면 본각의 상대 말을 움직일 수 없다. 말이 가는 거리는, 만약 2점 주사위 두 개가 나오면 2배인 8이 나오므로 말 한 개를 8보步 움직이거나 말 두 개를 각각 4보씩 움직이거나 말 네 개를 각각 2보씩 움직이거나 말 여덟 개를 각각 1보씩 움직인다. 만약 3점 주사위 한 개와 5점 주사위 한 개가 나오면 합쳐서 8이 되므로 말 한 개를 8보 움직이거나 말 두 개를 하나는

---

673 본래는 바둑을 뜻하지만 여기에서는 바둑돌 모양의 말을 움직여 승부를 가리는 놀이를 말한다.
674 자기 본거지에 있는 삼각형을 말한다.
675 상대 본거지에 있는 삼각형을 말한다.

3보 하나는 4보 움직일 수 있고 각각 4보씩 또는 하나는 2보 하나는 6보로 움직일 수 없고 말 세 개 또는 네 개를 함께 움직일 수도 없다. 나머지는 유추하면 된다. 만약 숫자가 옮겨가야 하는 거리만큼 나왔는데 이미 말 다섯 개가 있어서 더 겹칠 수가 없으면 본각으로 돌아가서 움직이지 않고 다시 이동하지도 않고 다시 던지지도 않는다. 먼저 계산을 해두면 잃을 염려가 없다. 움직이는 방법은, 말을 각각 본계 내각으로 돌아가게 하는 것이 기준이 되고, 모든 말이 내각에 이르고 상대편 말이 아직 모두 돌아가지 않으면 이긴다.

만찬 때 서과西瓜를 먹었는데, 크지 않고 껍데기는 푸르고 과육은 노란 색이었고, 맛이 아주 달지는 않았지만 향은 좋았다.

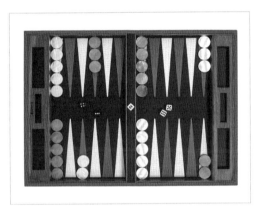

[그림 268] 백개먼 게임 판

9월 29일 수요일

8월 24일 계해. 맑음. 물이 거울처럼 평온했다.

기記: 태서의 '시애사柴艾斯(chess)'라는 상기象棋(장기)는 아랍필아阿拉必亞(Arabia) 국에서 만들어진 것이라고 한다. 가로세로 1척 5촌의 나무판에 종횡으로 8행씩 나 있는데 검은색과 흰색 칸이 사이사이에 있다. 말은 나무나 상아로 만드는데, 바닥 둘레의 지름이 1촌이고 높이는 1촌 5푼으로, 검은색과 흰색 또는 노란색과 붉은색이 절반씩 있다. 말은 모두 32개이고, 양쪽이 각각 왕(king) 1개, 비妃(queen) 1개, 교사敎師(bishop) 2개, 용사勇士 (knight) 2개, 위소衛所(rook) 2개, 졸쭈(pawn) 8개씩을 가진다. 왕과 비, 교사는 각각 관冠이 받침대 위에 놓여있고, 위소는 모양이 탑과 같으며, 용사는 말머리 모양이 역시 받침대 위에 놓여있고, 병은 모양이 병瓶처럼 생겼다. 이상을 모두 한 묶음(세트)으로 조각하여 만든다. 말 중에서 왕이 존귀한데, 한 걸음씩 가며 곧거나 비스듬하게 상하좌우로 모두 갈 수 있고 그렇게 오가면서 상대 말을 잡는다. 다음으로는 비인데, 그 움직임 역시 곧거나 비스듬하게 상하좌우로 모두 갈 수 있으나 다만 용사를 잡지는 못한다. 갈 수 있는 거리는 멀거나 가깝게 마음대로 갈 수 있어서 그 권세가 왕보다 크다. 위소는 비의 요지要地로, 상하좌우로만 갈 수 있다. 교사는 비스듬하게만 갈 수 있고 뒤로 돌아갈 수 없다. 위소와 교사 모두 멀거나 가깝게 마음대로 갈 수 있다. 이상은 모두 흰 칸에 있는 말은 흰 칸으로만 갈 수 있고 검은 칸에 있는 말은 검은 칸으로만 갈 수 있다. 용사는 사방으로 비스듬하게 가고 검은 칸과 흰 칸을 모두 다닐 수 있다. 병은 처음에는 한 걸음이나 두 걸음을 곧장 갈 수 있고 그 다음부터는 걸음에 따라 움직이는데, 상대 말을 좌우로 잡을 수 있고 뒤로 돌아갈 수 없다. 병이 상대 쪽 끝자리에 다다르면 왕, 비, 교사, 용사, 위소 등이 될 수 있고, 그 권세는 봉해진 지위와 같다. 승부는 중토의 상기象棋와 같다. 밤이 되자 미풍이 불고 초가을처럼 쌀쌀해졌다.

[그림 269] 체스 게임 판

9월 30일 목요일

8월 25일 갑자. 맑고 따뜻함. 배가 아주 평온하게 가고 물빛은 깊은 남색이었다. 새벽에 창루艙樓에 올라가 조망하여 드넓은 바다와 물빛이 하늘에 이어진 모습을 보고 한 연聯을 읊었다.

> 바다 끝 비늘 같은 구름 떠 있는 곳은 절벽인가,
> 해 주변의 신기蜃氣가 누각으로 변했구나. [676]

신각(15~17시)에 정동正東으로 풍봉風篷(범선) 한 척이 보였는데 역시 북행하는 배였다.

10월 1일 금요일

8월 26일 을축. 맑고 평온함. 22일 석란에서 윤돈으로부터 온 전신電信을 받았다는데, 영국 화륜선 감나달대甘那達大(Carnatic) 호[677]가 7일 진초

---

676 "海角鱗雲疑是岸, 日邊蜃氣化爲樓." 중국에서는 전설 속의 교룡(蛟龍)의 일종인 신(蜃)이 기를 토해내어 건물을 만들어낸다고 생각했고 이를 신기루(蜃氣樓)라고 불렀다.

677 카나틱 호는 1862년에 런던 큐빗 타운(Cubitt Towen)에서 건조된 영국 증기선으로, 수에즈 운하 개통 전에 수에즈-뭄바이 구간을 운항했다. 1869년 9월 12일(음력 8월 7일) 홍해의 산호

(07시)에 소이사蘇耳士를 지나다가 도중에 뒤로 쳐지자 선주가 화가 나서 홍해에 도착했을 때 불을 더하여 선륜을 빠르게 돌리고 지름길로 바꾸어 가서 우리 배를 앞질러 갔다가 바닷속 산꼭대기로 잘못 가서 즉각 배가 끊어지고 물에 빠진 사람이 부지기수였다고 한다. 급하게 앞으로 가는 사람이 경계로 삼을 만하다. 밤이 되어 미풍이 불었지만 파도는 일지 않았다.

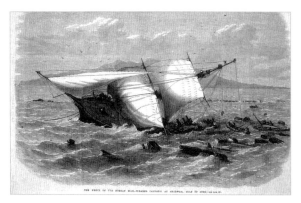

[그림 270] 카나틱 호의 좌초. 일러스트레이티드 런던 뉴스 1869년 10월 16일자

10월 2일 토요일

8월 27일 병인. 맑음. 물이 잔잔하여 파도가 없고 색깔은 짙은 녹색이었다. 사초(09시)에 오른쪽에 큰 산이 나타났는데, 수백 리나 뻗어 있고 깎아지른 절벽과 구름 높이 솟은 울창한 나무들이 가득했다. 천리경千里鏡(망원경)으로 살펴보고 이미 소문달랍蘇門達臘(Sumatra)[678]에 도착했음을 알았다. 왼쪽에는 작은 산이 멀리 보였다. 유초일각(17시 15분)에 먹구름이 가득해지고 추워졌다.

초에서 좌초되어 31명이 사망했다. 1984년에 홍해 해저에서 카나틱 호의 잔해가 발견되었다.
678 수마트라는 인도네시아의 가장 큰 섬이다.

10월 3일 일요일

8월 28일 정묘. 인초(03시)에 개었다가 묘정(06시)에 흐려지더니 큰비가 내리고 사각(09~11시)에 그쳤다. 오후에 또 비가 내리더니 신정(16시)에 그쳤다. 이날 물빛은 까맣고 지극히 잔잔했다. 밤이 되자 짙은 안개가 가득 내려 해로를 분간하기가 어려워 배가 잘못된 길로 들어설까 걱정되어 쇠솥을 열고 증기를 빼내어 세 차례 멈추어 섰다. 자초일각(23시 15분)에 약간 개었다.

10월 4일 월요일

8월 29일 무진. 맑음. 동쪽에 긴 산이 보였는데 높지는 않으나 숲이 울창했고, 뒤로 높은 봉우리가 있었는데 이어진 구름이 해를 가려 희미하게 보였다 안 보였다 하여 올라가기 어려워 보였는데 섬국暹國(Siam)[679]의 남쪽 경계였다. 물은 아주 잔잔하고 색깔은 남황藍黃 빛이었다. 사각(09~11시)에 북행하는 풍봉선 두 척을 만났는데 별로 크지는 않았다. 또 서쪽에서 아주 큰 나무 책상이 떠 있는 것을 보았는데 누가 버린 것인지 알지 못했다. 오후에 점차 서쪽 산에 다가가니 작은 섬 예닐곱 개가 있었는데 송백松柏이 숲을 이루었고 사람의 자취는 없었다. 술초일각(19시 15분)에 신가파新嘉坡(Singapore)에 도착하여 해구 밖에 주선住船하며 만조를 기다렸다. 밤이 되어 미풍이 불고 따뜻해졌다.

---

679 샴은 태국의 옛 이름으로, 중국어 문헌에서는 섬라국(暹羅國)으로 표기된 경우가 많다.

[그림 271] 싱가포르의 강과 바다(19세기 말)

10월 5일 화요일

9월 1일 기사. 맑음. 인정(04시)에 배가 출발하여 해구에 들어가기 전에 세 차례 주선했는데, 기통氣筒이 손상되어 선복船腹의 오른쪽 옆구리에 남아있는 물을 빼내지 못했다. 묘각(05~07시)에 물을 빼내는 사람이 와서 기기氣機를 정리하고 비로소 해구에 들어갔다. 진초(07시)에 주선했다. 날씨는 아주 더웠다. 오후에 차를 타고 거리를 10여 리 가서 화인가華人街에 도착하여 주광란朱廣蘭이라는 가게에서 금색 영첩楹帖[680] 2부를 사고 신련향新蓮香이라는 밥집에 들어가 조금 앉았다가 신초(15시)에 배로 돌아왔다. 밤이 되어 화물을 모두 내리자 바로 배를 해구 안으로 옮겼다. 낙조落潮(간조)를 걱정해서였다. 유초(17시)에 큰비가 한바탕 내리더니 꽤 쌀쌀해졌다.

10월 6일 수요일

9월 2일 경오. 맑음. 아침에 여전히 많은 화객貨客(무역상)이 작은 배를 몰고 와서 배에 탔다. 사초(09시)에 배가 출발했다. 물빛은 처음에는 누렇다가 나중에는 남색으로 변했고, 잔잔하여 파도가 없었다. 근래 찬 바람이 불

---

680 기둥에 장식용으로 걸거나 붙인 대련(對聯)이다.

어오기 시작하니 청량함이 느껴지고 귀와 눈도 또렷해지는 것 같아서 비로소 조심스럽게 지팡이를 짚고 혼자 다니게 되었다. 비록 서찬西饌을 먹지만 화면華麵(중국식 국수)을 여전히 먹고 싶었다. 오후에 멀리 해면에 푸른색 모전毛氈 양모洋帽 하나가 떠 있는 것을 보았는데 어느 배에서 바람에 날려 떨어진 것인지는 알지 못했다.

10월 7일 목요일

9월 3일 신미. 흐림. 축정(02시)에 천둥과 번개가 번갈아 치고 큰비가 쏟아붓듯 내렸다. 해면에 풍랑이 뒤집어지고 산꼭대기에 구름이 뭉쳤다. 후에 비가 거세어져 하늘과 바다가 분간이 안 되니 선주는 맞은 편에서 배가 올까 걱정하여 천천히 가면서 경적을 울리게 했다. 묘각(05~07시)에 날이 개고 찬 바람이 약하게 불었다. 종일 물이 잔잔하고 배가 평온했다. 유정(18시)에 다시 흐려졌고 밤이 되자 큰비가 한바탕 내렸다.

10월 8일 금요일

9월 4일 임신. 흐림. 진초일각(07시 15분)에 동쪽에 작은 산 네 개가 아주 멀리 모였다. 사정(10시)에 큰비가 내리고 오정(12시)에 개었다. 술각(19~21시)에 해구에 가까워져 좌우 산꼭대기에 등루燈樓가 서 있는 것이 보였고 배가 마침내 정박했다. 나는 영첩 2부를 써서 흥을 내었다.

10월 9일 토요일

5월 5일 계유. 맑음. 아침에 반달이 서북쪽을 비추고 산이 눈썹 먹처럼 뻗어 동남쪽에서 사라졌다 보였다 했다. 축정(02시)에 배가 해구 안으로 들어갔고 인초(03시)에 물을 빼는 사람이 와서 물과 불을 살폈다. 어떤 길은 좌우에 나무가 빽빽하고 바닷물이 맑고 하늘은 넓고 구름은 깨끗했다. 멀리 고깃배 두세 척만 보였다. 진초일각(07시 15분)에 서공西貢(Saigon)⁶⁸¹에 도
착했다. 주선 후에 나는 작은 배를 타고 등안登岸하여 차를 타고 장옥생張沃
生⁶⁸²을 찾아가서 그의 옛집에 도착했다. 토인의 말로는 지금은 길 북쪽의
새집으로 옮겼다고 했다. 몇 무를 걸어가니 4층의 높은 집이 보였는데, 아
주 넓고 옥우屋宇가 모두 서식西式이었다. 문 앞에 가서 방울을 당기니 옥
생이 나왔다. 우리를 데리고 들어가서 그의 친척과 친구인 김金, 정鄭, 강
姜, 화華 씨 등 예닐곱 명을 만나서 서로 옛날 일을 즐겁게 이야기했다. 이
야기를 나누는 동안에 여러 음식이 나왔다. 이름을 모르는 약죽藥粥 한 그
릇도 나왔는데 맛이 달았다. 누가 말하기를 "이 죽은 여러 약재를 합쳐 만
든 것이라서 기운을 북돋는 데 도움이 됩니다."라고 했고, 또 "지금은 늦가
을이라 아침저녁으로는 쌀쌀하고 대낮에는 무척 더워 병에 걸리기 아주 쉽
습니다. 하물며 당신은 이제 막 나으신 몸이니 더욱 조심하셔야 합니다. 잠

---

681 사이공은 베트남 남부의 도시로, 장덕이가 방문할 당시에는 프랑스령 코친차이나
   (Cochinchine française)의 수도였다. 1975년에 호치민 시로 이름이 바뀌었다.

682 장옥생(1828~1900)은 이름이 장패림(張霈霖)이고 자는 함굉(含宏), 호는 옥생이며, 장아림
   (張阿霖, 또는 張亞霖, Cheung Ah-Lum)이라는 별명으로 잘 알려졌다. 장유강(張維綱)의 세
   아들 중 장남이었던 그는 광동 향산현(香山縣) 아강촌(鴉岡村) 출신으로, 총명했으나 집안이
   가난하여 13세이던 1841년에 마카오로 가서 사업을 배우고 양무(洋務)도 익혔다. 홍콩 개항
   직후에 홍콩으로 가서 일하다가 마랄사전신양행(孖剌士甸臣洋行, Murrow, Stephenson &
   Co.)의 판방주석(辦房主席)이 되어 부를 쌓았고 형창매탄창(亨昌煤炭廠), 유승양화점(裕昇
   洋貨店, Esing Store), 유성판관(裕成辦館, Esing Bakery), 그리고 기선 회사를 운영하기도
   했다. 그 후 1856년 말에 유성판관에서 팔던 빵에 독극물이 들어간 사건이 터져 큰 사회 문제
   로 비화하여 이듬해 8월에 홍콩에서 추방되어 마카오로 돌아갔고 그곳에서 굉태양화점(宏泰
   洋貨店, Wang Tai)을 열어 운영하다가 베트남에 주둔하던 프랑스 해군으로부터 선박을 주문
   받아 1862년에 건조된 선박을 운송하여 사이공으로 갔다. 이후 40년 가까이 사이공에 거주하
   며 상업, 건축업 등에 종사하며 프랑스인들과 매우 우호적인 관계를 유지했고 그곳에서 세상
   을 떠난 뒤에 고향으로 운구되었다. Choi Chi-cheung, "Cheung Ah-Lum, A Biographical
   Note", *Journal of the Hong Kong Branch of the Royal Asiatic Society*, Vol.24, 1984, 湯
   開建, 「淸代香山鐵城張氏家族與澳門的關係: 以『曲江張氏族譜香山鐵城宗支譜』爲中心
   展開」, 『澳門研究』 2018年 第1期 등 참고. 장덕이는 첫 번째 해외 여행 때인 1866년 3월 31
   일(음력 2월 15일)에 장옥생을 처음 만났고, 이후에도 사이공에 기착할 때마다 그를 만나며
   가깝게 지냈다. 장덕이 이외에도 사이공을 경유한 많은 중국인 여행객들이 장옥생의 환대를
   받으며 체류했다는 기록이 많이 보인다.

시 쉬시면서 더위가 가시고 시원해진 뒤에 가시는 것이 좋겠습니다."라고 했다.

[그림 272] 사이공의 항구와 시가(1880)

[그림 273] 신축 중인 사이공 굉태양화점(Maison Wang Tai)(1867)

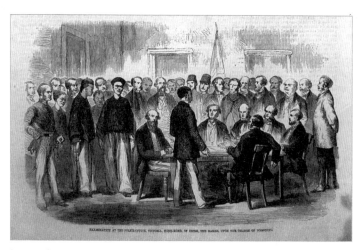

[그림 274] 홍콩 빅토리아 경찰서에서 독극물 사건의 조사를 받는 장패림(왼쪽에 옆으로 서 있는 중국인)과 그의 부친 장유강(장패림의 오른쪽에서 정면을 향하고 있는 중국인). 일러스트레이티드 런던 뉴스 1857년 3월 28일자

신초(15시)에 사람들이 청하여 함께 차를 타고 20여 리를 갔는데 연도에 양루洋樓(서양식 건물)들이 세워져 있고 도로는 넓고 평탄하며 새로 나무를 심어 모두 새롭고 가지런했다. 치리治理 일체가 태서를 모방했는데 모두 법국 사람들이 이곳에 와서 만든 것이다. 기름진 땅을 돌밭처럼 내버려두고 기꺼이 남에게 부림을 당하면서도 후회하지 않는다면 또한 터무니없는 것이 아니겠는가! 경작하게 되면 [봄부터 가을까지] 세 계절 동안 괴롭지만 9년 치를 저장할 항산恒産(생산품)을 얻을 수 있음을 모르는 것이다. 토인들이 진실로 돌이켜 생각한다면 들판에는 빈 땅이 없고 나라에는 노는 백성이 없게 되리라.

도중에 이름을 모르는 한 대원大園에 들어갔는데 꽃나무가 여러 종류로 자라 있어서 향기가 코를 찔렀고 고운 것들이 많았는데 알아볼 수 있는 것은 절반이 안 되었다. 뒤에는 철책과 나무 우리가 있었는데 여기에서 기르는 것은 범, 사슴, 수리, 매, 그리고 여러 종류의 날짐승과 들짐승 20여 종이었다. 유초(17시)에 돌아오니 준비된 음식이 아주 풍성했는데, 아쉽게도 나는 많이 먹지 못하고 조금씩 맛만 보았다. 술각(19~21시)에 열신봉悅新鳳이라는 희반戱班(극단)의 월극粤劇(광동식 연극)을 보자고 했는데 나는 사양했지만 결국 가게 되었다. 도착하니 석붕席棚[683]이 높이 세워져 있었고 남녀가 개미들처럼 모여 있었다. 연출한 극은 속되게는 '호광조湖廣調'[684]라고 부르는 것인데, 비록 우맹優孟의 의관衣冠을 한 것이지만[685] 무척 마음에 들어 즐거웠고, 소리와 절주가 북경의 희반과 대동소이했다. 문 앞에는 화인과 토인 수백 명이 떡, 과자, 말린 과일과 날 과일, 빈랑檳榔 등을 팔고 있었다. 축초(01시)에 희가 끝나 작별하고 배로 돌아올 때 비가 조금 내렸다.

10월 10일 일요일

9월 6일 갑술. 맑음. 아침에 장옥생이 와서 전별해 주었는데 생 빈랑이 달린 가지 2개와 야자 6개를 주었다. 묘초(05시)에 배가 출발하여 사정(10시)에 해구를 나왔다. 물은 잔잔하고 배는 평온했다. 서쪽으로 긴 산이 자주 보였는데 고개들이 이어지고 봉우리들이 겹겹이 서 있었다.

10월 11일 월요일

9월 7일 을해.[686] 맑음. 역풍이 크게 불어 배가 크게 흔들렸다. 물빛은 짙은 남색이었다. 서쪽으로 멀리 산들이 구름을 뚫고 솟아올라 하늘에 닿았는데 실로 기이한 모습이었다. 미정(14시)에 흐려졌고 물빛은 검은색이었다. 바람은 잠잠하고 배는 평온했다. 밤이 되자 큰비가 내렸고 해초(21시)에 그쳤다.

---

683 좌석이 있는 천막형 극장이다.

684 호광의 곡조라는 뜻이다. 호광은 청대의 지역명으로, 지금의 호북(湖北)과 호남(湖南) 일대를 가리킨다.

685 우맹은 춘추시대 초(楚)나라의 유명한 배우이다. 여기에서는 배우를 비유하는 말로 썼다.

686 이날 지강 일행은 덴마크의 수도 코펜하겐에 도착했다.

10월 12일 화요일

9월 8일 병자. 맑음. 파도는 줄었지만 바람은 약해지지 않아 배가 천천히 갔다. 밤이 되자 극히 추워졌다. 안남국安南國에서 배에 타서 바닥에 누워있는 광동 사람들을 보았는데 노인과 아이들이 130여 명이었다.

10월 13일 수요일

9월 9일 정축. 맑고 평온함. 연일 역풍이 불어 수역水驛(기착지)을 기한 대로 지날 수 없었다. 어제 오정부터 오늘 오정까지 겨우 641리를 왔고, 나머지는 666리이니 내일 미각(13~15시)에 향항香港(홍콩)에 도착할 수 있을 것이다. 만약 바람의 방향이 바뀌어 역풍이 순풍으로 변한다면 진각(07~09시)에도 도착할 수 있을 것이다.

10월 14일 목요일

10일 무인. 맑음. 묘초(05시)에 멀리 크고 작은 수많은 산봉우리가 보였다. 물빛은 남색에서 황색으로 변했고 아주 잔잔했다. 사초(09시)에 향항에 도착하여 해구에 들어가 정박했다. 사방의 누방樓房과 화華와 양洋의 배들이 전보다 늘어나서 금산金山에 비길 만했다. 신초(15시)에 법국 공사公司(회사)의 윤선 국포뢰사菊鋪蕾司(Le Dupleix) 호[687]에 올랐다. 길이가 30여 장, 너비가 4장 남짓으로, 튼튼하고 빨라서 그야말로 물길의 비장군飛將軍[688]이었다.

---

687 프랑스령 인도 총독이었던 조세프 프랑수아 뒤플렉스(Joseph François Dupleix, 1697~1763)의 이름을 딴 뒤플렉스 호는 1862년에 라 시오타(La Ciotat)에서 진수되어 레반트 지역에서 운항한 후 1865년부터 상하이-요코하마 노선을 운항하였다. 1870년 이후에는 다시 레반트 노선과 마다가스카르, 인도양, 시드니 등지를 운항하였고, 1888년에 매각되어 주빌리(Jubilee) 호로 개명되었다. 1898년에 시드니에서 해체되었다. 본문의 기록으로 보아 1869년에는 홍콩-상하이 또는 홍콩-상하이-요코하마 노선을 운항했을 것으로 생각된다.

688 본래는 한나라 때의 뛰어난 장수였던 이광(李廣)의 별명인데, 여기에서는 뒤플렉스 호가 속도가 매우 빠른 것을 비유하는 말로 쓰였다.

[그림 275] 홍콩 항(1865)

[그림 276] 시드니의 피츠로이 독(Fitzroy Dock)에서 수리 중인 뒤플렉스 호(1887년경)

홍콩에서 북경까지

10월 15일 금요일

9월 11일 기묘. 흐렸다 개었다 했고 조금 쌀쌀했다. 진초(07시)에 배가 출발하여 해구를 나왔다. 남녀노소 화인들이 크고 작은 풍봉 수십 척을 몰고 있는 모습이 보였다. 또 배에 함께 탄 서인들은 점점 적어졌는데, 백 협리, 금등간金登干(James Duncan Campbell),[689] 한남漢南(Charles Hannen),[690] 사북화司北和 4명은 모두 화문華文을 알았고, 그밖에 의대리意大里, 법랑서法郎西의 승니僧尼(신부와 수녀) 12명이 있었다.

[그림 277] 제임스 켐벨

[그림 278] 찰스 해넌

---

689 제임스 던컨 켐벨(1833~1907)은 영국인으로, 1862년 중국 해관(海關)에 파견되어 세무사(稅務司)로 근무했고, 1868년에는 총리아문 파견으로 유럽에 가서 활동하다가 1873년에 중국 해관 런던 사무소를 세워 운영했다.

690 찰스 해넌은 영국인으로, 1859년 중국 해관에 파견되어 상해, 복주(福州), 연대(煙臺), 구강(九江), 하문(廈門), 천진(天津), 산두(汕頭) 등지에서 근무하다가 1890년에 사직했다.

10월 16일 토요일

9월 12일 경진. 맑고 쌀쌀함. 역풍이 다시 불어 배가 크게 흔들렸다. 뱃머리가 내려갔다 올라갔다 하면서 시도 때도 없이 물이 들어왔다. 저녁에 제형도弟兄島[691]를 지나 복건福建과 절강浙江의 경계에 들어갔다. 종일 고기잡이배 100여 척을 보았다. 유초(17시)에 태서의 풍봉과 화륜선 각 1척을 만났다.

10월 17일 일요일

9월 13일 신사. 맑고 추움. 역풍. 사각(09~11시)에 북쪽 멀리에 긴 산이 수십 리 이어진 모습을 보았다. 물빛은 청색이었다가 검은색으로 변했다. 신초(15시)에 남북으로 이름 모를 작은 산이 2개 있는 것을 보았다. 다시 서쪽으로 가는 풍봉 1척을 만났다.

10월 18일 월요일

9월 14일 임오. 맑음. 역풍. 물은 약간 잔잔하고 물빛은 짙은 녹색이었다. 사각(09~11시)에 서쪽으로 가는 풍봉 1척을 만났다. 종일 북쪽으로 산들이 끊임없이 이어져서 마치 눈앞에 있는 듯했지만 일일이 쳐다볼 겨를이 없었다. 신초(15시)에 물빛이 황색으로 변했다.

10월 19일 화요일

9월 15일 계미. 흐림. 진초(07시)에 이슬비가 내렸다. 분수양分水洋[692]을 지나니 물이 잔잔하고 파도가 없어졌고 물빛은 검은색과 누런색이 여러

---

691 현재 복건과 절강의 경계 근처에 제형도라는 이름을 가진 섬은 확인되지 않는다. 당시 비슷한 크기의 두 섬을 그렇게 불렀을 가능성은 있으나 어느 섬을 가리키는지는 알기 어렵다.

692 류큐 열도의 서쪽에 있는 오키나와 해곡(海谷)을 가리킨다. 대만 해협을 지나 동중국해로 접어들었음을 말한 듯하다.

차례 바뀌었다. 또 좌우에 가끔씩 작은 산들이 나타났는데, 일을 맡은 이가 조심스럽게 살피면서 암석을 피하고자 했다. 닿아서 위험해질까 걱정해서 였다. 도중에 크고 작은 중토中土 풍봉 수십 척을 만났다. 때때로 옆바람이 불어 윤선도 돛 5개를 내걸어 속도를 높였다. 오후에는 천천히 가면서 다시 태서의 풍봉과 화륜 6척, 중토의 크고 작은 풍봉 여러 척을 만났다. 유정일 각(18시 15분)에 오송구吳淞口에 도착했는데, 해등海燈이 높이 걸려 있어서 멀리 하늘에 닿을 정도였다. 좌우에는 모래 제방이 있고 숲이 빽빽했다. 주선한 뒤에 중토 세관稅關의 윤선이 와서 운송해온 각국의 서찰과 물건들을 가져갔고 함께 간 객인客人들도 있었다.

10월 20일 수요일

16일 갑신. 맑음. 진초(07시)에 흐려지더니 비가 내렸다. 사각(09~11시)에 조수가 늘어나 배가 출발했다. 미초(13시)에 조수가 물러나 배가 멈추었다가 신정(16시)에 다시 출발했다. 유각(17~19시)에 동부同孚 부두[693] 옆에 도착했다. 술초(19시)에 비가 그쳤다. 이때 상해에서는 이미 공해公廨를 준비하고 사람을 보내 기다리고 있었다. 나는 가마를 타고 10여 리를 가서 동흥성東興聖 기街[694]에 이르러 경강잔京江棧[695]에 묵었다. 날이 아주 추웠다.

10월 21일 목요일

17일 을유. 맑음. 오각(11~13시)에 도랑헌涂朗軒 관찰觀察(종영宗瀛), 주동강朱桐崗 대령大令(봉제鳳梯), 손연농孫硯農(문전文田), 적타마狄妥瑪(Thomas Dick), 백 협리 제위를 뵈었다. 이때 해관의 옆에 목붕木棚(목조건물)을 세워

---

693 황포강의 부두 중 하나이다.

694 지금의 영승로(永勝路)이다.

695 · 흥성가(興聖街) 16호에 있었다.

놓고 탁자를 나열했는데 모든 진설이 화려했다. 영국 세자[696]가 중화에서
귀국하는데 상해에서 나가게 된 까닭에 이렇게 준비하여 응대한 것이다. 밤
이 되어 행장을 정리했다. 날이 흐렸고 조금 추웠다.

[그림 279] 알프레드 왕자(1868년경)

10월 22일 금요일

18일 병술. 흐림. 도랑헌 등 제위가 답례로 찾아왔다. 오초(11시)에 가
마를 타고 해관(강해관江海關)에 이르렀다. 삼판杉板을 타고 3~4리를 가서 남

---

696 빅토리아 여왕의 둘째 아들 알프레드 왕자(Prince Alfred, 1844~1900)를 가리킨다. 1866년
에 에든버러 공작(Duke of Edinburg)이 된 그는 1867년에 세계 일주 항해를 시작하여 몇 년
에 걸쳐 오스트레일리아, 뉴질랜드, 북경, 상해, 홍콩, 마닐라, 하와이, 인도, 실론 등지를 방문
했다.

심南潯 호[697] 윤선에 올랐다. 이 배는 병인년(1866) 겨울에 상해 북쪽에서 탄적이 있었다. 미초(13시)에 날이 개었다. 영국 세자가 도착하니 해관에서 대포를 쏘아 환영했다. 저녁에 밝은 달이 뜨고 물과 하늘이 일색이 되었다. 각국 배의 돛대에 모두 화기花旗를 달았는데 헤아려보니 30여 종류였다. 중토의 해관과 선척 앞에는 가운데 흰 십자가 그려진 녹색의 장방형 깃발을 하나 걸었다. 뒤에는 화기 20여 개를 달아서 구별했다.

10월 23일 토요일

19일 정해. 흐렸다 개었다 함. 묘초일각(05시 15분)에 배가 떠나 해구를 나서니 옆바람이 아주 심했다. 풍봉 3척을 만났는데 역시 모두 북쪽으로 가는 배들이었다. 종일 파도가 약하게 치고 물빛은 옅은 누런색이었다. 밤이 되자 이슬비가 한바탕 내렸다.

10월 24일 일요일

20일 무자. 맑고 평온함. 물빛이 짙은 남색이었다. 진정(08시)에 흑수양黑水洋(황해)에 이르렀는데 맞바람이 불어 배가 약간 흔들렸다. 미초일각(13시 15분)에 풍봉 6척을 만났다. 신정(16시)에 서쪽 멀리에 작은 산이 보였는데 초록 나무들이 울창했다.

10월 25일 월요일

21일 기축. 맑음. 진초(07시)에 연대煙臺[698]에 도착하여 해구에 들어가 배를 대고 화물을 내리고 실었다. 화華와 양洋의 누방(건물)과 선척들이 역시

---

697 영국에서 건조한 증기선으로 상해-천진 노선 등을 운항했다.

698 산동 반도 북쪽에 있는 항구 도시이다. 서양에는 지부(芝罘, Chefoo)라는 옛 이름으로 많이 알려졌다.

전보다 늘어난 것 같았다. 구강九江 호와 만주滿洲 호 윤선 두 척이 모두 16일 상해에서 개륜開輪(출발)하여 오늘 아침에 도착했는데 무슨 까닭으로 늦어졌는지는 모르겠다. 사정(10시)에 본선의 장사裝卸(하역)가 끝나고 바로 출발했다. 해구를 나서니 물이 평온하고 물빛은 초록색이었다. 신초(15시)에 구강 호와 만주 호를 추월하더니 배의 항행이 더욱 빨라졌다. 대체로 영국의 윤선은 빠른 것을 좋아하여 위험한 상황을 많이 만나고, 법랑서와 합중국의 윤선은 느리지만 위험한 상황은 전혀 만나지 않는다.[699]

[그림 280] 연대 항(1880년대)

10월 26일 화요일

22일 경인. 맑음. 인각(03~05시)에 대고구大沽口[700]에 들어갔다. 오정(12시)에 천진天津에 도착하여 자죽림紫竹林에 이르러 배를 댔다.[701] 신초(15시)

---

699 남심 호는 영국에서 건조한 선박이었고, 구강 호와 만주 호는 각각 프랑스 또는 미국에서 건조한 선박이었을 것이다.

700 천진 시내를 관통한 하천인 해하(海河)가 흘러 내려와서 바다와 만나는 지점이다. 지금의 천진 빈해신구(濱海新區) 포대로(炮臺路)에 있다. 이곳에는 명나라 때부터 포대가 설치되어 외적의 침입을 막고자 했으나 1850년대부터 여러 차례 서양 함대의 공격을 받아 함락된 적이 있다.

701 자죽림은 천진의 프랑스 조계와 영국 조계의 경계 중 해하 가까운 쪽에 있었던 옛 지명이다. 지금의 영구도(營口道)와 길림로(吉林路)가 만나는 곳이다. 영구도의 동북쪽 끝과 만나는 해하 일대에 여러 부두가 있었는데 이들을 자죽림 부두라고 불렀다.

에 작은 배를 타고 북부교北浮橋[702]에 도착하여 굉성宏盛 점에 묵었다. 해초
(21시)에 백 협리가 경사로 돌아갔다.

[그림 281] 천진 자죽림 부두(19세기 말)

10월 27일 수요일

23일 신묘. 맑음. 내가 오랫동안 병을 앓아 용모를 정리하지 못했는데
여기에서 비로소 체발剃髮을 했다.[703] 진초(07시)에 숭지산崇地山 궁보宮保[704]
를 찾아뵈니 위원委員 수청선隋青選(자는 채정采廷)이 차량을 대신 구해주었
다. 이곳을 떠나 유언산劉彦山(걸傑) 대령을 찾아뵈었다. 미초(13시)에 모두
답배했다.

10월 28일 목요일

24일 임진. 맑음. 아침에 일어나 행장을 꾸리고 오초일각(11시 15분)에
차를 타고 길을 떠났다. 신초(15시)에 포구浦口에 이르러 아침을 먹었다. 유

---

702 남운하(南運河)와 해하가 만나는 곳 근처에 있는 지금의 금화교(金華橋) 자리에 있던 부교
   이다.

703 변발을 위해 삭발했음을 말한다.

704 태자소보(太子少保) 곧 태자를 가르치는 스승의 벼슬이다.

정(18시)에 양촌楊村⁷⁰⁵에 묵었는데 무척 추웠다.

10월 29일 금요일

25일 계사. 흐렸다 개었다 함. 인정(04시)에 길을 떠나 사각(09~11시)에 하서무河西務⁷⁰⁶에 이르러 아침을 먹었다. 오각(11~13시)에 큰바람이 불어 진사塵沙(황사)가 눈앞을 가렸다. 유정(18시)에 장가만張家灣⁷⁰⁷에서 묵었다. 밤이 되어 바람이 그쳤지만 자못 추웠다.

10월 30일 토요일

26일 갑오.⁷⁰⁸ 맑음. 인초(03시)에 길을 떠나 진각(07~09시)에 우가위于家衛⁷⁰⁹에 이르러 아침을 먹었다. 오정(12시)에 광거문廣渠門을 통해 숭문문崇文門으로 들어가 집에 도착했다. 부자와 형제가 만나 슬픔과 기쁨이 더했다. 해국海國을 다시 다녀온 일을 돌이켜 생각하니 마치 꿈만 같을 따름이다.

---

705 지금의 천진 무청구(武淸區) 양촌가도(楊村街道)이다.

706 지금의 천진 무청구 하서무진(河西務鎭)이다.

707 지금의 북경 통주구(通州區) 장가만진(張家灣鎭)이다.

708 이날 지강 일행은 네덜란드 수도 헤이그에 도착했다.

709 지금의 북경 조양구(朝陽區) 두각장지구(豆各莊地區) 우가위촌(于家圍村)이다.

〈부록1〉『구미환유기(재술기)』에 나타난 장덕이의 여정

연도 및 지역	날짜	여정 및 일정	이동 수단	숙박 또는 행사 장소
1868 청	1.5	북경 출발	마차	
	1.24	청강포 도착, 출발	여의 호	선상
	2.1	진강 도착, 출발	후지야마 호	선상
	2.2	상해 도착		공관
	2.24	상해 출발	코스타리카 호	선상
일본	2.28	나가사키 도착		선상
	2.29	나가사키 출발		선상
	3.1	효고 도착		선상
	3.2	효고 출발		선상
	3.4	요코하마 도착		선상
	3.7	요코하마 출발	차이나 호	선상
미국	3.31	샌프란시스코 도착		옥시덴탈 호텔
	4.28	헨리 하이트 캘리포니아 주지사 주최 만찬		릭 하우스
	4.30	샌프란시스코 출발	콜로라도 호	선상
	5.13	파나마 도착	기차	
	5.14	애스핀월 도착, 출발	애리조나 호	선상
	5.22	뉴욕 도착		웨스트민스터 호텔
	6.1	뉴욕 출발, 워싱턴 D.C. 도착	기차	메트로폴리탄 호텔
	6.5	앤드루 존슨 대통령 예방		백악관
	6.21	워싱턴 D.C. 출발	기차	
	6.22	뉴욕 도착		웨스트민스터 호텔
	6.23	루벤 펜튼 뉴욕 주지사 주최 만찬		델모니코스
	6.28	뉴욕 출발	기차	
	6.29	워싱턴 D.C. 도착		메트로폴리탄 호텔
	7.25	사절단 주최 만찬		메트로폴리탄 호텔
	7.28	대표단, 벌링게임 조약 서명		국무부
	7.29	워싱턴 D.C. 출발, 뉴욕 도착	기차	웨스트민스터 호텔
	8.3	뉴욕 출발, 올버니 도착	대니얼 드루 호, 기차	델라반 하우스
	8.4	올버니 출발, 오번 도착	기차	수어드 사택 등
	8.8	오번 출발, 나이아가라 도착	기차	인터내셔널 호텔

연도 및 지역	날짜	여정 및 일정	이동 수단'	숙박 또는 행사 장소
미국	8.18	나이아가라 출발	기차	
	8.19	올버니 경유 우스터 도착	기차	베이 스테이트 하우스
	8.20	우스터 출발, 보스턴 도착	기차	파커 하우스 호텔
	8.21	알렉산더 불록 메사추세츠 주지사 주최 만찬		세인트 제임스 호텔
	9.2	보스턴 출발, 뉴욕 도착	기차	웨스트민스터 호텔
	9.9	뉴욕 출발	자바 호	선상
영국	9.19	리버풀 도착, 런던 도착	기차	그로스베너 하우스
	11.20	대표단, 빅토리아 여왕 예방		윈저 성
1869 프랑스	1.2	런던 출발, 프랑스 파리 도착	기차, 기선	공관
	1.24	대표단, 나폴레옹 3세 예방		튀일리 궁
	1.28	조르주-외젠 오스만 파리 주지사 주최 연회		파리 시 청사
	7.25	말에서 떨어져 부상		
	9.2	파리 출발	기차	
	9.3	마르세유 도착		루브르 평화 호텔
	9.4	마르세유 출발	펠루스 호	선상
이집트	9.10	알렉산드리아 도착, 출발	기차	
	9.11	수에즈 도착, 출발	티그르 호	선상
실론	9.27	갈 도착		선상
	9.28	갈 출발		선상
코친차이나	10.9	사이공 도착		선상
	10.10	사이공 출발		선상
홍콩	10.14	홍콩 도착, 홍콩 출발	뒤플렉스 호	선상
청	10.20	상해 도착		경강 잔
	10.22	상해 출발	남심 호	선상
	10.26	천진 도착		굉성 점
	10.28	천진 출발	마차	
	10.30	북경 도착		

〈부록2〉 시각 대조표

자시子時(자각子刻) = 23~01시	자초子初 = 23시 자정子正 = 00/24시
축시丑時(축각) = 01~03시	축초 = 01시 축정 = 02시
인시寅時(인각) = 03~05시	인초 = 03시 인정 = 04시
묘시卯時(묘각) = 05~07시	묘초 = 05시 묘정 = 06시
진시辰時(진각) = 07~09시	진초 = 07시 진정 = 08시
사시巳時(사각) = 09~11시	사초 = 09시 사정 = 10시
오시午時(오각) = 11~13시	오초 = 11시 오정 = 12시
미시未時(미각) = 13~15시	미초 = 13시 미정 = 14시
신시申時(신각) = 15~17시	신초 = 15시 신정 = 16시
유시酉時(유각) = 17~19시	유초 = 17시 유정 = 18시
술시戌時(술각) = 19~21시	술초 = 19시 술정 = 20시
해시亥時(해각) = 21~23시	해초 = 21시 해정 = 22시

〈부록3〉 장덕이의 여행 경로

〈부록4〉서양 인명, 지명, 용어에 대한 장덕이의 표기

1. 인명표기

Allen, Charles H. ⇨ 아립안阿立安

Banks, Nathaniel Prentice ⇨ 반班 총독, 반극사班克思

Black, Catharine ⇨ 개체凱蒂

Black, Henry Van Deventer ⇨ 한립翰立

Black, James ⇨ 포랍격布拉格

Black, John Voorhees ⇨ 탁익卓益

Black, William ⇨ 포위리布威里

Blair Jr., Francis Preston ⇨ 포뢰布蕾

Bonaparte, Mathilde ⇨ 마체달馬蒂達

Bonaparte, Napolén-Jérôme ⇨ 적륵목翟勒木

Bowra, Ann ⇨ 포아나包婀娜

Bowra, Edward Charles Macintosh ⇨ 포농매包璽梅

Boyce, George ⇨ 주삼부周三富

Brown, John McLeavy ⇨ 백탁안柏卓安

Bullock, Alexander Hamilton ⇨ 포락극布洛克

Burlingame, Anson ⇨ 포안신蒲安臣

Burlingame, Edward ⇨ (포)애오愛梧

Burlingame, Gertrude ⇨ 포격체蒲格蒂

Burlingame, Walter ⇨ (포)무특武特

Campbell, James Duncan ⇨ 금등간金登干

Caroline ⇨ 알루뢰嘎婁賴

Chase, Salmon Portland ⇨ 시사柴沙

Colfax, Schuyler ⇨ 구법사寇法斯, 구법사립寇法四立

Columbus, Christopher ⇨ 가륜백哥倫伯

Cooper, Peter ⇨ 고백이古柏爾

Cushing, Caleb ⇨ 고신固愼

de Champs, Emile ⇨ 덕선德善

de La Valette, Charles-Jean-Marie-Féix, marquis ⇨ 납발拉發

de Montijo, Eugénie ⇨ 어운산漁雲山

Demidov, Anatoly Nikolaievich ⇨ 도익득道益得

Denny, George P. ⇨ 대나익戴那益

Dick, Thomas ⇨ 적타마狄妥瑪

Disraeli, Benjamin ⇨ 적달례狄達禮

Dolliver, James M. ⇨ 두리문竇理文

Drew, Edwards Bangs ⇨ 두덕유杜德維

du Jardin, Aldephonse Alexandre Féix ⇨ 금덕金德

Duchesne, Gustave, Prince de Bellecourt ⇨ 가사기哥士奇

Duke of Norfolk ⇨ 눌불訥茀

Earl of Derby, Edward Henry Stanley ⇨ 사단력司丹力

Earl of Derby, Edward Smith-Stanley ⇨ 사단력司丹力

Evans, Wardle Eastland ⇨ 의만義萬

Everett, Percival Lowell ⇨ 위상성衛祥性

Faneuil, Peter ⇨ 범의范儀

Fawkes, Guy ⇨ 불극사佛克斯

Fisher, George S. ⇨ 비사費士

Forbes, John Murray ⇨ 불보사佛普斯

Gardner, Henry Joseph ⇨ 위위 총독

Gautier, Judith ⇨ 구건歐建

Grant, Ulysses Simpson ⇨ 과란달戈蘭達

Haight, Henry Huntly ⇨ 흑黑 공公

Hancock, Winfield Scott ⇨ 한고韓皐, 한활韓闊

Hannen, Charles ⇨ 한남漢南

Hatch, Israel Thompson ⇨ 합치哈峙

Haussmann, Georges-Eugèe ⇨ 후사만侯泗滿

Henri VIII ⇨ 한려韓黎 제팔第八, 한리韓利 제팔第八

Henry VII ⇨ 한려 제칠

Howard, Catherine ⇨ 학아郝阿

Hull, Liverus ⇨ 하인何仁

Jerome, Leonard Wlater ⇨ 적노목翟魯木

Jesus ⇨ 야소耶穌

John ⇨ 주안朱安

Johnson, Andrew ⇨ 주온손朱溫遜

Kemp, George ⇨ 감포龕蒲

Kennedy, Joseph Calm Griffith ⇨ 갈사력葛士力

Kopsch, Henry Charles Joseph ⇨ 갈현례葛顯禮

Lanman, George ⇨ 난만蘭滿

Le Verrier, Urbain Jean Joseph ⇨ 이위열李威烈

Lee, Robert Edward ⇨ 이의李義

Lincoln, Abraham ⇨ 능곤凌昆

Livermore ⇨ 이문모李文模

Livermore ⇨ 이위목李威木

Livermore, Issac ⇨ 이온미李溫美

Longfellow, Henry Wadsworth ⇨ 장우長友

Madame Tussauds ⇨ 덕자德慈 부인
Marquis de Saint-Denys, Léon d'Hervey ⇨ 덕리문德理文 후작侯爵
Martin, Enos Thompson Throop ⇨ 마체음馬締蔭
Martin, William Alexander Parsons ⇨ 정관서丁冠西
Morgan, Christopher ⇨ 막이근莫爾根
Napoleon I ⇨ 나파륜拿破侖 제일第一
Napoleon III ⇨ 나파륜拿破倫 제삼第三
Paddock, Lewis ⇨ 배낙의裴樂義
Parker, Peter ⇨ 파극이巴克爾
Pickering, Henry W. ⇨ 피격릉皮格凌
Prince of Wales ⇨ 위랍사衛拉斯, 위리사衛理思
Queen Victoria ⇨ 위극도리아威克都里雅
Rachel ⇨ 내축萊丑
Robbins, Royal Elisha ⇨ 늑빈勒彬
Roebling, John Augustus ⇨ 노탁안勞卓安
Schell, Augustus ⇨ 심립沈立
Schenck, Theodore ⇨ 시대액施大額
Seward Jr., William Henry ⇨ 서위리徐威理
Seward, Frederick William ⇨ 서뇌력徐賴力
Seward, William Henry ⇨ 서이덕徐爾德
Seymour, Edward Adolphus ⇨ 희막이希莫耳
Seymour, Edward Adolphus Ferdinand ⇨ 희미액希米額
Seymour, Horatio ⇨ 희묵希墨
Shurtleff, Nathaniel Bradstreet ⇨ 사래복舍來福
Simpson, Clare Lenox ⇨ 신박손辛樸遜
Singer, Isaac Merritt ⇨ 흥이興爾
Sir Alcock, John Rutherford ⇨ 아阿 공사
Sir Bowring, John ⇨ 포령包令
Sir Douglas, Robert Kennaway ⇨ 덕격락德格樂
Sir Hope, James ⇨ 화포和蒲
Sir Wade, Thomas Francis ⇨ 위타마威妥瑪
Snow, S. T. ⇨ 사나구司那歐
Spurr, Oliver H. ⇨ 사백이司柏爾
Stewart, Alexander Turey ⇨ 사구애司九愛
Warren, Joseph ⇨ 와란臥蘭
Washington, George ⇨ 화성돈華盛頓
William ⇨ 위량威良
William Gamble III ⇨ 강벽리姜辟理
Wolsey, Thomas ⇨ 오석吳錫

Пётр I(표트르 1세) ⇨ 백다라伯多羅 왕

2. 지명 표기

Acapulco ⇨ 아랍알백랍구阿拉嘎白拉溝
Aden ⇨ 아정亞丁
Africa ⇨ 아비리가阿非利加
Alaska ⇨ 아랍사알阿拉思戛
Albany ⇨ 아이파니阿爾巴呢
Alexandria ⇨ 아래삼타아阿來三它呀
America ⇨ 아미리가阿美里加
Appalachian Mts. ⇨ 아알니阿嘎呢 산
Arab ⇨ 아랍비阿拉比
Arlington ⇨ 아릉둔阿陵屯
Aspinwall ⇨ 아사빈액阿斯濱額
Auburn ⇨ 오분敖賁
Austria ⇨ 오지리아敖地里亞
Avenue Beaumarchais ⇨ 방마쇄邦麻曬 대가
Avenue des Champs-Élysées ⇨ 개가로凱歌路
Avenue Joséhine ⇨ 유소분儒素芬 가
Avenue Saint-Laurent ⇨ 삼로왕三路旺 가
Babylon ⇨ 북위량北衛梁
Belgium ⇨ 비국比國
Blackwell's Island ⇨ 포랍오布拉烏 섬
Bois de Boulogne ⇨ 백로왕柏路旺 원園
Boston ⇨ 포사돈包斯頓
Boulevard de la Madeleine ⇨ 마달란馬達蘭 대가
Boulevard de Sebastopol ⇨ 새북두보賽北斗寶 가
Boulevard des Italiens ⇨ 의달렴意達廉 대가大街, 의대렴意大廉 가
Boulevard du Temple ⇨ 단포丹布 대가大街
Boulevard Montmartre ⇨ 망마蟒馬 가
Boulevard Saint-Germain ⇨ 현일만賢日滿 가
Boulevard Saint-Martin ⇨ 현마단賢馬丹 대가
Boulogne-sur-Mer ⇨ 포륜布倫
Broadway ⇨ 관寬 가街
Buffalo ⇨ 백비루柏費婁
Bunker Hill ⇨ 붕극綳克 산山
Calais ⇨ 알리嘎里
California ⇨ 알력불니아嘎力佛呢亞, 가嘉 방邦

Cambridge ⇨ 감포립지堪布立支
Canada ⇨ 가나타加拿他, 감나대龕那大
Cayuga Lake ⇨ 개우알開尤嘎
Cedar Island ⇨ 사체도斯遆島
Ceylon ⇨ 석란錫蘭
Châeau du Bréu ⇨ 포래유布萊圉 장莊
Charles St. ⇨ 사리査理 항巷
Charlestown ⇨ 사리査理 촌
Choisy-le-roi ⇨ 서식로와舒息路瓦 장莊
Connecticut ⇨ 감갑 방邦
Covent Garden ⇨ 격완格宛
Cuba ⇨ 고파古巴 섬
Deer Island ⇨ 미록도麋鹿島
Denmark ⇨ 단니丹尼
Dover ⇨ 도법都法
Egypt ⇨ 맥서麥西, 애급埃及
England ⇨ 영갈란英葛蘭, 영길리英吉利
English Channel ⇨ 영강英江
France ⇨ 법랑서法郎西, 법국法國
Geneva Lake ⇨ 적니와翟呢瓦
German ⇨ 일이만日耳曼
Goat Island ⇨ 산양도山羊島
Greenwich ⇨ 임위지林圍址
Hanover St. ⇨ 함와合臥 가
Hayward ⇨ 흑와黑窩
Holland ⇨ 하란荷蘭
Hong Kong ⇨ 향항香港
Hudson River ⇨ 화촌하和村河, 활득손活得遜
Indiana ⇨ 영리안납英厘安納 방邦
Ireland ⇨ 애이란愛爾蘭
Italy ⇨ 의대리意大里
Kensington ⇨ 관흥탄寬興坦
Kensington Gardens ⇨ 감흥탄甘興坦 유圉
Kensington Palace ⇨ 감흥탄 궁
La Seine ⇨ 사안思安 하河
Lake Erie ⇨ 익리益利 호
Lake Ontario ⇨ 안추安秋 호
Latin ⇨ 납정국拉丁國
Lawrence ⇨ 낙란사洛瀾泗 장莊

Lexington ⇨ 내행탄萊杏坦 성城

Lexington Ave. ⇨ 내흥탄萊興坦 가

Liverpool ⇨ 입온포立溫浦

Lockport ⇨ 노극박勞克博

London ⇨ 윤돈倫敦

Luzon ⇨ 여송呂宋

Madison Square ⇨ 매지선梅地仙 방坊

Main St. ⇨ 대가大街

Marseille ⇨ 마새馬賽, 마새랍馬賽拉

Massachusetts ⇨ 마사주색사麻沙朱色士 방邦

Messina ⇨ 묵서나墨西拿

Mexico ⇨ 묵서가墨西哥

Montgomery St. ⇨ 망격말芒格茉 가

Mount Vernon ⇨ 와남산臥南山

Neuilly-sur-Seine ⇨ 눌의訥義

New York ⇨ 뉴약紐約, 신부新埠, 뉴紐 방邦

Niagara ⇨ 나알랍那戞拉 촌

North Carolina ⇨ 북객이륵나北喀爾勒那 방

Oakland ⇨ 구란鷗蘭

Owasco Lake ⇨ 구와鷗瓦 호

Panama ⇨ 파나마巴拿馬

Paris ⇨ 파리巴里

Pennsylvania ⇨ 빈석이륵니안賓夕爾勒尼安 방

Pennsylvania Ave. ⇨ 반방盤邦 가

Philadelphia ⇨ 비륵특이비이非勒特菲非爾

Place de la Madeleine ⇨ 마달란馬達蘭 방坊

Point Shirley ⇨ 사리舍利 호

Portugal ⇨ 포도아葡萄牙

Potomac ⇨ 파다마波多麻

Province of Upper Canada ⇨ 상 가나타上加拿他 성省

Prussia ⇨ 포국布國

Queenstown ⇨ 곤사昆斯

Randalls Island ⇨ 난달蘭達 섬

Red Sea ⇨ 홍해紅海

Regent St. ⇨ 율진栗榛 가

Richmond ⇨ 입지만立池滿, 입척만立尺滿

Richmond St. ⇨ 입척만立尺滿 가

Rochester ⇨ 나시사득이羅柴斯得爾

Rocky Mts. ⇨ 나기羅機 령嶺

3. 기타 용어 표기

Alameda ⇨ 아랍문달阿拉門達 (호)

Alcatraz ⇨ 아랍객달랍사阿拉喀達拉司 (포대)

Ancon ⇨ 아관阿寬 (호)

Arabia ⇨ 아랍필아阿拉必亞

Arizona ⇨ 아리수나阿里搜那 (호)

artichoke ⇨ 아이제조阿爾梯稠

Astor library ⇨ 아사덕이阿司德爾

backgammon ⇨ 파알만巴戞滿

Bal masqué ⇨ 가면회假面會

Bath chair ⇨ 파서의巴西椅

Bay State House ⇨ 북사득北斯得 점

beige ⇨ 필기嗶嘰

Blacks ⇨ 복랍극사卜拉克司

Bogota ⇨ 파구대巴勾大 (호)

bonbon ⇨ 방방邦邦

bouquet ⇨ 백구알애柏歐嘎艾

Boxing day ⇨ 박극사대博克司代

British Museum Library ⇨ 복립지卜立地 서원書院

British Museum ⇨ 복립지卜立地 집신원集新院

Bronze Age ⇨ 동세銅世

cacao ⇨ 고구靠勾

café ⇨ 가비加非, 가비관加非館

cake shop ⇨ 고점포糕點鋪

Carnatic ⇨ 감나달대甘那達大 (호)

Cathedral of St. Matthew the Apostle ⇨ 마소 공馬素公 예배당

centime ⇨ 상지무桑地畝

Central Park ⇨ 정중원正中園

chai ⇨ 차叉

champagne ⇨ 삼편三鞭

Channel ⇨ 해차海汊

chess ⇨ 시애사柴艾斯

China ⇨ 재나齋那 (호)

Chinatown ⇨ 당인성唐人城

chocolate ⇨ 소구랍紹勾臘

Cliff House ⇨ 개복방凱福房

coffee ⇨ 가비加非

Colorado ⇨ 객루랍두喀婁拉兜

Costa Rica ⇨ 알사대력알홀司大力嘎 (호)

Crystal Palace ⇨ 수정궁水晶宮

Daniel Drew ⇨ 단니랍득육미丹呢拉得陸米 (호)

Delavan House ⇨ 대루만관代婁萬貫 (점)

Delmonico's ⇨ 대랍막니구代拉莫呢扣 점

Discriminatory ⇨ 분존비당分尊卑黨

dock ⇨ 조槽

dominoes ⇨ 아패牙牌

Dry Goods Store ⇨ 건화국乾貨局

Faneuil Hall ⇨ 범의당范儀堂

Ferdinand Marie De Lesseps House ⇨ 달로포達路布 점

Fleur-de-Thé ⇨ 〈차화아茶花兒〉

Florida ⇨ 부류리지付流梨地

Fly ⇨ 복래福來 (호)

Fort Point ⇨ 금문金門 포대

Fort Warren ⇨ 와란臥蘭 포대

franc ⇨ 법금法金, 법방法方, 복랑福郞

Freemasonry ⇨ 복립미손福立美遜

Fusiyama ⇨ 비사해마飛似海馬 (호)

Golden Age ⇨ 금세金世

Good Friday ⇨ 좋은 예배오禮拜五

Grande-Duchesse ⇨ 격랑국쇄格郞局曬

greenbacks ⇨ 녹배綠背

Grosvenor Hotel ⇨ 갈라무나이葛羅武那爾 점

Hampton Court Palace ⇨ 한포탄漢浦坦 궁

Happy New Year ⇨ 합비우의이哈譬牛宜爾

Heidelberg University ⇨ 해특박海特泊 대학원

High Bridge ⇨ 왕자교王子橋

Hôtel de Ville de Paris ⇨ 위의랍威儀拉 점

holly ⇨ 화력和力

Hyde Park ⇨ 해대海岱 유囿

International Hotel ⇨ 음특나신나랍音特那愼那拉 점

Iron Age ⇨ 철세鐵世

Java ⇨ 찰와扎瓦 (호)

Jerome Park ⇨ 적노목翟魯木 원園

kala ⇨ 객라喀喇

Kensal Green Cemetry ⇨ 관색림寬色林 의지義地

King's Guard ⇨ 어림군御林軍

Kong Chow Temple ⇨ 강주회관崗州會館

Le Dupleix ⇨ 국포뢰사菊鋪蕾司 (호)

Le Grand Hôel du Louvre et de la Paix ⇨ 납패라패拉佩 점

Le Peluse ⇨ 북려사北呂司 (호)

Le Tigre ⇨ 태격泰格 (호)

Levellers ⇨ 평행당平行黨

lock ⇨ 석쇄石鎖

mango ⇨ 만과蠻果

magnolia ⇨ 마루립아麻婁立雅

McCulloch ⇨ 마극락馬克樂 (호)

Merry Christmas ⇨ 환희성탄歡喜聖誕

Metropolitan Hotel ⇨ 매두백립전梅斗栢立田 점店

mistletoe ⇨ 미색두迷色頭

Mormons ⇨ 묵이문墨爾門

New York Herald ⇨ 뉴약하랍紐約賀臘, 화랍和拉 신문국

nuncio ⇨ 남구南求

Occidental ⇨ 오극희단敖克希丹

omnibus ⇨ 오니파사敖呢波司

opium ⇨ 구편아歐片亞, 구피양歐皮陽

orchestrina ⇨ 오이시사특립나敖爾柴斯特立那

pagoda ⇨ 파구타巴勾他

Palace Hotel ⇨ 팔래八來 점

Palais-Royal ⇨ 파류락아巴類洛雅

paramita ⇨ 바라밀波羅蜜

Parker House Hotel ⇨ 박극이博克爾 점

penny gaff ⇨ 일문회一文會

Pope ⇨ 부박掊朴

pound ⇨ 영은英銀

President ⇨ 백리새천덕伯理璽天德

Quakers ⇨ 궤객이사潰客爾司

Queen's Park ⇨ 괴음魁蔭 항開

Regent's Park ⇨ 여진荔蓁 유圍

roast beef ⇨ 누사비복婁斯比伏

Rosemary ⇨ 누자말리樓子茉莉

Russell & Company ⇨ 기창양행旗昌洋行

sampan ⇨ 삼판三板

Shakers ⇨ 쇄객이사曬客爾司

Shanghai Steam Navigation Company ⇨ 기창윤선공사旗昌輪船公司

sherry ⇨ 사리舍利

shilling ⇨ 시령施令

Silver Age ⇨ 은세銀世

sophia ⇨ 살피아薩皮雅

South Kensington Museum ⇨ 남 감흥탄南坎興坦 집신원

St. James Hotel ⇨ 진공眞公 점

St. Paul's Cathedral ⇨ 현보록賢保祿 예배당

Suspension Bridge ⇨ 소본손蘇本遜 교

tabac ⇨ 타파격他巴格

Tabak ⇨ 탑파塔巴

talimp ⇨ 답련褡褳

tea ⇨ 체替

Terrapin Tower ⇨ 다빈탑多賓塔

The Buffalo Club ⇨ 백성회관柏城會館

The Lick House ⇨ 이극방利克房

The Times ⇨ 태목사太木斯

The White House ⇨ 백방白房

Théâre de la Porte ⇨ 백이대柏爾代 원園

Théâre des Variétés ⇨ 와려희娃麗戱 원園

tobacco ⇨ 담파고淡巴菰, 독파고禿巴溝

ton ⇨ 돈囤

tower ⇨ 도이陶爾

Tracy Baker & Company ⇨ 종표국鐘表局

Traveler's Club ⇨ 유인회遊人會

truffle hound ⇨ 토복견土伏犬

truffle ⇨ 토복라土伏羅

University of Westminster ⇨ 서민덕西敏德 대학원

velocipede ⇨ 위루희북달威婁希北達

Vichy ⇨ 위십읍韋什邑

Victoria ⇨ 위극도리아威克都里亞

Washington Hotel ⇨ 화성돈華盛頓 점

Washington Monument ⇨ 화성돈 갈碣

Washoe ⇨ 왜수娃收

Westbourne Hall ⇨ 위계반衛溪班 당堂

Westminster Hotel ⇨ 위사덕민사달衛四德敏四達 여사旅舍

whisky ⇨ 회사계回四季

Windsor Castle ⇨ 문자文忞 궁宮

Yankee ⇨ 양기洋技

табак ⇨ 특파알特巴戞

인명 찾아보기

지명 찾아보기

용어 찾아보기